LE JOURNAL DU DIABLE

DU MÊME AUTEUR

Robert K. Wittman (et John Schiffman, *Inestimable (traduit de l'américain), Sonatine, 2011.*

Robert Wittman & David Kinney

LE JOURNAL DU DIABLE

Traduit de l'anglais (américain)
par Anna Souillac

Michel Lafon

118, avenue Achille Peretti – CS 70024
92521 Neuilly-sur-Seine Cedex
www.michel-lafon.com

À nos familles

À propos des auteurs

Robert K. Wittman a fondé l'unité du FBI en charge des crimes liés au monde de l'art. Durant sa carrière, il était considéré comme l'expert national du Bureau en matière de vol de biens culturels. Wittman est également l'auteur du document sur les coulisses du trafic d'art *Inestimable*, qui figure sur la liste des best-sellers du *New York Times*. Il est aujourd'hui le président de Robert Wittman, Inc.

David Kinney est un journaliste récompensé du prestigieux prix Pulitzer. Ses articles ont été publiés dans de nombreux journaux tels que le *New York Times*. Il est l'auteur de *The Big One: An Island, an Obsession, and the Furious Pursuit of a Great Fish*[*] and *The Dylanologists: Adventures in the Land of Bob*[**].

[*] *La pêche au gros : Une île, une obsession et la poursuite furieuse d'un grand poisson.*
[**] *Les Dylanologues : Explorations en terre de Bob.*

« Il faut plusieurs générations pour que les grandes révolutions philosophiques prennent véritablement vie. Et même nos terres brûlées refleuriront un jour. »

Alfred Rosenberg

« Il suffit d'un pas pour basculer dans le crime de masse. C'est le mauvais côté de la chose. Il ne suffit que d'un tout petit pas. »

Robert Kempner

« Longue vie à l'Allemagne éternelle ! » Des nazis accueillent Alfred Rosenberg (*au centre avec la main levée*) à Heiligenstadt en Thuringe en 1935.

PROLOGUE

La chambre forte

Au beau milieu de la campagne bavaroise, à flanc de montagne, l'abbaye surplombait une vallée si belle qu'on lui avait donné le nom de *Gottesgarten*, le « Jardin de Dieu ».

Quand on l'observait d'en bas, depuis les villages et les fermes qui bordaient le fleuve sinueux, force était de reconnaître que l'abbaye de Banz attirait le regard. Le soleil donnait à la pierre de ses ailes tentaculaires une étincelante couleur dorée. Tout en haut du clocher de son église baroque s'élevaient deux aiguilles de cuivre délicatement fuselées. Ce bâtiment avait plus de mille ans : il avait tour à tour été un comptoir commercial, un château fortifié pour résister aux armées ennemies et un monastère bénédictin. Il avait été pillé et détruit par la guerre, puis reconstruit de façon extravagante pour la famille de Wittelsbach. Il avait accueilli des rois et des ducs. Le dernier empereur d'Allemagne, Guillaume II, avait lui-même honoré ces couloirs somptueux de sa présence. Nous étions désormais au printemps 1945. L'imposant bâtiment servait d'antenne à une célèbre division qui avait passé la guerre à spolier les biens de l'Europe occupée au nom de la gloire du Troisième Reich.

Après six années d'une guerre sans merci, et voyant la défaite approcher, les nazis s'étaient mis à brûler les archives sensibles du gouvernement à travers tout le pays, avant qu'elles ne puissent être saisies et utilisées contre eux. Mais certains bureaucrates, incapables de se résoudre à détruire ces documents, avaient préféré les cacher dans des forêts, des mines, des châteaux ou des abbayes comme celle-ci. Partout en Allemagne, d'immenses bibliothèques pleines de secrets attendaient désormais d'être découvertes par les Alliés : des archives internes détaillées qui mettaient en lumière une administration allemande pervertie, une stratégie militaire sans pitié, et l'obsession du projet nazi de nettoyer, une fois pour toutes, l'Europe de tous ses « éléments indésirables ».

Durant la deuxième semaine d'avril, la IIIe armée américaine du général George S. Patton et la VIIe armée américaine du général Alexander Patch prirent le contrôle de la région. Depuis leur traversée du Rhin, quelques semaines plus tôt, ces soldats avaient réussi à rejoindre les confins ouest du pays décimé[1], malgré les ponts qu'on avait fait sauter, les blocages routiers improvisés et les incendies épars. Ces hommes avaient traversé des villes ravagées par les bombardements alliés. Ils avaient croisé des villageois aux regards vides, des maisons aux portes desquelles ne flottait plus aucune croix gammée, mais des draps blancs et des taies d'oreillers de la même couleur. L'armée allemande s'était tout bonnement désintégrée. Hitler allait mourir dans un peu plus de trois semaines.

Peu après leur arrivée dans la région, les Américains firent la connaissance de Kurt von Behr, un aristocrate extravagant arborant monocle et grandes bottes vernies. Il avait passé la guerre à Paris[2], à spolier les collections d'art privées et le mobilier personnel de dizaines de milliers de propriétaires juifs de France, de Belgique et des Pays-Bas. Juste avant la Libération, sa femme et lui s'étaient enfuis et réfugiés dans l'abbaye de Banz, emportant avec eux des caisses de trésors dérobés en un convoi composé de onze voitures et quatre fourgons, rien de moins.

Désormais, von Behr voulait conclure un marché.

Il se rendit dans la ville voisine de Lichtenfels et s'adressa à un représentant du gouvernement militaire du nom de Samuel Haber. De toute évidence, von Behr souhaitait demeurer dans sa nouvelle résidence luxueuse aux fresques raffinées et continuer à vivre comme un prince[3]. Von Behr promit, si Haber lui donnait l'autorisation d'y rester, de lui indiquer l'emplacement d'une cache abritant d'importants documents nazis.

L'Américain fut intrigué. En raison du manque d'agents de renseignement sur le terrain et en vue des procès pour crimes de guerre, on avait donné l'ordre aux forces alliées de pister et de préserver tous les documents allemands sur lesquels elles réussiraient à mettre la main. L'armée de Patton avait une unité de renseignements militaires du nom de G-2[4], entièrement dédiée à cette tâche. Durant le seul mois d'avril, ces équipes spéciales allaient saisir trente tonnes d'archives nazies. Sur les conseils de von Behr, les Américains gravirent donc la colline jusqu'à l'abbaye pour s'entretenir avec lui. Le nazi les escorta cinq étages en dessous du sol où l'on avait caché, derrière un faux mur de béton, une tonne de documents nazis hautement confidentiels. Les archives remplissaient une énorme chambre forte pleine à ras bord. Tout ce qu'on n'avait pu y ranger traînait en piles éparses dans tout le reste de la pièce.

Une fois son secret révélé, von Behr – comprenant sans doute que sa ruse ne le sauverait pas des conséquences ravageuses de l'humiliante défaite qui attendait l'Allemagne – se prépara à quitter la scène avec panache. Il enfila un des ses extravagants uniformes et emmena son épouse dans leur chambre au sein de l'abbaye. Là, ils levèrent deux flûtes du meilleur champagne dans lesquelles il avait versé du cyanure, et trinquèrent à la fin de l'aventure. « Cette histoire, écrivit un correspondant américain, était digne des mélodrames qui semblaient tant plaire aux dignitaires nazis. »

Des soldats découvrirent von Behr et son épouse vautrés au milieu de la luxueuse pièce. C'est en examinant les corps qu'ils remarquèrent la bouteille à moitié vide qui trônait encore sur la table.

Le couple avait choisi un millésime lourd de symbole[5] : 1918, l'année où leur chère mère patrie était sortie humiliée d'une autre guerre encore.

Les archives de la chambre forte appartenaient à Alfred Rosenberg, le cerveau d'Hitler et l'un des membres fondateurs du parti nazi. Rosenberg avait connu les prémices du parti en 1919, quand des nationalistes allemands, amers et en colère, avaient commencé à soutenir un vagabond grandiloquent, vétéran de la Première Guerre mondiale : Adolf Hitler. En novembre 1923, le soir où Hitler avait tenté de renverser le gouvernement bavarois,

Rosenberg était entré dans la brasserie de Munich juste derrière son héros. Il était également présent à Berlin, dix ans plus tard, quand le parti avait accédé au pouvoir et décidé d'anéantir ses opposants. Il était là encore, dans l'arène, au combat, quand les nazis redessinèrent toute l'Allemagne à leur goût. Il était là enfin quand le vent avait tourné pendant la guerre, et que toutes leurs idées s'étaient effondrées.

Quand les enquêteurs se mirent à trier la multitude d'archives trouvées dans la chambre forte – deux cent cinquante volumes de correspondance officielle et personnelle – ils tombèrent sur un document exceptionnel, le journal intime de Rosenberg.

L'ouvrage était manuscrit et comptabilisait plus de cinq cents pages, la plupart reliées dans un cahier et d'autres en feuilles volantes. Il commençait en 1934, un an après l'ascension de Hitler au pouvoir, et s'achevait dix ans plus tard, quelques mois avant la fin de la guerre. De tous les hommes les plus importants du Troisième Reich, seuls Rosenberg, Joseph Goebbels, le ministre de la propagande, et Hans Frank, le violent gouverneur général de la Pologne occupée, ont laissé ce type d'écrits derrière eux[6]. Les autres, Hitler y compris, ont emporté avec eux leurs secrets dans la tombe. Le journal de Rosenberg promettait de mettre en lumière les rouages du Troisième Reich du point de vue d'un homme qui avait agi au sein des instances les plus hautes du parti nazi pendant plus d'un quart de siècle.

À l'étranger, Rosenberg n'a jamais eu la renommée de Goebbels, de Heinrich Himmler, le cerveau des forces de l'ordre SS, ou de Hermann Göring, l'économiste en chef de Hitler et commandant des forces aériennes. Il a dû lutter et jouer des coudes contre ces géants du parti nazi afin d'obtenir la partie du pouvoir qu'il pensait mériter. Mais il fut soutenu par le Führer du début à la fin. Hitler et lui étaient d'accord sur les questions les plus fondamentales et Rosenberg lui était d'une loyauté à toute épreuve. Hitler le nomma successivement à plusieurs postes importants au sein du parti, puis du gouvernement, inscrivant ainsi définitivement Rosenberg au sein de la vie publique et lui permettant d'étendre son influence le plus possible. À Berlin, ses rivaux le détestaient, mais les adhérents, ceux qui composaient le cœur du parti, le considéraient comme l'une des figures les plus importantes d'Allemagne : un grand penseur qui avait l'oreille de Hitler lui-même.

On trouva les empreintes de Rosenberg sur une grande partie des crimes nazis les plus tristement célèbres.

Il orchestra le pillage d'œuvres d'art, d'archives et de bibliothèques, de Paris à Kiev en passant par Cracovie – les biens spoliés, à la recherche desquels les fameux « Monuments Men » des troupes alliées partirent jusque dans les châteaux et les mines de sel d'Allemagne.

En 1920, il planta dans la tête de Hitler l'idée insidieuse qu'un complot juif mondial était à l'origine de la révolution communiste en Union soviétique. Il le lui répéta constamment, encore et encore. Rosenberg était le champion incontestable d'une théorie dont Hitler allait se servir deux décennies plus tard, pour justifier la guerre dévastatrice menée par l'Allemagne contre l'Union soviétique. Quelques jours avant que l'armée nazie n'envahisse l'URSS, Rosenberg promit que cette guerre serait une « révolution mondiale d'épuration ethnique » qui exterminerait enfin « tous ces germes infectés par la race juive et ses bâtards[7] ». Dans les premiers temps du combat sur le front de l'est, une fois que les troupes allemandes eurent réussi à repousser les Soviets jusqu'à Moscou, Rosenberg prit la tête d'une unité d'occupation qui terrorisa les pays baltes, la Biélorussie et l'Ukraine. En outre, son ministère collabora avec les croisés génocidaires[8] de Himmler en charge de massacrer les juifs à travers l'Europe de l'Est.

Rosenberg esquissa également, et ce n'est pas un détail, les premiers fondements de l'Holocauste. Il commença à publier ses idées néfastes contre les juifs en 1919. Rédacteur en chef du journal du parti et auteur de plusieurs articles, pamphlets et livres, il n'eut aucune difficulté à répandre leur message de haine. Plus tard, Rosenberg fut nommé délégué aux questions idéologiques du Führer. Dans les villes et les villages du Reich, les populations l'accueillaient à bras ouverts en l'acclamant. Son principal ouvrage théorique, *Le Mythe du vingtième siècle*, se vendit à plus d'un million d'exemplaires et était considéré, avec le *Mein Kampf* de Hitler, comme le texte fondateur de l'idéologie nazie. Dans ses écrits assommants, Rosenberg emprunta des idées désuètes concernant les races et l'histoire mondiale à d'autres pseudo-intellectuels, puis les fusionna pour créer un système de croyance politique bien particulier. De nombreux responsables locaux ou régionaux du parti lui dirent avoir prononcé des milliers de discours en gardant ses écrits à portée de main. « C'est en eux, se vante Rosenberg dans son journal, qu'ils ont trouvé à la fois le sens et le matériau du combat[9]. » Rudolf Höss[10], commandant du camp de la mort d'Auschwitz où plus d'un million de personnes furent exterminées, affirma que c'étaient les paroles de ces trois hommes qui l'avaient psychologiquement aidé à mener à bien sa mission : celles de Hitler, de Goebbels et de Rosenberg.

Sous le Troisième Reich, les principes philosophiques d'un idéologue pouvaient effectivement être mis en pratique, et ceux de Rosenberg eurent des conséquences fatales.

« La rage m'envahit[11], encore et encore, quand je pense à ce que ces parasites de juifs ont fait à l'Allemagne, écrit-il dans son journal en 1936. Mais j'ai au moins une consolation : d'avoir pu participer à l'exposition de cette trahison. » Les idées de Rosenberg ont légitimé et rationalisé le meurtre de millions de personnes.

En novembre 1945, un tribunal militaire international extraordinaire se réunit à Nuremberg, afin de poursuivre pour crimes de guerre les plus célèbres nazis encore en vie. Rosenberg se trouvait parmi eux. L'accusation reposait sur les nombreuses archives allemandes découvertes par les Alliés à la fin de la guerre.

Hans Fritzsche, condamné pour son rôle au sein du ministère de la Propagande nazie, confia à un psychologue pendant le procès que Rosenberg avait joué un rôle fondamental dans l'élaboration de la philosophie de Hitler durant les années 1920, avant l'ascension des nazis au pouvoir. « Je pense qu'il a eu une influence considérable sur Hitler durant la période où celui-ci élaborait encore la morale de sa politique », dit Fritzsche, qui sera acquitté à Nuremberg mais condamné plus tard à neuf ans de prison par une cour allemande de dénazification. « L'importance de Rosenberg réside dans le fait que ses idées, qui n'étaient que théorie, soient devenues réalité entre les mains de Hitler... La tragédie de tout cela, c'est que les idées improbables de Rosenberg ont effectivement été mises en pratique. »

D'une certaine façon, affirmait Fritzsche, s'ils étaient « tous assis ici sur le banc des accusés », c'était « principalement la faute[12] » de Rosenberg.

À Nuremberg, Robert Jackson, le procureur américain en chef, dénonça Rosenberg comme étant le « grand prêtre intellectuel de la "race maîtresse[13]" ». Les juges le déclarèrent coupable de crimes de guerre et, le 16 octobre 1946, la vie de Rosenberg prit fin au milieu de la nuit au bout d'une corde.

Durant les décennies qui suivirent, les historiens qui tentaient de comprendre le pourquoi du comment du plus grand cataclysme du siècle se plongèrent dans les archives sauvées par les Alliés à la fin de la guerre. Les documents subsistants étaient extrêmement complets. Des spécialistes étudièrent des archives militaires sensibles, des inventaires détaillés de biens spoliés, des journaux intimes, des documents diplomatiques, des retranscriptions de conversations téléphoniques, des comptes rendus gouvernementaux concernant la solution finale à donner froid dans le dos. Quand les procès touchèrent à leur fin en 1949, les procureurs américains fermèrent leurs bureaux, toutes les archives allemandes saisies furent envoyées par bateau vers une vieille usine de torpilles sur les rives du fleuve Potomac, à Alexandria, en Virginie. Là-bas, on tria les documents en vue de les stocker aux Archives nationales. On fit des copies sur microfilms, puis on finit par renvoyer les originaux en Allemagne.

Mais un incident toucha la majeure partie du journal de Rosenberg. Elle n'atteignit jamais Washington. Le journal ne fut jamais retranscrit, traduit, ni étudié dans son intégralité par des académiciens spécialisés dans le Troisième Reich. Quatre ans après avoir été découvert dans la chambre forte d'une abbaye bavaroise, le journal avait disparu.

OBJETS TROUVÉS

1949-2013

Le procureur Robert Kempner au Palais de justice de Nuremberg.

– 1 –

Le croisé

Quatre ans après la fin de la guerre, dans la chambre 600 du palais de justice de Nuremberg, un procureur attendait que l'on rende les verdicts. Il s'agissait des jugements en dernière instance de criminels de guerre nazis mis en examen par les Américains, et Robert Kempner attendait le résultat comme si sa vie en dépendait.

Pugnace, acharné, mondain inépuisable avec un goût pour l'intrigue, cet avocat de quarante-neuf ans avait traversé sa vie le menton en avant, comme pour inviter ses ennemis – et ils étaient nombreux – à lui balancer leurs meilleurs coups. Malgré son physique ordinaire, une calvitie naissante et une taille culminant à un mètre soixante-quinze, la personnalité de Kempner forçait souvent les gens à choisir leur camp. Selon les points de vue, il pouvait sembler charismatique ou prétentieux, réservé ou dogmatique, héros des causes justes ou rustre sans intérêt.

Il avait passé la majeure partie de ces vingt dernières années en guerre contre Hitler et les nazis, et les quatre dernières dans cette ville ruinée par la mégalomanie du Führer et les bombardements alliés. Son combat était à la fois une histoire très personnelle et un récit universel : la lutte pour sa vie et sa contribution au combat commun de toute une génération. Au début des années 1930, jeune fonctionnaire berlinois, il affirma que l'Allemagne devait arrêter Hitler et ses sympathisants avant qu'ils ne puissent renverser la République et mener à bien leur terrible projet. Dans les premiers jours qui suivirent l'ascension du parti au pouvoir, Kempner – juif progressiste et opposant déclaré – perdit son poste administratif. Après avoir été brièvement détenu et interrogé par la Gestapo en 1935, il s'enfuit vers l'Italie, puis la France, et enfin vers les États-Unis, d'où il continua sa campagne. En mettant sur pied un fonds d'archives allemandes et un réseau d'informateurs, Kempner aida le département de la Justice américain à mettre des propagandistes en prison et fournit des renseignements sur le Troisième Reich au département de la Guerre, au Bureau clandestin des services stratégiques et au FBI de J. Edgar Hoover.

Puis, dans un scénario digne d'un film hollywoodien, il rentra dans son pays d'origine et aida à poursuivre en justice ceux-là même qui l'avaient démis de ses fonctions, diabolisé pour ses origines juives, déchu de sa citoyenneté allemande et obligé à s'enfuir s'il voulait rester en vie.

Après avoir participé au procès pour crimes de guerre de Göring, Rosenberg et des autres grands noms du Reich vaincu, Kempner resta à Nuremberg pour douze affaires supplémentaires lancées par les Américains contre 177 collaborateurs nazis : des médecins qui avaient conduit d'horribles expériences sur des détenus de camps de concentration, des administrateurs SS qui avaient forcé des prisonniers à travailler jusqu'à ce que mort s'ensuive, des directeurs d'entreprise qui avaient bénéficié du travail forcé, des chefs d'escadrons de la mort qui avaient massacré des civils à travers toute l'Europe de l'Est pendant la guerre.

Kempner s'occupa personnellement du dernier et du plus long procès, le onzième, surnommé le « Procès des ministères », parce que la plupart des accusés avaient occupé des postes importants au sein du gouvernement de Wilhelmstrasse à Berlin. La figure la plus éminente du procès était sans doute Ernst von Weizsäcker, le secrétaire d'État aux Affaires étrangères qui avait donné l'autorisation d'envahir la Tchécoslovaquie et qui avait personnellement, comme on l'avait démontré, approuvé le transport de plus de six mille juifs depuis la France jusqu'au camp de la mort d'Auschwitz. Quant à l'accusé le plus tristement célèbre, il s'agissait de Gottlob Berger, un officier SS senior qui avait mis sur pied un escadron de la mort connu pour sa brutalité. « Il vaut mieux tuer deux Polonais de trop, écrivit-il un jour à propos de l'escadron, que deux de moins[1]. » De façon très perturbante, on trouvait également sur le banc des accusés les banquiers qui avaient non seulement financé la construction des camps de concentration, mais également stocké des tonnes et des tonnes de couronnes, de lunettes et des bijoux en or, dont on avait dépouillé les victimes des camps d'extermination.

Le procès durait depuis la fin 1947 et arrivait à son terme[2] en ce jour du 12 avril 1949. Les trois juges américains pénétrèrent dans la salle d'audience, rejoignirent leur perchoir et se mirent à lire le jugement à haute voix. Long de huit cents pages, il fallut trois jours pour l'énoncer. De l'autre côté de la pièce, gardés par des soldats droits comme des piquets sous leurs casques argentés, les nazis écoutaient les interprètes leur traduire le verdict en allemand au travers de leurs écouteurs. À la fin, dix-neuf des vingt et un accusés avaient été condamnés – dont cinq pour le crime historique créé à Nuremberg de « crime contre la paix ». Weizsäcker fut condamné à sept ans de réclusion, Berger à vingt-cinq ans, et les trois banquiers firent tous entre cinq et dix ans de prison ferme.

Pour l'accusation, ce fut une victoire majeure. Après avoir fouillé méthodiquement les archives nazies, interrogé des centaines de témoins pendant plus de quatre ans, elle avait réussi à faire condamner les pires criminels et à les envoyer en prison. Elle avait montré au monde que la quasi-totalité du gouvernement allemand avait, de près ou de loin, participé à l'Holocauste. Elle avait esquissé, comme Kempner le formulerait ensuite, « toute la fresque criminelle[3] » du Troisième Reich et consacré Nuremberg dans l'histoire en tant que « forteresse de foi du droit international[4] ». Elle avait insisté pour que les crimes de guerre soient poursuivis et punis sévèrement.

Les trois jours de verdict furent le point culminant de la longue campagne de Kempner contre le parti nazi.

Ou du moins auraient-ils dû l'être.

Mais dans les années qui suivirent, les promesses de Nuremberg s'effondrèrent.

Dès le début, ces procès eurent des détracteurs, en Allemagne comme aux États-Unis. Les critiques ne voyaient là aucune justice, mais simplement soif de vengeance. Kempner, homme belliqueux et procureur notoirement agressif, devint le symbole de cette injustice perçue. Un exemple caractéristique fut l'interrogatoire musclé de l'ancien diplomate nazi Friedrich Gauss, au cours duquel Kempner menaça ce dernier de le livrer aux Russes pour qu'ils le jugent eux-mêmes pour crime de guerre. L'un des procureurs américains qui travaillaient alors avec lui qualifia ses méthodes de « stupides », et craignait qu'il ne transforme les « criminels ordinaires poursuivis à Nuremberg en martyrs[5] ». Un autre témoin, du contre-interrogatoire duquel Kempner s'était chargé, l'avait qualifié d'« homme qui aurait pu sans problème travailler à la Gestapo[6] ».

En 1948, Kempner s'engagea avec Theophil Wurm, un évêque protestant, dans un débat public acerbe au sujet de la légitimité des procès. Wurm la remit en cause dans une lettre ouverte qu'il écrivit à Kempner. Ce dernier répondit en insinuant que tous ceux qui questionnaient les procès de Nuremberg étaient en réalité des « ennemis du peuple allemand ». La presse s'empara de leur dispute et Kempner fut mis au pilori par les journaux allemands. On le caricatura comme un juif exilé, arrogant et avide de vengeance[7].

Le sénateur du Wisconsin, Joseph McCarthy, dont les électeurs comprenaient un grand nombre d'Américains d'origine allemande, condamna lui aussi Kempner. Il remettait en cause le procès de Weizsäcker car, selon des sources anonymes, ce nazi avait en réalité été un précieux agent double pour les Américains durant la guerre. McCarthy affirmait que Nuremberg entravait le travail des renseignements américains en Allemagne et annonça au comité des forces armées du Sénat des États-Unis qu'il exigerait une enquête sur la « stupidité intégrale » qui entourait le procès Weizsäcker.

« Je pense que ce comité, affirma McCarthy, devrait voir le genre d'abruti[8] – et je pèse mes mots – qui préside les cours martiales là-bas. »

Une fois les derniers procès achevés, les tribunaux de crimes de guerre des Alliés avaient condamné à des peines de prison ferme plus de deux mille nazis qui, pour la plupart, se morfondaient dans la prison de Landsberg, à l'ouest de Munich. Un grand nombre d'Allemands de l'Ouest niaient toujours la légitimité de ces tribunaux et considéraient les nazis emprisonnés non pas comme des criminels de guerre, mais comme les victimes de cours illégitimes instaurées par les Alliés. La question devint un point de contention majeur après l'élection du premier chancelier ouest-allemand en 1949, à l'époque où les États-Unis, inquiets des intentions de l'URSS envers l'Europe, faisaient tout leur possible pour transformer l'Allemagne de l'Ouest en un allié fidèle et remilitarisé.

Les réalités de la guerre froide anéantirent rapidement toute l'œuvre des procureurs de Nuremberg.

En 1951, à la suite d'un réexamen de peines, le haut-commissaire américain en Allemagne fit libérer un tiers des condamnés de Nuremberg et commua toutes les peines capitales, à l'exception de cinq. Très vite, tous les nazis que Kempner avait envoyés derrière les barreaux lors du onzième procès furent libérés. Bien que les réductions de peines eussent été annoncées comme une preuve de clémence, les Allemands l'entendirent d'une tout autre oreille : pour eux, les Américains admettaient enfin l'injustice des procès. Kempner fustigea grandement cette décision. « Aujourd'hui, je veux solennellement vous mettre en garde[9]. L'ouverture prématurée des portes de Landsberg va de nouveau libérer des forces sociales subversives, totalitaires qui sont une menace pour le monde libre. »

Sa mise en garde ne fut pas entendue. Les dirigeants américains cédèrent au pragmatisme politique et, en 1958, la quasi-totalité des criminels de guerre avait été libérée[10].

Le combat de Kempner était cependant loin d'être terminé. Il avait passé quatre ans plongé dans les preuves écrites des crimes nazis et il savait que, même après ces procès hautement médiatisés, le monde était loin de connaître toute la vérité.

Furieux contre les récits révisionnistes de certains rescapés du Troisième Reich qui tentaient de reprendre à leur avantage l'histoire de l'Allemagne sous le régime nazi, il saisit la presse afin de riposter : « Avec une nostalgie plus ou moins avérée[11], écrivit Kempner dans le *New York Herald Tribune*, de nombreux auteurs politiques allemands racontent à leurs compatriotes que l'Allemagne s'en serait parfaitement sortie si le Führer n'avait pas un peu perdu la tête. » Il ne tolérait pas ce genre de discours. Il dénonçait les photos angéliques de Hitler que la presse de droite publiait, l'idée militariste soutenue par certains que les généraux auraient pu sauver l'Allemagne de l'ignominie si Hitler ne s'était pas mêlé des affaires de l'armée, les efforts des diplomates nazis pour étouffer le passé.

Il lança un appel pour que les conclusions de Nuremberg soient publiées en Allemagne. « C'est la seule façon de combattre l'empoisonnement systématique des esprits allemands qui a lieu sous nos yeux dans cette toute jeune République allemande. »

Cependant, quelque temps avant d'écrire ces mots, le procureur avait lui-même agi totalement à l'encontre de cet esprit d'ouverture : après Nuremberg, Kempner avait emporté avec lui d'importantes archives – des originaux dont personne ne savait où se trouvaient les copies, si tant est qu'il y en eût.

En tant que procureur, Kempner avait le pouvoir de demander n'importe quel document nécessaire à la préparation de son dossier d'accusation. Sa gestion des archives fut remise en cause à plus d'une occasion. Le 11 septembre 1946, le chef de la division des Archives écrivit dans un rapport que le bureau de Kempner avait emprunté cinq documents sans les retourner[12] : « Je me permettrais d'ajouter que c'est loin d'être la première fois que la division a un mal considérable à inciter le Dr Kempner à rendre les livres et les documents de la bibliothèque. »

En 1947, Kempner devint célèbre parmi les procureurs américains pour sa gestion du document le plus important concernant l'Holocauste. Peu après son retour à Nuremberg pour la deuxième série de procès, Kempner envoya son équipe étudier les archives du ministère allemand des Affaires étrangères, qui avaient été récupérées dans une cache du massif du Harz, transportées jusqu'à Berlin. Un jour, un assistant tomba sur un document de quinze pages. « Le 20 janvier 1942, à Berlin, Am Grossen Wannsee numéro 56-58, disait la première phrase, les personnes suivantes prirent part à une discussion concernant la solution finale de la question juive. » Il s'agissait du procès-verbal de la conférence de Wannsee[13], une réunion conduite par Reinhard Heydrich, l'adjoint direct de Himmler au sein de la SS, dont l'objet était de discuter « l'évacuation » des juifs d'Europe.

Quelques mois après la découverte de ce document, Benjamin Ferencz, un des procureurs américains, eut la surprise de voir Charles LaFollette faire irruption dans son bureau : « Je vais tuer ce fils de pute ! » LaFollette était en charge de l'accusation d'un autre des derniers procès de Nuremberg, contre des juges et des avocats nazis. LaFollette avait entendu parler du procès-verbal de la conférence de Wannsee, mais Kempner refusait de le lui remettre. La compétition faisait rage entre les nombreux procureurs de Nuremberg, et Kempner voulait vraisemblablement être celui qui révélerait au monde l'existence de ce document explosif lors du procès qu'il s'apprêtait à plaider.

Ferencz suivit LaFollette dans le bureau de Kempner pour intervenir entre les deux hommes si nécessaire. Kempner nia cacher quoi que ce soit. Ferencz insista. Puis, après qu'on l'y ait exhorté plusieurs fois, Kempner finit par ouvrir le dernier tiroir de son bureau et demanda innocemment : « Pourrait-il s'agir de ceci ? »

LaFollette comprit aussitôt l'importance de ce document pour son dossier : le ministère de la Justice du Reich avait envoyé l'un de ses représentants à cette réunion fondamentale. L'homme quitta aussitôt la pièce en courant pour aller rapporter l'incident à Telford Taylor, le procureur en chef des procès, et exigea qu'il « renvoie ce connard ! ». Ferencz, qui l'avait suivi, prit la défense de Kempner. Il dit à Taylor que le Procès des ministères s'effondrerait probablement si l'on bannissait Kempner de Nuremberg, et que ce dernier n'avait, en outre, gardé le document que par inadvertance.

« Ce que personne ne croyait[14] », écrivit plus tard Ferencz dans une lettre à Kempner. Quoi qu'il en soit, Taylor donna raison au procureur de l'affaire des ministères.

Kempner n'était pas le seul à Nuremberg à conserver des documents nazis originaux pour son usage personnel. Depuis la fin de la guerre, les archives saisies avaient été envoyées dans des centres de tri militaires, puis convoyées par avion vers Paris, Londres et Washington afin d'être étudiées par les services de renseignements et renvoyées à Nuremberg pour les procès de crimes de guerre. À l'époque où ces dossiers traversèrent l'Europe de long en large, des chasseurs de souvenirs eurent maintes fois l'occasion de subtiliser une lettre à l'en-tête du parti nazi et signée par quelqu'un d'important en dessous du sempiternel *Heil Hitler !* de conclusion. Les responsables de la sécurité des archives s'inquiétaient tout particulièrement des équipes en charge de l'accusation à Nuremberg. Ils craignaient que ceux qui demandaient les documents ne soient en réalité « plus influencés par de bas instincts journalistiques personnels que par le désir de rendre la justice[15] », comme le formula un officier militaire dans l'un de ses rapports. Un autre observateur conclut que la division des Archives des procureurs de Nuremberg ne faisait pas beaucoup d'efforts pour répertorier comme il se doit les allers et venues des documents.

Parmi les documents clés qui avaient disparu se trouvait une note de service d'un adjudant de Hitler, Friedrich Hossbach, qui montrait que le Führer avait eu l'intention de déclarer la guerre à la France et à l'Angleterre dès 1937. L'accusation fut forcée de s'appuyer sur une copie certifiée conforme de cette note durant le procès. Interrogé au sujet de ce document par un historien en charge de la publication de documents allemands saisis après la guerre, Kempner se souvint l'avoir vu et suggéra que « quelque chasseur de souvenir avait sans doute pris l'original ». En septembre 1946, les administrateurs d'un des centres d'archives militaires cessèrent de délivrer des originaux aux équipes d'accusation de Nuremberg, inquiets de ne jamais récupérer le millier de documents qu'ils avaient déjà prêtés.

Durant les procès, le palais de justice de Nuremberg débordait d'archives[16]. Une enquête datant d'avril 1948 répertoria plus de 1 800 mètres carrés de « dossiers administratifs, coupures de presse, négatifs, pellicules, cassettes d'enregistrement de la chambre d'audience, cassettes de rapports d'interrogatoires, livres de bibliothèque et autres publications, documents originaux, photostats, copies d'archives, classeurs, dossiers de procès, casiers judiciaires, dossiers d'interrogatoire, transcriptions des analyses de preuves réalisées tant par les tribunaux que par des experts auprès de la cour ».

Il y avait tant de documents que les administrateurs craignaient que l'on ne jette des originaux à la poubelle par inadvertance. Comme Kempner l'écrira plus tard dans ses mémoires, tout était « un affreux bazar » – et il profita du chaos.

Il affirmait craindre que des documents potentiellement explosifs ne soient pas convenablement archivés et voulut donc s'assurer qu'il en soit fait bon usage. Il reconnut dans ses mémoires que lorsqu'un chercheur « intéressé et intelligent » venait lui demander un document important pendant les procès, il se contentait d'ouvrir le dossier sur le canapé de son bureau avant de quitter la pièce en précisant : « Je ne veux rien savoir[17]. »

Il valait mieux qu'un « bien d'importance historique » soit dans les mains d'un collègue de confiance qui écrirait à son sujet plutôt que dans celles de bureaucrates du gouvernement qui permettraient éventuellement qu'on le détruise.

Tous les originaux des documents allemands saisis étaient censés être retournés aux centres d'archives militaires après les procès, mais Kempner voulait se servir des archives qu'il avait emmagasinées pour écrire des articles et des ouvrages sur la période nazie. Le 8 avril 1949, quelques jours avant le verdict du Procès des ministères, le procureur obtint une note composée d'un seul paragraphe, de Fred Niebergall, le directeur de la division des Archives de l'accusation. « Par la présente, j'autorise[18] le Dr Robert M. W. Kempner, chef du conseil et procureur général de la division des Ministères politiques, à retirer et conserver tout document déclassifié en lien avec les procès pour crimes de guerre de Nuremberg, en Allemagne, à des fins de recherches, d'écriture, de conférence et d'études. » C'était une lettre inhabituelle. Un juriste qui avait travaillé pour les services de renseignements militaires affirma des années plus tard qu'il était peu probable qu'un homme dans la position de Niebergall se soit permis de signer un tel document.

Le même jour exactement, Kempner envoya une lettre aux éditions E.P. Dutton à New York avec un synopsis pour un livre inspiré de ses interrogatoires de Nuremberg et des archives du ministère allemand des Affaires étrangères, provisoirement intitulé *Hitler et ses diplomates*[19]. Il avait évoqué ce livre au mois de janvier précédent, et Dutton, qui s'était montré intéressé, voulait désormais plus de détails.

On découvrirait par la suite que le livre n'était qu'un des nombreux projets éditoriaux de Kempner en 1949.

Des décennies plus tard, Kempner expliqua dans ses mémoires pourquoi il avait emporté tous ces documents de Nuremberg.

« J'étais certain d'une chose. Si je devais un jour contacter les Archives dans l'intention d'écrire sur le sujet, je recevrais probablement des réponses très polies, mais ils seraient incapables de trouver tous les documents. Mais j'avais mes dossiers[20]. »

Une justification somme toute un peu maigre. Ce que voulait véritablement Kempner, c'était avoir un avantage de taille sur les autres auteurs spécialisés de la période nazie : il voulait l'exclusivité.

Muni de sa lettre d'autorisation, Kempner fit empaqueter toutes ses archives de Nuremberg et – avec tout ce qu'il avait réussi à accumuler pendant ces années en tant que procureur – les envoya par bateau de l'autre côté de l'Atlantique, dans sa maison de la banlieue de Philadelphie. Le convoi arriva à la gare de Lansdowne, Pennsylvanie, le 4 novembre 1949 : vingt-neuf boîtes dont le poids total dépassait les 3 600 kilos[21].

Hitler et ses diplomates ne vit jamais le jour. Kempner fut happé par d'autres projets et trouva une autre façon de rendre justice aux victimes du Troisième Reich. Il ouvrit un cabinet à Francfort puis, parmi d'autres affaires juridiques, accepta peu à peu des dossiers de victimes du nazisme exigeant des procès en restitution[22]. Il représenta Erich Maria Remarque, dont le roman à succès sur la Première Guerre mondiale, *À l'Ouest, rien de nouveau*, avait été brûlé et banni par les nazis. Il représenta Emil Gumbel, professeur émérite de mathématiques de l'université de Heidelberg qu'on avait forcé à démissionner à cause de ses positions pacifistes. Il représenta des juifs, des catholiques, des membres de la Résistance. Son affaire prospéra et se révéla même lucrative.

Dix ans après la fin de Nuremberg, les procès contre les crimes de guerre nazis reprirent. En RFA, un procès de 1958 mit à nouveau en lumière les atrocités que les Allemands pensaient avoir laissées derrière eux. Dix nazis furent condamnés pour avoir assassiné plus de cinq mille juifs lithuaniens durant la guerre. L'affaire incita le ministère allemand de la Justice – affolé de voir que de nombreux criminels avaient échappé à toute forme de punition après la guerre – à créer un bureau central à Ludwigsburg pour enquêter sur les crimes nazis.

Au même moment, une vague de procès importants fut également lancée à l'étranger. En 1961, Kempner se trouva à nouveau sous le feu des projecteurs en se rendant à Jérusalem pour témoigner dans le procès d'Adolf Eichmann, l'homme qui avait organisé la déportation des juifs dans toute l'Europe. Durant cette même décennie, Kempner représenta plusieurs familles de victimes dans nombre de ces grands procès. Il représenta le père d'Anne Frank, et la sœur d'Édith Stein, une nonne carmélite, dans une affaire contre des officiers SS accusés d'avoir exterminé des milliers de juifs hollandais. Il représenta la veuve d'un journaliste pacifiste assassiné par un membre d'une section d'assaut nazie en 1933. Il prit la parole au nom de trente mille juifs berlinois dans le procès d'Otto Bovensiepen, le chef de la Gestapo qui avait orchestré leur déportation vers l'est.

Kempner profita du regain d'intérêt porté aux crimes nazis pour écrire une flopée d'ouvrages[23] à propos de ces procès, ou d'autres aussi importants pour le public allemand. Il publia également des extraits de ses interrogatoires de Nuremberg et, en 1983, ses mémoires, *Ankläger einer Epoche* (« Procureur d'une époque »). Bien que Kempner eût obtenu la nationalité américaine en 1945, ses livres ne furent pas publiés en anglais, et il demeura toujours plus connu dans son pays natal.

Quarante ans après Nuremberg, il était toujours en première ligne. Après l'achat par la Deutsche Bank du conglomérat industriel Flick, Kempner réussit à faire suffisamment pression sur le groupe pour le forcer à payer plus de deux millions de dollars de réparations à mille trois cents juifs qui avaient travaillé comme des esclaves dans des usines de poudre à canon possédées par une filiale de Flick durant la guerre.

Son combat contre les nazis définissait Kempner. Il refusait inexorablement que le monde oublie ce que ces criminels avaient fait. Si on lui parlait d'un ancien nazi en affirmant qu'au fond il ne semblait pas être une si mauvaise personne, il s'empressait d'ouvrir ses dossiers pour prouver le contraire.

« Il y a littéralement des milliers de meurtriers qui se promènent dans les rues d'Allemagne et du reste du monde, raconta-t-il à un reporter un jour. Combien de criminels nazis sont encore libres ? Jugez par vous-mêmes : de tous les procès qui ont suivi la guerre, seulement quelques milliers d'Allemands ont été reconnus coupables de meurtres. Pouvez-vous m'expliquer comment deux mille types ont réussi à tuer entre six et huit millions de personnes ? C'est mathématiquement impossible[24]. »

Trente, quarante, cinquante ans après l'ère nazie, il refusait de tourner la page. Il s'agissait d'un combat qu'il mènerait jusqu'à son dernier souffle.

À la navette incessante de Kempner entre les États-Unis et l'Europe afin de gérer ses affaires juridiques, il fallait ajouter une vie familiale pour le moins compliquée. Il avait beau avoir son cabinet à Francfort, il était désormais naturalisé américain et sa résidence principale se trouvait à Lansdowne, en Pennsylvanie, où il s'était installé durant la guerre. Il y vivait avec sa seconde femme, Ruth, écrivain et assistante sociale, ainsi que Marie-Luise Han, sa belle-mère âgée, sa secrétaire, Margot Lipton et, durant les années 1950, un de ses fils, André.

Les Kempner avaient un secret : ce n'était pas Ruth Kempner, la mère du garçon – comme on l'avait dit à tout le monde –, mais Margot Lipton[25], la secrétaire de Robert Kempner avec laquelle il avait eu une aventure en 1938. André avait grandi avec la conviction d'être le fils adoptif des Kempner. Sur les registres scolaires, le nom de Ruth Kempner apparaissait comme celui de sa mère. C'était juste plus simple comme ça. « Plus simple, dira Lipton, pour le Dr Kempner[26]. » André, comme son frère aîné Lucian – le fils du premier mariage de Kempner – n'apprit la vérité que bien des années plus tard. Non pas qu'ils n'aient pas tous deux nourri des doutes. À tel point qu'au mariage d'André en Suède, tout le monde s'extasia sur l'incroyable ressemblance physique entre Lipton et le marié.

Les enfants Kempner étaient bien trop respectueux pour poser la moindre question. « J'avais juste accepté ce que mon père m'avait dit, expliqua Lucian, le reste, ce n'étaient pas mes affaires.[27] »

Quoi qu'il ait su, André ne cessa jamais d'adorer son père. À vingt-neuf ans, il déménagea en Suède avec son épouse pour prendre la tête d'une ferme, d'où il envoyait régulièrement des lettres, écrites avec soin, à sa famille. « Je veux simplement vous remercier, Père, d'être le plus merveilleux des pères pour nous tous, écrivit-il après que Kempner et Lipton lui eurent rendu visite une année. Il n'est jamais facile de vous le dire quand je suis à vos côtés, mais j'espère que vous ne sous-estimerez jamais l'amour et la compréhension que j'ai pour vous et pour votre travail[28]. »

Au début des années 1970, Kempner habitait à plein temps en Europe et partageait sa vie entre Francfort et Locarno, en Suisse. Mais en 1975 il fut victime d'une crise cardiaque – elle survint peu après que des néo-nazis furent venus protester sous les fenêtres de son cabinet – et devint dès lors trop fragile pour traverser l'Atlantique. Ruth Kempner et Lipton, qui vivaient toujours en Pennsylvanie, lui rendaient régulièrement visite durant plusieurs semaines, mais le reste du temps, l'avocat pouvait se reposer sur une autre femme tout aussi dévouée.

Jane Lester était américaine, elle avait grandi à Brockport dans l'état de New York, quatre-vingt-quinze kilomètres à l'est des chutes du Niagara. En 1938, elle suivit une camarade de classe jusqu'en Allemagne où elle enseigna l'anglais à des aspirants émigrants. Elle reconnut sa naïveté des années plus tard. Elle n'avait pas la moindre idée de ce que faisait subir Hitler à ses ennemis. Lors de la Nuit de cristal de 1938, tandis que les nazis détruisaient des synagogues et saccageaient des magasins et des foyers juifs à travers toute l'Allemagne, Jane dormait profondément. Le lendemain, elle ne comprit pas pourquoi ses étudiants n'étaient pas venus à leur cours de langue. Elle quitta l'Allemagne, travailla dans une maison de courtage de Buffalo, puis devint dactylo pour le bureau des Services stratégiques à Washington – une *government girl* comme elle disait.

Un jour en 1945, elle lut dans le *Washington Post* qu'on aurait besoin d'interprètes lors des procès pour crimes de guerre qui se tiendraient à Nuremberg. Pour déposer sa candidature, elle se rendit au Pentagone et se retrouva de nouveau en Allemagne peu de temps après.

Elle connaissait Kempner de réputation. Elle l'avait vu dîner au Grand Hôtel de Nuremberg, là où tous ceux qui travaillaient sur les audiences se réunissaient chaque soir. Elle finit par faire sa connaissance en 1947, alors qu'il recrutait du personnel pour les derniers procès. Elle devint son assistante et le suivit souvent lors des interrogatoires, ce qui semblait grandement inquiéter la défense. « Ils n'arrivaient pas vraiment à déterminer mon rôle, disait-elle. La rumeur courait que j'étais psychologue. » Elle eut également l'honneur de traduire le procès-verbal de la conférence de Wannsee en anglais pour les procureurs américains.

Après la guerre, elle travailla pour les renseignements militaires américains au camp King d'Oberursel, à côté de Francfort. Mais elle continua de collaborer officieusement avec Kempner qui avait besoin d'aide pour traduire sa correspondance et gérer son cabinet. Ce partenariat allait durer quarante ans.

« Durant les vingt dernières années de sa vie, je n'ai jamais passé ni un jour ni une nuit loin de Robert Kempner, affirma-t-elle. J'étais son infirmière, son chauffeur et sa secrétaire. » Elle ne le disait pas, mais elle avait été, elle aussi, sa maîtresse.

Kempner et les trois femmes de sa vie restèrent tous très proches jusqu'à la fin.

Comme le dira Lucian des années plus tard : « Nous formions tous une grande et heureuse famille. »

Ruth, l'épouse de Kempner, mourut en 1982. Il passa la fin de ses jours dans un hôtel en périphérie de Francfort où lui et Lester dormaient dans des chambres adjacentes en laissant la porte ouverte. Ainsi, elle était près de Kempner si jamais il lui arrivait quoi que ce soit pendant la nuit. Robert et Lucian Kempner se parlaient presque tous les jours. Son père ayant du mal à l'entendre au téléphone, Lester écoutait elle aussi et répétait à Kempner tout ce qu'il n'avait éventuellement pas compris.

Kempner mourut le 15 août 1993 à l'âge de quatre-vingt-treize ans. Lipton était venu lui rendre visite de Pennsylvanie cette semaine-là.

« Il est mort dans mes bras, raconta Lester. Nous l'entourions chacune d'un côté, assises avec lui sur son lit de mort. » Quand le médecin arriva pour déclarer son décès, « nous étions dans un terrible état d'horreur, de chagrin et d'incrédulité[29] ».

Les femmes téléphonèrent à Lucian, qui fit la route depuis Munich avec sa femme et s'occupa de tout.

L'affaire n'allait pas être simple. Une vie entière de recherches, d'écrits et de voyages. Kempner avait tout gardé. Des peintures, des meubles, des milliers de livres et des monceaux de papiers envahissaient ses propriétés de Francfort et de Lansdowne. Il avait conservé un nombre incalculable de dossiers contenant des documents personnels, professionnels et juridiques : vieux passeports, répertoires, carnets d'écolier, des billets de train, des factures d'électricité, des vieilles lettres et de vieilles photographies.

Lester trouva le testament de Kempner au fond d'un sac, dans la chambre qu'elle occupait dans le même hôtel. Il ne tenait qu'une page, écrite à la main avec un épais marqueur noir, à peine lisible. Selon le document, Kempner léguait tout ce qu'il possédait à ses deux fils, Lucian et André.

Mais les choses n'étaient pas aussi simples qu'elles en avaient l'air.

Robert Kempner et Jane Lester, son interprète et assistante, lors du Procès des ministères à Nuremberg de 1948 à 1949.

– 2 –

Tout a disparu…

Deux ans après la mort de Kempner, Jane Lester, sa fidèle assistante, cherchait toujours une façon de faire perdurer sa mémoire[1]. Le statut d'ancien procureur de Nuremberg lui avait donné un certain cachet dans l'Allemagne d'après-guerre. On l'évoquait souvent dans la presse écrite ou les émissions de télévision concernant les procès. Il demeurait cependant un parfait inconnu aux États-Unis. Lester avait bien l'intention de changer cet état de fait.

Elle décida de contacter Herbert Richardson à Lewiston, dans l'État de New York. Ancien professeur de théologie, Richardson dirigeait une petite maison d'édition universitaire, Edwin Mellen Press. Les critiques considéraient Mellen comme une « imprimerie égotique adroitement déguisée en maison d'édition », un affront que Richardson avait contesté sans succès devant les tribunaux lors d'un procès en diffamation contre le magazine *Lingua Franca*, duquel il exigeait 15 millions de dollars de dommages et intérêts. Lester avait probablement trouvé le nom de Richardson quelque part dans les papiers de Kempner. En 1981, ce dernier avait tenté de vendre ses ouvrages à des éditeurs américains, et Mellen Press faisait partie de ceux qu'il avait contactés. Richardson avait expliqué diriger une toute petite structure qui n'avait pas la capacité de publier des ouvrages commerciaux.

« Cependant, je pense hélas sincèrement que vos livres DEVRAIENT être publiés en anglais et commercialisés en Amérique du Nord, écrivit Richardson en avril 1982. Ils contiennent des informations d'une importance capitale et il serait tragique de ne pas les diffuser. Mais que puis-je faire[2] ? Je suis un éditeur minuscule et je ne peux pas faire ce que je ne peux pas faire. »

Quand Lester lui téléphona, treize ans plus tard, Richardson était toujours intéressé. Lester traduisit une partie des mémoires de Kempner, et elles furent publiées par Mellen Press en 1996 à l'occasion du cinquantième anniversaire de la fin du premier procès de Nuremberg.

En mars 1996, Richardson participa à une réunion des anciens procureurs de Nuremberg à Washington. Il en profita pour approcher un historien confirmé du musée du mémorial de l'Holocauste des États-Unis et évoquer avec lui la donation d'une « petite quantité » des archives Kempner[3]. Ses dossiers étaient encore en possession de ses deux anciennes assistantes, Lester en Allemagne et Lipton en Pennsylvanie. À l'époque, les deux femmes, qui avaient largement dépassé les quatre-vingts ans, étaient encore très proches.

Deux jours plus tard, l'historien organisa une rencontre entre Richardson, Lester, Lipton et l'archiviste en chef du musée, Henry Mayer. Lester assura la majeure partie de la conversation, elle insista sur l'importance de Kempner et sur la valeur inestimable des archives qu'il laissait derrière lui. Mais les discussions ne menèrent nulle part. Mayer avait rejoint le musée deux ans plus tôt et il était déjà submergé de nouveaux documents. Il avait bien suffisamment de travail en l'état, et rien de ce qu'il entendit ce jour-là à propos de ces archives ne lui avait donné à penser qu'il s'agissait d'une priorité.

Aussitôt, Richardson eut une autre idée : il ouvrirait lui-même un centre qui accueillerait les archives.

Le 21 septembre 1996, Richardson organisa une cérémonie en grande pompe[4] pour l'inauguration du nouveau Centre Robert Kempner à Lewiston, une ville frontalière proche des chutes du Niagara. Vêtu de la toge noire des cérémonies universitaires, Richardson célébra une messe inaugurale durant laquelle il chanta les louanges de Kempner devant un petit groupe d'amis et de partisans de l'ancien avocat – Lester et sa grande famille y compris. Kempner fut « l'un des plus courageux soldats du combat contre un État qui se clamait légitime, mais qui était criminel, déclara Richardson depuis son pupitre, la voix vacillante comme un prédicateur dans une église à demi remplie de fidèles dévoués. Les fenêtres étaient ouvertes pour laisser entrer l'air frais du début d'automne. Robert Kempner a passé sa vie au service de la justice, à tenter d'exposer et de combattre ces lois et cet État qui, loin d'être légitimes, étaient en réalité illégaux. Un État qui, au nom de la justice, commit les pires injustices de l'Histoire. » Le centre Kempner serait dédié à l'idée que la morale est supérieure à la loi.

Les larmes aux yeux, Richardson raconta ensuite comment il avait rejoint le cercle d'amis posthume de Kempner. Avant cela, il n'était rien d'autre qu'un vieux sexagénaire usé ordinaire, qui regardait les années défiler. Puis Lester lui avait téléphoné pour qu'il l'aide à publier les livres de Kempner en anglais. Et soudain, on l'avait enfin sorti de sa torpeur. « Un an plus tard, expliqua Richardson à l'assemblée, Jane m'avait emporté dans son tourbillon de nouveaux projets et de nouvelles idées. Je dois reconnaître que cette femme est une véritable fontaine de Jouvence ! » Puis il descendit de l'estrade et lui tendit une sorte de diplôme encadré. « L'imagination débordante et la grande énergie de Jane Lester sont les armes spirituelles du noble chevalier parti à la quête du Graal, affrontant tous les dangers, dépassant les limites et cueillant non seulement les fruits du destin, mais également les mauvaises herbes », pouvait-on lire sur le certificat. Richardson l'avait surnommée « le sempiternel soldat de la justice ».

Les invités visitèrent ensuite les locaux de Mellen Press et, entre deux petits-fours, Lester dédicaça quelques exemplaires des mémoires de Kempner qu'elle avait traduites. Puis, on se rendit de nouveau à l'église où un acteur à l'accent britannique fit une lecture théâtrale de quelques passages du livre.

Lipton coupa le ruban de la petite maison blanche dont la devanture arborait désormais une grande enseigne annonçant la présence de la nouvelle institution.

Mais à l'intérieur, les étagères étaient vides.

En effet, si les femmes avaient physiquement les archives en leur possession, les deux fils de Robert Kempner n'en demeuraient pas moins les propriétaires légitimes aux yeux de la loi. Et ils n'avaient pas encore véritablement décidé de ce qu'ils allaient faire des dossiers de Lansdowne. Néanmoins en 1995, les fils avaient négocié avec les Archives nationales allemandes, le Bundesarchiv, afin de leur faire don des dossiers du cabinet de leur père à Francfort. Quand Richardson essaya d'intervenir dans la négociation, leur avocat lui envoya une lettre de mise en demeure.

Richardson, loin de se laisser décourager, écrivit à Lucian Kempner trois mois après l'ouverture du centre Robert Kempner pour lui faire une offre. Son nouveau centre serait dédié à « la collection, le classement, la publication et l'étude de la bibliothèque et des archives de Robert Kempner ». En échange, Lucian recevrait 20 000 dollars tout de suite, des droits d'auteur lors de la réédition des livres de son père, et un diplôme honorifique de la part de l'institution. « Puis-je venir à Munich en janvier pour discuter de tout cela avec vous ? »

Lucian déclina son offre.

En mai 1997, Lester rappela le musée de l'Holocauste au sujet des archives Kempner. Cette fois-ci, l'archiviste en chef du musée, Henry Mayer, était prêt à discuter.

Le grand-père de Mayer, Heinrich Meier, un éleveur de bétail d'Oberlustadt en Allemagne, avait dû abandonner son exploitation, contraint et forcé par les nazis. Ces derniers avaient alors donné l'ordre aux fermiers[5] de boycotter les juifs, à qui ils achetaient pourtant du bétail depuis des décennies. Quiconque était surpris en train d'acheter à un vendeur juif ne recevait qu'une fraction de la somme habituellement allouée par les coopératives gouvernementales pour son lait. Des manifestants donnaient même du fil à retordre aux juifs qui tentaient de vendre leurs marchandises sur les marchés publics. Finalement, les compagnies d'assurances refusèrent de permettre aux juifs de souscrire une assurance, pourtant obligatoire pour leur bétail. Exaspéré, Heinrich Meier embarqua en 1937 avec sa fille et son fils sur le *S.S. Washington*, un luxueux paquebot, et s'enfuit pour New York. Certains membres de sa famille l'avaient précédé, et il emménagea dans le même pâté de maisons qu'eux à Flatbush.

La séparation devint irrévocable : en arrivant, il modifia l'orthographe de son nom de famille afin qu'il ne soit plus prononcé à la façon allemande (« MA-I-HR »), mais à l'américaine (« MÉ-I-ER »).

Les Mayer ne parlèrent jamais de l'Holocauste. Henry Mayer naquit cinq ans après la fin de la Seconde Guerre mondiale, et apprit rapidement que poser des questions sur ce qui était arrivé aux juifs du Troisième Reich était strictement *verboten*. « C'était un sujet que nous n'abordions jamais, affirma-t-il. Nous n'en parlions pas, un point c'est tout. »

Henry Mayer étudia l'histoire américaine à l'université de Chicago, avant de rejoindre celle du Wisconsin où il obtint son master. Parti pour devenir professeur, il échoua à l'examen préliminaire de son programme de doctorat et, alors qu'il étudiait pour sa seconde tentative, décida qu'il ne voulait finalement plus devenir enseignant. Il quitta le programme, déménagea à Washington et obtint un poste aux Archives nationales. Son travail était intéressant, mais il arriva à un point où toute sa vie semblait se résumer à inventorier des documents et transférer des archives d'un point à un autre. Ainsi, quand un poste s'ouvrit au tout récent musée de l'Holocauste en 1994, il sauta sur l'occasion.

Plus d'un million et demi de personnes visitaient le musée de l'Holocauste chaque année, et l'idée était qu'en en sortant, ces personnes retrouvent leur vie avec le désir de « combattre la haine, prévenir les génocides et promouvoir la dignité humaine ». Avant qu'il ne prenne l'ascenseur qui conduisait vers la salle principale, on distribuait à chaque visiteur une fiche décrivant l'histoire d'une victime des persécutions nazies. Puis, au gré des grandes galeries du musée, il voyait de vieilles photos de massacres, montait dans un wagon à bestiaux comme ceux qui conduisirent les juifs jusqu'à la mort, passait sous une enseigne qui proclamait *ARBEIT MACHT FREI* (« le travail rend libre »), comme celle qui ornait l'entrée d'Auschwitz puis, enfin, arrivait dans une pièce remplie de quatre mille chaussures abandonnées par les victimes des chambres à gaz de Majdanek en Pologne. Le musée voulait donner une leçon d'histoire, mais également soulever des questions quant à la responsabilité de chacun : Qu'auriez-vous fait ? Qu'allez-vous faire pour empêcher l'expansion de la haine aujourd'hui ?

La collection, cependant, allait bien au-delà de ce qui était exposé dans les salles. Le musée abritait également un nombre incalculable d'archives mises à la disposition des chercheurs pour les aider à découvrir et raconter l'histoire de l'Holocauste : des documents, des photographies, des enregistrements, des récits oraux et des objets uniques au monde.

En tant que fils et petit-fils de juifs allemands expulsés de leur pays par les nazis, Henry Mayer se sentait intrinsèquement investi de la mission du musée. Mais ce ne fut que quand il commença à y travailler qu'il se rendit compte de l'étendue de son histoire familiale.

Les aïeux de Mayer, du nom de Meier et Frank, vivaient depuis des générations à Karlsruhe et dans ses environs, au bord du Rhin, dans le sud-ouest de l'Allemagne. Dans les années 1930, plusieurs membres de cette grande famille s'enfuirent aux États-Unis, à l'instar de son grand-père. Mais beaucoup n'eurent pas le temps de s'échapper. Ils furent emmenés lors d'une rafle nazie en octobre 1940. Ce jour-là, la Gestapo rassembla plus de 7 600 juifs, hommes, femmes et enfants, à travers tout le sud-ouest de l'Allemagne, et les expulsa de l'autre côté de la frontière.

Le convoi ne prit pas la direction de l'est, le chemin traditionnel de la déportation juive allemande dans les années qui suivirent. Mais de l'ouest, où ils arrivèrent sous la responsabilité de cette farce de régime qu'était le régime de Vichy, établi dans le sud non occupé de la France, après que les nazis se furent emparés du Nord plus tôt cette année-là. Les Français décidèrent d'envoyer les trains jusqu'à un camp d'internement improvisé, dans les environs marécageux d'un petit village du nom de Gurs, au pied des Pyrénées[6].

Les trains s'arrêtèrent à la gare la plus proche, celle d'Oloron-Sainte-Marie, et on entassa tout le monde dans des camions-bennes. La pluie tombait à verse, glaciale, tandis qu'ils parcouraient les derniers kilomètres de leur long et amer voyage. À 1 300 kilomètres de chez eux, les prisonniers furent dirigés – trempés, gelés et sous le choc – vers les quartiers abandonnés de baraquements délabrés. On laissa leurs valises en pile dans la boue.

Les travailleurs sociaux qui visitèrent le camp durant l'hiver 1940 évoquèrent une « atmosphère irrespirable de désespoir humain[7] » et une « profonde envie de mourir » parmi les prisonniers les plus âgés ; parmi ces déportés, 40 % avaient soixante ans ou plus. Derrière des barrières de fil de fer barbelé gardées par des soldats armés, les cabanes en bois sans fenêtres étaient pleines à craquer. Elles n'avaient ni chauffage, ni eau courante, ni meubles. Les poux, les rats, les cafards et les maladies proliféraient. « Il plut encore et encore, écrivit un détenu. La terre était un bourbier. On aurait pu glisser et mourir noyé dans la boue[8]. » Les prisonniers se partageaient une paire de bottes afin de traverser la boue pour rejoindre des sanitaires plus que sommaires – des seaux, dehors sous un auvent, sans la moindre porte. Un écrivain raconta que « l'odeur d'argile mélangée à la puanteur de l'urine[9] » envahissait tout. Les détenus étaient soumis à un régime strict d'ersatz de café, de bouillon et de pain. Il n'y avait pas suffisamment d'eau potable pour tout le monde, et la faim était constante. « Il faudrait un poète aussi sublime que Rimbaud, écrivit un intellectuel juif emprisonné à Gurs, pour rendre compte de toutes les nuances de misère qui s'abattaient sur des milliers et des milliers de personnes, hommes et femmes de tous âges[10]. »

Les cousins de Heinrich Meier, Elise et Salomon Frank, ne virent jamais la fin de l'année, ils moururent au camp cet hiver-là, l'un des plus rudes depuis longtemps.

Le frère de Heinrich, Emmanuel Meier, sa belle-sœur Wilhelmina et sa cousine Martha Mayer passèrent près de deux ans dans des camps d'internement français avant de disparaître à leur tour. En août 1942, ils furent envoyés par train à Drancy, près de Paris, où le peu de ce qu'ils possédaient encore leur fut enlevé.

À l'aube du 14 août, des bus conduisirent Emmanuel et Wilhelmina jusqu'à la gare. Des gardes, mitrailleuse à la main, les forcèrent à monter dans des wagons à bestiaux, et ils partirent vers l'est pour une « destination inconnue ». Martha partit trois jours plus tard. Ils se retrouvèrent au milieu de malades, de vieux, de jeunes orphelins dont certains n'avaient pas plus de deux ou trois ans.

Après un voyage de plusieurs jours, la famille de Heinrich atteignit sa destination, à 1 400 kilomètres plus à l'est, dans la Pologne occupée : Auschwitz[11].

À un million d'années-lumière, au musée de l'Holocauste, Mayer aidait à mettre en place, organiser et archiver une collection de plus de soixante-dix millions de pages. Aucune acquisition n'avait jamais été aussi importante ou aussi compliquée – et finalement aussi historique – que celle des archives Kempner.

Après le coup de fil de Lester en 1997, Mayer écrivit à Lucian et André Kempner au sujet de ces papiers. Ils répondirent avec enthousiasme et Lucian prit aussitôt les choses en main. Il était convaincu que le musée de l'Holocauste était l'endroit idéal pour accueillir les archives d'un homme aussi important que son père. « Il a voué sa vie à lutter contre le nazisme », dit Lucian, expliquant que les documents en question se trouvaient à Lansdowne et que Margot Lipton pouvait s'organiser pour qu'ils viennent faire un inventaire.

Quand Mayer et une équipe de spécialistes prirent la route de Philadelphie un matin d'août 1997, tout laissait à penser que les choses se passeraient pour le mieux.

Ils s'arrêtèrent devant la grande maison de six chambres que les Kempner avaient achetée pendant la guerre. Elle se trouvait au pied d'une colline face à un parc verdoyant au creux de Darby Creek. Personne ne vint ouvrir la porte quand on sonna à l'heure convenue. Quelques minutes plus tard, Lipton rentra de promenade. Quand Mayer se présenta, elle eut l'air surpris : « Qui ? » Une fois qu'on lui eut rafraîchi la mémoire, elle les conduisit à l'intérieur et leur montra où trouver ce qu'ils cherchaient.

Il y en avait partout, dans le bureau de Kempner à gauche, dans la pièce à droite, sous la véranda, dans deux chambres à l'étage, à la cave. L'une des pièces était totalement plongée dans le noir et Lipton dut aller chercher des ampoules.

L'un des spécialistes présents connaissait déjà les lieux. Au cours de ses études, Jonathan Bush, qui avait alors environ vingt ans, était venu interviewer Kempner. L'endroit n'avait pas vraiment changé, malgré les années. « C'était un bazar sans fin », affirma Bush quand il rejoignit l'équipe de chasseurs de nazis du Bureau des enquêtes spéciales du département de la Justice, devenant, par la même occasion, conseiller général du musée de l'Holocauste et expert dans les procès de crimes de guerre. « Je n'avais jamais vu autant de cartons entassés dans une maison. » Dans chaque pièce que Lipton leur montra, les boîtes allaient du sol au plafond. La moindre surface était recouverte de dossiers.

Les quatre hommes se sentirent un peu dépassés. « Et maintenant, qu'allons-nous faire ? », se souvient d'avoir pensé Mayer. Si l'on avait dit à Bush que la maison abritait plus de deux mille boîtes, il l'aurait cru sans problème. « Merde, se dit-il. Comment allons-nous réussir à trier tout ça ? »

Ils se répartirent en deux équipes et commencèrent l'inventaire. Ils n'avaient le temps d'analyser qu'un petit échantillon de documents pour déterminer si Kempner avait gardé quoi que ce soit qui vaille la peine d'être conservé. Au sous-sol, ils trouvèrent cinq étagères recouvertes de dictionnaires, de dossiers de Nuremberg et de livres de droit datant d'avant l'ère nazie. Presque trente boîtes, posées sur quatre tables, contenaient des archives concernant les dépenses personnelles de Kempner et ses dossiers juridiques. Dans les armoires du bureau, ils trouvèrent dossier en vrac sur dossier en vrac de lettres et de comptes rendus. La pièce était si pleine à craquer de meubles et de cartons qu'il était impossible d'atteindre les dossiers enfermés dans la bibliothèque vitrée.

Le classement des dossiers n'avait aucun sens, ils n'étaient rangés ni par ordre chronologique ni par thème. Ils durent déplacer des outils de menuiserie, des flacons de vitamines, des lotions en tout genre, pour atteindre les coupures de journaux, les factures, les photographies et les guides touristiques. Ils durent se hisser sur les boîtes posées au sol pour atteindre celles rangées tout en haut. Il était matériellement impossible de voir tout ce qu'il y avait, affirma Bush. « La majeure partie des cartons se trouvait derrière deux rangées, et sous six autres en hauteur. »

Mais les documents qu'ils réussirent à consulter présentaient un intérêt indéniable et étaient d'une importance historique. Bush ouvrit un carton et fut surpris d'y trouver des documents qui prouvaient que Kempner, l'ennemi numéro un des criminels de guerre nazis, avait représenté la veuve de Göring, Emmy, lors d'un procès : elle estimait avoir droit à la pension gouvernementale de feu son mari. Bush tomba également sur des copies d'une correspondance entre Kempner et J. Edgar Hoover. Il fut particulièrement épaté par l'ampleur des archives de Kempner sur les procès pour crimes de guerre. Il avait été fait don de copies de ces comptes rendus à plusieurs bibliothèques importantes, mais elles prenaient tant de place que même ces institutions s'en étaient débarrassées. Bush affirma que les archives de Kempner étaient quasi complètes. « Il avait tout. »

Dans son rapport, Mayer écrivit que la collection avait une « immense valeur historique pour l'étude de l'Holocauste ». Elle se trouvait également dans un « état critique ». La moisissure avait envahi la plupart des documents conservés dans la véranda et au sous-sol. Mayer recommandait de déplacer immédiatement ces archives vers un lieu de stockage temporaire, où l'on pourrait les traiter contre l'infestation des insectes et les rempaqueter.

Il fit part de son compte rendu à Lucian, qui le transmit ensuite à Lester et Lipton. C'est là que les problèmes commencèrent. Lipton refusait de se séparer de quoi que ce soit.

Et c'est là que l'imbroglio du testament de Kempner prit toute son ampleur. Pour s'assurer que Lipton ne manquât de rien après sa mort, l'avocat avait stipulé qu'elle pourrait continuer de profiter de la maison de Lansdowne – et de son contenu – aux frais de son patrimoine. Lucian et André tenaient à honorer ce souhait, mais ils voulaient également récupérer les documents historiques importants que Kempner avait laissés à Lansdowne.

Peu après l'inventaire des archives de Kempner, Mayer reçut une lettre de Lipton : elle ne comptait pas lui abandonner les documents sans se battre.

« Vous n'avez, de toute évidence, pas conscience de mes droits dans cette affaire », affirmait la lettre. Kempner avait cédé à Lipton le droit de « garder ou disposer de tous les biens qui se trouvaient au 112, Lansdowne Court ». Elle n'avait aucune objection à ce que le musée fasse l'inventaire des archives de Kempner « un jour ». Mais elle refusait qu'on la laisse dans une maison à moitié vide. « Vous ne semblez pas être sensible au fait que, une fois à la retraite, une personne d'un certain âge puisse trouver du réconfort dans le fait d'être entourée des documents, des livres, des photos et des objets qui symbolisent le travail de toute une vie », continuait la lettre. En outre, Mayer avait manqué d'égards en ne lui demandant pas si cela « me dérangerait qu'on m'envoie un camion pour m'enlever tout ce que contenait la maison dans laquelle je vis depuis plus de cinquante ans et où j'ai l'intention de vivre trente de plus ». Lipton comptait apparemment vivre bien au-delà de cent ans.

Lipton annonça à Mayer qu'elle poursuivrait Lucian et le musée en justice s'ils tentaient de mener à bien leur plan. « J'espère recevoir, en réponse à cette lettre, vos excuses pour avoir omis de discuter de tout ceci avec moi et votre promesse solennelle que vous n'insisterez plus jamais à l'avenir pour pénétrer chez moi et vous saisir de tout ce que je possède sans une invitation consentie de ma part par écrit. »

Lipton se trouvait avec Richardson et Lester en Allemagne quand elle écrivit sa lettre, et les membres du musée se demandèrent plus tard si celle-ci n'avait pas, en réalité, été rédigée par Richardson lui-même.

Lucian reçut lui aussi, aux alentours de la même époque, une lettre de Lipton. Elle reviendrait sur son opposition au retrait des archives Kempner s'il acceptait de lui céder la propriété de Lansdowne et tout le reste de son contenu. Une fois encore, il déclina.

Vers la fin 1997, Mayer répondit à Lester : « Nous n'avons qu'une seule intention, nous assurer que l'héritage intellectuel du Dr Kempner soit sauvegardé pour les futures générations de spécialistes, au sein d'une institution dédiée aux idéaux pour lesquels il s'est battu si fort et si longtemps. » Il lui présenta ses excuses pour ne pas l'avoir tenue au courant de l'affaire, mais souligna que Lucian lui avait demandé de n'impliquer aucun tiers dans leurs négociations. Il lui fit la promesse de collaborer pour s'assurer que les documents et biens qui lui appartenaient ne soient pas emportés avec ceux de Kempner. « Nous n'avons aucune intention de voler, par erreur ou volontairement, quoi que ce soit qui vous appartiendrait. »

Cependant, ne voulant pas risquer le procès, le musée finit par ne plus insister et resta en retrait, le temps que Lucian Kempner et Margot Lipton règlent leurs différends.

Mais le véritable élément imprévisible de cette histoire, c'était Herbert Richardson. Durant ses années d'enseignement[12], il était connu comme un orateur charismatique, profondément captivant et habité par la passion. Il était également connu pour se mettre dans des colères explosives et se montrer plus qu'intimidant, selon plusieurs étudiants. À l'occasion d'un de ses discours, l'une des ses étudiantes affirma qu'elle comprenait comment Adolf Hitler avait gagné le cœur des foules.

Quand on lui rapporta ce propos, Richardson soupira.

« Certains me comparent à Hitler, d'autres me comparent à Dieu, dit-il. Que suis-je censé répondre à ça ? »

Richardson soutint une thèse de théologie à l'université de Harvard en 1963, où il enseigna pendant cinq ans. Bien que pasteur presbytérien, il travailla ensuite dans un institut catholique, l'université St. Michael à Toronto, où il fut nommé titulaire. Ses sujets de recherche semblaient couvrir tous les champs possibles.

Richardson écrivit sur Saint-Anselme de Cantorbéry, l'avortement, l'affaire du bébé M et de sa mère porteuse, Jeanne d'Arc, les homosexuels dans l'armée... Son livre, *Nonne, sorcière et playmate*, publié par Harpers & Row en 1971, analysait « l'américanisation du sexe ».

Il lança sa maison d'édition universitaire indépendamment de la faculté pour laquelle il travaillait, en 1972. L'idée était à l'origine de publier des dissertations de ses étudiants de St. Michael. Mais la maison devint vite celle des spécialistes en tout genre qui n'arrivaient pas à faire publier leur travail. Richardson avait surnommé sa compagnie les « éditions du dernier recours ». En 1979, il transféra l'entreprise depuis son sous-sol à un bâtiment de Lewiston, dans l'État de New York, de l'autre côté de la frontière, à 130 kilomètres au sud de Toronto. La maison d'édition se développa peu à peu, finit par devenir rentable et par publier plusieurs centaines de titres par an sur un grand nombre de sujets. Richardson affirmait que ses éditions figuraient désormais dans les bibliothèques de recherches du monde entier, y compris de son ancien établissement, Harvard.

Dans les années 1980, Richardson fut l'objet d'une controverse quand il défendit ouvertement l'Église de l'Unification du révérend Sun Myung Moon et l'Église de la Scientologie contre ceux qui les accusaient de ne pas être de nouvelles religions, mais des sectes. Puis, en 1991, un incident lors d'un de ses cours faillit mettre en cause sa carrière académique. Cette année-là, après s'en être verbalement pris à ses étudiants pour avoir été trop bruyants et dissipés lorsqu'ils s'installaient à leurs bureaux, il eut une violente dispute avec l'un de ses assistants et le renvoya devant tout le monde. Certains étudiants rapportèrent cet épisode, et les responsables de l'université allèrent assister aux classes de Richardson. L'année suivante, on lui demanda de prendre sa retraite anticipée. « Le comportement de Richardson, écrivit à l'époque le président du département des Études religieuses, était une bombe qui ne demandait qu'à exploser. »

Le professeur refusa d'être évincé et demanda en échange qu'on le laisse prendre un congé-maladie. Il souffrait de douleurs à la poitrine depuis des années, et pensait qu'il était temps de suivre une cure à l'hôpital universitaire de Duke. S'il continuait à enseigner, dit-il à ses amis, « il serait mort en février ». Il se rendit bien à Durham, mais quitta l'hôpital deux semaines à peine après avoir commencé sa cure – elle coûtait trop cher, affirmera-t-il plus tard – et décida de voyager en Amérique du Nord et en Europe. Il se rendit au pays de Galles, un avant-poste international des éditions Mellen au Kansas, où son père était enterré, et en Californie du Sud, où il envisageait de s'installer à sa retraite, dans la communauté haute en couleur de Borrego Springs, au beau milieu du désert. Il passa également du temps aux îles Turques-et-Caïques, où il décida d'ouvrir une université Mellen. Bientôt, l'institution proposa des diplômes décernés sur dissertation et « expérience de la vie », pour la somme de 995 dollars. « La vie est une école, disait Richardson. Celui qui est en vie apprend. »

L'université de St. Michael eut vent de ses activités et de ses voyages et, quand il fut rentré, l'assigna pour faute grave. Comme il était titulaire, il n'était pas aussi simple de le renvoyer, l'affaire fut donc portée devant un tribunal public pour le moins inhabituel. Les responsables de l'université lancèrent toute une série d'accusations contre Richardson, de la plus insignifiante à la plus lourde. Finalement, on ne retint qu'une seule allégation, selon laquelle il avait abusé de son congé-maladie et avait trompé les responsables de l'université quant au temps qu'il passait véritablement à travailler pour Mellen Press.

Richardson passa cinq jours à répondre aux questions du tribunal. « Cette humiliation publique est une honte sans précédent[13] pour ma famille et moi-même, dit-il. Elle a provoqué ma ruine financière et mon déshonneur professionnel. » Il se présenta comme victime du harcèlement de ses collègues. Il affirma avoir sombré dans une profonde dépression le jour où on le mit au courant de l'enquête à son encontre. « On attaquait tout ce sur quoi j'avais construit ma vie pendant cinquante ans et je sentais mon âme se briser sous cet assaut. » Il perdit le procès et fut renvoyé en octobre 1994. Dans ses conclusions, le tribunal affirma ne pas avoir cru au témoignage de Richardson. « De par sa vivacité d'esprit, son éloquence et sa personnalité changeante, il est capable de travestir avec persuasion toute vérité discutable susceptible de lui être utile[14]. »

Un an après cet épisode, le plus tumultueux de sa vie, Herbert Richardson fit la connaissance de Jane Lester.

En août 1998 – un an après l'inventaire des archives de Lansdowne par Mayer et ses collègues – Lipton poursuivit les fils Kempner en justice au sujet d'un terrain constructible de quinze hectares qu'elle avait acheté avec Ruth et Robert Kempner en 1958. À la mort de Kempner, elle l'avait confié à Lucian et André afin qu'ils le vendent, s'accordant avec eux pour qu'ils lui remettent ensuite sa part de la somme obtenue. Mais en 1997, quand les deux frères vendirent le terrain pour un montant de 450 000 dollars, elle les attaqua en justice[15], affirmant avoir été frauduleusement abusée par leur avocat, et devoir par conséquent toucher l'intégralité des fruits de la vente.

Des documents du dossier montrent que Lucian Kempner était convaincu qu'Herbert Richardson se cachait une fois encore derrière cette nouvelle manipulation[16]. Son avocat, Kevin Gibson, déclara à la cour que Lipton avait donné à Richardson procuration sur ses affaires. Elle avait quitté la résidence de Lansdowne pour s'installer à la Maison presbytérienne, une institution réservée aux personnes âgées de Lockport, dans l'État de New York, à 30 kilomètres du bureau américain de Richardson. Gibson demanda aux juges de rejeter la demande de Lipton et d'autoriser les héritiers Kempner à pénétrer dans la maison de Lansdowne pour récupérer les biens de leur père.

Au musée de l'Holocauste, Mayer, de plus en plus impatient, observait de loin ce marasme juridique quand, le 23 juin 1999, le vent finit par tourner. Gibson avait enfin réussi à s'entretenir avec Lipton. Elle venait de fêter ses quatre-vingt-cinq ans et le temps avait eu raison d'elle. « Je ne sais pas exactement où je vis ces jours-ci », admit-elle. Quand on lui demanda comment elle avait fait la connaissance d'Herbert Richardson, elle répondit : « Je ne m'en souviens pas[17]. » Gibson lui montra un chèque de 13 000 dollars provenant du compte bancaire du patrimoine de Kempner. Apparemment, Lipton avait signé ce chèque au nom de Lucian, en affirmant avoir procuration. Lipton affirma ne rien savoir de cette transaction.

Gibson demanda à plusieurs reprises à Lipton si elle s'opposait au retrait et à la conservation des archives Kempner de la maison de Lansdowne. Elle répondit n'avoir aucune objection. « Je préférerais que cela soit fait après ma mort, déclara-t-elle, mais s'il faut le faire maintenant, je pense que c'est envisageable. » Elle ajouta également qu'elle ne prévoyait pas de retourner vivre à Lansdowne et n'avait « aucune opposition » à ce qu'on vende la maison. Lipton finit par régler à l'amiable son procès contre les héritiers Kempner quant à leur patrimoine immobilier.

L'avocat contacta immédiatement le musée, qui décida d'agir vite. « Non seulement mademoiselle Lipton peut changer d'avis, écrivit Mayer à ses collègues, mais la maison est également inhabitée pour le moment et son contenu, par conséquent, se trouve dans une situation précaire. » Une semaine après la déposition de Lipton, Mayer était de retour à Lansdowne. Gibson le retrouva sur place, accompagné d'un serrurier et d'un officier de police qui était là pour s'assurer que tout se passe comme prévu.

En entrant, ils découvrirent d'abord un pistolet posé sur une étagère de la cuisine. Puis ils s'aperçurent que la plupart des documents qu'ils avaient répertoriés deux ans auparavant avaient disparu. « La maison était complètement vide », expliqua Bush, le spécialiste des crimes de guerre qui avait aidé Mayer lors de l'inventaire de 1997. Au sous-sol, on avait nettoyé toutes les étagères. Dans le bureau de Kempner, les armoires à classeurs étaient vides. La majeure partie des documents à l'étage s'étaient envolés eux aussi. En parcourant la maison, l'inventaire de 1997 en main, Mayer et ses collègues se virent forcés de rajouter les mentions « disparu » ou « tout a disparu », colonne après colonne. « Même le bureau a disparu » remarqua quelqu'un.

Tandis que Gibson téléphonait à la police de Lansdowne pour lancer une enquête officielle, Bush et les autres allèrent frapper aux portes des maisons voisines. Certains voisins affirmèrent avoir remarqué un camion de déménagement garé devant la maison la semaine précédente.

La police interrogea le vieux gardien des Kempner, Magnus O'Donnell – surnommé « Nifty » (M. Astuce) – qui leur raconta que, sept mois plus tôt, Richardson était venu visiter la maison et, avec l'aide de Lester et Lipton, avait trié les archives. Ils avaient emballé ce qu'ils désiraient emporter, dit-il, et fait envoyer les cartons à New York. On avait jeté deux bennes entières de vieux habits, de meubles et d'objets ménagers.

Les enquêteurs retrouvèrent la trace de Richardson à Lewiston[18] et découvrirent que les documents manquants étaient tous conservés au centre Robert Kempner de Lewiston, dans des pièces équipées de l'air conditionné et verrouillées à double tour. Ils annoncèrent à Richardson qu'ils enquêtaient sur sa gestion du patrimoine de Lipton et exigèrent qu'il remette les documents au musée de l'Holocauste. Il s'exécuta aussitôt.

Le 3 août, accompagné par la police, Mayer se rendit à Lewiston afin de trier et d'emporter les archives Kempner. Jane Lester, très en colère, vint à leur rencontre, accompagnée de son avocat. Richardson, lui, n'était pas là.

Si c'était bien le coup de téléphone de Lester qui, en 1997, avait relancé l'acquisition des archives Kempner par le musée, deux ans plus tard, celle-ci semblait outrée par la tournure qu'avaient prise les choses. Oui, ils avaient déplacé tous les documents, dit-elle, mais seulement pour les sauvegarder et s'assurer que le musée ne prenne rien qui ne fasse pas partie du patrimoine de Kempner.

La délégation finit par accéder au premier étage pour voir ce qu'il restait de la collection. Ils acceptèrent d'étudier laborieusement chaque dossier afin de déterminer ce qui constituait les archives Kempner et ce qui appartenait à Lester et Lipton.

Tout cela prit énormément de temps. Lester se plaignait en affirmant que le musée envahissait son intimité. Elle disait à Mayer qu'elle voulait se souvenir de son visage, parce qu'un jour elle écrirait à propos de ce qu'il était en train de lui faire subir. Chaque fois qu'ils tombaient sur une lettre qu'elle avait écrite à Kempner, elle refusait de s'en séparer. Il y en avait plusieurs centaines, datant des années 1960 jusqu'aux années 1980 : Lester, Lipton et les Kempner s'écrivaient presque tous les jours quand ils étaient séparés. Mayer affirma que les lettres envoyées à Kempner devaient être considérées comme faisant partie de sa collection, et tenta d'en conserver le plus possible.

Bout à bout, la collection Kempner reste à ce jour la plus grande collection de documents écrits donnée au musée. Les archivistes réunirent en tout quatre-vingt-cinq cartons de dossiers de Nuremberg, cent dix-sept volumes de feuilles reliées concernant les procès, soixante-huit boîtes contenant des documents personnels et professionnels de Kempner, trente-neuf enregistrements sonores en 78 tours, et près d'un millier de livres et de journaux.

Quand les archives arrivèrent à l'entrepôt du musée, situé au nord de Washington, et qu'ils purent les étudier de façon plus approfondie, les archivistes et les historiens découvrirent le secret de Kempner : pendant des décennies, sa maison abandonnée de la banlieue de Philadelphia avait caché une énorme collection d'originaux nazis – des documents que les historiens n'avaient jamais vus, parce que Kempner les avaient empruntés à Nuremberg et ne les avait jamais rendus.

Parmi eux, le journal de guerre d'un membre d'une unité de la Waffen SS basée en Hongrie datant de 1944 relatant la période durant laquelle six cent mille juifs furent envoyés vers leur mort. Il y avait une lettre signée de la main de Reinhard Heydrich, l'un des architectes de l'Holocauste, dans laquelle il demandait à Hitler où envoyer les biens culturels qu'il avait fait saisir aux juifs d'Autriche. Il y avait un document datant de septembre 1939, ordonnant la confiscation de toutes les radios possédées par des juifs. Il y avait une lettre signée par Wilhelm Keitel, le chef du haut-commandement des forces armées allemandes, écrite depuis sa prison de Nuremberg.

Kempner possédait également des notes écrites par Rosenberg en vue d'un discours qu'il prononça deux jours avant l'invasion de l'Union soviétique en 1941. Il avait plusieurs de ses dessins au crayon, y compris une étude de femme nue au repos. Il avait le *Ahnentafel* personnel de Rosenberg, le dessin d'un arbre généalogique montrant qu'il n'avait aucun parent juif.

Quand ils eurent fini de trier la collection, Mayer croyait avoir en sa possession l'intégralité de la donation Kempner. Il pensait en avoir enfin fini avec cette étrange saga.

Il avait tort.

Henry Mayer, archiviste en chef du mémorial de l'Holocauste de Washington, étudie le journal de Rosenberg.

– 3 –

Plonger dans l'esprit d'une âme obscure

Quelques semaines après son face-à-face avec Jane Lester à Lewiston, Mayer reçut un rapport rédigé par Jürgen Matthäus, un des historiens du musée de l'Holocauste. Celui-ci avait de bonnes raisons de croire que quelque chose d'important se cachait parmi la masse de documents donnés par les héritiers de Robert Kempner : le journal intime d'Alfred Rosenberg.

À vrai dire, écrivait le spécialiste, il avait trouvé la preuve concrète de ce qu'il avançait dans les archives de Kempner : le procureur l'admettait lui-même par écrit.

Après sa découverte dans la chambre forte de l'abbaye, le journal fut envoyé au bureau des procureurs de Nuremberg. Il ne fut cependant jamais soumis comme preuve lors des procès et, en réalité, quand l'avocat de Rosenberg demanda à le consulter en vue de préparer le dossier de la défense, on lui affirma que le document était introuvable.

Cent quatre-vingt-onze pages du journal – soixante-quinze originales et cent seize copies – furent envoyées aux Archives nationales américaines à la fin des procès de Nuremberg, et, au milieu des années 1950, un écrivain allemand du nom de Hans-Günther Seraphim se prépara à les publier dans une édition annotée. Il étudia parmi d'autres un article de Kempner paru en 1949 dans le magazine allemand *Der Monat*, intitulé « La guerre contre l'Église ». Kempner y publiait plusieurs passages du journal de

Rosenberg. Seraphim se rendit compte que ces extraits n'étaient pas issus des pages qui se trouvaient aux Archives nationales. Il écrivit donc à Kempner pour lui demander quelles autres parties du journal il avait en sa possession. L'ancien procureur ne lui cacha pas la vérité[1]. Il admit posséder plus de quatre cents pages manuscrites qu'il avait l'intention de publier mais, dit-il à Seraphim, n'en avait jusque-là « jamais eu le temps ». Seraphim demanda à Kempner de partager ses archives afin de publier une édition aussi complète que possible. L'avocat refusa, mais quand il apprit que Seraphim publierait quand même ce qu'il avait, il lui suggéra d'ajouter une note de bas de page pour informer les lecteurs qu'il avait, lui, en sa possession, « un nombre important de documents supplémentaires ».

Seraphim n'avait soit pas conscience que ce document appartenait légalement à l'État, soit il décida tout simplement de ne pas insister.

Au cours des années qui suivirent, Kempner cita d'autres extraits encore, dans au moins deux de ses ouvrages. Dans l'un d'eux, il écrivit même que : « Les journaux secrets... se trouvent dans mes propres archives[2]. » Mais quand certains spécialistes le contactèrent en vue de les consulter, Kempner resta évasif dans ses réponses.

Pour Henry Mayer, cette découverte fut un véritable choc. Le journal était un document irremplaçable à l'importance sans pareil. Au-delà de sa valeur évidente en tant qu'objet historique, les spécialistes espéraient que ces pages manquantes contiendraient d'importantes précisions concernant la solution finale. Entre 1941 et 1942, Rosenberg et son entourage avaient participé à des débats fondamentaux, à l'époque même où les nazis se mirent à exterminer les juifs à travers l'Europe.

Fred Niebergall n'avait en aucun cas le droit d'autoriser Kempner à emprunter des documents pour ses recherches, et quand bien même il l'aurait fait, Kempner n'avait, lui, certainement pas le droit de garder pour toujours un document de la valeur du journal de Rosenberg.

Encouragé par le rapport de Matthäus, Mayer chercha méthodiquement le journal manquant dans toutes les archives Kempner que le musée possédait. Celui-ci n'y était pas.

Puis, le 25 juin 2001, il reçut un appel téléphonique d'un homme du nom de Walt Martin, qui lui expliqua avoir en sa possession certains documents provenant de la résidence de Kempner à Lansdowne.

Mayer était perplexe. Ils avaient méticuleusement vidé la maison de toutes les archives qui s'y trouvaient quand ils étaient venus récupérer la collection durant l'été 1999 : ils avaient emporté le peu qu'il restait. Il lui semblait impossible qu'ils aient omis quoi que ce soit. Il insista pour que l'homme lui donne plus d'informations. Martin lui raconta plusieurs versions différentes. Il affirma d'abord avoir trouvé les documents dans une benne à ordures qui se trouvait devant la maison. Puis il prétendit les avoir trouvés dans la véranda.

Ces documents, demanda Mayer, incluaient-ils par hasard un journal au nom d'Alfred Rosenberg ?

Martin répondit qu'il pensait que oui. Il demanda combien celui-ci vaudrait. « Un million ? Deux millions[3] ? »

Mayer dit à Martin qu'il le rappellerait. Au lieu de cela, il contacta le FBI.

Robert Wittman était le fondateur de la section du FBI en charge de lutter contre les vols d'œuvres d'art. Il avait gagné sa réputation en travaillant sous couverture dans le monde entier afin d'arracher des mains de voleurs, d'escrocs ou de contrebandiers en tout genre les biens qu'ils avaient dérobés. Il avait récupéré une boule de cristal de vingt-cinq kilos qui avait un jour illuminé le Palais impérial de Pékin : il l'avait trouvée sur une commode chez une sorcière autoproclamée de Trenton, dans le New Jersey. Toujours dans le New Jersey, sur une aire d'autoroute près de la sortie 7A après le péage, Wittman organisa un coup monté pour confondre des contrebandiers qui essayaient de vendre le morceau d'une armure en or du Pérou vieille de sept cents ans. Il découvrit une incroyable cache d'objets américains dans une maison modeste au sud de Philadelphie. La collection, estimée à trois millions de dollars, comprenait le fusil dont s'était servi John Brown, l'abolitionniste radical, lors de l'insurrection sanglante de Harpers Ferry qui précipita sa fin ; une bague contenant une mèche de cheveux de George Washington ; et une montre en or qui avait été offerte au général de l'Union George Meade, après la bataille de Gettysburg (et sur laquelle on pouvait lire l'inscription VICTOIRE). Wittman réussit également à attirer un revendeur dans un hôtel de l'aéroport de Philadelphie pour récupérer une coiffe de guerre amérindienne ayant appartenu à Geronimo. À Madrid, il aida des enquêteurs espagnols à retrouver dix-huit tableaux, d'une valeur totale de 50 millions de dollars, d'artistes tels que Goya et Brueghel. Il sauva la carte de Gettysburg de Pickett, un des premiers manuscrits de *La Terre chinoise*, de Pearl S. Buck, et l'un des quatorze exemplaires manuscrits d'origine de la Bill of Rights de 1789.

Wittman était l'enquêteur spécialisé le plus doué du FBI dans le vol d'œuvres d'art. Il avait récupéré un nombre invraisemblable d'objets, dont la valeur dépassait en tout 300 millions de dollars. Il avait ainsi réussi à ouvrir les yeux de la communauté internationale sur cet univers criminel fort lucratif. Le bureau avait beau additionner le prix de chaque objet qu'il récupérait, Wittman savait que les objets du passé étaient d'une valeur inestimable.

Comment pouvait-on estimer en dollars un héritage culturel et national ? C'était parce qu'il pouvait sauver toutes ces reliques historiques que Wittman aimait son métier.

La première chose qu'il fit, quand il commença à travailler sur l'affaire du musée de l'Holocauste en août 2001, fut de s'entretenir par téléphone avec Mayer et Martin. Il se présenta sous le nom de Bob Clay, un expert en documents historiques. Il avait une raison valable de garder son vrai prénom. Il était toujours plus facile de jouer un rôle quand on limitait les mensonges au strict minimum.

Wittman savait d'expérience qu'il en apprendrait plus en étant sous couverture que par une interrogation frontale du FBI. En prétendant être un expert, il serait en mesure de dire qu'il avait besoin de voir la collection en personne, et il aurait une bonne raison de poser des questions sans détour sur la provenance des documents.

Walt Martin leur raconta que les héritiers Kempner avaient engagé un entrepreneur pour vider et nettoyer la maison en vue de sa vente. L'homme en question avait sous-traité cette tâche à son frère, William Martin, qui tomba sur toutes ces boîtes remplies d'archives quand il se rendit sur place. Comment elles étaient arrivées là demeurait un mystère, les employés du musée étaient certains de n'avoir rien laissé derrière eux après être venus récupérer la collection en 1999. « Ils avaient fouillé le moindre recoin de la cave infestée de rats, ils avaient sondé les murs, cherché un coffre » dit Kevin Gibson, l'avocat des héritiers Kempner. « Et quand ils sont partis, j'ai cherché une nouvelle fois. Il n'y avait plus de documents[4]. » Certains documents ressemblaient à des originaux nazis d'après Martin. Il affirmait avoir des centaines de pages de plans militaires, un document qui parlait d'exploiter les matières premières dans l'Union soviétique après la guerre, quelques-unes des lettres écrites par J. Edgar Hoover à Kempner et – il le pensait et l'espérait – des pages du journal de Rosenberg. Il affirmait également détenir le vieil uniforme militaire de Lucian Kempner. Walt Martin disait avoir contacté David Irving, un historien d'art britannique, au sujet du « butin Kempner ». Irving venait de perdre un long procès pour diffamation contre l'auteur Deborah Lipstadt après qu'elle l'avait inclu dans un livre sur les deniers de l'Holocauste.

Une fois le coup de fil terminé, Wittman dit à Mayer de choisir une date pour aller visiter la maison de Martin près de Philadelphie et voir ce qu'il possédait vraiment. Si Martin avait effectivement le journal, Wittman pourrait immédiatement s'en saisir sous prétexte de le préserver pendant qu'il enquêterait pour déterminer s'il appartenait ou non au gouvernement.

Wittman arrangea un rendez-vous pour le 30 octobre, et ce jour-là Mayer et un historien du musée s'en allèrent visiter la maison de Martin. Il s'agissait d'une maison mitoyenne en brique dans un quartier coincé au beau milieu d'une zone industrielle, derrière l'Interstate 95. Les chercheurs trouvèrent de grandes piles de papiers éparpillées partout dans la petite maison. Certains documents étaient toujours dans leurs cartons, certains entassés n'importe comment à même le sol. Martin fumait en même temps qu'ils triaient, les cendres de ses cigarettes n'avaient de cesse de tomber sur les documents.

Mayer sut aussitôt que tous ces documents étaient des pièces importantes du patrimoine Kempner. Il sortit l'annoncer à Wittman et à son partenaire, Jay Heine, qui attendaient dehors. Les agents pénétrèrent dans la maison et annoncèrent à Martin que le FBI saisissait les documents jusqu'à ce que les différentes parties impliquées puissent régler toutes ces questions emmêlées de propriété.

Martin menaça de saisir la justice. Au musée de l'Holocauste, on débattit pour savoir jusqu'où aller sur le plan juridique. Le journal de Rosenberg ne se trouvait finalement pas dans les cartons de Martin, mais ce trésor de la collection Kempner continuait de hanter l'esprit de Mayer. Il était donc favorable à l'idée d'un procès contre Martin. Car il voulait s'assurer que le musée soit en mesure de revendiquer la propriété du journal si celui-ci réapparaissait un jour. Si l'on considérait l'importance des pages égarées, Mayer ne voulait surtout pas qu'elles tombent entre de mauvaises mains.

La direction du musée fut d'accord avec lui et l'affaire fut portée devant une cour fédérale[5].

Finalement, parce que personne n'était capable de contester la version de Martin – ni de prouver de façon irrémédiable que les membres du musée n'avaient pas négligé certains cartons quand ils étaient venus chercher la collection Kempner en 1999 – les avocats recommandèrent un arrangement à l'amiable. Les deux parties tombèrent d'accord et décidèrent de tout partager. Pour la seconde fois, Mayer se retrouva assis à trier des piles de documents laissés par Kempner. Chaque partie choisissait tour à tour les archives qu'elle souhaitait conserver.

En 2005, Martin se sépara de la moitié qui lui avait été octroyée lors d'une vente aux enchères à la maison Wilson, à Chester Heights, près de chez lui dans la banlieue de Philadelphie. Dans un moment de schizophrénie comme on en voit rarement, les archives de Kempner, un homme qui avait lutté toute sa vie contre le nazisme, furent vendues au côté d'un maillot des Jeunesses hitlériennes, d'une ceinture d'uniforme SS, d'une cuillère à café de la Luftwaffe et d'un brassard nazi.

Pour Mayer et Wittman, c'était une conclusion amère de cette quête qui avait commencé un jour de 2001, quand Martin avait téléphoné à Mayer. Il était désormais évident que les archives Kempner empilées à Lansdowne avaient été divisées, déplacées et cachées dans des conditions moins qu'idéales après sa mort. Chaque fois que l'archiviste et l'agent pensaient enfin tout en leur possession, l'histoire prenait un nouveau tournant.

La possibilité de trouver un jour les pages perdues du journal semblait n'être plus qu'un rêve lointain.

Alors qu'il était plongé dans les négociations avec Martin, Mayer apprit que l'on avait trouvé d'autres archives Kempner encore, cachées dans une salle verrouillée du centre Kempner de Lewiston – l'établissement fondé par Herbert Richardson. Jane Lester y avait déménagé. Elle était cependant clouée au lit à la suite d'une mauvaise chute lors de laquelle elle s'était cassé le col du fémur. À l'occasion d'une de leurs visites en 2001, ses sœurs la trouvèrent dans un état si déplorable qu'elles l'emmenèrent, à l'insu de Richardson, à l'hôpital, et bataillèrent ensuite pour devenir ses tutrices et reprendre ses finances en main. Ses actifs avoisinaient les 6 millions de dollars, dont une partie était sur un compte partagé avec Richardson. Au même moment, l'avocat des sœurs de Lester fut informé de l'implication de Richardson dans les affaires de Margot Lipton et la cour désigna donc un tuteur indépendant, Edward Jesella, un avocat de Lewiston, pour s'occuper désormais des biens de l'ancienne secrétaire. Il découvrit que Richardson avait réussi à convaincre Lipton de lui donner la signature sur tous ses comptes bancaires[67] aux États-Unis et en Europe, et sur lesquels elle avait économisé au fil du temps plus de un million de dollars. Jesella reprit d'autorité la main sur les finances de Lipton. Les avocats de Richardson menacèrent de saisir la justice, se souvient Jesella, mais le professeur se ravisa et décida finalement de mettre un terme à toute relation avec les deux femmes.

En 2003, l'avocat représentant les sœurs de Lester invita le musée de l'Holocauste à consulter les documents qu'elles avaient découverts chez leur sœur et conservés dans un garde-meubles de Amherst, dans l'État de New York. Les avocats de Lester annoncèrent à Mayer que s'il trouvait dans ces cartons des archives qui fassent partie du legs des héritiers Kempner au musée, il pouvait bien évidemment les emporter avec lui à Washington.

Mayer et Wittman discutèrent de la marche à suivre quant à la nouvelle découverte d'archives Kempner. Puisque les tutrices de Lester invitaient Mayer à emporter tout ce qui appartenait au musée, Wittman suggéra que l'archiviste se rende seul à Amherst et qu'il l'appelle s'il rencontrait le moindre problème.

Mayer passa la journée au garde-meubles à ouvrir des cartons. Le journal ne s'y trouvait pas non plus.

Mais le voyage ne fut pas inutile pour autant. La sœur de Lester, Elizabeth, mentionna quelque chose de très intéressant. Elle avait un jour accompagné Jane à une interview pour le magazine allemand *Der Spiegel* et, au cours de la conversation, Lester avait laissé échapper qu'elle avait donné le journal de Rosenberg à quelqu'un afin qu'il le mette en lieu sûr. Herbert Richardson.

Mayer rédigea un rapport à l'intention de Wittman sur l'avancée des recherches : le journal, propriété du gouvernement, avait été volé ; Kempner semblait l'avoir emporté après les procès de Nuremberg, et, selon les informations les plus récentes, Richardson l'avait désormais en sa possession. Mais une remarque de Lester à un journaliste, qui plus est rapportée par sa sœur, n'était pas une preuve suffisante pour que Wittman puisse monter un dossier solide. De plus, Richardson partageait son temps entre le Canada et les États-Unis, il aurait donc fallu faire appel à une collaboration internationale, ce qui aurait grandement compliqué le processus.

Quand Wittman prit sa retraite en 2008, le journal n'avait toujours pas été retrouvé. Peu de temps après, Mayer croisa Eli Rosenbaum, l'ancien directeur du bureau des enquêtes spéciales du département de la Justice qui avait poursuivi et extradé de nombreux nazis. Rosenbaum proposa à Mayer de l'aider. Cependant, il fut forcé de reconnaître, quelque temps plus tard, qu'il n'avait aucun moyen de faire avancer l'affaire.

Désespéré, Mayer téléphona à Wittman en 2012 pour savoir s'il accepterait de redonner une chance à l'enquête.

L'ancien agent parut intéressé. Il avait monté sa propre affaire et enquêtait en tant que privé sur les vols d'œuvres d'arts. Il était également consultant en sécurité. Cependant, sa mission n'avait pas fondamentalement changé. Elle consistait toujours à retrouver des pièces uniques et inestimables. La seule différence désormais, c'était que sa clientèle appartenait au secteur privé, il avait donc la liberté d'enquêter sur une affaire sans se soucier des limites posées par les frontières internationales.

Peu après le coup de fil de Mayer, Wittman prit le train pour Washington avec son fils, Jeff, qui avait rejoint le cabinet paternel une fois ses études terminées. Comme toujours, de nombreux agents de sécurité gardaient l'immense monument de granit dédié à la mémoire des victimes du nazisme. À peine trois ans plus tôt, un adepte de l'idéologie de la suprématie raciale, un Blanc de quatre-vingt-huit ans, muni d'un calibre 22, avait tué le garde posté devant l'entrée. Les Wittman passèrent le détecteur de métal, puis montèrent au cinquième étage pour rejoindre les responsables du musée dans une salle de conférence.

Wittman n'avait aucun mal à s'identifier à la cause du musée. Son père, un Américain, avait rencontré sa mère, une Japonaise, à la base aérienne américaine de Tachikawa pendant la guerre de Corée. Ils s'étaient mariés en 1953 puis étaient rentrés aux États-Unis pour s'installer à Baltimore. Enfant, Wittman avait parfois vu sa mère se faire insulter en public par des inconnus : « Jaune ! Niakoué ! » Il en était resté abasourdi à l'époque, mais il avait fini par se rendre compte que la haine germait toujours du terreau de la guerre. Ses voisins avaient perdu un grand nombre de leurs proches dans la lutte contre les Japonais. Il comprenait les deux camps : le père de Wittman pilotait une barge de débarquement dans le Pacifique, tandis que ses oncles maternels luttaient au sein de l'armée japonaise.

Quand Wittman songeait au déplacement et à l'internement de plus de cent dix mille citoyens des États-Unis d'origine japonaise, après l'attaque de Pearl Harbor, il n'avait aucun mal à comprendre comment le nazisme avait pu se répandre en Allemagne. Combien il était facile pour le patriotisme de se transformer en un racisme consacré par la loi.

Kempner l'avait dit lui-même. Il suffit de quelques pas minuscules dans la mauvaise direction pour conduire une nation sur le chemin de la catastrophe.

Au musée, Mayer exposa ce qu'il savait du journal de Rosenberg jusque-là et Wittman se mit au travail. Dix ans après le premier coup de téléphone de Mayer, il était prêt à repartir en chasse.

Il était désormais temps de mettre fin à ce mystère d'un demi-siècle et de rendre le journal de Rosenberg au public.

Wittman étudia les différents rapports de Mayer sur la donation compliquée des archives Kempner. Les deux fils du procureur étaient désormais décédés, tout comme Lester et Lipton. Mais

Richardson était toujours en vie – il venait de fêter ses quatre-vingts ans –, donc l'enquête commença par lui. Wittman était bien décidé à retrouver l'ancien professeur et à le faire parler. Localiser Richardson fut assez simple : il partageait toujours son temps entre Lewiston et la banlieue de Toronto. La question était de savoir s'il allait bien vouloir coopérer. Wittman ne le saurait qu'en se confrontant personnellement avec lui. Quand on y réfléchissait, personne ne s'était jamais entretenu face à face avec Richardson pour lui dire que s'il avait le journal, il n'avait aucun droit de le conserver et qu'il devait le remettre à l'État. Wittman voulait obliger l'ancien professeur à prendre la situation au sérieux.

Les incertitudes dans l'affaire subsistaient. Et si Robert Kempner avait donné le journal avant sa mort ? Ou bien vendu ? Et si la remarque officieuse de Lester avait été mal comprise ? Et si Richardson n'avait jamais eu le journal en sa possession ? Ou s'il s'en était débarrassé après avoir réalisé qu'il ne pourrait pas le publier ? Et s'il avait bien le journal, mais qu'il refusait de l'admettre ?

Au mois de novembre, Wittman appela Mayer pour lui exposer son plan. Des années de course-poursuite n'avaient en rien entamé l'enthousiasme de l'archiviste et il voulait se joindre à eux pour retrouver la trace du journal. Mais pris de douleurs chroniques au dos, il ne fut pas en mesure de se joindre au voyage. Wittman prit donc la route seul avec Jeff, son fils et associé.

Quand ils arrivèrent à Lewiston, la même enseigne ornait toujours la devanture du bâtiment que Richardson possédait sur Ridge Street : CENTRE ROBERT KEMPNER, pouvait-on y lire en lettres dorées sur fond vert. Voilà qui était prometteur. Peut-être que Richardson était toujours en ville. Mais en jetant un coup d'œil par la fenêtre qui donnait sur la rue, ils virent que l'immeuble était vide et inhabité. Wittman et son fils reprirent donc la route en direction d'un bâtiment délabré situé au bout d'une rue industrielle à la sortie de Lewiston. Il s'agissait du siège d'Edwin Mellen Press. À l'intérieur, deux employés fort sympathiques annoncèrent aux Wittman qu'ils venaient de manquer le professeur. Il était sorti déjeuner. Qu'ils reviennent dans l'après-midi, et ils pourraient lui parler.

Wittman laissa sa carte de visite et sourit en imaginant la réaction de Richardson. Quand il travaillait sous couverture pour le

FBI, son rôle dans les affaires d'œuvres d'art volées devait rester confidentiel. À chaque conférence de presse annonçant la fin d'une enquête majeure, il se tenait toujours à l'écart, loin des caméras. Mais après avoir pris sa retraite en 2008, il se fit connaître du grand public en publiant ses mémoires, *Priceless*. Désormais, une simple recherche Internet apprendrait donc à Richardson qu'il avait affaire à un ancien agent du FBI, connu pour avoir retrouvé un grand nombre d'objets historiques qu'on avait voulu cacher.

Comme c'était prévisible, quand les Wittman retournèrent au bureau des éditions Mellen cet après-midi-là, le comportement des employés envers eux changea du tout au tout. La réceptionniste affirmait désormais que personne ne pouvait s'entretenir avec Richardson sans rendez-vous. Il fallait qu'ils appellent pour convenir d'une date, expliqua-t-elle. Mais elle refusa de leur donner le numéro de téléphone où appeler. Ils insistèrent et elle finit par les présenter à John Rupnow, le directeur de la maison d'édition. Il leur promit d'organiser une réunion avec Richardson pour le lendemain et leur dit de rappeler un peu plus tard dans la journée pour confirmer le rendez-vous. Quand ils téléphonèrent, personne ne décrocha.

Richardson avait décidé de les éviter à tout prix. Pour Wittman, cela signifiait qu'il cachait quelque chose. Il connaissait des éléments qu'il avait peur d'admettre. Si l'instinct de Wittman ne le trompait pas, Richardson possédait bien le journal de Rosenberg.

Plus tard dans la journée, les Wittman prirent la route du Canada pour essayer d'approcher Richardson à son domicile. S'il n'y était pas, Wittman laisserait une autre carte de visite. Il était essentiel que Richardson comprenne qu'il ne pouvait pas se contenter de l'ignorer.

Mais les choses ne se passent pas toujours comme on le souhaite, même pour un enquêteur chevronné. À la frontière, Wittman et son fils tombèrent sur un os. Wittman avait affirmé au douanier se rendre au Canada pour faire du tourisme, parce que cela lui avait semblé plus simple que de lui expliquer toute sa mission. En effet, le musée de l'Holocauste recevant des subventions de la part de l'État, Wittman craignait que toute mission en leur nom de l'autre côté de la frontière ne nécessite une permission des autorités canadiennes. Il voulait éviter toute paperasserie éventuelle qui aurait pu retarder l'enquête du musée de plusieurs années.

Mais à la frontière, l'histoire de touristes de Wittman fut loin de convaincre le douanier. Le père et son fils portaient tous les deux un costume : ils n'avaient pas vraiment l'air sur le point de visiter les chutes du Niagara. L'agent ordonna à Wittman de se garer. Ce dernier regarda, à la fois agacé et amusé par l'absurdité de la situation, le douanier fouiller son véhicule. Dans son attaché-case, les agents trouvèrent le dossier de son enquête et mitraillèrent Wittman de questions. Celui-ci essaya d'expliquer la situation, mais, loin d'être convaincus par ses arguments, les agents appelèrent une patrouille douanière qui les escorta aussitôt en sens inverse jusqu'à la frontière américaine.

Mais de la contrainte naît l'inspiration. Wittman savait que Richardson se rendait à Lewiston plusieurs fois par semaine. Peut-être que si on l'arrêtait pour fouiller sa voiture plusieurs fois, comme on venait de le lui faire à lui, il réussirait à le convaincre de coopérer. Wittman était persuadé que la meilleure façon de pousser Richardson à rendre le journal était de le mettre sous une pression psychologique constante.

L'ancien agent savait d'expérience que la patience était essentielle. Le temps jouait en sa faveur. Quand on laisse un coupable mijoter, spéculer sans savoir ce que savent les enquêteurs, un mécanisme de défense se met automatiquement en place : le coupable va toujours s'imaginer les pires scénarios.

C'est dans ces moments-là qu'on fait des découvertes capitales.

De retour à Philadelphie, Wittman appela son collègue et ami proche, David Hall, l'adjoint au procureur d'État à Wilmington dans le Delaware. Hall avait fait carrière dans la lutte contre le trafic d'armes et de technologie militaire, mais il avait également travaillé avec Wittman sur plusieurs affaires d'œuvres d'art volées, en particulier des tableaux de Picasso dérobés dans une galerie de Palm Beach. Lors d'une autre enquête mémorable, Wittman et lui s'étaient envolés pour Rio afin de négocier la restitution de trois peintures emblématiques de Norman Rockwell. En plus de son cabinet de détective privé, Wittman travaillait au bureau du Homeland Security Investigation (HSI) en tant que consultant secret, et faisait souvent équipe avec Hall et Mark Olexa, un agent spécial du HSI. Wittman savait qu'ils accepteraient de travailler avec lui sur un dossier aussi important que celui du journal de Rosenberg.

Mais quand, quelques jours plus tard, Wittman se rendit à Wilmington pour retrouver Hall et Olexa dans le bureau du procureur, ce dernier ne sembla pas immédiatement convaincu par son histoire. Lorsque Wittman démêla tous les éléments embrouillés de l'affaire, Hall se mit à avoir le tournis. S'il n'avait pas connu l'ancien agent depuis des décennies, il aurait laissé tomber sur-le-champ. Hall, agent de renseignements réserviste de la marine américaine depuis trente ans, aimait pourtant à se lancer dans les enquêtes impossibles. Mais celle-ci sonnait « comme une histoire de fou ».

En résumé, un journal avait disparu quelque part entre 1946 et 1949. Quelqu'un avait dit à quelqu'un d'autre avoir entendu Jane Lester raconter à un journaliste qu'elle avait donné le journal à un ancien professeur qui vivait dans le nord de l'État de New York. En résumé, il y avait surtout beaucoup de questions. Si Hall avait eu plus de renseignements sur la personne qui avait le journal en sa possession et sur l'endroit où il se trouvait, il aurait pu légitimer la demande d'un mandat de perquisition et il leur aurait suffi de saisir les pages. Mais personne ne pouvait affirmer avec certitude si le journal se trouvait au Canada ou aux États-Unis. Voire peut-être encore ailleurs.

Quand bien même, le procureur fut suffisamment intrigué pour ouvrir une enquête fédérale, et ce d'autant qu'il savait que Wittman avait généralement du flair. Wittman exposa son plan à Hall et Olexa. D'abord, il fallait fouiller méthodiquement le passé de Richardson. Puis il fallait étudier ses déplacements entre les États-Unis et le Canada pour comprendre leur fréquence et donner l'ordre aux douaniers de fouiller sa voiture. Wittman espérait que cette inspection – arrivant si rapidement après sa visite aux éditions Mellen – conduirait Richardson à penser qu'il était sous filature. Le dernier acte consisterait à interroger l'ancien professeur à propos du journal et, s'il refusait de coopérer, obtenir une assignation pour l'obliger à le restituer.

Olexa se mit donc au travail. Il apprit que Richardson se rendait souvent à Lewiston le jeudi, et au cours du mois de décembre, on fouilla sa voiture quand il passa la douane. Deux mois plus tard, les enquêteurs étaient prêts à une confrontation. Hall souhaitait que le face-à-face ait lieu dans le bureau de Lewiston. Richardson proposerait peut-être ainsi aux agents de fouiller l'endroit. Il ne s'attendait pas que Richardson leur remette le journal tout de suite, mais il espérait qu'il leur dise quelque chose qu'ils ne savaient pas déjà. Donc, le 7 février, un jeudi, Olexa se rendit à Lewiston avec un autre agent et attendit discrètement, garé sur le parking de Mellen Press, l'arrivée de Richardson.

Quand celui-ci se montra enfin, les agents descendirent de leur véhicule et se présentèrent. Richardson accepta de discuter. Il leur raconta comment il avait connu Lester et Lipton, et comment il leur était venu en aide. Il affirma s'être occupé d'elles sans compter, malgré le fardeau qu'elles étaient devenues pour lui. « Je considérais cette femme, ces femmes, comme ma mère. » Richardson affirmait les avoir aidées à récupérer de l'argent de la part des héritiers Kempner. Il jura n'avoir jamais pris le moindre centime sur aucun compte bancaire de ces deux femmes.

Il reconnut avoir aidé à transporter de Lansdowne à Lewiston quelques peintures ayant appartenu à Kempner, mais affirma n'avoir « jamais entendu parler de quoi que ce soit qui aurait une valeur particulière ». Il nia avoir touché aux documents qui avaient disparu de Lansdowne. « Je ne crois pas avoir eu un jour en ma possession aucune des archives Kempner. »

Non seulement Richardson nia avoir en sa possession le journal de Rosenberg, mais il affirma n'avoir jamais su qu'un tel journal existait.

Loin d'être convaincu, Olexa tendit à Richardson un mandat fédéral[89] lui ordonnant de restituer les documents Rosenberg ainsi que toute archive gouvernementale qu'il aurait en sa possession. Richardson était désormais officiellement au courant que le journal appartenait au gouvernement, et s'il l'avait, il aurait été sage de sa part de le rendre.

Avant de se séparer, Olexa donna un dernier conseil à Richardson : « Vous devriez prendre un avocat. »

Quelques semaines plus tard, l'affaire prit exactement le tournant que Hall et Wittman avaient espéré.

Vincent Doyle, l'avocat de Richardson, appela le bureau du procureur pour se renseigner sur le mandat. Hall expliqua qu'on recherchait tout document lié au procès de Nuremberg, mais particulièrement le journal de Rosenberg. Il expliqua à Doyle qu'une partie de ce que lui avait raconté Richardson sur le parking ressortissait de mensonges avérés, et pressa l'avocat de chercher lui-même le journal s'il en avait l'occasion.

Un mois plus tard, le 27 mars, Doyle téléphona et laissa un message au bureau du procureur de Wilmington. Ce jour-là, Hall et Olexa étaient ensemble à Philadelphie au bureau des douanes et de l'immigration. Hall emprunta le téléphone d'un collègue et rappela. Il le mit sur haut-parleur afin qu'Olexa puisse entendre lui aussi.

Doyle annonça que Richardson possédait des papiers allemands, certains reliés, d'autres non, et qu'ils étaient manuscrits. Cela ressemblait-il à ce qu'il cherchait ? Hall regarda Olexa. Il avait l'impression d'être un joueur de poker à qui l'on venait de servir une quinte flush. Mais le négociateur chevronné se contenta de prendre un air détaché.

« Vince, dit-il, la seule façon de savoir si c'est ce que nous cherchons, c'est d'aller y jeter un œil. »

Le 5 avril 2013, Henry Mayer et Jürgen Matthäus montèrent dans un train pour Wilmington, puis dans un ascenseur jusqu'au bureau du procureur. Ils étaient franchement excités. Matthäus en était venu à penser qu'on ne retrouverait jamais les pages perdues. Quand Mayer apprit que Richardson avait restitué des pages manuscrites, il courut aussitôt annoncer la bonne nouvelle à son collègue. Mais aucune certitude n'était possible avant qu'ils ne puissent examiner les documents.

Le week-end qui avait suivi le coup de fil de l'avocat de Richardson, un agent fit le trajet en voiture jusqu'à Buffalo et, le 1er avril, récupéra plusieurs dossiers et quatre boîtes qu'il emporta à Wilmington où on les mit à l'abri dans un coffre.

Olexa était désormais en train de sortir les dossiers et de les disposer sur une table de la salle de réunion à l'intention des employés du musée.

Quand Matthäus tira les premières pages d'un des dossiers, il sut immédiatement qu'il s'agissait du journal. D'abord, parce qu'il connaissait l'écriture de Rosenberg. Il voyait bien que les paragraphes correspondaient aux extraits qu'on avait publiés. En outre, les pages coïncidaient avec le sommaire du journal de Rosenberg qu'on avait esquissé en 1945. Matthäus et Mayer remarquèrent que les pages avaient bien appartenu à Kempner à une époque. Il y avait des notes au fil du journal qui semblaient être de sa main, et entre les pages s'étaient parfois glissés des feuillets en tout genre ressemblant à ceux étudiés par le musée de l'Holocauste au fur et à mesure de leur acquisition alambiquée des archives Kempner.

Soixante ans plus tard, il n'y avait plus aucun doute. La quête du journal était terminée.

Mayer flottait sur un petit nuage. Il avait passé quatorze ans à la poursuite de ces pages et on les avait finalement retrouvées. C'était le rêve de tout archiviste de redécouvrir un document perdu d'une telle importance. Et peu pouvaient rivaliser avec celui-ci. C'était délirant d'être assis dans une salle de réunion du Delaware, soixante-huit ans après la fin de la Seconde Guerre mondiale, à feuilleter les pages noircies par la plume de Rosenberg – des pages que l'on croyait jusqu'ici à jamais perdues dans l'histoire.

Quelqu'un sortit un appareil photo et Mayer arbora son plus grand sourire en levant deux pouces hauts victorieux en l'air.

Deux mois plus tard, Mayer se rendit à nouveau dans le bureau du procureur de Wilmington. Des journalistes de tous les pays y étaient réunis en vue de la conférence de presse prévue pour annoncer au monde entier la grande découverte.

Hall et Olexa étaient présents, ainsi que John Morton, le directeur du bureau des douanes et de l'immigration, et Charles Oberly, le procureur général du Delaware. Bien qu'il ait fallu l'intervention de la police pour le convaincre de rendre le journal, Richardson ne fut pas incriminé. Son avocat accepta de restituer tous les documents à condition que les procureurs ne les utilisent pas ensuite pour poursuivre Richardson. Le bureau du procureur n'avait pas d'autre preuve à l'encontre de l'ancien professeur, et le but de l'enquête avait été de récupérer le journal. Richardson resta silencieux sur le sujet, si ce n'est pour une courte déclaration faxée au *New York Times* le jour de la conférence. « Quand les agents fédéraux m'ont contacté, j'ai été ravi de les rencontrer afin de coopérer avec eux. Je suis content d'avoir pu aider le département de la Justice et le HIS à retrouver certains documents, que les autorités ont désormais pu identifier comme étant le journal d'Alfred Rosenberg. »

Sous les flashes qui crépitaient, Morton monta sur l'estrade et s'adressa aux journalistes qui prenaient des notes.

« Le parcours du journal de Rosenberg est l'une des plus grandes énigmes de la Seconde Guerre mondiale. Nous avons résolu cette énigme », dit-il. En arrière-plan, on pouvait voir les pages exposées dans la salle de réunion, protégées derrière une immense vitre. « Le journal de Rosenberg n'est pas un journal d'époque comme les autres. C'est le récit brut d'un dirigeant nazi, de ses pensées, de sa philosophie, de ses discussions avec d'autres dirigeants nazis. Lire le journal de Rosenberg, c'est plonger dans l'esprit d'une âme obscure. »

Il s'agissait, en effet, de récits concernant les batailles politiques et culturelles primordiales qui avaient secoué Berlin avant et pendant la guerre, écrits de la main d'un idéologue presque oublié qui avait érigé les fondations du pire crime du siècle. Terré dans des dossiers et des cartons, dans la banlieue de Philadelphie et au nord de l'État de New York durant plus de soixante ans, le journal de Rosenberg était la capsule témoin d'une époque révolue.

Il était désormais temps d'en déterrer les secrets enfouis.

DES VIES DANS LA BALANCE

1933-1939

Alfred Rosenberg (*debout au troisième rang, troisième en partant de la gauche, vêtu d'un fedora et d'un imper*) avec un groupe de nazis rassemblés à Cobourg en Bavière en 1922 le jour de la fête nationale. Se servant de leurs matraques dans des combats de rues violents, les nazis chassaient tout opposant de leur passage.

– 4 –

Les enfants oubliés du destin

La ville était en ébullition. La fine pluie du matin avait cessé et les Berlinois arrivaient par centaines sur *Unter den Linden*, l'élégante avenue bordée de tilleuls qui reliait le château de Berlin au Tiergarten. Les femmes avaient revêtu leurs robes les plus colorées, comme pour défier la morosité hivernale pesant sur cette Allemagne vaincue, et se mêlaient à la foule d'hommes en habits sombres et en chapeaux. Nous étions le 10 décembre 1918. Une violence latente crépitait dans la ville. La Grande Guerre était perdue et l'Empire allemand venait de s'effondrer. Mais c'était un jour de fête : les soldats revenaient enfin du front.

Les gens se retrouvèrent en masse sur la Pariserplatz, sous le regard de Victoria, la déesse ailée conduisant son chariot tiré par quatre étalons en haut de la porte de Brandebourg. En 1806, Napoléon était triomphalement entré dans la ville par cette porte après avoir vaincu les Prussiens. Aujourd'hui, on y avait accroché une immense banderole sur laquelle on lisait PAIX ET LIBERTÉ.

Les premières troupes arrivèrent à 13 heures, portant leurs uniformes gris vert et leurs casques en acier. Des fleurs sortaient des canons de leurs armes et ornaient l'encolure de leurs chevaux. La foule agita chapeaux, mouchoirs blancs et branches de laurier. Des gens grimpèrent en haut des arbres, sur les kiosques, pour y voir mieux, sortirent sur les toits, passèrent leurs têtes par les fenêtres, envahirent les balcons. « La foule était si compacte que les troupes furent dans un premier temps incapables d'avancer[1] », écrivit un correspondant. On envoya des médecins pour extirper les passants blessés dans les mouvements de foule. « Il devait y avoir des millions de patriotes, ce jour-là. »

Finalement, on ouvrit un chemin pour les soldats et ils s'y engagèrent, à pied et à cheval, derrière ceux qui portaient l'étendard, brandissant tour à tour le drapeau noir, blanc et rouge de l'empire déchu et celui noir, rouge et or de ce tout jeune État révolutionnaire. Quelques officiers hissèrent leurs femmes et leurs enfants sur leurs montures pour qu'ils puissent traverser la foule avec eux. Les troupes en haillons étaient accompagnées de leurs fanfares qui jouaient des marches, et de leurs cantines fumantes tirées par des chevaux, qu'ils appelaient dans leur jargon des « canons à goulash ». Ils avaient également avec eux leur batterie d'artillerie et leurs munitions. Dans les jours qui avaient précédé le défilé, des opposants au nouveau gouvernement avaient craint que les soldats du front n'aient été rappelés à la capitale que pour anéantir l'opposition par la force.

Mais la journée se passa dans la paix. Des Berlinois, fous de joie, tendaient à qui voulait des chrysanthèmes et des cigarettes. Dans la tribune, on ne voyait que Friedrich Ebert et son chapeau en soie. Le politicien trapu avait été promu chancelier le mois précédent, à la suite de l'abdication du Kaiser et de la révolution de Novembre, et il accueillait les arrivants comme des vainqueurs.

« Camarades, compagnons, citoyens, déclara-t-il, nourrissant le mythe que les Allemands n'avaient pas perdu la guerre mais avaient été trahis par des ennemis internes. Vos sacrifices et vos bonnes actions sont sans pareil ! Aucun ennemi ne vous a vaincus[2] ! »

Durant les deux semaines qui suivirent, les soldats continuèrent d'affluer en ville, sous les hourras de la foule. « Un sentiment de confiance, un nouvel espoir en l'avenir semble être revenu avec nos troupes qui ont répondu aux ovations avec le sérieux plein d'entrain d'hommes qui, après avoir vu la mort de si près, n'ont plus peur de la vie[3] », écrivit à une amie une femme ayant participé au défilé. « Les rues regorgent de tellement d'hommes que je commence à me demander combien il faudra de temps avant que ces réserves d'énergie latente n'explosent et ne trouvent elles-mêmes une façon de se dépenser. »

Parmi les Berlinois, posté au coin de la Friedrichstrasse et d'Unter den Linden, un jeune immigrant de vingt-cinq ans à l'air renfrogné fulminait. Il n'y avait pour lui aucune raison de se réjouir.

Alfred Rosenberg avait pris le train depuis sa terre natale d'Estonie et était arrivé à Berlin quelques jours plus tôt. En regardant revenir les brigades de soldats allemands, il fut frappé par leurs visages : ils étaient pétrifiés et livides, encore sous le choc. « À cet instant, écrira Rosenberg des années plus tard, j'ai compris la grande tristesse du peuple allemand[4]. »

Cette image resta gravée dans son esprit. Il se dépêcha alors de rejoindre Munich où il intégra un mouvement clandestin de conspirateurs nationalistes et rencontra de nombreux antisémites radicaux qui parlaient la même langue que lui.

Avant la fin de l'année, Rosenberg entra de plain-pied dans la lutte sans jamais regarder en arrière.

Des années plus tard, à l'aube du Troisième Reich, l'Allemagne commença à s'organiser autour de l'idée centrale que ses citoyens appartenaient à une race supérieure. Beaucoup ne purent s'empêcher de remarquer qu'un grand nombre des dirigeants de la nation étaient loin de posséder les critères de l'idéal aryen. Comme le soulignait une boutade populaire[5] à l'époque : le nazi typique est aussi svelte que ce rondouillard de Göring, aussi sportif que Goebbels et son pied-bot, aussi blond que Hitler, et bien évidemment aussi aryen que Rosenberg.

« Son apparence n'avait rien de très allemand, écrivit un officier britannique à propos de Rosenberg après la guerre. La plupart des nazis pensaient qu'il avait probablement du sang juif parce qu'il était, à n'en pas douter, le seul Aryen au monde à porter le nom de Rosenberg[6]. » À vrai dire, Rosenberg était un nom plutôt répandu parmi les ethnies allemandes des pays baltes. Ses ancêtres étaient arrivés au XVIIIe siècle et s'étaient d'abord installés à Riga, en Lettonie, puis dans la capitale d'Estonie, Réval, aujourd'hui appelée Tallinn. Au XIVe siècle, la ville était contrôlée par la ligue hanséatique allemande de marchands, mais, en 1710, affaiblie par la peste et la guerre, la ville se rendit à Pierre le Grand. Bien qu'elle fût devenue un port majeur de l'Empire russe à la naissance de Rosenberg en 1893, on pouvait encore se promener dans ses allées sinueuses et ses vieilles cours, admirer les remparts et l'architecture médiévale de l'époque de sa fondation.

La mère de Rosenberg mourut de la tuberculose deux mois après lui avoir donné naissance. Son père, un négociant qui dirigeait une grande compagnie allemande en Estonie, mourut onze ans plus tard, à l'âge de quarante-deux ans, laissant Rosenberg aux soins de ses tantes. Élevé dans le protestantisme, celui-ci se rebella contre la religion. Il n'était pas du genre à faire des génuflexions. « Cette histoire de se mettre à genoux[7] – écrivit-il à propos de l'ordre qu'on lui avait donné de se prosterner devant Dieu pendant son cours de préparation à la confirmation – alluma quelque chose en moi, que je ne fus jamais capable d'éteindre par la suite. »

Du collège, il gardait un souvenir affectueux de son professeur de dessin[8], un peintre qui l'envoyait se promener pour faire des esquisses dans les rues de Réval. Le principal, qui enseignait l'histoire et la géographie, l'invita à mener des fouilles archéologiques dans un cimetière voisin, où ils découvrirent une urne en pierre, des pichets et quelques anneaux. Il ne fut jamais un élève particulièrement remarquable, mais ses maîtres l'appréciaient. À dix-sept ans, Rosenberg rejoignit un institut technique à Riga pour y suivre un cursus d'architecture. Il lisait des sagas germaniques, de la mythologie islandaise, les Vedas indiens et des philosophes tels que Kant et Schopenhauer. Plus tard, un écrivain le tourna en dérision, le décrivant comme un homme « parfaitement à moitié éduqué[9] », mais parmi les garçons des Corps Rubonia, un groupe d'étudiants qu'il avait rejoint à Riga, il était surnommé « Le Philosophe[10] ».

Un jour, lors d'un trajet en train entre Réval et Saint-Pétersbourg, où vivaient ses grands-parents, il rencontra une femme brillante, Hilda Leesmann, la fille d'un riche homme d'affaires. Âgée d'un an de plus que lui, elle était intelligente et cultivée et avait été élevée dans la double tradition allemande et russe. Elle encouragea Rosenberg à lire *Guerre et Paix* et *Anna Karénine*. Elle jouait du piano et lui parla de tous les grands compositeurs nationalistes russes. Elle lui offrit un exemplaire de *Ainsi parlait Zarathoustra*, de Nietzsche. Elle étudiait la danse à Paris, et quand il lui rendit visite, elle l'emmena voir Notre-Dame et le Louvre. Ils prirent chaque matin leur petit-déjeuner au célèbre café de la Rotonde à Montparnasse, là où dînaient des artistes comme Picasso ou Modigliani. Il disait ne pas être impressionné. Elle était en train de devenir une femme du monde – le Ballet russe la courtisait –, tandis que de retour à Riga, Rosenberg enfilait un costume médiéval pour jouer en tant que figurant dans une pièce de théâtre pour enfants.

Hilda et lui se marièrent en 1915 et passèrent l'été à la campagne. Rosenberg s'occupait en peignant et en lui faisant la lecture d'une biographie de Goethe. La Première Guerre mondiale les déracina tous les deux. La famille de Hilda s'enfuit à Saint-Pétersbourg, et l'institut de Rosenberg fut intégralement déplacé à Moscou, bibliothèque comprise. Les classes en exil étaient disséminées dans toute la capitale russe, certaines allant jusqu'à se retrouver dans des couloirs. Rosenberg loua une chambre à un couple aux abords du centre-ville. Il y partageait les dîners de leur modeste famille, autour d'une table qui trônait au milieu d'une pièce servant également de chambre. Son hôte passait son temps assis à boire du thé, son journal de gauche ouvert sur ses genoux, et à pester contre « ces vauriens de dirigeants ». Une fois par semaine, Rosenberg s'offrait un dîner qu'il concluait par des pâtisseries et agrémentait d'une bière à 2 degrés. Sa vie sociale se résumait à traîner dans les restaurants bon marché de la rue Tverskaya, l'avenue principale qui partait du nord-ouest de la place Rouge.

Tandis qu'il dévorait Tolstoï et Dostoïevski, la révolution russe explosa. Il était si plongé dans ses livres qu'il la remarqua à peine. Un matin, il prit le train tôt pour Moscou et découvrit que des centaines de milliers de gens envahissaient les places et les rues. « Une joie hystérique régnait, des gens pleuraient sur les épaules d'inconnus complets, écrivit-il plus tard, la psychose s'était emparée de millions de personnes[11]. »

En 1917, Rosenberg apprit que la santé de Hilda s'était dégradée dans le climat rude du Grand Nord. Elle avait attrapé la tuberculose et sa famille l'avait envoyée se faire soigner en Crimée. Il fit une pause dans ses études et partit la rejoindre. Quelques mois plus tard, ils firent de nouveau leurs valises et rentrèrent en Estonie. Hilda était clouée au lit. Rosenberg lui faisait la lecture, tout en finissant sa thèse. Il dessina même à cette occasion les plans d'un crématorium, ce qui donne froid dans le dos si l'on considère ce que sa vie allait devenir par la suite. Malgré les insurrections de Moscou, il retourna à l'institut pour son dernier examen, puis rentra chez lui juste à temps pour voir les troupes allemandes entrer dans la ville.

Il ne resta pas longtemps à Réval. Il enseigna le dessin à des « étudiants plutôt réfractaires » dans une école pendant quelques mois et gagna un peu d'argent en vendant des dessins de la vieille ville. Mais il n'y avait rien pour lui en Estonie, et il décida de se joindre aux dizaines de milliers d'Allemands qui fuyaient par avance l'invasion de l'armée russe qui allait avoir lieu en novembre 1918.

Avant de partir, il intervint publiquement pour la première fois lors d'une réunion ouverte à tous de la Guilde des Têtes noires, une association civile de marchands et d'armateurs de Réval. Comme un avant-goût du nombre incalculable de ses futurs discours, Rosenberg dénonça l'alliance maléfique du judaïsme et du marxisme qui avait provoqué la chute de la Russie. Selon un récit de cet incident, un homme d'affaires juif protesta vivement et quitta les lieux[12] avec fracas en emmenant plusieurs de ses compatriotes avec lui.

Le soir même, Rosenberg partit pour l'Allemagne. Vingt ans s'écouleraient avant qu'il ne revoie sa ville natale.

« Le train quitta Réval. Derrière moi, la Russie disparaissait en emportant tous ses souvenirs, tout son avenir imprévisible, écrivit plus tard Rosenberg. Derrière moi disparaissait la ville de mon enfance avec ses tours et ses vieilles rues et tous ces hommes avec qui j'avais vécu. Je laissais ma terre natale derrière moi[13] afin de gagner une patrie… C'est ainsi que j'ai rejoint le Reich. Je n'étais alors qu'un homme entièrement dévoué à l'art, la philosophie et l'histoire, qui n'avait jamais songé à faire de politique… La vie m'a entraîné, et je l'ai suivie. »

Une fois à Berlin, Rosenberg avait prévu de passer un entretien avec Peter Behrens, un architecte réputé de la capitale. Mais il fut horrifié par cette ville, qui allait bientôt devenir mondialement connue pour sa vie culturelle et sa décadence sexuelle. Behrens se révéla un avant-gardiste. Ce n'était pas le genre de mentor que Rosenberg recherchait. Il ne se rendit jamais à l'entretien et préféra faire route vers le sud, en direction de Munich.

La capitale bavaroise chevauchait l'Isar au pied des Alpes enneigées qui, par jour de beau temps, fendaient le ciel du Sud comme une toile de fond que seul un artiste aurait pu peindre. Conservatrice et catholique, la ville était connue pour son atmosphère conviviale et ses bières, la Hofbräuhaus royale et l'Augustinerbräu des moines. Les Wittelsbach avaient régné durant sept siècles et, pendant son règne entre 1825 et 1848, le roi Louis Ier se lança dans une reconstruction ambitieuse qui érigea Munich au rang des plus belles villes d'Europe. Une immense nouvelle avenue – la bien nommée Ludwigstrasse – se fraya un chemin depuis le nord jusqu'au centre médiéval de la ville. On y construisit des bâtiments universitaires et des bibliothèques dans le plus pur style italianisant. Une nouvelle place, la Königsplatz, accueillait tout un ensemble de musées néoclassiques destinés à abriter des sculptures grecques, romaines et égyptiennes, ainsi que la magnifique collection de maîtres anciens de la famille Wittelsbach.

Au début du XXe siècle, Munich acquit la réputation de cœur des arts et de la culture allemande, une sorte d'« Athènes sur l'Isar[14] ». Peintres, sculpteurs, écrivains et musiciens affluaient vers la ville et se voyaient comblés d'argent et d'attentions par l'aristocratie munichoise. La ville célébrait ses artistes en organisant d'innombrables expositions, des défilés et des bals. Les artistes visionnaires qui défiaient le statu quo guindé s'étaient réunis dans un quartier libre d'esprit du nom de Schwabing. « Un vrai Schwabinger, écrirait l'historien David Clay Large, préfère les cafés aux brasseries à bières[15]. » Poésie, politique et nuages de fumée de cigarette étaient au rendez-vous autour des tables de marbre du Café Stefanie, fréquenté par des anarchistes, des communistes, des dadaïstes, des romanciers et bien d'autres encore. L'endroit était plus connu sous le surnom ironique de Café Grössenwahn – le « café de la Grande Illusion ». Lénine vécut quelque temps à Schwabing avant de rentrer en Russie déclencher sa révolution ; Hitler logea dans une chambre en bordure du quartier durant son premier séjour munichois, entre le printemps 1913 et l'automne 1914. Quand Rosenberg eut enfin trouvé ses repères dans la capitale bavaroise, il s'installa dans le quartier de Barerstrasse, à quelques encablures des galeries d'art royales, de l'université et de l'Académie des beaux-arts, au sud de Schwabing.

Quand Rosenberg arriva à Munich, la ville était en proie au chômage et à la famine, et était submergée par les bouleversements[16]. On avait forcé le dernier roi de la dynastie des Wittelsbach à abdiquer à la fin de la Première Guerre mondiale ; les révolutionnaires avaient pris le contrôle de la ville et déclaré que la Bavière était désormais une république indépendante ; et Kurt Eisner – un des dirigeants du parti socialiste allemand – et les sociaux-démocrates avaient pris le pouvoir. Juif, journaliste et opposé à la guerre, Eisner était l'ennemi juré de l'État, pour les nationalistes.

Sans le sou et seul, errant dans la ville, Rosenberg était voué à être balayé par la vague révolutionnaire. La maladie de son épouse s'était aggravée et ses parents l'avaient envoyée se reposer à Arosa, en Suisse. Il se considérait, écrira-t-il, comme un autre des « enfants oubliés du destin[17] » qui tentaient de se frayer un chemin à travers l'Europe d'après-guerre. Il ne lui restait que peu d'argent et il se résolut à essayer de vendre ses articles et ses esquisses. Mais, dans un premier temps, tout cela ne lui rapporta pas grand-chose. Rosenberg fut obligé de s'inscrire à la commission d'aide au logement et de compter sur la soupe populaire pour ses repas quotidiens – un bouillon de choux avec des boulettes de pâte brisée. Il passait ses journées à errer dans les musées et à lire à la bibliothèque de Bavière, sur la Ludwigstrasse.

Un jour, en se promenant dans la rue, il remarqua une petite affiche sur un poteau, qui annonçait le spectacle d'une danseuse que son épouse avait connue avant de tomber malade. Rosenberg retrouva la trace de la femme en question. Au cours de leur conversation, il parla des quelques articles sur la révolution russe qu'il avait écrits. C'était tout ce qu'il avait à vendre.

La femme lui indiqua un nom qui allait entièrement changer le cours de sa vie : Dietrich Eckart. Eckart était un bohémien, dramaturge, poète et journaliste, dont le magazine *En bon Allemand* était la bible de la communauté antisémite de droite à Munich. Rosenberg alla le voir le jour suivant.

« Je fus reçu par un homme ronchon mais sympathique, au visage étonnant et aux traits expressifs, écrivit Rosenberg. Il releva ses lunettes sur sa tête et m'analysa en détail. »

« Avez-vous besoin d'un soldat pour vaincre Jérusalem[18] ? » demanda Rosenberg.

« Certainement », répondit l'homme en riant.

Rosenberg lui tendit ses articles. Eckart le rappela le lendemain. Et ce fut autour d'un repas au restaurant que les deux hommes devinrent amis et collaborateurs.

Rosenberg commença à écrire pour le journal d'Eckart. Plus ou moins au même moment, il fit la connaissance d'une obscure organisation antisémite appelée la Société Thulé[19][20][21], qui complotait un renversement armé du gouvernement Eisner. « La liste des membres de Thulé, écrira par la suite l'historien Ian Kershaw, se lit comme un annuaire des premiers sympathisants nazis et des dirigeants de Munich. » Dans les trois mois qui suivirent la révolution, Eisner fut en effet assassiné au milieu de la rue par un jeune partisan de droite qui, ironiquement, avait été exclu de la Société Thulé à cause de ses origines juives, et avait tiré sur Eisner pour prouver sa bonne foi.

Les manifestants envahirent les rues et les sociaux-démocrates perdirent le pouvoir. Une bande d'« anarchistes de café » prit brièvement la tête du gouvernement et proposa qu'on distribue de l'argent sans contrepartie. Puis un groupe de bolcheviques prit le pouvoir et arrêta les riches, essayant de constituer une armée communiste pour prendre l'Europe d'assaut.

Par une froide journée d'avril 1919, Rosenberg rejoignit quelques hommes en colère qui discutaient de la suite des événements sur Marienplatz, à l'ombre de l'énorme mairie néogothique, le Rathaus, avec sa façade patinée de quatre-vingt-dix mètres faite d'arches, de pinacles et de colonnes extravagantes. Rosenberg grimpa sur un muret et brandit une pancarte sur laquelle on lisait LONGUE VIE À L'OUVRIER ALLEMAND ! À MORT LE BOLCHÉVISME !, dénonçant avec véhémence le nouveau gouvernement. Mais quand il se rendit compte que les gens écoutaient avec attention ses remarques acerbes – ils l'arrêtaient dans la rue pour applaudir son discours – il décida de se faire plus discret, par crainte d'être arrêté.

Rosenberg et Eckart se réfugièrent dans la petite ville de Wolfratshausen, à 40 kilomètres de là, au sud. Pendant leur absence, des membres de la Société Thulé avaient été pris en otages et, au beau milieu du chaos, les communistes les avaient alignés et fusillés. Début mai, des troupes militaires engagées par le gouvernement social-démocrate en exil reprirent Munich lors d'une lutte sanglante forte en massacres et en exécutions, et l'ordre fut réinstauré. À la fin de l'été, la République de Weimar fut officiellement mise en place, et on y intégra la Bavière en tant qu'État.

Après plusieurs semaines, Rosenberg et Eckart rentrèrent du court exil qu'ils s'étaient eux-mêmes imposé. En mai, ils participèrent à une réunion d'un nouveau groupe de droite baptisé le parti ouvrier allemand. Dans un petit restaurant, Rosenberg et Eckart haranguèrent les clients en dénonçant les juifs et les bolcheviques de l'Union soviétique.

Plus tard dans l'année, un vendredi soir de septembre, un caporal de l'armée allemande d'une trentaine d'années se présenta à l'une des réunions du parti naissant au Sterneckerbraü, un petit bar à bière aux murs recouverts de lambris et aux plafonds voûtés, là où se réunissait le parti chaque semaine.

Peu de temps après, le groupe fut rebaptisé « parti national-socialiste des travailleurs allemands ». Ses ennemis allaient réduire ce nom à deux syllabes, qui saisiraient mieux encore l'essence intransigeante de ses membres : les nazis.

Rosenberg (*à gauche*) et Hitler à Munich
lors de la tentative de coup d'État de la brasserie en 1923.

– 5 –

Le journal le plus détesté du pays

Adolf Hitler et Alfred Rosenberg avaient de nombreux points communs. Bien que n'ayant pas grandi en Allemagne, ils étaient tous deux fascinés par le passé héroïque et mythologique de ce pays. Tous deux n'étaient encore que des adolescents quand ils perdirent leurs parents. Ils étaient, l'un comme l'autre, plus intéressés par le dessin, la lecture et les rêveries que par une carrière d'architecte. Jeunes, ils avaient tous les deux dû compter sur la soupe populaire pour remplir leurs estomacs vides. Et quand ils firent enfin connaissance, il ne leur fallut pas longtemps pour découvrir qu'ils étaient d'accord sur ce qui constituait, selon eux, les problèmes majeurs de leur époque : la puissance destructrice de l'Église, la dangerosité du communisme et la menace sémite.

Né à Braunau et ayant grandi à Linz, en Autriche, Hitler avait quatre ans de plus que Rosenberg. Après la mort de son père, un fonctionnaire, il s'installa à Vienne en 1907, où il essaya sans succès d'intégrer l'Académie des beaux-arts. (Examen de dessin « insuffisant », conclut l'examinateur. « Néanmoins quelques portraits non dénués d'intérêt. »)

Il se laissa aller à une vie de bohème. À la fin de 1909, il se retrouva dans un foyer pour sans-abris, amaigri et crasseux. Avec le peu d'argent que sa tante lui envoyait et les recettes modestes de la vente de ses peintures dans les pubs de Vienne, il réussit à survivre jusqu'à toucher enfin l'héritage de son père en 1913, à l'âge de vingt-quatre ans.

Dès le printemps qui suivit, il partit pour Munich, s'installa dans une chambre au-dessus d'un magasin à l'ouest du quartier des artistes, et se mit à vendre des peintures des monuments de la ville : la Hafbräuhaus, la plus grande brasserie de la cité, la cathédrale Notre-Dame, le Alter Hof, l'ancienne résidence impériale où l'empereur romain-germanique avait vécu des siècles auparavant. Il tomba amoureux de sa nouvelle résidence allemande. « La ville m'était aussi familière[1], écrira-t-il plus tard, que si j'y avais vécu depuis des années. »

À l'époque, les tribulations ordinaires de Hitler ne s'étaient pas encore projetées dans l'idéologie qui allait changer le destin de l'Europe[2]. Chez lui, à Linz, il avait rejoint le parti nationaliste allemand antisémite et anticatholique de Georg Ritter, un homme politique autrichien. Ses années de pauvreté dans la Vienne cosmopolite ne firent que renforcer ses positions. Le maire, Karl Lueger, était un antisémite féroce et les kiosques débordaient de journaux de droite dressant un portrait corrompu et pervers des juifs.

Mais si Hitler reprenait en chœur le refrain antisémite, ça ne l'empêchait pas pour autant de vendre ses toiles en partenariat avec quelques juifs, ni d'offrir une de ses peintures à un médecin juif qui soigna sa mère à la fin de sa vie. Reinold Hanisch, qui avait connu Hitler dans une pension de Vienne et l'avait aidé à vendre ses toiles dans la rue, écrivit dans de brèves mémoires qu'il semblait s'entendre à merveille avec les juifs de Vienne[3]. Il les encensait même en tant que peuple, se souvint Hanisch, et louait leur contribution à la culture en général.

Hitler réussit à échapper au service militaire obligatoire en Autriche. Quand la Première Guerre mondiale éclata, il préféra s'engager comme volontaire dans l'armée bavaroise. Dans la précipitation des préparatifs, face au combat imminent, les autorités ne prirent pas la peine de vérifier sa nationalité. Il passa donc la guerre à transmettre des ordres entre le poste de commandement et les lignes de front. Les massacres dont il fut alors témoin l'aguerrirent sans doute face à la mort et à la détresse humaine. Il fut blessé deux fois, et on lui attribua la croix de fer à deux reprises. Il adorait ses compagnons de régiment, qui le surnommaient « l'artiste » et s'émerveillaient de sa singularité : il ne buvait pas, ne fumait pas, semblait ne recevoir aucun courrier et passait la majeure partie de son temps à lire.

En octobre 1918, il se retrouva partiellement aveugle après une attaque au gaz moutarde près d'Ypres en Belgique, et on l'envoya à l'hôpital de Pasewalk, à 130 kilomètres au nord de Berlin, jusqu'à la fin de la guerre. Hitler rentra à Munich le 21 novembre, environ deux semaines avant l'arrivée de Rosenberg.

Après l'écrasement des Soviétiques en mai 1919 et le rattachement de la Bavière à la République de Weimar, l'armée allemande tenait à garder un œil sur le tumulte chaotique d'activités partisanes en Bavière. Des douzaines d'organisations politiques tentaient alors d'étendre leur influence et les dirigeants militaires voulaient s'assurer que l'on endoctrinât bien le peuple allemand, amer et vaincu, avec des idées nationalistes et antibolcheviques. Hitler rejoignit le groupe de propagande de l'armée en tant qu'informateur et instructeur. Il suivit des cours d'histoire allemande et de socialisme, et assista pour la première fois aux conférences de l'économiste Gottfried Feder, dont les théories tendaient à diaboliser les financiers juifs.

Cet été-là, Hitler commença même à mener lui-même ses propres sessions d'endoctrinement, et conquit à son tour de nombreux auditeurs par ses discours enflammés.

Un homme qui avait assisté à l'une de ces sessions écrivit pour demander que l'on clarifie la « question juive ». Comment l'Allemagne pouvait-elle affronter ce problème, alors qu'elle était dirigée par des sociaux-démocrates libéraux ? La lettre tomba entre les mains de Hitler qui rédigea une réponse. Dans sa première déclaration connue sur ce sujet qui le dévorerait pour le restant de ses jours, il affirma qu'une approche émotionnelle de la question juive ne donnerait lieu qu'à quelques tueries de masse. Ce dont la nation avait besoin, c'était d'un antisémitisme fondé sur la « raison[4] ». Quand on lui soumettrait les données exactes, le peuple allemand ne s'opposerait plus à ce que les juifs soient déchus de leurs droits et, finalement, exclus de la société allemande une bonne fois pour toutes.

La lettre était datée du 16 septembre 1919, quatre jours après sa première participation à la réunion du comité qui deviendrait par la suite le parti nazi.

Hitler avait été envoyé à Sterneckerbrau par son supérieur, le capitaine Karl Mayr, afin d'étudier ce nouveau groupe. Il parla avec une véhémence telle qu'Anton Drexler, le fondateur du parti, lui fourra un pamphlet dans la main et l'encouragea vivement à revenir les voir. Sur ordre de Mayr, Hitler s'inscrivit. Mais il ne se contenta pas d'être un simple espion de l'armée. Il se rendit immédiatement compte que ce mouvement correspondait à ses idées et qu'il était encore assez modeste pour qu'il puisse en prendre la tête. Rapidement, le parti devint toute sa vie et Hitler devint la nouvelle figure la plus charismatique de la droite munichoise.

Fin 1919, Rosenberg fit la connaissance de ce futur chef lors d'une des visites de Hitler à Eckart. Ils parlèrent de la Rome antique, du communisme et du déracinement du peuple allemand à la suite de la défaite. « Ce serait mentir[5] que d'affirmer qu'il m'avait impressionné, et que j'étais devenu un de ses partisans inconditionnels sur-le-champ », écrivit Rosenberg depuis sa cellule à Nuremberg après la guerre.

Kurt Lüdecke, un riche sympathisant qui aidait à lever des fonds pour le parti, alla même plus loin, affirmant que Rosenberg n'était à vrai dire « pas un grand admirateur de l'esprit de Hitler[6] ».

Mais comme tous les autres, Rosenberg fut bientôt séduit, une fois qu'il eut entendu l'homme parler en public. « Là, j'ai vu un soldat allemand de première ligne[7], partant au combat de façon aussi claire que convaincante, ne comptant que sur lui seul, avec le courage d'un homme véritablement libre, écrivit Rosenberg dans une lettre à propos de ce premier discours. Voilà ce qui, au bout d'un quart d'heure, m'a attiré chez Adolf Hitler. »

Avec le temps, il finit par considérer sa première rencontre avec Hitler pour ce qu'elle était vraiment, le tournant le plus important de son existence, une brève entrevue qui « changea complètement le destin de ma vie et le lia à celui de la nation allemande, pour qu'ils ne fassent plus qu'un[8] ».

En décembre 1920, le parti nazi naissant acheta un petit journal hebdomadaire endetté et fit la promesse « d'en faire l'arme la plus impitoyable de la germanité[9] contre l'hostilité des forces anti-allemandes ». Une partie des fonds qui servirent à l'acheter provenait d'un officier de l'armée allemande, ce qui poussa certains à spéculer que l'argent provenait en réalité d'un compte secret de l'armée. Des donations de la part de petits partenaires financiers, de riches bienfaiteurs privés et d'au moins une organisation nationaliste aidèrent à maintenir le journal à flot. Mais le magazine était endetté bien avant son rachat par les nazis, et dans les premiers temps, on n'était jamais sûr de savoir s'il serait ou non imprimé et sortirait en kiosque.

Dans ses discours, Hitler enjoignait ses partisans d'acheter « le journal le plus détesté du pays[10] ! ».

Le *Völkischer Beobachter*[11] avait trouvé refuge dans un immeuble situé au 39, Schellingstrasse, dans la partie sud de Schwabing, non loin de là où habitait Rosenberg. C'était une salle de rédaction typique « pleine d'agitation[12], de téléphones qui sonnent, d'éditeurs en train de dicter, de visiteurs, le bourdonnement des voix », se souvient un employé. Typique, si l'on ne prend pas en compte le fait que l'immeuble servait également de quartier général à la section d'assaut paramilitaire personnelle de Hitler, les « Stormtroopers » de la Sturmabteilung, les SA, dont les brutes traînaient souvent au bureau et échangeaient des anecdotes tout en nettoyant leurs pistolets.

Hitler passait de nombreuses heures au journal, surtout le matin, à s'entretenir avec les visiteurs. Les restaurants et les cafés de Schellingstrasse devinrent rapidement le centre névralgique des activités du parti nazi. Au coin du pâté de maisons suivant, se trouvait l'un des restaurants préférés de Hitler, le Schelling-Salon, avec sa coupole si particulière en forme de clocher à bulbe. L'endroit fut un point de ralliement régulier pour les nazis, jusqu'à ce que le propriétaire refuse de continuer à faire crédit à leur chef. Pendant de nombreuses années, Hitler eut également ses habitudes dans un restaurant italien à l'éclairage tamisé, qui se trouvait quelques numéros plus bas, l'Osteria Bavaria, dont les murs en lambris étaient recouverts de tableaux de paysages classiques. Le Führer et ses invités préféraient en général dîner derrière un rideau tiré, dans une alcôve renfoncée juste après la porte d'entrée. Parfois, il leur arrivait de descendre la Ludwigstrasse jusqu'au Café Heck, qui donnait sur le parc baroque de l'ancienne résidence des princes, le Hofgarten. Quand le temps le permettait, ils s'asseyaient à l'ombre des arbres, dans des fauteuils de jardin en fer forgé qui entouraient des tables recouvertes de nappes à carreaux.

Durant ses premières années à Munich, Rosenberg passa le plus clair de son temps au 39, Schellingstrasse, sous la direction éditoriale d'Eckart, au sein de l'organe de presse officiel du parti. Puis, avec le temps, il gagna en responsabilité jusqu'à devenir, d'une certaine façon, l'écrivain en chef du parti émergent. Sa prose était souvent maladroite et nécessitait de nombreuses corrections. Quant à Hitler, il n'était pas vraiment satisfait du journal que Rosenberg et Eckart avaient mis en place. Il souhaitait quelque chose qui soit destiné aux masses, quelque chose qui attirerait l'attention du peuple et l'aiderait à voir le monde de la façon dont les nazis le voyaient.

« Au début, le *Völkischer Beobachter* planait si haut sur le plan intellectuel que j'avais moi-même du mal à le lire[13], raconta Hitler, et je ne connaissais certainement aucune femme qui aurait pu y comprendre quoi que ce soit. »

Mais, rapidement, le journal publia bien plus que les divagations obscures de Rosenberg[14]. Il reproduisait des dépêches d'agences de presse, des enquêtes volées à d'autres journaux, des articles sur le sport, l'art, les contributions de certains adhérents, des dessins humoristiques et politiques, des blagues, des essais et des discours de Hitler, des annonces du parti (« Voici où nous nous battrons demain »), des romans-feuilletons. Et il couvrait également, à la façon des journaux à sensation, tout ce qui concernait les crimes sanglants, avec une attention particulière portée aux agressions sexuelles choquantes prétendument perpétrées par des juifs, que l'on décrivait à grand renfort de détails crus.

Étant donné qu'il s'agissait du journal du parti, chaque histoire était, bien évidemment, passée au filtre idéologique et devenait ainsi follement exagérée et railleuse. Les pages d'information bondissaient sur le moindre scandale en rapport avec la République de Weimar. On écrivit surtout tant d'articles sur un cas de corruption impliquant des hommes politiques importants et quatre frères juifs du nom de Barmot, que ceux-ci devinrent une chronique à part entière, « Die Barmatologie ».

Les auteurs du journal aimaient à insérer des points d'exclamation sarcastiques chaque fois qu'ils citaient un de leurs ennemis. Ils reproduisirent une déclaration de Berhnard Weiss, le chef de la police de Berlin, qu'ils haïssaient au plus haut point, de la façon suivante : « Cette pipelette de Hitler[15] (!!!) et ce démagogue (!!) de Goebbels ne peuvent pas être pris au sérieux (!!!). » La section sport du journal concernait majoritairement des activités qui auraient été utiles à un militaire : la randonnée, la gymnastique et la musculation. Les pages culturelles se lamentaient sur l'influence des juifs sur l'art. Le journal publia même un genre de contes pornographiques antisémites qui feraient, par la suite, la renommée de Julius Streicher et de son journal, *Der Stürmer*. Hitler en adorait, paraît-il, la lecture.

« Je suis à peu près certain qu'il désespérait déjà du genre humain à l'époque, déclara plus tard Hitler en parlant de la ligne éditoriale de Rosenberg de ces années-là, et son mépris pour l'humanité ne fit que s'accroître, quand il réalisa que plus il baissait le niveau intellectuel du journal, plus les ventes augmentaient[16] ! »

En 1923, une aristocrate acquise à la cause décida de solder une partie de ses actions à l'étranger pour aider à financer la conversion du journal en quotidien. De son côté, Ernst Hanfstaengl, un nouveau disciple de Hitler, de retour en Allemagne après être sorti diplômé de Harvard, prêta au parti 1 000 dollars destinés à l'achat d'une nouvelle presse rotative pour imprimer le journal sur un plus grand format, plus susceptible d'attirer l'attention, à l'instar des grands quotidiens américains. Cette expansion coïncida avec la promotion officielle de Rosenberg au poste de rédacteur en chef. Eckart, bien trop bohème pour assumer les contraintes d'une publication quotidienne, avait été remercié. Les poches renflouées, Hitler accompagna lui-même Rosenberg pour acheter un nouveau bureau. Ce dernier opta pour un secrétaire à cylindre, qui dissimulerait plus facilement le désordre pour lequel il était connu. « Hitler éprouvait une satisfaction presque enfantine » se souvint Rosenberg. « Un autre pas en avant ! » En novembre de cette année-là, le journal nazi allait atteindre les trente mille abonnés.

L'admiration de Hitler pour Rosenberg et son écriture indigeste laissait pantois la plupart des responsables du parti nazi. « Rosenberg était un type fort déplaisant[17] », écrivit Hanfstaengl, que l'on surnommait Putzi – un homme volubile qui avait de nombreuses relations et deviendrait par la suite le chef du département de la presse étrangère de Hitler. Putzi avait une longue liste de doléances à l'encontre de Rosenberg : il était « intrinsèquement illettré[18] », il avait la manie irritante de siffler entre ses dents quand Hanfstaengl s'adressait à lui, il avait « autant de goût que l'âne qui tirait la charrette de la marchande des quatre saisons », il portait la même chemise, jour après jour. « Il avait une théorie selon laquelle faire laver ses chemises revenait à jeter son argent par la fenêtre, et avait pris l'habitude de les jeter à la poubelle quand elles devenaient importables, même selon ses critères. »

Mais par-dessus tout, Hanfstaengl considérait Rosenberg comme un charlatan. Il en fit part à Hitler et l'avertit que s'il continuait à écouter cet homme, il allait conduire le mouvement tout droit à sa perte.

Malgré le nombre d'heures passées le nez plongé dans ses livres poussiéreux, Rosenberg n'avait rien d'un penseur visionnaire. Il s'inspirait des écrivains et des intellectuels[19] qu'il croisait, et reprenait leurs idées, qu'il adaptait au goût du jour. La véritable importance de son travail fut d'avoir déterré des courants philosophiques des XVIIIe et XIXe siècles, qui donneraient ensuite aux nazis les plus radicaux la justification nécessaire pour changer le cours de l'histoire européenne.

De façon assez étrange, le concept d'une race « aryenne » suprême et idéale, faite de grands blonds aux yeux bleus, sveltes et musclés, vient à l'origine de l'étude de la linguistique comparée[20]. Sir William Jones, un chercheur britannique résidant en Inde, remarqua de nombreuses similitudes entre le sanskrit, le grec et le latin. Il donna aux peuples qui parlaient ces langues le nom d'Arya, ce qui signifie « noble » en sanskrit. Avec le temps, d'autres chercheurs recensèrent plus de quarante langues partageant ces similarités, y compris l'anglais et l'allemand.

Au siècle suivant, cette simple constatation fut détournée par des penseurs qui cherchaient désespérément à expliquer comment les Indiens et les Européens en étaient venus à parler des langues à ce point similaires. L'un d'eux alla jusqu'à imaginer qu'une tribu de guerriers de l'Himalaya avait réussi à conquérir l'ouest de l'Allemagne. Un autre décida que c'était l'inverse, que les Aryens avaient quitté leur mère patrie, l'Allemagne, pour partir à la conquête de l'Est.

Au début du XIXe, des philosophes nationalistes se servirent de cette notion pseudoscientifique hautement discutable pour soutenir l'existence d'une exception allemande. Les générations suivantes perdront hélas de vue que le point commun de ces Aryens était la langue, et non la race.

Le comte Joseph Arthur de Gobineau, un diplomate français, concluait dans son *Essai sur l'inégalité des races humaines* (en quatre volumes) que l'on pouvait pleinement comprendre l'histoire du monde à travers un prisme racial. Il soutenait que les Blancs, et par-dessus tout ces mythiques Aryens germaniques, étaient supérieurs à toutes les autres races, ainsi qu'à l'origine de tous les grands accomplissements de la civilisation. Ce n'est qu'en gardant leur race pure de tout métissage à d'autres races qu'ils pourraient continuer à prospérer.

Puis, ce fut au tour de Houston Stewart Chamberlain, un Anglais qui s'était épris de l'Allemagne, malgré une longue lignée d'ancêtres britanniques incluant amiraux et généraux. Éduqué par un tuteur prussien pendant son adolescence, Chamberlain prit la nationalité allemande et se lia d'amitié avec le compositeur Richard Wagner et son épouse, Cosima. Il épousa leur fille, Eva, et entretint une correspondance assidue avec l'empereur Guillaume II. Chamberlain affirmait dans ses lettres être hanté par des démons, dont l'un l'avait même poussé à écrire un livre, *Genèse du XIXe siècle*, publié en 1899, et considéré par le quotidien de Rosenberg, vingt ans plus tard, comme l'« évangile du mouvement nazi[21] ». Dans son ouvrage, Chamberlain prétendait que les juifs étaient une race bâtarde et que le peuple teuton, en particulier les Allemands, biologiquement supérieur, méritait de diriger le monde. C'était un fait scientifique. Inscrit dans le sang.

Rosenberg se souvient de sa lecture de la *Genèse* lorsqu'il était adolescent : « Un nouveau monde s'ouvrit à moi... J'ai dit oui, oui, et trois fois oui[22]... Je saisissais enfin la nature fondamentale du problème juif et ne la perdis plus jamais de vue. »

Avant d'écrire lui-même sa propre révision tordue de l'Histoire, à l'instar de Chamberlain, il passa ses journées à concocter une tambouille plus raciste encore. Les quatre premiers livres qu'il publia sombraient dans un antisémitisme délirant, obsessionnel et, par-dessus tout, paranoïaque. « Il n'y a aucune trace dans l'Histoire, écrivit un historien, d'un polémiste[23] antisémite plus acharné qu'Alfred Rosenberg. »

Dans *La Piste des juifs à travers les âges*, publié en 1920, Rosenberg déclarait que les juifs étaient responsables de tous les maux du monde. C'était leur faute s'ils étaient persécutés. C'était un peuple cupide et sans scrupules. « Si on lit les rapports commerciaux du Moyen Âge impliquant des juifs, on est stupéfait de remarquer la fourberie[24] constante de ce peuple, écrit-il. Ces rapports racontent la falsification permanente des échanges, les banqueroutes simulées... les billets à ordre en hébreu acceptés de bonne foi par des tiers qui, quand on les traduisait, se révélaient ne contenir rien d'autre qu'une phrase grossière ; la substitution de marchandises après achat, de telle sorte que l'acheteur se retrouvait avec des sacs de pierres ou de paille à la place de ce qu'il avait payé. »

En tant que « conspirateurs-nés », les juifs n'avaient aucun sens moral, c'est pour cela que leurs guides avaient mis en place un code technique complexe, une « confusion de lois ». Les juifs ne pouvaient être ni des juges impartiaux ni des fonctionnaires, parce que leur foi ne les obligeait à traiter d'égal à égal qu'avec ceux qui, comme eux, appartenaient au « peuple élu ». Ils ne toléraient personne d'autre que des juifs. « Les juifs trahissent objectivement leur nation à chacun de leurs mouvements... L'empereur Guillaume II n'aurait jamais dû permettre leur émancipation, ils n'auraient jamais dû pouvoir circuler librement au sein de la société allemande, ni être autorisés à diriger des journaux et des entreprises », insistait Rosenberg.

« On ne devrait pas permettre qu'un poison[25] se répande sans surveillance, ni qu'on le considère comme un médicament. »

« Le peuple juif, écrira-t-il l'année suivante dans *Le Crime de la franc-maçonnerie*, est la plaie[26] que choisit d'imposer Satan à toutes les nations. Comme le Méphistophélès qui suit Faust à la trace afin de profiter de toutes ses faiblesses et de le traîner dans la boue. » Les juifs pouvaient bien essayer de se convertir, de se faire baptiser dix fois de suite, ils ne pourraient jamais se défaire du mal qui coulait dans leur sang.

Rosenberg joua un rôle important dans la promotion des *Protocoles des Sages de Sion*, un ouvrage fallacieux d'abord publié en Russie en 1903, qui se prétendait le compte rendu d'une réunion secrète de dirigeants juifs prévoyant de dominer le monde en semant guerres et chaos, en contrôlant l'économie et en utilisant la presse pour promouvoir l'athéisme et le libéralisme.

Les origines de ce fameux canular restent obscures. On a longtemps soutenu que la police secrète du tsar l'avait rédigé au début du siècle en s'inspirant de différentes sources. Des Russes antibolcheviques, fuyant la révolution communiste, emportèrent l'ouvrage avec eux, et celui-ci fut bientôt publié dans le monde entier.

Les *Protocoles* firent leur première apparition en Allemagne en 1919. Eckart, le premier employeur de Rosenberg, eut une réaction « d'horreur indicible » face à cette sombre conspiration juive et en aurait fait part à Hitler[27]. Dès 1921, un journal londonien prouva l'imposture des *Protocoles*, mais dans un commentaire publié deux ans plus tard par Rosenberg, ce dernier affirmait encore que la question de l'authenticité du livre n'avait toujours pas été résolue. Quoi qu'il en soit, affirmait-il, le livre concordait avec d'autres récits et constituait un portrait fidèle de la stratégie globale des juifs[28].

Au cours de ces années-là, Rosenberg rédigea également la version définitive commentée du programme en vingt-cinq points du parti. Les autres dirigeants nazis étaient forcés de le considérer comme celui qui faisait autorité en matière d'idéologie nazie et comme la force dominante dans l'évolution de leurs doctrines. Selon plusieurs d'entre eux qui avaient rédigé leurs mémoires après s'être séparés de Hitler et avoir fui l'Allemagne dans les années 1930 et 1940, Rosenberg eut une influence fondamentale sur Hitler pendant les premières années du parti. L'un de ces transfuges, Otto Strasser, affirmait qu'en 1923 Rosenberg était « le cerveau incontesté derrière Adolf Hitler[29] ».

Kurt Lüdecke, un partisan de la première heure, se souvient que Hitler lui avait dit de prêter une attention toute particulière à la vision de Rosenberg en matière de politique étrangère.

« Vous ne connaissez pas encore Rosenberg ? demanda Hitler juste après leur rencontre. Vous devez absolument faire sa connaissance, être en bons termes avec lui. C'est le seul homme que j'écoute toujours[30]. C'est un penseur. »

Hitler aurait bien évidemment nié être la marionnette de qui que ce soit. Dans *Mein Kampf*, il évoque une révélation spectaculaire qui, alors qu'il n'était qu'un jeune homme d'une vingtaine d'années errant dans les rues de Vienne, le força soudain à reconnaître le mal juif. Des récits du temps qu'il passa à Vienne suggèrent que sa radicalisation antisémite vint plus tard, après la défaite allemande de la Première Guerre mondiale. Mais Hitler construisait un mouvement autour de sa personnalité charismatique, il avait donc besoin de se présenter comme une figure singulière. Il avait besoin que les gens croient qu'il avait été frappé d'une révélation ; que grâce à des études approfondies et à son expérience personnelle, il avait lui-même développé les idéaux du parti nazi. Ce fut d'ailleurs cela, écrit l'historien Ian Kershaw, qui lui donna la « légitimité pour diriger le mouvement nationaliste... d'être le futur grand chef de l'Allemagne[31] ».

Selon l'historien Richard Evans[32], la façon de parler de Hitler donnait à ses interventions publiques un air de réunion du grand réveil religieux. Avec une certaine théâtralité, il entamait ses discours en douceur, puis les élaborait lentement et méthodiquement jusqu'à une conclusion passionnée, la voix hurlante, les cheveux battant sur son front en sueur et les mains fendant l'air. Politicien jusqu'au bout des ongles, Hitler savait lier les moments difficiles de son histoire personnelle à ceux de l'Allemagne, une technique qui faisait toujours mouche par ces temps de tourment et d'hyperinflation. Avec des mots acerbes, il attaquait la révolution, la République et les juifs qui, affirmait-il, étaient la cause de tout. « Ne croyez pas que vous pouvez vaincre la maladie sans tuer le virus, sans anéantir le bacille, s'emporta-t-il dans l'un de ses fameux discours. Et ne croyez pas que vous pouvez vaincre la tuberculose raciale sans vous assurer que les gens ne puissent pas être contaminés par la tuberculose raciale[33]. »

Vers la seconde moitié de 1920, les discours de Hitler prirent un nouveau tournant. Il commença à mettre explicitement en garde contre les juifs qui avaient instauré le bolchevisme en Union soviétique et qui voulaient désormais l'imposer en Allemagne.

L'étoile rouge, symbole de l'Union soviétique, provenait de « l'étoile de David, le symbole des synagogues, l'emblème de la race qui veut dominer le monde[34], une seigneurie qui s'étend de Vladivostok à l'Ouest – la seigneurie de la juiverie. L'étoile jaune qui, pour le juif, signifie l'or étincelant ». Le peuple allemand avait le choix, il pouvait vivre sous l'étoile des Soviets ou la croix gammée des nationalistes.

Ce tournant résultait de l'influence de Rosenberg. À l'été 1920, Hitler admettait encore ne pas savoir grand-chose de la situation en Union soviétique. Son acolyte russophone le mit vite au goût du jour[35].

Dès l'instant où il mit le pied à Munich, Rosenberg avait tenu à se présenter comme un spécialiste de l'Union soviétique et de ses rouages. Il affirmait connaître les dangers du communisme mieux que quiconque, parce qu'il se trouvait sur place en 1917, en plein Moscou, durant la première phase de la révolution. Rosenberg écrivit d'ailleurs au sujet de cette « révolution judéo-russe » dans le tout premier article[36] qu'il signa pour le journal d'Eckart en 1919.

Il fut à l'origine du lien erroné que Hitler fit entre l'existence d'une conspiration juive et la révolution communiste en Russie. Sa formule, comme l'évoqua un historien, était simple : Russie = bolchevisme = juiverie[37]. Rosenberg alla plus loin encore, il affirmait que les juifs, résolus à ne pas contrôler uniquement l'Union soviétique et l'Allemagne, mais le monde entier, contrôlaient à la fois le capitalisme et le communisme. Elle était là, la grande supercherie des juifs. Ils tiraient toutes les ficelles. Ils jouaient des deux côtés afin d'étouffer le centre. Peu après la tentative brève et sanglante de rébellion communiste de 1919 à Munich, les lecteurs de Rosenberg et les auditeurs de Hitler furent facilement convaincus qu'une prise de pouvoir des rouges en Allemagne aurait des conséquences apocalyptiques sur le pays. Ne venaient-ils pas tout juste de voir ce qu'il se passait quand les communistes prenaient le contrôle ? Des menaces de confiscations de toutes les armes privées. Des grèves générales et une pénurie criante de nourriture. Il y avait également eu des arrestations arbitraires et des exécutions. Hitler affirmait que, à l'instar des juifs de Moscou, ils auraient tué tout le monde sur leur passage. « Il vous suffira d'avoir la tête encore attachée à votre cou et de ne pas être juif pour vous assurer l'échafaud[38]. »

Durant l'un de ces fameux discours prononcés à Munich le 28 juillet 1922, Hitler déclara que les « courtiers juifs » de l'Union soviétique se faisaient passer pour des héros marxistes aux yeux des ouvriers. « C'est une escroquerie gigantesque[39] comme l'histoire du monde en a rarement connu. »

Les juifs avaient détruit la Russie et ils allaient conspirer « jusqu'à ce que le monde entier tombe en ruine ».

« La Russie d'aujourd'hui n'est plus qu'une civilisation en ruine », affirmait-il. Le juif, « ce rapace jamais rassasié », volait tout pour son compte. « Il s'est accaparé les trésors des églises, mais pas pour nourrir le peuple, oh non ! Tout disparaît sans laisser la moindre trace... Et l'Allemagne arrive désormais au même point que la Russie, qui, elle, a dû boire le calice jusqu'à la lie. »

Les juifs voulaient faire de l'Allemagne, qui avait un jour été cette grande nation, un pays « sans défense militaire », et de son peuple un peuple « sans défense intellectuelle ». Et Hitler assurait à ceux qui trouvaient plus sage de se taire et d'éviter les conflits qu'ils étaient condamnés de toute façon. « Non, mon ami. La seule différence sera peut-être que lorsque l'on me pendra, je parlerai encore tandis que toi, l'on te pendra en silence. Sur ce point également, la Russie nous donne un nombre incalculable d'exemples, et ce sera la même chose avec nous. »

Hitler annonça qu'il n'y avait qu'une seule réaction logique face à la possibilité d'une dictature soviétique menée par les juifs en Allemagne : le peuple devait se défendre. « Il ne doit y avoir aucun doute sur ce point. Nous ne laisserons pas les juifs nous trancher la gorge sans nous défendre. »

Quelques mois plus tard, sur une autre estrade, Hitler jura qu'il s'agirait d'un combat jusqu'à la mort. « Ce sera eux ou nous », dit-il à ses partisans. Les juifs et les nazis ne pourraient pas coexister dans l'Allemagne de demain. « Nous savons que s'ils prennent le pouvoir, nos têtes rouleront au pied de l'échafaud, dit-il. Mais nous savons également que quand nous aurons, nous, le pouvoir entre nos mains, alors, que Dieu ait pitié de vous[40] ! »

Dans les années qui suivirent la naissance de la République de Weimar[41], le pays fut constamment perturbé par des campagnes électorales. L'Allemagne allait connaître vingt cabinets différents, au cours de la lutte entre les divers partis politiques pour le contrôle du Reichstag : les sociaux-démocrates, le parti démocrate allemand, le parti catholique du centre, les communistes, les nationalistes, le parti du peuple. La dette militaire, le passage à une économie en temps de paix, la perturbation de la production industrielle, les réparations de guerre imposées par les Alliés lors du traité de Versailles, tous ces problèmes accablaient l'économie allemande et l'inflation allait atteindre des niveaux jamais vus auparavant. À un certain point, au cours de l'année 1923, il fallait plus de quatre mille milliards de marks pour acheter un dollar !

Cet été-là, Hitler se mit à exiger publiquement le renversement de la République si détestée. Le chef du gouvernement de Bavière, Gustav Ritter von Kahr, répliqua en interdisant une série de rassemblements prévus par les nazis et en ordonnant la fermeture du journal de Rosenberg.

Frustré, Hitler estima qu'il était temps d'organiser un coup d'État pour prendre le pouvoir[42]. Il avait un allié essentiel, le général Erich Ludendorff, qui avait dirigé les forces allemandes au côté de Hindenburg lors de la Première Guerre mondiale et qui, en 1923, était devenu la figure la plus éminente de la droite allemande.

Hitler n'était pas non plus à court de bras. Il disposait d'une coalition de groupes paramilitaires nationalistes incluant une unité spéciale de quinze mille membres, sous le commandement d'un homme qui allait devenir l'une des plus grandes figures du Troisième Reich, connu à travers le monde pour sa corpulence et sa vantardise.

Hermann Göring était un homme volubile, doté d'un appétit insatiable pour le luxe et d'une grande prédisposition à la cruauté. Il avait passé une partie de son enfance[43] dans un château médiéval appartenant à l'amant de sa mère, un médecin autrichien à moitié juif. Là, entouré de remparts, de tourelles et d'armures décoratives, le jeune Hermann fantasmait l'histoire mythique de l'Allemagne, du temps où de nobles chevaliers teutons partaient à la conquête de l'Europe.

Élève rebelle à l'origine, il fut ensuite accepté à l'Académie militaire de Prusse, l'équivalent de notre école de Saint-Cyr, ou de l'Académie de West Point aux États-Unis, et gagna la croix de fer comme officier d'infanterie dès les premières batailles de la Première Guerre mondiale.

De mauvais genoux et une bonne étoile le menèrent à l'école d'aviation. D'abord observateur avancé sur un biplace, il retint l'attention des dirigeants militaires pour sa capacité à prendre, sous les feux, des photos exemplaires des fortifications ennemies. Il apprit vite à piloter des avions de combat équipés de mitrailleuses, une innovation à l'époque. À la fin de la guerre, il avait 22 morts à son actif. Göring dirigea pendant un temps, en 1918, un escadron d'élite de pilotes de combat allemands, la Jagdgeschwader Richthofen numéro 1. Le légendaire Baron rouge commanda lui aussi cet escadron, juste avant sa mort.

Göring avait été outré par la capitulation allemande à la fin de la guerre, et il était résolu à rendre à son pays ses lettres de noblesse. « Je demande à tous ceux qui sont ici ce soir d'entretenir la haine[44], une haine profonde et durable envers ces porcs qui ont offensé le peuple allemand et nos traditions, déclara-t-il lors d'une manifestation contre les révolutionnaires en 1918. Mais le jour viendra où nous les chasserons d'Allemagne. Tenez-vous prêts pour ce jour. Armez-vous pour ce jour. Travaillez pour ce jour. Il viendra, à n'en pas douter. »

Quatre ans plus tard, ce héros de guerre amer rencontra Hitler, juste à temps pour l'aider à tenter de renverser le gouvernement bavarois.

La question était de savoir quand frapper. Rosenberg et un autre émigré venu de l'Est, Max von Scheubner-Richter, proposèrent de prendre von Kahr en otage, puis de le forcer à marcher sur Berlin. Les nazis prévoyaient d'agir le 8 novembre, lors du discours de von Kahr à la brasserie, le Bürgerbräukeller, en présence du chef de l'armée et de celui de la police.

Ce matin-là, Rosenberg le passa à travailler au bureau de Schellingstrasse, au milieu des journalistes et des soldats. Le bâtiment bouillonnait d'activité. Hanfstaengl remarqua que, en plus de sa tenue habituelle composée d'une chemise sale et d'une cravate, Rosenberg avait ce jour-là un pistolet posé de façon ostentatoire sur son bureau.

Hitler arriva et passa la tête dans le bureau. « Ce soir, nous passons à l'action, dit-il aux hommes en présence. Prenez vos armes[45]. »

Rosenberg mit son Fedora brun et enfila son imper, puis monta avec Hitler et son garde du corps dans une Mercedes rouge qui les conduisit à la brasserie sur la rive est de l'Isar. Les SA de Göring, casques sur la tête et lourdement armés, encerclèrent le Bürgerbräukeller un petit peu avant 20 h 30. On installa une mitrailleuse face à l'entrée principale. Puis les nazis pénétrèrent de force dans la brasserie, Rosenberg côte à côte avec Hitler.

Une pagaille sans nom s'ensuivit. Hitler, qui portait une jaquette noire et sa croix de fer, tira plusieurs coups de feu vers le plafond, déclarant que la révolution avait commencé, et grimpa sur les tables pour atteindre l'estrade. Les principaux dirigeants de Bavière furent escortés dans l'arrière-salle.

Göring s'évertua à calmer la foule (« Vous avez votre bière ! »), tandis que Hitler tenta, avec moins de patience, de convaincre Kahr et les autres de se rallier à son coup d'État. Ces derniers refusèrent de lui adresser la parole. « Personne ne sort de cette pièce vivant sans ma permission ! » hurla-t-il. Ludendorff fit bientôt son apparition et se joignit aux négociations tendues. Les dirigeants bavarois finirent par accepter de coopérer.

Quand on annonça le coup d'État dans la salle principale de la brasserie, celui-ci fut accueilli par les applaudissements et les chants de l'hymne national allemand, *Deutschland über alles*.

Rosenberg rentra précipitamment au journal pour superviser la publication de l'annonce officielle de la révolution. Quand il fit part de la nouvelle à ses employés, le bureau explosa de joie.

« Il n'y a plus qu'une issue pour nous, leur dit Rosenberg. Demain, soit nous avons un gouvernement national allemand, soit nous sommes morts[46]. »

Un éditeur dicta la une : « L'Allemagne se réveille enfin de son cauchemar fiévreux[47], une nouvelle ère de grandeur d'une brillance éclatante transperce les nuages, la nuit est illuminée, le jour se lève, l'aigle, symbole de la puissance et de la grandeur allemande, reprend son envol ! »

Mais le putsch fut condamné bien avant que le journal n'eût le temps d'être publié.

Les nazis avaient omis d'occuper les garnisons militaires les plus importantes, et Hitler quitta le Bürgerbraükeller sans s'être assuré que quelqu'un surveillait les dirigeants bavarois. Ludendorff laissa von Kahr et les autres s'échapper, et ils agirent rapidement pour écraser la révolte. Les révolutionnaires ne contrôlaient pas les lignes de communication, et les troupes militaires, loyales au gouvernement, furent appelées en renfort tandis que von Kahr dénonçait publiquement les complotistes à la radio et ordonnait la dissolution du parti nazi.

Il neigea le matin suivant, cinquième anniversaire de la proclamation de la République allemande, ce jour noir où, de l'avis des nationalistes, les « criminels de novembre » avaient trahi l'Allemagne. Désespérant de pouvoir capitaliser sur leur coup manqué, les nazis décidèrent de marcher jusqu'au centre de Munich dans l'espoir de rallier à eux l'armée et la police en affichant leur nombre.

Les révolutionnaires partirent de la brasserie, deux mille hommes tous en rang. On eut d'abord plus l'impression d'une marche funéraire mais, quand ils atteignirent le centre-ville et virent la foule les rejoindre, ils crurent un instant qu'ils pouvaient encore mener leur mission à bien. Rosenberg marchait au deuxième rang, derrière Göring, Ludendorff et Hitler qui, par solidarité, donnait le bras à Scheubner-Richter. Les manifestants atteignirent Marienplatz et le Rathaus, puis prirent à droite et continuèrent vers le nord, sur la Residenzstrasse en direction d'Odeonplatz.

Face au Feldherrnhalle, un monument de cette place dédié aux généraux de Bavière, une centaine de policiers les attendaient.

« Rendez-vous ! » cria Hitler.

Chacun brandit son arme et, dans le silence qui suivit, un coup fut tiré.

Scheubner-Richter prit une balle dans la tête et tomba en arrière, entraînant Hitler dans sa chute en lui déboîtant l'épaule. Göring fut touché à l'entrejambe. Rosenberg, qui n'était pas un vétéran de la Première Guerre mondiale, se jeta à plat ventre contre le bitume dès le début de la fusillade. L'homme qui marchait à côté de lui, Oskar Körner, propriétaire d'un petit magasin de jouets, fut tué sur le coup. Rosenberg réussit à s'enfuir sans avoir été blessé. Hitler et Göring aussi. Seize manifestants nazis perdirent la vie, ainsi que quatre policiers. Ludendorff s'avança jusqu'à la ligne des policiers sans qu'on ne le blesse à aucun moment et fut, logiquement, arrêté.

Le service médical se précipita pour faire monter Hitler dans une voiture qui attendait non loin. Il rejoignit vite la maison de Hanfstaengl au sud de Munich, blessé et maussade, voire suicidaire. Conscient de son arrestation imminente, il saisit un crayon et gribouilla un message à l'intention de ses partisans, dans lequel il annonçait le nom du dirigeant par intérim du parti. Il écrivit un message personnel à Rosenberg. Puis il fut arrêté, vêtu d'une chemise de nuit blanche, et emmené à la prison de Landsberg am Lech, dans la cellule numéro 7.

Rosenberg fut sans doute le premier surpris quand il apprit ce que Hitler avait décidé, concernant le futur immédiat du parti nazi.

« Cher Rosenberg, pouvait-on lire dans son message, à partir d'aujourd'hui, tu es le chef du parti[48]. »

Rosenberg prouva rapidement sa totale incompétence en tant que chef exécutif[49]. Certains nazis penseront plus tard que c'était d'ailleurs la raison pour laquelle Hitler l'avait choisi. Ce dernier espérait certainement reprendre la tête du parti à sa sortie de prison et ne souhaitait donc pas passer la main à un rival potentiellement dangereux. D'un autre côté, il était impossible pour Hitler de savoir ce que réservait l'avenir. Une longue peine de prison ? Un exil en Autriche ? Il était blessé et bouleversé quand il avait dû prendre sa décision et, dans la précipitation, il avait choisi son plus fidèle *Alter Kämpfer* – « vieux soldat », le nom que donnaient les nazis à leurs membres de la première heure.

Pendant qu'Hitler passait ses jours en prison à taper *Mein Kampf* à la machine à écrire, le cœur du mouvement nazi volait en éclats sous la direction de Rosenberg. Le parti étant interdit et ses comptes gelés, Rosenberg informa d'abord ses compatriotes, dans un rapport du 3 décembre, qu'ils allaient désormais devoir agir comme une organisation souterraine. La lettre disait : « Secret[50] ! À brûler après lecture. » Il prit un pseudonyme, Rolf Eidhalt[51], un anagramme d'Adolf Hitler.

Un contingent de nazis qui avait survécu à la fusillade de Munich se rassembla à Salzbourg et tenta de le contacter. Mais il était difficile à localiser. Craignant une arrestation imminente, il changeait chaque soir d'appartement.

Même Lüdecke, un de ses fidèles, admettait que le parti partait à la dérive et dit : « Il n'était pas vraiment en mesure de nous diriger[52]. »

Au mois de janvier, Rosenberg fonda la Grande communauté populaire allemande, qu'il aurait voulu voir succéder au parti nazi désormais banni. Mais même avec la bénédiction de Hitler, Rosenberg ne parvenait pas à rallier les différentes factions sous une seule bannière. Sa stratégie consistait à passer du statut de révolutionnaire à celui de parti politique légitime. Au printemps, il présenta même des candidats aux élections du parlement bavarois et du Reichstag, à l'instar d'autres partis d'extrême-droite. Mais quand une faction nationaliste rivale, le parti populaire allemand de la liberté, obtint de meilleurs résultats aux élections et proposa une coalition aux nazis, Hitler s'y opposa et annonça qu'il se retirait de la vie politique jusqu'à sa libération.

Sans le soutien de Hitler, toute tentative d'unification de l'extrême-droite devenait illusoire, et ce fut la fin de la brève et effarante aventure de Rosenberg en tant que remplaçant du Führer. Ébranlé et marginalisé au sein d'un mouvement rongé par les rivalités internes, il fut contraint de remettre sa démission[53].

Hitler sortit de prison à la fin de 1924 et reprit aussitôt le contrôle du parti. Il reprocha violemment à Rosenberg de s'être aventuré dans des élections, tout en faisant précisément de même quelque temps plus tard. Quand le *Völkischer Beobachter* refit surface, Hitler rédigea un éditorial dans lequel il accusait Ludendorff et Rosenberg d'avoir commis des erreurs en son absence.

Rosenberg ne participa pas au lancement du nouveau mouvement organisé en février à Münich dans un Bürgerbräukeller plein à craquer. « Je ne prendrai pas part à cette farce, confia-t-il à Lüdecke, je sais à quelles sortes d'unions contre nature Hitler a l'intention de recourir[54]. » Là où les rivaux de l'année précédente montaient sur l'estrade pour se serrer la main en signe de pardon, et se rangeaient derrière Hitler, Rosenberg n'avait pas l'intention de faire table rase du passé. Il lança plusieurs procès en diffamation contre ses ennemis jurés au sein du parti.

Hitler insista pour que Rosenberg abandonne ses poursuites et lui offrit en échange de reprendre les rênes du journal. Rosenberg hésita et Hitler demanda à Lüdecke d'intervenir :

« Arrangez-vous pour que Rosenberg recouvre ses esprits et qu'il arrête de jouer les innocents blessés. »

« Ce ne sera pas simple, répondit Lüdecke. La blessure est plus profonde que vous ne le croyez. »

« Ja, ja, nous verrons[55] », dit le Führer en riant.

Hitler tenta d'apaiser la douleur de Rosenberg, non seulement en lui donnant un travail, mais aussi en lui écrivant une lettre extraordinaire. Malgré son opportunisme, la lettre montrait bien à quel point il tenait à le garder auprès de lui.

Hitler avait pris conscience que les affaires du parti avaient été plus qu'embrouillées à la suite du putsch, et comprenait désormais pourquoi les rivaux de Rosenberg avaient tenu des propos si amers et insultants à son égard. « Quand le cœur est plein[56], écrivit-il, il faut que la bouche déborde. » Mais peu importaient les mots qui avaient été prononcés dans le feu de l'action, Hitler voulait que son lieutenant sache qu'il avait son plus grand respect. « Je vous connais, Monsieur Rosenberg, et vous considère (...) comme l'un des collaborateurs les plus précieux de notre mouvement, affirma-t-il. Dans les temps difficiles où vous avez dû, par surprise et sans explication, prendre la tête du parti, vous avez tenté de faire avancer la cause du mieux possible, j'en suis personnellement convaincu. Des erreurs furent sans doute commises, cela serait arrivé à n'importe qui. Mais je ne suis pas là pour donner mon avis sur ces erreurs, uniquement sur l'intention et la bonne volonté. Et sur ce plan, je vous dois le plus grand respect qui soit. »

Leur relation s'apaisa, mais ils ne furent plus jamais aussi proches qu'ils ne l'avaient été avant le putsch raté de la brasserie.

Hitler avait acheté une Mercedes noire à six places[57] dans laquelle il emmenait régulièrement quelques-uns de ses sympathiques compatriotes rouler à toute vitesse sur les routes de campagne. Rosenberg, inexorablement sérieux, inflexible et dénué de tout sens de l'humour, semblait avoir conscience qu'il n'était pas le genre de personne qu'on invitait pour une balade à la campagne. Toutes ses conversations finissaient toujours par évoquer les affaires du parti et ses rivalités bureaucratiques avec d'autres dirigeants nazis. Il ne pouvait s'en empêcher.

« Il m'accordait beaucoup d'importance, conclut-il, mais il ne m'appréciait pas[58]. »

Rosenberg n'était peut-être pas aussi réticent à reprendre du service que ce qu'il avait laissé entendre quand Hitler lui avait proposé de reprendre la direction du journal. Il avait trente et un ans, et la seule chose qu'il avait faite depuis son arrivée en Allemagne était d'écrire des polémiques pour le parti.

Donc, en 1925, quand les nazis se mirent à reconstruire leur faction en ruine et lancèrent une campagne ininterrompue pour prendre le pouvoir, Rosenberg n'eut d'autre choix que de retrouver son bureau de Schellingstrasse et la tête du *Völkischer Beobachter*. Il avait besoin d'argent, raconta-t-il à Lüdecke, et « de plus, ce travail, c'est ma vie. Je ne peux pas abandonner la cause[59] ».

Le journal, porte-parole du parti, était aussi sarcastique et agressif[60] qu'au premier jour. Il traitait les membres du gouvernement de Weimar de « pacifistes internationalistes efféminés ». Il appelait Yahvé « le diable, l'assassin originel, un menteur et le père de tous les mensonges ». Il dénonçait la foi juive comme étant un « masque permettant de mener un pillage économique et moral, une destruction sous la protection de la loi fédérale allemande ». Il attaqua même un éditeur concurrent, le traitant de « meurtrier de l'âme allemande, traître du peuple allemand, responsable du pourrissement de l'opinion publique ».

Bien évidemment, les diatribes du journal conduisirent plusieurs fois Rosenberg et ses journalistes au tribunal, pour diffamation et incitation à la haine.

La loi de protection de la République autorisait le gouvernement à interdire tout journal qui aurait encouragé une révolte par la force à son encontre. Le *Völkischer Beobachter* accumulait les amendes et les suspensions. En mars 1926, Rosenberg fut même envoyé en prison pour un mois.

« La bataille pour l'âme du peuple a été menée en pleine lumière, écrira-t-il des années plus tard en tentant de défendre son journal incendiaire. Nous avons été attaqués de façon vicieuse et nous avons répondu de façon vicieuse. » Les articles du *Völkischer Beobachter* « étaient souvent écrits à sept heures du matin et s'appuyaient sur des dépêches tout juste arrivées, il ne s'agissait donc pas toujours d'opinions réfléchies. Dans leurs attaques, nos ennemis, eux, ne nous ont jamais rien épargné[61] ». C'était une époque douloureuse, une période de guerres interminables contre les adversaires à l'intérieur et à l'extérieur du parti.

En 1930, il obtint un siège au Reichstag et fut dès lors l'homme à abattre pour les opposants au mouvement. Un jour, alors qu'il se levait pour prendre la parole, vêtu de la chemise brune de l'uniforme nazi, certains sociaux-démocrates de l'assemblée l'accueillirent par des noms d'oiseaux qui contrarièrent à coup sûr l'antisémite au nom à consonance pourtant si juive qu'il était.

« Tiens, un juif[62] ! hurlèrent-ils. Regardez-moi ce nez ! Retourne en Palestine ! »

Mais les insinuations les plus préjudiciables furent celles concernant ses activités durant la Première Guerre mondiale. Hanfstaengl informa Göring que Rosenberg avait séjourné en France, et qu'il avait appartenu aux services secrets français. Göring s'empressa de propager la rumeur. « Ce type devrait au moins expliquer ce qu'il faisait véritablement à Paris pendant la guerre[63] », dit-il à ses compatriotes du Reichstag. Les opposants au parti s'emparèrent de ces accusations et les diffusèrent dans la presse, mais une enquête de police ne parvint à présenter la preuve que Rosenberg ait été un espion français. L'histoire était simple, Rosenberg avait passé deux semaines à Paris en 1914 pour rendre visite à sa fiancée de l'époque et future épouse, Hilda. C'était un séjour parfaitement innocent[64].

Rosenberg traîna les journaux sociaux-démocrates en justice pour leurs allégations, et obtint même des dommages.

Mais l'insulte resta. Elle ressurgit lors d'un débat au Reichstag en 1932, provoquant une brève altercation. Un député communiste insinua que Rosenberg avait œuvré contre l'Allemagne. Rosenberg s'énerva : « Vous voulez sans doute que je vous gifle[65] ? » Le chancelier Heinrich Brüning, que Rosenberg avait fort critiqué ce jour-là, le traita de « Balte de pacotille qui, quand je me battais jusqu'à mon dernier souffle durant la guerre, n'avait toujours pas décidé à quelle nation il appartenait[66] ».

Si Rosenberg trouvait du réconfort dans sa vie personnelle, il n'en fit jamais grand cas. Hilda et lui divorcèrent en 1923[67], après huit ans de mariage. Le mariage avait en réalité cessé dès 1918, quand il était parti pour l'Allemagne. Elle ne l'avait pas accompagné ; au lieu de cela, elle avait voyagé avec sa famille, à la recherche d'un traitement contre la tuberculose, d'abord dans une station thermale près de la Forêt-Noire, puis en Suisse. « Elle disait qu'au début elle aurait sans doute pu m'aider un peu, mais que j'avais désormais trouvé ma voie. Elle était malade, disait-elle, et dépendrait probablement de tiers pour le restant de ses jours, écrira plus tard Rosenberg dans un récit surprenant par son manque d'émotion. Elle rejoignit plus tard ses parents à Réval puis, dans un dernier espoir de trouver une cure, se rendit en France, où elle mourut. »

Un jour d'été, peu après sa séparation, Rosenberg sortait du journal quand il remarqua sur la Schellingstrasse une « dame belle et mince habillée de noir, qui portait un grand chapeau noir avec un bandeau écossais ». Hedwig Kramer avait vingt-quatre ans, six de moins que Rosenberg. Il la regarda entrer dans un restaurant grec où il déjeunait souvent, la suivit à l'intérieur et l'aborda. Il la séduisit au cours de longues balades au milieu des étangs et des pelouses de l'Englischer Garten, le plus grand parc urbain d'Europe, où les Munichois pouvaient se promener des heures durant sans jamais passer deux fois au même endroit. Ils se marièrent en 1925 et eurent deux enfants, un fils qui mourut très jeune et une fille, Irène, née en 1930. Hedwig et lui emménagèrent sur l'Akademiestrasse, juste en face du luxueux bâtiment en pierre blanche qui abritait l'Académie des beaux-arts.

Mais sa vie était vouée à son travail. Rosenberg passa des années derrière son bureau à étudier, lire, réfléchir et écrire. Le peu de temps qu'il passait loin du bureau, il le passait à lire encore et à s'imprégner de l'histoire allemande. L'un des premiers voyages qu'il fit avec son épouse fut pour aller visiter les ruines du château de Heidelberg.

Ses responsabilités éditoriales allaient bien plus loin que les articles à scandales du journal du parti. Il dirigeait également *Le Combat du monde,* un journal antisémite qui traitait des thèmes classiques de la question juive, dans des articles pseudo-scientifiques chargé d'une multitude de notes de bas de page. Hitler le surnommait « une arme pour le premier rang ». Il prit ensuite la tête du mensuel du parti dont les nazis se servaient pour diffuser leur idéologie et leurs constructions théoriques, le *Nationalsozialistische*

Monatshefte. Rosenberg était un fauteur de troubles extraordinaire et prolifique. Au bout du compte, il fut plus prolifique que tous les autres dirigeants nazis réunis[68].

Au début de 1933, le travail des nazis porta enfin ses fruits. Dix ans après leur défaite sanglante à Odeonplatz, après des années d'électoralisme de brasserie, d'agitation rédactionnelle, de complots dans des lieux secrets et de combats de rue à mains nues, Hitler était enfin, de façon sidérante, sur le point d'accéder réellement au pouvoir.

Rosenberg allait de nouveau se rendre à Berlin. Mais cette fois-ci, il ne serait plus un simple badaud d'Unter den Linden, plus un simple témoin de l'Histoire.

Cette fois-ci, Rosenberg allait marcher sur la ville en tant que bras droit d'un homme puissant, bien déterminé à entrer dans l'Histoire.

Hitler et quelques-uns de ses compatriotes le 30 janvier 1933,
le jour de son accession au pouvoir. *De gauche à droite :* Wilhelm Kube, Hanns Kerrl,
Joseph Goebbels, Adolf Hitler, Ernst Böhm, Hermann Göring, Richard Walther Darré,
Heinrich Himmler et Rudolf Hess. Wilhelm Frick est assis sur la chaise.

– 6 –

La nuit tombe

Tout arriva si vite[1]. Hitler accéda au pouvoir le 30 janvier 1933, à l'issue d'un compromis politique. Le président Paul von Hindenburg, le maréchal renommé qui avait dirigé les troupes allemandes lors de la Première Guerre mondiale, désigna un cabinet d'hommes qu'il considérait raisonnables et pensa qu'il suffirait à contenir, calmer et contrôler l'impétuosité révolutionnaire de Hitler.

Mais le chancelier nazi avançait bien trop vite, et le cabinet fut incapable de freiner son ascension.

Dans les quelques heures qui suivirent son investiture à la tête du gouvernement, Hitler exigea de nouvelles élections parlementaires afin de consolider son pouvoir. Il savait que cette fois, après tant d'années de guérilla politique à batailler constamment contre les forces de la République de Weimar qui s'étaient élevées contre eux, les nazis avaient enfin toutes les chances de leur côté. Cette fois-ci, ils ne pouvaient pas perdre.

Ils s'empressèrent aussitôt de prendre le contrôle de l'administration, de la police, de tous les moyens de communication de l'État et de la radio. Plusieurs chefs d'entreprises prospères s'engagèrent à financer leur campagne. Ils interrompirent violemment les campagnes de leurs opposants, fermèrent des journaux rivaux. Enfin, après des années passées à promettre que des têtes allaient tomber, ils mirent rapidement et sévèrement leurs menaces à exécution, estimant ne faire que rendre la monnaie de leur pièce à leurs ennemis. La peur, encore et toujours, était l'arme principale de l'arsenal nazi.

Le soir même de l'arrivée de Hitler au pouvoir, munis de torches, ses Sections d'Assauts (SA) – une unité paramilitaire aguerrie par plus d'une décennie de combats de rue – défilèrent en rangs interminables dans les rues de Berlin. La marche dura si longtemps que certains passants furent convaincus que Hitler avait déjà à sa disposition une armée de plusieurs centaines de milliers de fanatiques agressifs, en chemises brunes et bottes hautes, prêts à terroriser quiconque se mettrait en travers de leur chemin. Et c'était le cas, sans compter que les rangs de la milice n'allaient encore cesser de croître au cours des mois suivants. Début 1934, ses rangs comptaient près de trois millions de soldats.

Cela faisait moins d'un mois que les nazis avaient pris la tête du pays, quand un communiste hollandais du nom de Marinus van der Lubbe mit le feu au Reichstag, le bâtiment richement décoré qui abrite le Parlement allemand. Rosenberg traversait le Tiergarten en voiture quand il aperçut les flammes. Un journaliste le remarqua en train d'observer la scène au loin[2]. Rosenberg pensa la même chose que tout le monde : des conspirateurs nazis avaient probablement incendié le bâtiment afin de pouvoir accuser leurs ennemis.

La question de savoir qui avait véritablement mis le feu au Reichstag fit débat des décennies durant, mais les partisans de Hitler mirent immédiatement cet incendie criminel à profit : tout ceci, affirmaient-ils, scandalisés, n'était que le début d'un complot des rouges pour renverser le gouvernement allemand.

Le jour suivant, Hitler demanda à Hindenburg une suspension immédiate des droits civiques au titre de la proclamation de l'état d'urgence. Le vieil héros de guerre, l'homme qui avait nommé Hitler chancelier, la seule personne en Allemagne qui aurait pu empêcher son ascension durant l'année qui suivit sa nomination, accorda aux nazis tout ce qu'ils voulaient. Liberté d'expression et de réunion, liberté de la presse, immunité contre des fouilles et des mises sous surveillance sans mandat, tous ces droits fondamentaux furent sacrifiés, « jusqu'à nouvel ordre », au nom de la sécurité de l'État. Les communistes devinrent rapidement cibles privilégiées des forces nazies, les SA faisant irruption dans les locaux du parti, arrêtant des membres et s'emparant des caisses. Les nazis balayaient toutes les villes du pays afin d'identifier les sympathisants communistes : des écrivains, des professeurs, des intellectuels, des avocats, des pacifistes et des hommes politiques, y compris des députés communistes ou sociaux-démocrates du Reichstag. On les enferma dans des camps de concentration improvisés où ils furent torturés. Des centaines d'entre eux moururent.

Toujours au côté de Hitler, Hermann Göring, qui avait pris la tête du ministère de l'Intérieur prussien, connaissait lui aussi une ascension fulgurante. Il contrôlait donc désormais les forces de police du plus grand Land d'Allemagne, celui de la capitale. Göring exigea rapidement l'état d'urgence, afin de mettre l'appareil de sécurité au travail, et supprimer sans la moindre pitié toute organisation politique qui s'opposait aux nazis.

« Que tous ceux qui font leur devoir, qui travaillent au service de l'État, qui obéissent à mes ordres et se servent impitoyablement de leur revolver quand on les attaque soient sûrs d'avoir ma protection, annonça Göring à ses hommes. Je ne connais que deux sortes de loi, parce que je ne connais que deux sortes d'hommes[3] : ceux qui sont avec nous, et ceux qui sont contre nous. » Il annonça à quelques diplomates étrangers qu'il faisait construire des camps de concentration destinés aux ennemis de l'État, et qu'ils ne devaient pas « être choqués par des mesures que certains trouveraient excessives. Coups de fouet, cruauté en général, et même la mort... tout cela est inévitable au début d'une révolution généralisée et déterminée[4] ». Quant à ses ennemis, Göring, dans un discours qu'il tint deux jours avant les élections, leur lança des menaces sanguinaires : « Mes chers compatriotes, aucune limitation judiciaire n'empêchera l'exécution de mes mesures... Je ne me préoccupe pas de la justice. Ma seule mission est de détruire et d'exterminer, rien d'autre[5]. »

Ce fut une période d'élections comme l'Allemagne n'en avait jamais connu auparavant, « une farce[6] », dira Frederic Sackett, l'ambassadeur des États-Unis. Les nazis promettaient qu'il s'agissait de la dernière ronde électorale, du moins la dernière dont l'Allemagne aurait besoin. Victoire ou défaite, ils n'avaient aucune intention de lâcher les rênes.

Finalement, Hitler n'eut pas besoin de violer la Constitution pour conserver le pouvoir. On dépouilla les bulletins le 5 mars, et les nazis obtinrent suffisamment de sièges pour garder le contrôle du pays. « Hitler a gagné par une victoire sans précédent, déclara Sackett. La démocratie allemande vient de recevoir un coup dont elle ne se relèvera peut-être jamais[7]. »

Lors de la première réunion du Parlement, le 23 mars, dans les élégants locaux de l'Opéra Kroll (remplaçant le Reichstag incendié), Hitler monta à la tribune et vitupéra contre la menace que représentait le parti communiste pour la sécurité allemande. Il exhorta le Reichstag à passer une loi d'habilitation par laquelle les députés devraient remettre l'essentiel de leurs pouvoirs au cabinet de Hitler. S'il devait protéger la mère patrie, dit-il aux députés, il avait besoin d'une prise plus serrée sur les rênes du pouvoir. Rassemblés à l'extérieur de la chambre, les miliciens se mirent à scander : « Les pleins pouvoirs, sinon gare[8] ! » La loi exigée par Hitler fut largement votée, lançant ainsi l'Allemagne sur le chemin de la dictature, de la guerre et des pires horreurs que l'Europe allait connaître dans son histoire.

La chose la plus incroyable, s'étonnait le journaliste William Shirer, c'était que « tout cela avait été fait de façon plutôt légale[9] ».

À Berlin, Robert Max Wasilii Kempner, trente-trois ans, observait la montée du nazisme avec un grand malaise. Sa position était pour le moins précaire. Ses parents étaient juifs de naissance, et même si, par souci d'assimilation, ils avaient fait baptiser leurs enfants par l'Église luthérienne quand ils étaient petits, c'était la race – et non la religion – qui déterminait la façon dont les nazis classaient les citoyens allemands. Kempner était également un social-démocrate et, en 1930, il avait aidé à monter un dossier visant à faire interdire le parti nazi et à expulser Hitler en Autriche.

Malgré tout, Kempner demeurait un mondain-né et un intrigant habile. Même avec les nazis au pouvoir, il avait su se faire des amis, parfois surprenants, au sein des plus hautes sphères de l'État.

Les parents de Kempner étaient des microbiologistes respectés. Walter et Lydia Rabinowitsch Kempner se considéraient comme faisant partie de l'opposition loyale[10]. Ils croyaient en l'Allemagne, mais pas en ses mythes, pas au fer et au sang de Bismarck, ni à la monarchie, et encore moins aux légendes teutoniques soutenues par Alfred Rosenberg. « J'ai grandi dans une maison où le scepticisme jouait un rôle fondamental[11] », écrira Kempner des années plus tard.

Le 4 août 1914, quelques jours après le début de la Première Guerre mondiale, Lydia se rendit au Reichstag pour discuter des maladies telles que la peste, auxquelles les soldats allemands devraient éventuellement faire face sur le champ de bataille, et de la façon dont l'armée devrait les combattre. Après avoir écouté le discours que l'empereur Guillaume II donna dans la salle blanche du palais – discours historique durant lequel il informa officiellement le Parlement que l'Allemagne était en guerre – un journaliste reconnut Lydia Kempner et lui demanda la raison de sa présence. « J'attends la peste[12] », répondit-elle. Ce qui était vrai, d'un point de vue littéral. Mais la dimension métaphorique et prophétique de cette phrase allait hanter son fils jusqu'à la fin de ses jours.

Lydia Rabinowitsch[13] était une juive de Russie, née en Lituanie au sein d'une famille aisée qui possédait une grande brasserie de bière. Les Rabinowitsch devenaient en général dentistes, médecins, entrepreneurs ou avocats. Lydia, la benjamine, fut envoyée étudier la botanique et la zoologie à l'université de Berne, puis de Zurich. Elle y obtint son doctorat en 1893.

Lydia rentra ensuite à Berlin afin de travailler pour le microbiologiste Robert Koch[14], l'un des scientifiques les plus importants de son époque, le chercheur qui aida à prouver que les microbes étaient à l'origine des maladies contagieuses et qui découvrit la bactérie du choléra et de la tuberculose. Il était également un pionnier de la recherche sur l'anthrax. Au début du XXe siècle, son Institut des maladies infectieuses attirait les esprits les plus brillants du monde de la bactériologie. Ce fut dans cet institut que Rabinowitsch fit la connaissance de Walter Kempner, le jeune et brillant médecin chercheur qui dirigeait l'hôpital de l'institut. Il venait d'une famille juive de Pologne qui avait fait fortune en investissant dans les obligations hypothécaires. Ils se marièrent en 1898 et partirent un an plus tard pour le Montenegro afin d'étudier les épidémies de malaria dans les Balkans. C'est là qu'ils se trouvaient quand Rabinowitsch se mit à avoir des contractions. Ils se hâtèrent de rentrer chez eux afin que leur premier enfant naisse en Allemagne. Ils lui donnèrent le nom de Robert, en hommage à Koch, leur héros[15].

Les trois enfants Kempner grandirent immergés dans le travail de leurs parents. Le père recevait des patients dans l'une des pièces de la grande maison de la Potsdamerstrasse à Lichterfelde, un quartier boisé construit de grandes demeures au sud-ouest de la capitale. Il y avait un microscope dans le bureau, et des animaux destinés à des tests – lapins, souris – couraient dans leurs cages qu'on gardait sur le perron. Le soir au dîner, la famille discutait des dernières recherches en matière de bactéries. Koch emmenait les enfants se promener le dimanche, et leur apprit même à faire du cerf-volant.

Le 18 juin 1917, Robert Kempner s'engagea comme volontaire pour partir à la guerre. Il aurait de toute façon fini par être appelé, mais il tenait à servir, quelle que soit l'opinion de sa famille envers le militarisme en général, et le Kaiser en particulier. Il rejoignit le front occidental le 25 octobre 1918, au moment même où les troupes allemandes battaient en retraite sous l'assaut final des Alliés, assaut qui les avait forcées à abandonner un poste de défense stratégique. Kempner rentra à Berlin avec son unité et fit partie des légions de soldats qui défilèrent sur Unter den Linden avant sa démobilisation le 12 décembre. On lui remit la croix de fer pour ses services.

De retour chez lui, il cacha au grenier le pistolet et la carabine que lui avait donnés l'armée. À dix-neuf ans, il avait déjà vécu suffisamment de choses pour savoir qu'un jour il en aurait sans doute à nouveau besoin[16].

Deux mois après la proclamation de la République de Weimar, le nouveau gouvernement, emmené par les sociaux-démocrates, dut faire face à une insurrection[17]. Celle-ci venait, non pas des nationalistes de droite, mais des spartakistes de gauche. Le 6 janvier 1919, les communistes tentèrent de renverser le nouveau gouvernement afin d'instaurer un régime de type soviétique. Ils assiégèrent les bureaux du journal social-démocrate, essayèrent de paralyser la ville par une grève générale et s'emparèrent de plusieurs bâtiments clés du gouvernement. Ils réussirent même à installer des fusils tout en haut de la porte de Brandebourg.

Deux jours après le début de la révolte, Friedrich Ebert, le chancelier, se réfugia dans son bureau pour déterminer s'il devait ou non capituler. Mais au même moment, Gustav Noske, son ministre de la Défense, réunissait un conseil de guerre dans une pension de jeunes filles au sud-ouest de la ville, pour orchestrer la contre-attaque. Ebert et Noske furent obligés de rappeler les corps francs, les vestiges des divisions militaires qui avaient été dissoutes à la fin de la guerre. À cette époque, Berlin comptait une douzaine de ces unités paramilitaires quasi indépendantes, dirigées par d'anciens officiers de l'armée. Elles étaient composées de vétérans de guerre endurcis qui, par patriotisme ou par habitude militaire, s'engagèrent à contrer la menace communiste.

Même pour cette période sanglante, l'anéantissement de la mutinerie communiste fut d'une violence incroyable. L'armée improvisée de Noske avança vers le nord et reprit la ville, pâté de maisons après pâté de maisons. La devanture de l'immeuble qui abritait les bureaux du journal vola en éclats à l'aide de mortiers et de tanks, et les combattants qui s'y trouvaient – dont certains agitaient des drapeaux blancs, et d'autres tiraient des coups de feu cachés derrière d'énormes rouleaux de papier journal – furent tués à coups d'obusiers, de mitraillettes et de grenades. Les corps francs lancèrent des obus sur le quartier général de la police de Berlin, d'où les communistes avaient organisé leur coup d'État. Ceux qui essayèrent de fuir le carnage furent abattus au pistolet. Tout fut terminé en quelques jours.

Au beau milieu de ces soulèvements, Kempner proposa de se rendre à Berlin avec ce qu'il restait de son unité, à la consternation de son père. (« Es-tu devenu fou ? » demanda ce dernier à son fils.) Le récit de ce que fit exactement Kempner durant ces quelques jours varie selon les sources. Dans les lettres dans lesquelles il demandait la reconnaissance de ses faits d'armes, Kempner affirmait avoir participé à des « combats de rue[18] » et son dossier militaire montrait qu'il avait passé dix jours de janvier et tout le mois de mars au sein de son unité, le Freiwilligen-Eskadron Kürrassier-Regiment Nr 4.

Mais des années plus tard, dans son autobiographie, Kempner minimisa sa participation. Il avait déjà entamé ses études universitaires et disait être simplement rentré pour les vacances. Il s'était rendu en ville « par simple curiosité[19] ». Il ne participa à aucun combat effectif et sa carabine était restée dans le grenier de sa maison de Lichterfelde. Il ne resta que deux semaines à Berlin. Rien de plus qu'un étudiant en vacances. « Ce fut, écrivit-il, une incursion en pleine terreur. »

Quand il reprit son service, il fut envoyé à l'hôtel Eden de l'autre côté du zoo, lequel avait été réquisitionné comme poste de commandement pour une unité des corps francs appelée « la garde montée ». Kempner répondait aux appels téléphoniques, relayait les messages et passait son temps à écouter aux portes. Il entendait toutes sortes de choses, admit-il plus tard, mais il affirma n'avoir jamais vraiment su « ce qu'il se passait ». Il fut affecté comme patrouilleur devant l'hôtel et sur le Kurfüstendamm, une avenue voisine à la mode regorgeant de boutiques et de cafés. Malgré des combats de rue de temps en temps ici et là, et malgré le froid, de nombreuses personnes se promenaient. Un collègue de Kempner laissa même une fille qu'il venait de rencontrer dans la rue essayer sa veste d'uniforme.

L'histoire se souvint de ces semaines à l'hôtel Eden pour des raisons différentes. Le 15 janvier à 9 heures du matin, deux meneurs de la révolte, Karl Liebknecht et Rosa Luxemburg, furent arrêtés et conduits dans cet hôtel, où ils furent interrogés et battus, avant qu'on ne les fasse ressortir par la porte de derrière. On les frappa à coups de fusil, on les força à monter dans une voiture, puis on les fusilla. Le corps de Luxemburg fut balancé depuis un pont dans le canal glacé où il se décomposa ; on ne le repêcha que cinq mois plus tard.

Kempner écrira qu'il ne savait rien du tout de ces fameux assassinats : il avait rendu son uniforme et était rentré chez lui quelques jours auparavant. En réalité, selon son dossier militaire[20], il était encore en service quand Luxemburg et Liebknecht furent emmenés de force pour être fusillés.

Kempner retourna à ses études. Il étudia le droit et l'administration à l'université de Berlin, puis de Breslau – aujourd'hui Wroclaw – et de Fribourg-en-Brisgau. En 1923, à sa sortie de la faculté de droit, il fut engagé par un important avocat du nom d'Erich Frey, connu pour ses cheveux savamment coiffés en arrière et ses plaidoiries convaincantes en faveur des criminels les plus célèbres et les plus riches de Berlin. Frey était le genre d'avocat qui obtenait en faveur des gangsters des condamnations dérisoires, en les présentant comme des hommes qui avaient leur propre code de l'honneur.

Kempner passa trois ans assis sur le banc de la défense, puis changea de côté. En 1926, il travailla comme assistant au bureau du procureur, mais cette nouvelle carrière prit fin le jour où il eut le malheur de faire des révélations à un journaliste qui dépeignit le département sous son plus mauvais jour.

Kempner obtint alors un poste au ministère de l'Intérieur de Prusse, bien qu'il se soit rendu à son entretien avec le ministre vêtu d'un costume en flanelle jaune poussin – ses goûts vestimentaires avaient toujours tendu vers l'excentricité. C'était un employé ambitieux et travailleur. Entre 1928 et 1933, il s'occupa des réclamations concernant les forces de police, enseigna à l'école de police de Prusse et écrivit des articles pour des journaux de droit. Il participa à la rédaction du nouveau code administratif de police, et vers la fin de ses fonctions, son supérieur le considérait comme « le conseiller juridique en chef » des forces de l'ordre prussiennes.

Tandis que les nazis consolidaient leurs appuis à travers le pays à coups de discours explosifs et populistes qui en appelaient à un changement national par la violence, Kempner, lui, se rapprocha des membres de la gauche. Parmi eux, Carl von Ossietzky, un démocrate pacifiste et éditeur incarcéré après que son journal eut révélé l'existence d'un réarmement militaire secret, en violation des termes du traité de Versailles. À la demande d'Ossietzky, Kempner travailla bénévolement[21] pour la Ligue allemande des droits de l'homme, l'organisation pacifiste la plus active du pays pendant l'entre-deux-guerres. Parmi ses membres, Albert Einstein.

En 1930, le ministère de l'Intérieur s'inquiéta de plus en plus du discours révolutionnaire de Hitler et lança une grande enquête[22][23] sur le parti nazi. La question centrale était de savoir si le fait que Hitler et ses alliés évoquent constamment le renversement du gouvernement en place pouvait constituer un acte de trahison.

Des enquêteurs de tous les départements du ministère, juridique, politique et de police, participèrent à des rassemblements nazis et s'intéressèrent à la propagande du parti. Ils étudièrent de près des brochures, des lettres d'information, des dossiers de formation, des prospectus, des enregistrements de discours, des mémos internes, et le *Völkischer Beobachter*. Après des mois d'enquête, plusieurs fonctionnaires du ministère rédigèrent trois rapports détaillés en insistant sur l'importance de la menace nazie d'un point de vue politique, religieux et économique.

Le rapport publié par le département de Kempner livrait tous les fondements légaux nécessaires à l'interdiction du parti et à l'incarcération de ses membres. Les nazis avaient passé la dernière décennie à expliquer au monde ce qu'ils avaient l'intention de faire *quand* ils prendraient le pouvoir – et non pas *si* ils le prenaient. Ces extrémistes clamaient leurs plans dans les salles de réunion, dans les journaux, dans les livres qu'ils écrivaient, comme le manifeste pompeux de 140 000 mots de Hitler, *Mein Kampf*, publié en 1925. (Selon le calcul du grand romancier Lion Feuchtwanger, le livre contenait « 139 900 fautes[24] ».)

S'appuyant sur les dires des dirigeants du parti eux-mêmes, le rapport Kempner soutenait que le national-socialisme était bien plus qu'une organisation politique, c'était une secte radicale « fortement centralisée ». On attendait de chaque membre qu'il soit un « pion obéissant » et qu'il ne tienne qu'un seul discours. Les nazis étaient résolus à remplacer la République par une dictature. Ils avaient beau affirmer travailler au changement depuis l'intérieur, en faisant élire certains de leurs représentants aux parlements régionaux et nationaux, ils demeuraient en réalité des révolutionnaires qui n'avaient jamais véritablement renoncé à l'idée de prendre le pouvoir par la force.

Ils s'accusaient pour ainsi dire eux-mêmes à chacune de leurs déclarations publiques.

« Le national-socialisme admet ouvertement être un parti militaire », écrivait Rosenberg.

« Nous créons un parti puissant avec lequel nous pourrons un jour conquérir cet état et fort de ce pouvoir, nous ferons, ensuite, inlassablement et brutalement respecter notre volonté et notre programme. Une fois que nous aurons conquis l'État, l'État nous appartiendra », annonçait Goebbels.

« Nous construisons courageusement et impitoyablement un nouvel État, prévenait Hitler. Nous ferons ce que nous voulons ; nous avons le courage d'affronter n'importe quelle puissance ! »

Il existait des lois contre ce type de haute trahison, affirmait le rapport, et le gouvernement ferait mieux de chercher à les appliquer plutôt que de traiter les nazis comme s'ils n'étaient rien d'autre qu'un parti ordinaire du Reichstag – plutôt que de regarder, impuissant, les nuages noirs s'amasser à l'horizon.

À cette époque, un procès de grande envergure contre les nazis se fraya tout de même un chemin jusqu'au tribunal. Le gouvernement s'inquiétait des tentatives d'infiltration de l'armée par les nazis. Les généraux avaient interdit tout recrutement de membres du parti nazi et avaient demandé à leurs soldats d'éviter toute activité politique en général. Mais un grand nombre d'officiers semblaient de plus en plus attirés par la vision de Hitler, celle d'une armée forte qui aurait brisé les chaînes que le traité de Versailles lui imposait de porter.

Au printemps 1930, trois jeunes officiers furent accusés de propagande nazie et de faire campagne pour que l'armée soutienne Hitler en cas de coup d'État nazi. Kempner participa à l'enquête et assista donc au procès pour trahison des lieutenants. Hitler témoigna au tribunal de Leipzig. Il désavoua les accusés et assura à la cour que les nazis n'avaient aucun projet de révolte armée.

« Notre mouvement n'a pas besoin de recourir à la force. Le jour viendra où la nation allemande connaîtra enfin nos idées. Ce jour-là, trente-cinq millions d'Allemands seront derrière nous. » D'un autre côté, il promit que quand les nazis prendraient le pouvoir – de façon légale et constitutionnelle – ils rendraient à l'armée sa gloire d'antan et se vengeraient des traîtres juifs qui avaient poignardé l'Allemagne dans le dos en 1918 et ruiné la nation.

« Des têtes tomberont[25] ! » vociféra-t-il sous les applaudissements tonitruants de la salle d'audience.

Les rapports du ministère de l'Intérieur auxquels Kempner avait participé furent transférés au procureur de la République, qui les ignora.

L'homme se révéla par la suite un sympathisant de la cause nazie, et quand Hitler devint chancelier, ce fidèle juriste fut l'un des rares à conserver son poste.

Trois ans plus tard, en 1933, les nazis avaient pris le pouvoir et mettaient toutes leurs promesses à exécution. « Hitler ne perd certainement pas de temps, écrivit Bella Fromm, la journaliste diplomatique aux nombreuses relations du *Vossische Zeitung* de Berlin, au sujet de l'investiture de Hitler. Quel présage ironique que le nouveau cabinet prenne ses fonctions sans ministère de la Justice. » *Frau Bella*, comme on la surnommait, était le genre de femme invitée à tous les goûters, bals formels, dîners entre gens de la haute société où elle connaissait toujours tout le monde. Elle s'enorgueillissait de comprendre à merveille les subtilités du climat politique berlinois. Mais les derniers événements étaient arrivés à une vitesse telle qu'elle en avait encore le tournis. Comment Hindenburg avait-il pu laisser ce fou s'emparer du pouvoir ?

« Toute cette affaire est assez difficile à croire[26], écrivit-elle, pour tous ceux qui ont tendance à être sains d'esprit. »

Au mois de mars, le *London Herald* rapporta que les nazis prévoyaient une attaque « à l'encontre des juifs, d'une envergure jamais vue depuis deux mille ans[27] ». Henry Stimson, le secrétaire d'État américain, bien que suspicieux face un article qui semblait si irrationnellement excessif, en envoya tout de même une copie à l'ambassade de Berlin en exigeant des réponses.

« Des petites factions autoproclamées[28] de nazis mettent ce qu'elles considèrent être les dernières touches de la domination nazie, chacune à sa façon », rapporta quelques jours plus tard Frederick Birchall, le correspondant du *New York Times*. Les nazis hissaient leurs drapeaux à croix gammées en haut des synagogues et balançaient des boules puantes dans le hall des grands magasins appartenant à des juifs. Ils interrompirent bruyamment le début d'une représentation à l'opéra de Dresden en exigeant l'expulsion immédiate du chef d'orchestre, présumé – à tort – d'être un socialiste, et accusé d'avoir engagé trop d'artistes juifs.

Les arrestations continuèrent. L'un des dirigeants du parti socialiste fut traîné hors de chez lui, roué de coups jusqu'à perdre connaissance, couvert de crachats et aspergé de gaz lacrymogène. Un rescapé anonyme raconte avoir passé deux semaines à Spandau, et y avoir vu les gardes arracher les yeux des prisonniers et leur briser les dents avec la crosse de leur fusil. Un écrivain fut forcé de manger son manuscrit[29]. « Il ne fait plus le moindre doute qu'être de foi ou d'origine juive et résider en Allemagne constitue désormais un crime aux yeux du pouvoir, pouvait-on lire dans le *Times* du 20 mars. Aucune distinction n'est faite quand il s'agit du crime d'être juif. Ni le statut professionnel, l'habilité commerciale, le service public ou la vertue individuelle importe. Des professeurs sont chassés de leurs salles de classe, des chefs d'orchestre de leurs salles de concert et des acteurs de leurs scènes au théâtre. »

Feuchtwanger, l'écrivain qui avait écrit *Mein Kampf* pour Hitler, s'enfuit pour la Suisse. Sa maison fut mise à sac et ses manuscrits saisis.

Le 1er avril, des SA manifestèrent devant des vitrines de magasins juifs et tentèrent de faire fuir les clients en leur aboyant « d'acheter allemand ».

Les Américains qui rentraient d'Allemagne racontaient d'horribles histoires : Un groupe de juifs traînés jusqu'au quartier général d'une milice et forcés de se fouetter les uns les autres, des habitués juifs d'un restaurant frappés avec des coups de poing américains et jetés à la rue, des corps découverts au milieu de la forêt et dont les rapports de police affirmaient qu'il s'agissait de « suicides non identifiés[30] ».

« Il y avait des uniformes partout, écrivait Willy Brandt, un opposant notoire aux nazis qui devint maire de Berlin, puis chancelier de la RFA après la guerre. Des rangs de miliciens défilaient en hurlant, le bruit fracassant de leurs motos envahissait les rues. La ville entière ressemblait à un camp militaire[31]. » Les fameux cafés étaient à moitié vides, les intellectuels, artistes et écrivains connus avaient disparu. « Ceux qui étaient encore là parlaient en chuchotant, j'étais cerné par les regards suspicieux. La méfiance et la peur formaient comme un brouillard empoisonné. Tout cela me déprimait, j'avais la poitrine comprimée. J'avais l'impression de suffoquer. »

À l'ambassade des États-Unis, les diplomates s'inquiétaient. La situation était si tendue qu'un massacre de tous les juifs et autres opposants au nazisme[32] ne semblait plus entièrement impossible.

Pourtant, certains observateurs, qui voyaient ce chaos prendre de l'ampleur jour après jour, ne semblaient pas s'alarmer outre mesure, pas même Birchall, du *Times*, qui remporta le prix Pulitzer en 1934 pour son travail d'enquête en Allemagne. Invité à intervenir dans une émission de radio américaine ce printemps-là, il affirma à tous ses auditeurs qu'ils pouvaient « avoir l'esprit tranquille car le gouvernement national-socialiste n'avait pas l'intention de massacrer tous ses ennemis, ni d'organiser une quelconque oppression raciale, du moins pas physiquement (...) Vous pouvez également abandonner, j'en suis convaincu, l'idée que l'Allemagne ou les dirigeants actuels allemands aient la moindre velléité de partir en guerre contre quiconque. »

Birchall reconnut qu'il était un « incorrigible optimiste[33] ». Il ne le resta pas très longtemps.

Le nouveau régime s'attela à faire passer une flopée de mesures législatives visant, comme le résuma un diplomate américain, « à détacher le juif de l'Allemagne[34] ». Plus de trois cents lois et ordonnances vinrent restreindre le quotidien des juifs rien que dans la première année au pouvoir des nazis. Ils furent renvoyés des postes gouvernementaux. Les enseignants juifs furent renvoyés de leurs chaires. Les avocats juifs se virent refuser l'accès aux cours de justice. Les médecins juifs furent radiés des services de santé. On ordonna aux entreprises de renvoyer tout membre juif de leur conseil d'administration. La Bourse de Berlin licencia tous les courtiers juifs, poussant ainsi certains d'entre eux au suicide.

L'idée était de faire tout ce qui était possible pour inciter les juifs à émigrer. Les nazis approuvaient le projet sioniste qui encourageait les juifs à partir pour la Palestine. « Reste la question de savoir[35], remarqua l'un d'entre eux, quel pourcentage de leurs biens les juifs quittant l'Allemagne seront autorisés à emporter avec eux. »

Un faible pourcentage, si les extrémistes du parti arrivaient à leurs fins.

George Messersmith, un diplomate américain en poste à Berlin, se demandait comment la moindre personne d'origine juive pouvait rester vivre au sein d'une nation qui s'évertuait avec un tel acharnement à lui rendre la vie aussi misérable que possible. « Il faut vivre en Allemagne et faire vraiment partie de son quotidien, écrivit-il dans un rapport au secrétaire d'État de 1933, pour se rendre compte des cruautés psychiques[36] qu'on y inflige tous les jours et qui sont, par de nombreux aspects, bien plus sévères que la barbarie physique qui a marqué les premiers jours de la révolution. »

En 1933, l'une des premières actions de Göring en tant que ministre de l'Intérieur fut de convoquer Rudolf Diels, un homme élégant de trente-deux ans aux cheveux bruns, qui s'était déjà forgé une réputation d'opportuniste de premier ordre. Diels avait commencé à travailler pour le département de la police politique du ministère de l'Intérieur deux ans plus tôt. Sa mission consistait à garder un œil sur les activités des partis de gauche en général, et des communistes en particulier. Il était devenu un proche de Göring[37], lequel souhaitait désormais nettoyer son ministère de tout ennemi potentiel.

« Je ne veux rien avoir à faire avec les scélérats qui nous entourent, dit Göring à Diels. Y a-t-il ne serait-ce qu'un homme décent ici[38] ? »

Diels lui fournit tous les dossiers personnels et de police de tous les fonctionnaires dont la loyauté posait question. À peine quelques jours plus tard, Göring lança une grande opération visant à nettoyer son nouvel empire bureaucratique de tous les sociaux-démocrates et autres nuisances suspectes du même genre. Les fonctionnaires du ministère devaient remplir des formulaires renseignant leur religion, leur appartenance politique et leur race. Kempner compléta scrupuleusement les pages du questionnaire. Dans un petit élan de provocation, il promit de se renseigner sur sa race.

Puis Göring organisa une réunion et annonça à l'ensemble de ses nouveaux employés que dorénavant tout serait « fait dans un esprit nazi ». Quiconque avait une objection pouvait démissionner. Kempner n'en fit rien – pourquoi abandonner son salaire plus tôt que nécessaire ? – mais il n'eut pas à attendre longtemps avant l'annonce de son renvoi.

La plupart des fonctionnaires furent renvoyés par un courrier sommaire. Kempner se plaisait à raconter le traitement de faveur auquel il avait eu droit. L'histoire disait que Göring l'avait fait convoquer dans son bureau pour le renvoyer en personne, et avec une violence inouïe.

« Vous avez de la chance que je ne vous fasse pas jeter en prison ! aurait hurlé cet homme corpulent. Hors de ma vue ! Je ne veux plus jamais vous revoir[39]. »

Kempner avait la réputation d'être le genre d'homme à ne pas s'encombrer des faits, si jamais ils venaient limiter la qualité d'une anecdote. Dans son autobiographie, il raconta que c'était le directeur du service du personnel du ministère qui lui avait annoncé son renvoi. Mais ce dernier étant un vieil ami, il lui signa une mise en disponibilité et le transféra aux finances. Son nouveau travail, affirma-t-il, était de vérifier les niveaux des cours d'eau de Berlin.

En avril, la loi sur la restauration de la fonction publique bannit les juifs de tout poste gouvernemental. Ce qui incluait donc les maîtres d'école, les professeurs, les juges et les procureurs. Mais sous la pression de Hindenburg, la loi exempta les juifs qui avaient commencé à travailler pour l'État avant 1914, ainsi que ceux qui, comme Kempner, avaient servi au front durant la guerre. Quand bien même, suite à cette loi, cinq mille juifs perdirent leur emploi.

Bien que d'abord protégé par son passé militaire, Kempner fut tout de même officiellement démis de ses fonctions en septembre 1933, au motif de son manque de fiabilité politique[40].

Au même moment, on récompensait Diels en le nommant à un nouveau poste important. Il prit la tête d'une police secrète appelée *Geheime Staatspolizei*, dont l'abréviation constituerait les trois syllabes les plus redoutées des opposants au nazisme : Gestapo.

Kempner et Diels se connaissaient bien. Diels avait un talent certain pour la conversation et, comme Kempner, il avait réussi à accumuler les amis et les relations dans tous les cercles importants. On les voyait souvent bavarder ensemble à la cantine du ministère de l'Intérieur.

Des années plus tard, Diels dirait de Kempner qu'il était « un homme tout à fait digne de travailler à la Gestapo. Il était juste handicapé par sa race[41] ».

Le visage de Diels était criblé de cicatrices, vestiges de duels passés à l'épée – deux entailles en travers de la joue droite et une encore plus profonde sur la gauche – mais cela n'empêchait pas les femmes de le trouver fort séduisant. Il aurait pu être la « vedette d'un western américain[42] », affirma l'une d'entre elles. Il avait beau être marié, il ne déclinait que rarement leurs avances, ce qui lui occasionnait parfois des problèmes. En 1931, Kempner sortit son collègue d'un bien mauvais pas. Un soir, la petite faiblesse de Diels pour les femmes l'avait placé dans une position compromettante. Il avait oublié sa pièce d'identité dans l'appartement d'une prostituée, laquelle s'était aussitôt rendue au ministère en affirmant que Diels l'avait battue. Kempner était intervenu[43], lui avait donné de l'argent et l'avait renvoyée chez elle.

Une autre des idylles de Diels fit scandale au sein de la communauté diplomatique de Berlin[44] : en 1933, il se mit à fréquenter Martha Dodd, la fille de vingt-cinq ans de l'ambassadeur des États-Unis, William Dodd. On les voyait se promener au Tiergarten, aller au cinéma, boire dans des night-clubs. Martha Dodd, qui s'était séparée de son mari juste avant d'emménager à Berlin, avait rapidement gagné une réputation de femme aux mœurs légères. Elle appelait Diels « chéri » et admirait sa « beauté cruelle et écorchée ». Il lui racontait les luttes intestines de la bureaucratie nazie et sa peur de finir par figurer sur la liste de quelqu'un. Plus tard, quand il fut harcelé par ses ennemis qui remettaient en cause sa loyauté envers le mouvement nazi, Martha Dodd lui vint en aide.

En février 1933, peu après son renvoi, mais avant que l'incendie du Reichstag ne donne une excuse à Göring pour persécuter systématiquement les opposants au nazisme, Kempner croisa le chef de la Gestapo chez Kempinski, un café de la Potsdamerplatz.

« Quoi de neuf, Diels ? demanda Kempner. Que fais-tu ces jours-ci, as-tu beaucoup de travail ?

– Des ennuis et du travail, répondit Diels. Je dois faire des listes[45].

– Des listes dans quel but ?

– Des listes... si jamais.

La traque systématique des partisans de gauche était sur le point de commencer.

– De vieux amis à nous y figurent, tu sais », dit Diels à Kempner.

Ainsi prévenu, Kempner poussa aussitôt ses amis pacifistes à quitter rapidement le pays. L'un d'entre eux, Kurt Grossman, s'enfuit en Tchécoslovaquie le jour même où Kempner lui téléphona. Il raconta plus tard que Kempner « avait un don pour être au courant de choses[46][47] que d'autres n'auraient jamais pu découvrir ». Une autre connaissance de Kempner, Carl von Ossietzky, le pacifiste, refusa de s'enfuir et fut arrêté par la Gestapo au lendemain de l'incendie du Reichstag. Déjà diminué physiquement, Ossietzky fut condamné au travail forcé et fut régulièrement frappé durant son incarcération.

Parallèlement, la Ligue des droits de l'homme pacifiste fut dissoute. Kempner brûla toutes les listes sur lesquelles figuraient les noms des membres de l'organisation et, ne laissant rien au hasard, en jeta les cendres dans la Spree.

Kempner avait anticipé les conséquences de l'arrivée des nazis au pouvoir dès 1930. Bien qu'ayant réussi à ne pas se faire arrêter durant les premiers mois de terreur, il savait à quel point il était en danger en tant que juif – et opposant au nazisme, de surcroît – vivant dans le Reich de Hitler. Pourtant, il ne quitta pas Berlin. Pas immédiatement. À cet égard, il ne fut à vrai dire pas différent de la vaste majorité des juifs allemands. Pour chacun de ceux qui se ruaient au consulat pour obtenir un visa et partir, de nombreux autres – la vaste majorité – décidèrent d'attendre et de voir ce qui allait se passer.

Issus principalement de la classe moyenne, ils avaient un lien psychologique et matériel avec leur pays. Ils se sentaient allemands[48]. Et ils n'étaient tout bonnement pas disposés à abandonner leur vie au sein d'un pays qui les avait vus prospérer, particulièrement en comparaison avec les deux générations qui les avaient précédés.

Après des années à être considérés comme des citoyens de seconde zone, les juifs avaient été émancipés par l'empereur Guillaume en 1871. Et c'est avec enthousiasme qu'ils avaient embrassé leur nouveau droit[49] de devenir fonctionnaires, médecins et avocats, de s'inscrire à l'université, de faire affaire dans un pays qui devenait le centre névralgique économique de l'Europe. De nombreux juifs furent rapidement assimilés, ou essayèrent de l'être en renonçant à la foi de leurs ancêtres au profit du protestantisme ou du sécularisme. L'Allemagne, et particulièrement Berlin, devint une destination de choix pour les juifs du monde entier. Pour la première fois, des juifs faisaient partie des grands noms de la finance, de la politique, des sciences et de la culture allemande. Pendant la Première Guerre mondiale, cent mille d'entre eux s'engagèrent dans l'armée, huit sur dix furent envoyés au front et douze mille y laissèrent leur vie pour défendre la cause allemande.

En arrivant au pouvoir, les nazis firent la promesse enragée d'exclure jusqu'au dernier d'entre eux de la société allemande, mais pour les juifs, il était difficile de savoir à quel point ces menaces étaient sérieuses ou non. Beaucoup pensèrent que Hitler serait à coup sûr obligé de mettre de l'eau dans son vin, maintenant qu'il avait effectivement accédé au pouvoir. À coup sûr, ils trouveraient un compromis qui leur permettrait de vivre en paix. Les représentants juifs prêchaient la patience et le calme. L'Allemagne recouvrerait sans doute ses esprits et renverrait Hitler après une année ou deux d'insanité.

Les violences à l'encontre des juifs étaient encore irrégulières durant ces premières années, et même si certains d'entre eux craignaient que le pire ne soit encore à venir[50], la plupart s'inquiétaient surtout des dangers liés à une émigration potentielle. Allaient-ils se retrouver sans argent dans les rues d'un pays étranger choisi au hasard, incapables de parler la langue, incapables de trouver un emploi correct ? Nombreux furent les juifs chefs de famille qui ignorèrent les exhortations de leurs épouses à émigrer avant qu'il ne soit trop tard. Tout bien considéré, les juifs allemands trouvaient plus de raisons de rester que de s'en aller, écrivit l'historien John Dippel. « Il y avait trop à surmonter – l'enracinement, l'habitude, l'incrédulité, la suffisance, la naïveté, les faux espoirs, voire l'opportunisme[51]. » Aussi étonnant que ce soit, certaines entreprises juives prospérèrent[52] pendant les premières années du nazisme.

« Même le plus clairvoyant des juifs n'aurait pu prévoir que le continent entier allait tomber sous la coupe des nazis », écrivit Kempner des années plus tard.

Alors ils attendirent. « Ils attendirent avec patriotisme, fidèles à l'Allemagne[53]. »

Au début, Kempner attendit lui aussi, résistant aux arrestations, aux discriminations régulières et aux immondes discours des antisémites enragés qui avaient pris le pouvoir, des hommes comme Rosenberg, qui prêchaient sans relâche leur vision d'une race nettoyée de toutes ses impuretés, et d'un pays libéré de tout sang juif, jusqu'à la dernière goutte.

Alfred Rosenberg, écrivain en chef du parti nazi.

– 7 –

La voie de Rosenberg

Il avait le charme d'un croque-mort, les yeux creux cernés de noir, les lèvres pincées et rigides – ce qui lui donnait un air perpétuellement renfrogné –, des cheveux fins coiffés en arrière avec une raie au milieu et un front immense. « Il était de taille moyenne. Son teint blême et ses bajoues plutôt flasques lui donnaient l'air d'un homme en piètre santé qui ne sortait que rarement de chez lui[1] », écrivit le journaliste américain Henry C. Wolfe après l'avoir rencontré. Rosenberg lui avait donné l'impression d'un homme qui détestait sourire, comme s'il était investi d'une mission si grave et si sérieuse que toute légèreté aurait été déplacée. Soit ça, se disait Wolfe, soit il souffrait d'indigestion chronique.

« Ses yeux, vitreux et ternes, regardaient dans votre direction sans jamais vous voir vraiment, comme si vous n'étiez tout bonnement pas là », écrivit Kurt Lüdecke, le collecteur de fonds et promoteur qui travailla à une époque en étroite collaboration avec lui. Rosenberg se considérait comme un penseur d'une grande moralité, mais le reste du monde voyait en lui un homme froid, arrogant, absent et d'une cruauté sans limites. « Un bloc de glace[2] ! affirmait Lüdecke. Son ironie acerbe et froide faisait fuir les gens, ils se sentaient minuscules et mal à l'aise en sa présence. »

Albert Krebs, lui, n'était pas du genre à se laisser intimider, du moins pas par Rosenberg. Chef de file syndicaliste à Hambourg,

Krebs avait été chef de milice, leader d'un parti régional et directeur d'un journal proche des nazis, le *Hamburger Tageblatt*. À la fin des années 1920, le parti connut une période de contentieux et se divisa en deux factions rivales, l'une à Berlin, l'autre à Munich. Krebs gagna l'inimitié de Rosenberg suite à la parution d'un éditorial qu'il avait écrit dans le *Tageblatt* et qui remettait en cause la virulente opposition du parti à l'Union soviétique. Une position qui était, bien évidemment, le fondement de toutes les conversations du rédacteur en chef du *Völkischer Beobachter*. Rosenberg envoya aussitôt un télégramme enjoignant à Krebs de se rendre immédiatement à Munich. Quand Krebs arriva dans les bureaux de la Schellingstrasse, il fut accueilli froidement. « Rosenberg était assis à son bureau, écrivit Krebs, mais ne se leva pas, ne leva pas même les yeux, et ne répondit à mon bonjour que par un grognement à peine compréhensible. »

Krebs s'installa sur une chaise.

« Vous vouliez me parler ?

– Il y a quinze jours de cela, répondit Rosenberg.

– Je n'avais pas le temps à ce moment-là.

– Un employé du parti DOIT avoir le temps quand je le convoque », hurla Rosenberg en retour.

Les deux hommes se lancèrent dans un débat sur l'article insultant. Rien ne fut résolu, mais Krebs apprit quelque chose sur le premier idéologue du parti. Rosenberg le sermonna à coups de longs monologues au cours desquels il répétait en substance le genre de choses qu'il écrivait dans ses articles. Chaque fois que Krebs posait des questions, Rosenberg se contentait de les ignorer. « On avait l'impression qu'en réalité il n'écoutait absolument pas. De temps en temps, quand on émettait une critique, il pinçait les lèvres ou offrait un sourire forcé, ce qui lui avait naturellement donné la réputation d'un homme arrogant et agressif, se souvint Krebs. Il faisait tant d'efforts pour prétendre être ce qu'il s'imaginait, ce qu'il aurait voulu être dans ses rêves les plus fous – un noble balte, un lord anglais, un génie scientifique digne de Copernic –, qu'il avait fini par perdre toutes ses capacités, déjà bien maigres, à s'identifier à d'autres êtres humains et à discuter avec eux… Il était à ce point immergé dans ses propres opinions[3] qu'il ne comprenait tout simplement plus comment quelqu'un d'autre aurait pu en avoir de différentes. »

Krebs eut d'autres conversations avec Rosenberg. Un jour, l'idéologue du parti soutint que Heinrich Brüning, le chancelier social-démocrate, avait l'intention d'instaurer un régime communiste en Allemagne et d'anéantir l'Église protestante, afin de faire de la place pour le Vatican et imposer le catholicisme. Krebs fut estomaqué. Rosenberg « imposait une lecture des événements politiques à travers le prisme imaginaire et fantasmagorique[4] de récits tout droit sortis de polars ou de livres d'espionnage ».

Krebs avait du mal à croire que cet homme si profondément perdu puisse être l'intellectuel que Hitler considérait tant. Rosenberg manipulait de toute évidence des idées confuses et troubles – et volées, de surcroît. « Bien qu'ayant, grâce à son excellente mémoire et son incroyable motivation, accumulé un nombre incalculable de données isolées, écrivit Krebs, il est absolument incapable d'assimiler ces données et d'avoir une compréhension claire du contexte et des liens entre différents événements historiques. »

Krebs pensait que Hitler n'avait sans doute pas conscience de tout cela. Ou peut-être qu'il en avait conscience, mais qu'il s'était rendu compte, ingénieusement, que c'était exactement le genre de mélasse idéologique dont son mouvement avait besoin. « Génie de la propagande, il savait sans doute, après tout, que ce sont justement les discours les plus insensés[5] et incompréhensibles qui ont le plus d'effet sur les masses. »

Pour lui, c'était la seule façon d'expliquer l'importance que donnait Hitler à Rosenberg à l'aube du Troisième Reich.

Durant la fin des années 1920, Rosenberg s'occupa du *Völkischer Beobachter*, mais travailla également à un autre projet, un *magnum opus*, un ouvrage sur la race, l'art et l'histoire qui couvrirait plus d'un millénaire, un livre qui irait bien au-delà des dépêches quotidiennes ou mensuelles qu'il diffusait jusqu'alors. Il avait pour ambition que *Le Mythe du vingtième siècle* devienne un classique de la littérature. Cette somme était censément le point culminant de ses réflexions sur l'Allemagne et sa place dans le monde, une théorie philosophique de grande envergure et la description la plus complète de l'idéologie nazie jamais publiée et diffusée au monde. Il s'attendait à être consacré comme le plus grand intellectuel du parti.

Bien qu'il eût aimé se consacrer exclusivement à l'écriture de son livre, il fut contraint d'y travailler par intermittence. « J'étais occupé toute la journée au journal, confessa-t-il des années plus tard, et ne pus par conséquent pas le développer de façon aussi poussée que l'aurait fait un universitaire[6]. » Quand il s'échappait durant la journée pour écrire, son patron s'énervait. « R'gardez-le là-bas dans son coin, cet idiot de snob, ce crétin sans diplômes[7] », dit un jour Max Amann, l'éditeur du journal, à l'un des ses compatriotes. Il pointa Rosenberg du doigt, assis à une table en marbre derrière la grande vitrine du café Tambosi sur Odeonplatz, à regarder en direction des horloges jumelles de l'église des Théatins dans laquelle de nombreux membres de la famille Wittelsbach étaient enterrés. Les tables qui entouraient Rosenberg étaient jonchées de livres et de documents, et il avait l'air visiblement plongé dans ses pensées. « Il écrit son “œuvre”. Ah, quel bohémien ! cria Amman. Alors qu'il devrait être en train de publier un journal digne de ce nom ! »

Rosenberg réussit à finir son manuscrit en 1929 et demanda à sa femme, Hedwig, de lui en taper un exemplaire au propre qu'il remit ensuite à Hitler pour approbation. Six mois passèrent. Le Führer ne fit aucun commentaire. Quand Rosenberg aborda enfin le sujet, Hitler lui dit qu'il avait trouvé le texte « intelligent[8] », mais qu'il se demandait qui allait bien pouvoir lire des centaines de pages de cette théorisation idéologique rosenbergienne. Hitler n'avait-il pas déjà publié le livre nazi le plus important avec *Mein Kampf* ? D'un autre côté, Hitler était un homme politique pragmatique bien décidé à s'emparer du pouvoir et à l'exercer, et certaines idées contenues dans le *Mythe* étaient, c'est le moins qu'on puisse dire, explosives.

Ainsi, quelles que fussent ses réserves, Hitler les écarta et approuva la parution du livre. En 1930, l'ouvrage de Rosenberg sortit en librairie.

Le *Mythe du vingtième siècle* était un texte alambiqué et pour ainsi dire incompréhensible. Rosenberg le considérait comme un traité de sa philosophie[9] sur l'art, la religion et ses idées peu conventionnelles concernant la race et l'histoire. « Chaque race a son âme[10] et chaque âme a sa race – sa propre architecture à l'intérieur et à l'extérieur, son apparence caractéristique et sa façon de vivre, et sa propre relation entre les forces de sa volonté et de sa raison, pouvait-on y lire. Chaque race cultive son propre idéal. Si, à cause d'une infiltration massive de sang étranger et d'idées étrangères, cet idéal est modifié ou détruit, il ne peut résulter de cette métamorphose interne que chaos et catastrophe, selon l'époque. »

Ainsi se poursuivait sa prose, sans véritable structure et de façon interminable. Un admirateur tenta même d'en faciliter la lecture en publiant un long glossaire[11] de sa terminologie la plus obscure.

Parmi les paragraphes incompréhensibles du texte apparaissaient parfois quelques moments de clarté, des idées qui allaient imprégner la pensée nazie pour les quinze années à venir. Rosenberg écrivait que la culture allemande et l'honneur national avaient joué un rôle fondamental dans l'expansion de la civilisation à travers les âges. Toutes les grandes cultures du monde avaient connu une influence aryenne. Le mélange des races – le chaos racial – avait conduit à la chute des plus grandes civilisations. En accordant des droits similaires au « sang ennemi[12] », l'homme teuton avait commis un « péché envers son propre sang ». Seul un retour à la pureté raciale pourrait redonner à l'Allemagne la force qu'elle avait perdue.

Les adeptes de la littérature nationaliste antisémite – Fichte, Gobineau et Chamberlain – ne purent s'empêcher de remarquer qu'ils avaient déjà lu tout cela auparavant. Le livre de Rosenberg ne contenait aucune nouvelle idée majeure. Cependant, après l'arrivée au pouvoir des nazis en 1933, le *Mythe* fut considéré comme l'une des pierres angulaires du national-socialisme, au même titre que *Mein Kampf*, un livre que tout nazi digne de ce nom se devait de posséder. Des années plus tard, de nombreux dirigeants nazis nieront l'avoir véritablement lu. Goebbels parla de « vomi idéologique[13] ». Göring encensa le livre dans une lettre qu'il écrivit à Rosenberg, mais confiait derrière son dos qu'il s'était endormi dès la lecture du premier chapitre[14]. On rapporte que Hitler aurait affirmé l'avoir « feuilleté par curiosité[15] » et l'avoir trouvé bien « trop abscons ». On dit même qu'il détestait le titre. Les nazis ne répandaient aucun mythe, disait Hitler, ils inondaient le monde d'un nouveau savoir. « Ce sont des foutaises[16], déclara un jour Putzi Hanfstaengl à Hitler. Et les foutaises restent des foutaises. Si l'on trempe une feuille de papier dans une tache d'encre, personne ne pensera qu'il s'agit d'un Rembrandt, même dans cinquante ans. Rosenberg est un homme dangereux et stupide, et plus tôt vous vous débarrasserez de lui, mieux ce sera. » Franz von Papen, le conservateur qui devint vice-chancelier de Hitler et lui permit d'accéder au pouvoir en janvier 1933, affirmait que celui-ci ridiculisait en privé[17] le livre et son auteur.

Mais Hitler, constamment à la recherche d'un avantage politique, était connu pour manipuler son public. Un autre nazi de l'époque, Otto Strasser, qui fut ensuite écarté du parti, affirmait quant à lui que Hitler soutenait avec énergie Rosenberg et ses enseignements radicaux.

Un jour, lors d'une réunion dans son bureau de Berlin, Strasser désapprouva la virulente opposition de Rosenberg aux Églises chrétiennes, son « paganisme ».

Hitler se leva, énervé, et se mit à faire les cent pas dans le grand bureau de Strasser.

« L'idéologie de Rosenberg fait partie intégrante du national-socialisme, dit-il à Strasser. Rosenberg est un précurseur, un prophète. Ses théories sont l'expression de l'âme allemande elle-même. Un véritable Allemand ne peut pas les condamner[18]. »

Deux ans plus tard, lors de la parution du *Mythe*, se souvient Strasser, Hitler encensa le livre comme étant « la réussite la plus phénoménale du genre ». Toutes les révolutions connues de l'Histoire sont fondées sur la question de la race, affirmait Hitler. « Si seulement vous lisiez le nouveau livre de Rosenberg... alors vous comprendriez cela[19]. »

En dépit de ce que pouvaient penser les rivaux de Rosenberg au sein de l'administration, le livre devint un texte classique en Allemagne. Le nouvel État nazi ordonna qu'on l'inscrive aux programmes scolaires et qu'il soit intégré aux collections des bibliothèques. On demandait aux professeurs suivant des cours d'endoctrinement d'apporter leurs exemplaires. Les étudiants en droit devaient en maîtriser le contenu. Et les éducateurs des Jeunesses hitlériennes devaient s'inspirer de ces idées pour leur classe d'idéologie. « La voie de Rosenberg, dit Baldur von Schirach, le chef de l'organisation, est la voie de la jeunesse allemande[20]. »

Le livre finirait par se vendre à plus d'un million d'exemplaires[21] et consacra son auteur comme une voix importante des innombrables combats en matière de religion, d'art et de race de l'époque hitlérienne. Dans toutes les librairies du pays, le *Mythe* se tenait à côté de son seul rival au sein de l'édition allemande, *Mein Kampf*. Le livre était devenu tout ce dont Rosenberg avait rêvé, et même plus : il avait écrit la bible du mouvement nazi.

« Je crois, dit un jour un homme à Rosenberg, que votre œuvre restera, même dans mille ans[22]. »

Dans les années 1930, les rues de Berlin regorgeaient d'activité. Tous les matins, les gares et les bouches de métro déversaient employés de bureau et ouvriers par milliers, en costumes, robes ou salopettes. Parmi le vacarme des embouteillages, on entendait les cris des vendeurs de fleurs, de fruits, de cigarettes, de ballons, de journaux, et ceux des magiciens de rue.

Unter den Linden, la porte de Brandebourg et les chemins parfumés du Tiergarten étaient probablement les lieux qui impressionnaient le plus les touristes. Mais aucun endroit ne captait la véritable nature de Berlin aussi bien que la Potsdamerplatz[23], la réponse de Berlin à Times Square. Hôtels de luxe et cafés du coin côtoyaient brasseries et magasins. La Haus Vaterland, et son enseigne lumineuse qui entourait sa devanture en forme de dôme, attirait les Berlinois vers sa salle de cinéma, ses spectacles et sa collection de restaurants à la cuisine internationale (« Le monde réuni en un seul endroit », affirmait le slogan). Son café, qui pouvait accueillir jusqu'à deux mille cinq cents clients, se vantait d'être le plus grand du monde. Sur la Potsdamerplatz, les voitures arrivant de huit rues différentes se croisaient en empruntant un carrefour chaotique. Des tramways traversaient en plein milieu, des petites Opel et des Mercedes rutilantes jouaient des coudes avec des bus à deux étages, des camions, des taxis, des carrioles tirées par des chevaux, des cyclistes et des piétons qui n'avaient, de toute évidence, peur de rien. L'un des premiers feux rouges d'Europe fut celui qu'on érigea au centre de la place en 1925, mais tout le monde s'accordait à dire qu'il ne fut pas d'une grande utilité contre le torrent de machines et la marée humaine qui envahissaient constamment la place.

En janvier 1933, quand Rosenberg se décida enfin à déménager de Munich à Berlin pour être au plus près de l'action, il installa son bureau au 17, Margaretenstrasse, une maison ordinaire à quelques pas du carrefour le plus passant de la capitale. Il aurait préféré la Wilhemstrasse, l'adresse de la chancellerie du Reich et le cœur des ministères les plus importants du gouvernement. Mais la Margaretenstrasse, suffisamment proche, ferait l'affaire.

Au sein du Troisième Reich, le parti nazi fonctionna comme une sorte de « gouvernement paralégal[24] » en parallèle avec les institutions officielles. Par conséquent, ceux qui n'avaient été nommés à aucun poste ministériel disposaient quand même d'un énorme pouvoir. Durant les huit premières années du gouvernement nazi, Rosenberg travailla pour le parti. Il avait été nommé chef du bureau des Affaires étrangères du mouvement en avril 1933. Le nouveau chancelier ne faisait aucunement confiance aux diplomates allemands de la première heure, ni à Konstantin von Neurath, le ministre des Affaires étrangères. Mais tant que Hindenburg serait en vie, Hitler ne pouvait pas remplacer Neurath par un de ses hommes, car il avait la protection du Président. Dans un premier temps, Hitler avait donc l'intention d'utiliser Rosenberg comme une sorte de ministre des Affaires étrangères de l'ombre, afin de mener à bien ses plans sur la scène internationale.

Par certains côtés, ce poste semblait fait pour Rosenberg. Il avait en effet écrit un livre intitulé *L'Avenir d'une politique étrangère allemande* en 1927, et il était membre de la commission des Affaires étrangères du Reichstag. En 1932, il s'était rendu à Rome au nom du parti afin d'intervenir lors d'un forum international sur l'avenir de l'Europe. Cependant, d'un autre côté, Rosenberg ne comprenait pas grand-chose aux autres nations ni à leurs intérêts. Et il n'avait rien du tact raffiné et de la discrétion tout en nuances qui caractérisaient en général les diplomates.

Tout un chacun s'accordait à dire qu'une conversation avec Rosenberg se déroulait toujours de la même façon. « Il entamait volontiers la conversation sur n'importe quel sujet au monde, mais quel que soit le point de départ, au bout de cinq minutes, il se mettait automatiquement à réciter les phrases qu'il avait tant peaufinées au fil de discussions constantes sur ses propres théories sur le sang et la race, racontait l'un de ses interlocuteurs. Quelqu'un pouvait se mettre à parler d'Histoire, d'horticulture ou des bottes hautes des miliciens, Rosenberg, réglé comme du papier à musique, finissait à coup sûr par dévier le sujet sur celui du sang et de la race[25]. »

L'ambassadeur des États-Unis à Berlin, William Dodd, n'oublia jamais ses conversations avec lui. Il les détestait. Il rechignait même à être photographié avec le penseur du parti, comme en témoigne la fois où ils se croisèrent à l'hôtel Adlon de la Pariserplatz, un soir de novembre 1934.

« Il n'y eut rien de plaisant pour moi, nota Dodd dans son journal intime, aucun autre représentant allemand n'a les idées moins claires et ne donne à ce point dans les foutaises[26]. »

Le premier voyage de Rosenberg à Londres, après sa nomination, s'avéra être exactement la débâcle politique et diplomatique contre laquelle un ami l'avait mis en garde. « Tu ne parles pas un mot d'anglais[27] ! lui avait dit Lüdecke, le financier nazi, avant son départ. Tu n'as pas un seul costume digne de ce nom à te mettre. Tes habits du soir sont innommables. Tu ne peux pas aller à Londres comme ça, trouve-toi d'abord un bon tailleur. » Rosenberg lui avait répondu avec un sourire glaçant : « Hitler avait raison. Tu as besoin d'une muselière. » Son voyage ne fut qu'une succession de plaintes, on en appela même au Parlement pour tenter de l'expulser du pays. Robert Vansittart, un diplomate anglais, affirmait que Rosenberg ressemblait à une « morue refroidie[28] » et en avait le caractère assorti. Rosenberg partit plus tôt que prévu, dans une précipitation telle qu'il en oublia ses gants, une cravate, un mouchoir, des chaussettes et une brosse à ongles.

Quelque temps plus tard, il s'enfonça encore plus en contactant des Britanniques qui allaient se révéler des espions[29]. L'un d'eux, William de Ropp, était un journaliste prétendant pouvoir mettre les nazis en contact avec des personnalités influentes au Royaume-Uni. L'autre, l'agent du MI6 Frederick Winterbotham, se faisait passer pour un sympathisant au sein du ministère de l'Air britannique. Inconscient de ce fait, il les introduisit à la chancellerie pour une réunion avec Hitler, puis les invita à déjeuner avec les huiles de l'armée chez Horcher, le célèbre restaurant berlinois. Rosenberg était persuadé qu'il posait les bases pour un rapprochement entre les deux nations. En réalité, il aidait sans le savoir les agents à récolter une mine d'informations sur la remilitarisation allemande.

Quand bien même, en tant que gourou désigné de la politique étrangère du parti, Rosenberg ne renonça pas à ses fonctions. Il travailla tous les angles imaginables. Il contacta des sympathisants nazis à travers le monde. Il élabora des plans pour anéantir l'Union soviétique. Et il attendit son heure, celle où il pourrait laisser son empreinte sur la carte de l'Europe.

Que cette heure arrive ou non, Rosenberg serait toujours le plus important des idéologues nazis. Il était considéré par les membres du parti comme un promoteur important de la cause, l'homme qui leur fournissait les fondements intellectuels de leur mission radicale. En juin 1933, il fit partie des seize hommes promus au rang de Reichsleiter, la plus haute distinction du parti après celle de Führer. À la fin de l'année, Hitler salua son travail dans une des lettres d'appréciation qu'il adressait aux figures les plus éminentes du parti et que le *Völkischer Beobachter* publia par la suite.

« Mon cher camarade Rosenberg[30] !, écrivit Hitler. L'une des conditions premières de la victoire du mouvement national-socialiste fut la destruction spirituelle de l'univers hostile d'idées qui s'opposaient à nous. Non seulement vous vous y êtes… attaqué sans relâche, mais vous avez également contribué d'une façon extraordinaire… à protéger et renforcer l'unité philosophique de notre combat politique. »

Au début de l'année 1934, Hitler officialisa le statut de dirigeant de Rosenberg. Son fidèle conseiller devint le délégué du Führer à l'Endoctrinement intellectuel et idéologique et à l'Éducation du parti nazi.

Ce titre interminable – trouvé par Rosenberg, bien évidemment – dépassait presque en longueur les deux phrases rédigées à la va-vite de l'ordre de commandement que signa Hitler.

Cette nomination était née d'une requête de Robert Ley[31], l'organisateur du parti nazi, pour plus de manuels destinés à l'endoctrinement. Ley dirigeait le bureau central de formation, dont la tâche était d'éduquer les dirigeants présents et futurs du Troisième Reich. Le parti s'était considérablement élargi depuis l'arrivée de Hitler au pouvoir : 1,6 million d'Allemands y adhérèrent, avant la suspension des inscriptions le 1er mai 1933. Ley voulait s'assurer que ces « violettes de mars », comme les surnommaient les nazis de la première heure, seraient formées comme il se devait par l'école du national-socialisme. Il envisageait Rosenberg dans un rôle de conseiller : l'idéologue concevrait le contenu des programmes[32], la structure des leçons et élaborerait le matériel de formation, que les professeurs de Ley utiliseraient ensuite dans leurs classes afin d'assurer un endoctrinement constant des responsables du parti.

Mais Rosenberg avait d'autres ambitions que de rédiger des plans de cours et des manuels. Il envisageait sa mission de la façon la plus large qui soit et avait bien l'intention d'honorer l'ambition du titre à rallonge qui était le sien.

Au mois de février, il s'avança jusqu'au micro dressé sur la scène de l'opéra Kroll à Berlin et s'adressa à un parterre de dignitaires du parti pour leur donner un avant-goût des ses projets de grande envergure. Il prononça son discours avec cet accent roulé d'Allemand balte qui le condamnait pour toujours à être considéré comme un étranger en Allemagne, un immigrant de la première génération. Mais, tandis que ses mots résonnaient dans la salle immense, Rosenberg tenta de conquérir les cœurs et les âmes des Allemands. « Si nous nous contentions aujourd'hui d'avoir uniquement pris le pouvoir, le mouvement national-socialiste n'aurait dès lors pas rempli sa mission, dit-il au public. La révolution politique au sein de l'État a en effet eu lieu, mais la refonte intellectuelle et spirituelle des esprits ne fait que commencer[33]. »

Avant de pouvoir mener ce combat, Rosenberg allait cependant devoir gagner une bataille plus intime.

Hitler avait une façon darwinienne de diriger ses hommes. Il octroyait plusieurs titres à chacun de ses subordonnés, leur confiait des responsabilités qui se recoupaient et ne leur donnait que de vagues instructions sur ce qu'il attendait d'eux. Il encourageait grandement les querelles internes. Il montait ses fonctionnaires les uns contre les autres et n'intervenait que lorsque les guerres territoriales ou les désaccords politiques atteignaient leur paroxysme. Chacun savait qu'il pouvait être renvoyé – voire pire – s'il n'avait plus les grâces du Führer. La méfiance était partout. « Il n'y a pas un responsable du parti nazi qui ne serait ravi de couper la gorge[34] de n'importe quel autre fonctionnaire, si cela assurait sa promotion personnelle, écrivait Bella Fromm, la journaliste diplomatique. Ça plaît à Hitler. Ça les force à rester sur le qui-vive. De plus, il semble convaincu que tout homme ayant la capacité de survivre à tout prix lui sera un jour utile. »

Le nouveau poste de Rosenberg le mettait directement en conflit avec l'une des forces politiques les plus puissantes de Berlin, un fonctionnaire sournois et sans pitié, et un brillant manipulateur de masses : Joseph Goebbels, ministre de l'Éducation du peuple et de la Propagande. De quatre ans le cadet de Rosenberg, Goebbels avait grandi[35] dans une famille ouvrière de la ville de Rheydt, près de Düsseldorf. Ses parents étaient de fervents catholiques et Goebbels avait envisagé un moment de devenir prêtre. Mais une opération destinée à le guérir d'une affection de la moelle épinière le laissa avec une jambe rachitique, infirme et boitant à vie. Honteux de son état physique, il se lança à corps perdu dans les études et devint un élève de premier ordre. Il étudia la littérature allemande, l'histoire, la philologie antique et obtint un doctorat en philosophie. Dès lors, il insista pour qu'on l'appelle *Herr Doktor*.

Dans l'espoir de devenir écrivain, il tint régulièrement son journal intime et s'essaya même au roman autobiographique, ainsi qu'à quelques pièces de théâtre et plusieurs articles de presse. Mais il ne réussit jamais à se faire publier. Il n'arriva même pas à obtenir un poste au sein d'une rédaction. Il travailla brièvement dans une banque, mais fut licencié lors de la crise financière de 1923.

Désenchanté, il adhéra au parti nazi en 1924. Il se fit rapidement un nom en tant qu'orateur et commença à travailler avec Gregor Strasser, un pharmacien et un cadre actif du parti à Berlin, afin de convaincre la classe ouvrière du Nord de rejoindre la cause nazie. Strasser, frère aîné d'Otto Strasser, et Goebbels étaient autant socialistes qu'ils étaient nationalistes, ce qui les conduisit tout droit à une confrontation avec Hitler et l'aile plus conservatrice qui les entourait à Munich, à laquelle appartenait Rosenberg. Goebbels ne comprenait pas pourquoi les nazis et les communistes ne pouvaient pas travailler ensemble. « Vous et moi, nous nous affrontons mais nous ne sommes pas véritablement des ennemis[36], écrivit-il dans une lettre ouverte aux communistes. Et ce faisant, nous divisons nos forces et nous nous condamnons sans doute à ne jamais atteindre notre but. » Strasser et Goebbels mirent en place une nouvelle tribune du parti destinée au public munichois de 1926, qui prônait la saisie des biens des aristocrates et la coopération de l'Allemagne avec une Union soviétique « libérée de l'Internationale juive ».

Hitler ne toléra rien de tout cela, ne serait-ce que parce que ses principaux soutiens financiers se révélaient des nobles nantis. Il rappela Strasser et Goebbels à l'ordre et, les humiliant publiquement, les força à abandonner. Goebbels, qui était complètement tombé sous la coupe du dirigeant nazi, fut bouleversé de voir que Hitler se rangeait du côté de Rosenberg. « Quel est le genre de Hitler ? Un réactionnaire[37] ? écrivit-il dans son journal. La question russe à la dérive, l'Italie et l'Angleterre, nos alliés naturels ! Terrible ! Notre mission, dit-il, est la destruction du bolchevisme. Le bolchevisme est une création des juifs. Nous devons anéantir la Russie... Je suis sans voix. J'ai l'impression que le ciel m'est tombé sur la tête. »

Mais Goebbels était avant tout ambitieux et pragmatique et il rentra rapidement dans les rangs nazis. Son journal fut vite rempli de louanges dans lesquelles il déclarait son admiration pour son héros. (L'une disait même : « Adolf Hitler, je t'aime[38] parce que tu es à la fois fantastique et simple. Ce que l'on appelle communément un génie. ») Quant à Hitler, il fit ostensiblement la cour à Goebbels et, après que l'aspirant dissident eut mis un terme à sa relation avec Strasser, il l'envoya à Berlin se charger de l'attaque contre les communistes, ceux-là même que Goebbels avait si récemment tenté de rallier à sa cause. Cette mission requérait un certain goût pour les invectives, et Goebbels était l'homme idéal en la matière. Un de ses admirateurs affirma même un jour que ses discours glissaient comme un cocktail « d'acide chlorhydrique[39], de sulfate de cuivre et de poivre ».

Maître de l'intrigue clandestine, Goebbels semblait dépenser autant d'énergie à pister les avancées de ses rivaux qu'à gérer son propre ministère. Des journalistes berlinois soulignèrent son goût du travail sans relâche, son intelligence – une denrée rare au sein d'un parti qui était plus connu pour recourir à la force physique – et sa capacité à dire tout ce qui serait nécessaire pour gagner un débat. « De prime abord franc et honnête, avec un sourire désarmant et une voix douce, il était en réalité passé maître dans la dissimulation, et cachait ses pensées véritables derrière un masque de politesse[40] », écrivit Louis P. Lochner, le correspondant de l'Associated Press à Berlin. Quand il le regardait parler, Lochner voyait un comédien. Goebbels pouvait avoir l'air submergé par l'émotion lors de ses discours, mais il s'agissait en réalité d'un spectacle, chaque geste avait été savamment pensé et exécuté pour un maximum d'effet.

Lors des soirées mondaines, Goebbels s'adonnait souvent à un tour illustrant bien cette maîtrise. Il s'amusait à tenir quatre discours défendant quatre types de gouvernement différents – la monarchie, le communisme, la démocratie et le nazisme – qui laissaient chacun de ses interlocuteurs absolument convaincu qu'il était un fervent supporter de l'un ou de l'autre. « Goebbels se révéla un génie de la démagogie, affirmait Lochner. Ses yeux noirs et perçants, ses cheveux bruns raides coiffés en arrière et sa peau lisse n'étaient pas sans rappeler certaines représentations de Méphistophélès[41]. »

Goebbels posait donc plusieurs problèmes à Rosenberg. D'abord, le chef de la propagande avait une vision étendue de son poste. Selon un décret de Hitler datant du 30 juin 1933, il avait compétence sur « tout le champ de l'endoctrinement spirituel de la nation[42], sur la propagande de l'État, sur la propagande économique et culturelle, sur l'éducation du peuple au sein des frontières du pays et au-delà ». Cette description installait fermement Goebbels sur ce que Rosenberg considérait comme son territoire.

La guerre douloureuse qui éclata entre les deux hommes allait les consumer durant la majeure partie des douze années suivantes.

Le premier terrain de désaccord fut celui de l'art. L'effondrement de la monarchie à la fin de la Première Guerre avait libéré Berlin de ses chaînes. Du jour au lendemain, la ville devint un point central de culture et de rencontre. Des blondes aux jambes interminables et des célébrités déambulaient le long des grandes avenues et sirotaient leurs verres à la terrasse des cafés. Les touristes s'émerveillaient des grands magasins monumentaux, particulièrement Wertheim, la vedette de la Leipzigstrasse qui, avec son grand patio en verre et ses lustres qui pendaient d'énormes voûtes, incarnait tout simplement une immense cathédrale de la consommation.

Avec quatre millions d'habitants, la capitale devint soudain la troisième plus grande métropole du monde, juste derrière Londres et New York. Le Berlinois typique était cosmopolite, cynique et probablement né ailleurs. « Ils sont, écrivit un auteur, les New-Yorkais d'Europe centrale[43]. » Ils parlaient même une sorte de dialecte que les autres Allemands considéraient comme exubérant et irrévérencieux.

Tandis que la gauche et la droite s'affrontaient pour le contrôle de l'Allemagne, dans les rues comme au Reichstag, durant toutes les années 1920, un modernisme sous toutes les formes[44] fleurit dans les galeries et les salles de spectacles. Des artistes expressionnistes, comme Otto Dix, capturèrent dans leur peinture le chaos du champ de bataille et la dérive urbaine. Les dadaïstes remirent en cause toute pensée rationnelle. Des architectes modernes, tel Erich Mendelsohn, dessinèrent des bâtiments aux lignes fluides et futuristes. Des films d'horreur d'avant-garde, Marlène Dietrich dans *L'Ange bleu*, les gangsters de Bertolt Brecht, le jazz, les cabarets aux seins nus, une diva dans son plus simple appareil dans une baignoire, Joséphine Baker se trémoussant sans autre vêtement qu'une ceinture de bananes, à la nuit tombée, les Berlinois pouvaient voir tout ça et bien plus encore. L'autoritarisme conservateur du Kaiser avait engendré une énergie sexuelle sans limites. Les night-clubs et les productions théâtrales balayèrent le terrain pour une sous-culture gay en pleine expansion. Le Berlin de l'entre-deux-guerres était tumultueux, éclectique et fièrement de gauche.

Naturellement, les nazis détestaient cet état de fait. Le *Völkischer Beobachter* condamna la capitale comme « un mélange de tout ce qu'il y a de diabolique[45] – la prostitution, les bars où l'on sert de l'alcool, les cinémas, le marxisme, les juifs, les stripteaseuses, les nègres dansants et tous les vils rejetons de ce prétendu "art moderne" ». Le cinéma, se lamentait Rosenberg en 1925, était « aux mains des juifs » et était donc « devenu un moyen de contaminer le *Volk*[46] à travers des images lascives, et, aussi clairement que dans leurs journaux, les juifs révélaient ici leur intention de glorifier le crime ».

Rosenberg devint alors l'avocat en chef d'un programme culturel *völkisch* rejetant le modernisme – qu'il avait surnommé « bolchevisme culturel » – en faveur de ce qu'il considérait comme l'art traditionnel de l'histoire allemande. Le mouvement *völkisch* était une sorte de nationalisme romantique et raciste qui glorifiait le soldat allemand, le paysan et son folklore. En 1929, Rosenberg créa la Ligue de Combat pour la défense de la Culture allemande, une association presque indépendante qui organisait des conférences très en vue – où intervenaient d'éminents intellectuels –, et cherchait à étendre la cause des conservateurs dans son journal illustré.

De son côté, Goebbels, lui, appréciait le modernisme[47] sous certaines de ses formes, et soutenait ceux qui ne voulaient pas voir les arts soumis à l'idéologie conservatrice du camp de Rosenberg. « Nous garantissons la liberté de l'art », se plaisait à répéter le ministre de la Propagande. Il participa à une exposition d'art futuriste italien, décora les murs de son domicile avec des aquarelles expressionnistes d'Emil Nolde, et commanda un portrait impressionniste de lui-même à Leo von König, qu'il accrocha ensuite dans ses quartiers généraux.

Une fois les nazis au pouvoir, Rosenberg pensa qu'il était temps de monter son dossier contre l'art moderne. Mais à l'automne 1933, Goebbels instaura une chambre culturelle du Reich afin de consolider son contrôle sur les beaux-arts, le théâtre, la musique, la radio, le cinéma, la presse et la littérature. Dans la bataille qui les opposait, Goebbels avait clairement pris le dessus.

Refusant de battre en retraite, Rosenberg rebaptisa sa ligue et l'incorpora au sein de la très populaire organisation de loisirs de l'État, « La Force par la joie » ce qui lui donna une influence conséquente sur les programmes culturels et idéologiques à destination des travailleurs et leurs familles.

Parallèlement, il continua de rechercher des angles d'attaques médiatisées, en espérant ébranler Goebbels et finir par supplanter sa nouvelle chambre culturelle.

Il se lança dans une bataille contre Ernst Barlach, un sculpteur expressionniste dont les volumineuses statues gothiques drapées de capes avaient rapporté à leur auteur un grand nombre de commissions, notamment pour la construction de monuments commémoratifs de la Première Guerre, à travers toute l'Allemagne. Goebbels faisait partie des admirateurs de Barlach et possédait même chez lui quelques-unes de ses plus petites pièces. Rosenberg s'en prit à Barlach dans le *Völkischer Beobachter*, et à sa sculpture de la cathédrale de Magdebourg. Celle-ci représentait un squelette portant un casque, un homme avec un masque à gaz, une femme en pleurs et trois soldats, dont l'un avait la tête bandée et portait une lourde croix. Pour les nationalistes, le soldat allemand était une sorte de surhomme héroïque. La représentation de Barlach, dénonçait Rosenberg, n'était rien d'autre qu'un « petit mélange à moitié idiot de figures humaines méconnaissables[48] portant des casques soviétiques, et voilà qu'elles étaient censées représenter les soldats allemands ! ». Barlach tenta de calmer les critiques et alla jusqu'à déclarer officiellement son soutien à Hitler[49], mais ses œuvres finirent par être retirées du musée d'État, et le mémorial de Magdebourg fut démonté.

Rosenberg continua sa campagne de pression et força Goebbels à renvoyer Richard Strauss de son poste de président de la chambre de musique du Reich. On reprochait au compositeur sa volonté de collaborer avec des juifs. Strauss avait écrit un opéra avec deux auteurs juifs, Hugo von Hofmannsthal et Stefan Zweig, fait publier ses œuvres par une maison dirigée par des juifs, et avait engagé un pianiste juif. Quand la Gestapo intercepta une lettre de Strauss à Zweig dans laquelle Strauss exprimait un sentiment qui s'apparentait à de la déloyauté envers le régime nazi – il disait qu'il avait accepté son poste à la chambre de musique dans le seul but de pouvoir « empêcher de pires mésaventures encore[50] » aux artistes, Goebbels fut forcé de se débarrasser de lui.

En 1935, le ministre de la Propagande se rendit enfin compte de la précarité de sa position. Il n'était pas seulement dans la ligne de mire de Rosenberg, il était également en décalage complet avec les idées de Hitler, qui s'opposait au modernisme de l'art. Lors d'un discours très médiatisé à l'un des ralliements annuels du parti à Nuremberg, le Führer s'était plaint de ces « bègues de cubistes, futuristes et dadaïstes » qui menaçaient la culture allemande. « Ces charlatans se trompent s'ils croient que les fondateurs du nouveau Reich sont suffisamment stupides ou suffisamment peu sûrs d'eux pour se laisser embrouiller, et encore moins intimider, par leurs âneries[51] ».

Goebbels, comme il l'avait fait dix ans plus tôt quand il avait dû choisir entre Strasser et Hitler, rejoignit les rangs de son Führer et fit une volte-face complète concernant l'art moderne.

N'ayant jamais été du genre à donner dans la demi-mesure quand il s'agissait de prouver sa loyauté, le nouveau converti s'attela à préparer et organiser l'exposition d'art la plus célèbre de l'Allemagne nazie. « On a porté à mon attention l'existence d'horribles œuvres artistiques bolcheviques[52], écrivit Goebbels dans son journal. Je veux organiser à Berlin une exposition d'art provenant de cette période dégénérée. Ainsi, la population pourra les voir et apprendre à les reconnaître. » L'exposition d'Art Dégénéré, comme l'appelèrent les nazis, ouvrit ses portes en juillet 1937 : une collection de plus de six cents œuvres modernes d'artistes comme Pablo Picasso, Henri Matisse, Vassily Kandinsky, accrochées médiocrement, mal éclairées et accompagnées de légendes criardes dénonçant leur dépravation.

Hitler fut ravi et Goebbels soulagé : aussi glissante que soit la chaussée, il avait sauvé sa place au côté du Führer.

Si Rosenberg n'arriva pas à évincer Goebbels, il n'eut de cesse cependant de se servir de sa position en tant que délégué idéologique de Hitler pour mener à bien ses projets à travers tout le pays. Durant toutes ces luttes administratives, et même durant la guerre, il garda ses nombreux bureaux culturels et ses succursales ouverts et actifs.

Son bureau pour la protection de l'art[53] passait en revue et jugeait des mérites idéologiques de toute nouvelle œuvre musicale ou théâtrale. Il conduisait également des enquêtes pour vérifier le passé idéologique de tout artiste ou intervenant censé se produire face à un public nazi. Les employés du bureau envoyaient ensuite à la Gestapo des rapports[54] concernant des artistes à la loyauté discutable. Rosenberg était convaincu qu'il n'y avait aucun sens à permettre toute forme d'art, de littérature, de théâtre et de musique allant à l'encontre de la philosophie nazie. Cela ne faisait qu'anéantir les efforts d'endoctrinement de son bureau de formation. Son agence organisait des concerts, mettait sur pied des conférences et montait des spectacles qui seraient ensuite joués dans des petites villes.

Le département de Rosenberg publiait un journal artistique mensuel illustré de manière extravageante, *Die Kunst im Deutschen Reich*, pour diffuser la conception qu'avait le parti d'un art proprement germanique, ainsi qu'un journal consacré à la musique dont l'objectif était d'éradiquer toute influence juive des scènes de concert.

Le Bureau pour le soutien à la littérature de Rosenberg disposait d'une équipe d'employés ainsi que d'une petite armée de bénévoles – mille quatre cents à son apogée – qui examinaient systématiquement l'« intégralité de la littérature allemande[55] qui aurait eu la moindre pertinence ou le moindre mérite éducatif pour le *Volk* allemand ». Ces bénévoles passaient également en revue les nouvelles parutions pour s'assurer qu'elles soient idéologiquement appropriées. Ils résumaient leurs opinions dans un journal, le *Bücherkunde*, que l'on envoyait ensuite à ses huit mille abonnés, lesquels travaillaient dans le secteur de l'édition. Les livres approuvés figuraient sur des pages blanches, les livres condamnés sur des rouges. En général, une critique négative suffisait pour que le ministère de la Propagande fasse ajouter le livre à la liste des milliers d'autres déjà bannis d'Allemagne. L'équipe travailleuse disposait également d'un index d'auteurs juifs qui finit par recenser onze mille noms.

Plus tard, Rosenberg lança même une campagne de collecte de livres afin des les envoyer aux soldats qui se trouvaient au front, et son bureau littéraire en profita pour « nettoyer les foyers privés de toute littérature indésirable[56] ».

Des bureaux en tout genre virent le jour[57], l'administration idéologique de Rosenberg envahissait chaque jour un peu plus le paysage culturel. Un bureau de la recherche considérait les nominations académiques. Un bureau d'enquête sur l'architecture rurale allemande étudiait les maisons des paysans afin de s'assurer que leur conception ne soit pas entachée par une quelconque influence extérieure, mais qu'elle soit, au contraire, l'expression parfaite de leur sang germanique. Un bureau du folklore et des célébrations dictait l'organisation des cérémonies de naissance, de mariage et d'enterrement. On publiait ces règles dans le journal du parti, ainsi que la musique prescrite et les décorations de rigueur. Des prénoms germaniques pour les nouveau-nés furent également suggérés : Arwed, Erdmut, Sebalt, Ulf.

L'un des bureaux de Rosenberg passa même en revue les sculptures et les peintures de Hitler pour savoir si elles étaient appropriées, avant de pouvoir être exposées publiquement.

Rosenberg voyagea à travers toute l'Allemagne pour répandre son message. En dehors de Berlin, il pouvait toujours compter sur d'immenses foules qui l'accueillaient avec enthousiasme sous les ovations. Quelle que fût l'opinion de ses collègues du parti à son égard, dans les villes et les villages, il était considéré comme l'un des héros du mouvement.

Mais dans la capitale, sa guerre avec Goebbels n'en finissait pas. En privé, le ministre de la Propagande surnommait le philosophe du parti « presque Rosenberg[58] » : « Rosenberg était presque convenable comme universitaire, comme journaliste, comme homme politique, mais juste presque. »

Rosenberg, quant à lui, considérait l'idéologie nazie comme immuable. Il s'opposait à toutes les tentatives de changement de Goebbels, qu'il prenait pour des manœuvres politiques. « Tandis que le parti se gorgeait des fruits du pouvoir à partir de 1933, peut-on lire dans une biographie, Rosenberg tenait le rôle du prophète de l'Ancien Testament qui reproche à son peuple de se prostituer en adorant de nouveaux dieux[59]. » Rosenberg tira la conclusion que son rival, le grand maître du tape-à-l'œil et du faste, considérait le message nazi comme un outil de propagande banal, au même titre que les drapeaux rouge sang et les marches de rue à la lanterne.

Il se demandait si Goebbels avait jamais eu vraiment foi en l'idéologie nazie. Il en doutait. L'homme changeait si aisément de position que Rosenberg était convaincu qu'il aurait fait ou dit n'importe quoi pour conserver le pouvoir.

« Notre révolution, affirmerait-il quelques années plus tard, a un abcès[60]. »

Mais Goebbels n'était pas le seul obstacle entre Rosenberg et son rêve d'un parti unifié sous sa tutelle idéologique.

Malgré son influence parmi les membres du parti nazi, les plus hauts responsables du Troisième Reich étaient si obsédés par le souci de conserver leur pouvoir qu'ils refusaient d'être contraints par l'homme qu'ils avaient surnommé avec mépris « le philosophe ». Ils étaient des hommes d'action et se méfiaient de toute forme d'intellectualisme. Cependant, Hitler tenait à calmer la communauté internationale tandis qu'il réarmait secrètement l'Allemagne. Il voulait également rester dans les grâces de Hindenburg, car ce dernier était toujours président d'Allemagne, son plus grand héros national, et le seul homme en mesure de lui arracher son poste. Il devait faire preuve de flexibilité, d'intelligence politique.

Rosenberg n'était pas du même avis. « Si j'étais convaincu que c'était ce qu'il fallait au mouvement, j'embrassais une position sans me soucier de savoir si on était pour ou contre, écrivit-il plus tard. Je le faisais, quitte à me retrouver tout seul au bout du compte[61]. » Son talent incomparable pour se faire des ennemis ne devait donc pas vraiment l'étonner.

Parmi eux se trouvait un homme qui refusait de s'embarrasser de la moralisation acharnée de Rosenberg : Ernst Röhm, le commandant des SA. Röhm, un homme au cou épais dont le visage portait les cicatrices de ses services en tant qu'officier allemand durant la Première Guerre mondiale, souhaitait qu'on organise une « seconde révolution[62] » dans les mois qui suivirent l'arrivée de Hitler à la chancellerie. Il voulait destituer les généraux de l'armée en poste et les remplacer par ses hommes redoutables, les muscles du parti nazi.

Röhm et Rosenberg se disputèrent un soir lors d'une somptueuse fête organisée par l'ambassadeur de Turquie à Berlin. Bella Fromm s'y trouvait, discutant avec ses sources. « Soirée formelle » rapporta-t-elle. « Dehors, le Tiergarten est nimbé de brouillard. Le vieux palais de la Renaissance étincelait de lumière. Les grilles imposantes étaient grandes ouvertes. Une procession sans fin de voitures arriva… L'assmblée était une scène d'une splendeur écrasante. Uniformes militaires, robes élégantes, joyaux étincelants. Röhm, chahuteur, et ses chemises brunes, avaient bu du champagne bien plus que de raison[63] et on leur demanda de partir. Mais plutôt que de s'exécuter, ils s'emparèrent de plusieurs douzaines de bouteilles et se retirèrent dans une salle voisine.

Quand Rosenberg, vêtu de sa queue-de-pie, entra dans la pièce, Karl Ernst, dirigeant berlinois des SA, était assis sur un canapé rose et faisait sauter l'un de ses hommes sur ses genoux.

L'homosexualité déclarée de Röhm et de certains de ses hommes avait toujours révolté Rosenberg. « Il s'entourait de débauchés et de pique-assiettes[64], écrivit-il plus tard dans son journal. Ses officiers avaient tous des mignons. Ils s'éloignaient de plus en plus du mouvement et leur comportement était un affront fait au peuple. » Pour Rosenberg, les hommes de Röhm n'étaient rien d'autre qu'une bande arrogante de « gigolos berlinois en chemise brune ».

Rosenberg, indigné, cracha quelques mots au visage du commandant ivre, qui explosa d'un rire rugissant et ravi.

« Regardez-moi ce cochon balte[65], hurla Röhm afin que tout le monde l'entende. Cette poule mouillée n'a pas le cran de boire ! Bien trop snob pour porter une chemise brune, ce parvenu de baron balte ! Il peut bien porter des queues-de-pie, ça ne changera rien. Dis-moi, baron, pour qui te prends-tu exactement ? »

Rosenberg quitta la pièce en bouillonnant.

Mais une vengeance des plus sombres guettait. À l'été 1934, Rosenberg ne serait plus le seul à en avoir assez d'Ernst Röhm.

Le journal manuscrit de Rosenberg s'étale sur dix ans et cinq cents pages.

– 8 –

Le *Journal*

En mai 1934 – le mois où Rosenberg consigna pour la première fois ses pensées dans un carnet en cuir – les États-Unis et l'Europe commencèrent à s'inquiéter sérieusement du nouveau régime violent qui avait pris la tête de l'Allemagne. Le *New York Times* affirmait que des usines de munitions allemandes tournaient à plein régime, que des compagnies aéronautiques américaines vendaient des avions et des technologies aériennes à l'Allemagne, que des entreprises allemandes, telle BMW, construisaient à tour de bras des moteurs d'avion et que les nazis auraient bientôt une armée de l'air puissante complètement équipée, ainsi qu'une robuste défense antiaérienne. « Avant la fin de l'année prochaine, rapportait le journal au mois de mai, l'Allemagne sera aussi imprenable par voie aérienne qu'un pays peut l'être. » Plusieurs responsables britanniques décidèrent qu'ils n'avaient pas d'autre choix que de commencer à se préparer pour une nouvelle guerre[1].

Pendant ce temps, de l'autre côté de l'Atlantique, un jeudi soir du même mois, vingt mille Germano-Américains se retrouvèrent[2] pour un grand rassemblement dans l'immense entrepôt d'un stade couvert sur la 8e avenue de New York. Après être passés sous l'enseigne rouge qui indiquait MADISON SQ. GARDEN, des hommes en chemises blanches, avec une croix gammée sur leurs brassards, les conduisaient jusqu'à leurs sièges. Depuis la scène, deux aigles nazis menaçants surveillaient la foule.

Cette foule agressive était venue soutenir un groupe pro-Hitler baptisé « Les Amis de la Nouvelle Allemagne ». L'organisation avait été fondée un an auparavant par un immigré allemand du nom de Heinz Spanknöbel[3] afin d'unifier les bandes rivales de nazis américains qui se concentraient dans les quartiers allemands de Detroit, Chicago et New York. Spanknöbel, pugnace et ambitieux, obtint le soutien de Rudolf Hess, le représentant officiel du Führer à Berlin. Mais aux États-Unis, il attira rapidement toutes sortes d'attentions dont la plupart ne lui furent pas forcément bénéfiques. D'abord, il fit irruption dans les bureaux d'un important journal de langue allemande de New York, le *New-Yorker Staats-Zeitung und Herold,* et exigea qu'il se conforme aux lignes du parti nazi. Le rédacteur en chef le jeta dehors et appela la police. Puis, Spanknöbel provoqua un tollé en insistant pour que le drapeau nazi flotte au côté du drapeau américain au-dessus de la Manhattan Armory – un bâtiment fédéral américain – lors de la célébration d'une fête allemande à New York. Les responsables juifs s'y opposèrent, la dispute dégénéra et les partisans nazis vandalisèrent des synagogues à coups de croix gammées. Un discours de Spanknöbel à Newark dégénéra en bagarre générale, au cours de laquelle un de ses hommes frappa dans la foule avec un tuyau d'arrosage qu'il avait au préalable rempli de plomb.

Très vite, les autorités fédérales lancèrent un mandat d'arrêt contre Spanknöbel en l'accusant d'être un agent non répertorié du gouvernement allemand. Celui-ci se dépêcha de rejoindre son pays d'origine. Mais son groupe de militants continua sous la direction d'un autre. Les membres prêtaient allégeance à Hitler et se déclaraient de pur sang aryen. Une bande d'agents de sécurité en uniforme assurait l'ordre, menée par un ancien membre des milices de Röhm. Le journal officiel de l'organisation, la *Deutsche Zeitung,* relayait la propagande qui arrivait directement de Berlin. Un département dédié à la jeunesse endoctrinait les nouvelles générations lors de camps d'été.

Et tout comme le faisait Hitler en Allemagne, les Amis organisaient des réunions et des discours afin de renforcer le soutien au mouvement nazi sur le territoire américain.

Au Madison Square Garden, les intervenants se succédaient sur scène pour pester contre le boycott juif des marchandises allemandes, lancé un an auparavant par Samuel Untermyer, un avocat new-yorkais. Tandis qu'un millier de communistes défilaient dehors en protestation – « À bas Hitler ! », criaient-ils – les partisans nazis eux, à l'intérieur, dénonçaient leurs ennemis. « Pendez-le ! » hurla quelqu'un depuis la foule, quand on mentionna le nom d'Untermyer.

« Nous ne pouvons pas, et nous ne permettrons pas que l'on diabolise l'Allemagne quotidiennement en la décrivant comme une immense prison », dit Walter Kappe, le rédacteur en chef de la *Deutsche Zeitung*, en reprenant le langage agressif que Goebbels avait mis au point lors de ses discours. « Nous ne pouvons pas, nous ne devons pas et nous n'avons pas à supporter tout ceci plus longtemps. Crions-le haut et fort : ce ne sont que des mensonges, des mensonges et encore des mensonges ! » Il accusa les dirigeants juifs américains d'incitation. Ils « empoisonnaient l'opinion publique américaine au détriment de l'Allemagne. Aujourd'hui sera notre dernier avertissement, dit-il. Si vous continuez cette bataille, vous finirez par nous trouver armés jusqu'aux dents, et vous aurez alors à subir les conséquences de vos actes ».

Dehors, les communistes, environ cinq cents d'entre eux, étaient prêts à en découdre « ici et maintenant[4] ». Après avoir défilé et scandé leurs slogans devant le Madison Square Garden, ils traînèrent sur Times Square en attendant la fin du ralliement. La police installa un cordon de sécurité pour les empêcher d'approcher du stade, et dut affronter quelques mécontents qui essayaient de percer les lignes mises en place. Tandis que les Amis de la Nouvelle Allemagne détalaient dans les stations de métro et s'engouffraient dans des taxis, l'un d'eux se sentit suffisamment sûr de lui pour hurler son message au cœur d'une nuit de printemps, au coin nord-ouest de Broadway et de la 51e.

Heil Hitler !

Puis il se réfugia dans un magasin, et un agent de police vint le secourir avant que la foule en colère ne puisse lui mettre la main dessus.

En mai 1934, la tension s'empara également de Berlin. Une semaine avant le ralliement du Madison Square Garden, Goebbels fit un discours au Sportpalast où il s'en prit lui aussi au boycott américain. Le ministre de la Propagande assura que cette campagne n'allait en aucun cas améliorer la situation des juifs en

Allemagne. « Si ce boycott venait à durer au point de mettre en danger notre économie, nous ne libérerions pas pour autant les juifs, affirma-t-il au public. Non ! La haine, la rage et le désespoir du peuple allemand s'abattraient d'abord sur ceux à portée de main ici, en Allemagne. Si les juifs s'imaginent que, parce que la révolution allemande n'a pas encore connu d'effusion de sang, ils peuvent s'amuser en provoquant le peuple allemand avec leur impudence et leur arrogance habituelles, qu'ils sachent[5] qu'il serait sage de ne pas mettre trop sérieusement notre patience à l'épreuve. »

Il fallait, gronda-t-il, que les Juifs comprennent bien leur place dans le nouvel ordre allemand. Ils étaient des invités dans ce pays, et ils feraient mieux de se « retirer discrètement et humblement entre les quatre murs de leurs foyers ».

Conjointement à ce discours, les premières failles de la révolution apparurent. Les nazis n'avaient pas tenu leur promesse de redresser rapidement le pays. Le soutien public du parti commençait à s'étioler. Des critiques apparurent dans la presse. On se moquait fréquemment et ouvertement des dirigeants nazis.

En réponse, Goebbels lança une nouvelle campagne de propagande contre ces traîtres de « dénigreurs et de jamais-contents[6] », pour lesquels il inventa même un nouveau mot : *Kritikaster*. Le journal de Goebbels, *Der Angriff*, rappela les conséquences qu'il pouvait y avoir à dénigrer l'administration – si jamais quelqu'un avait oublié l'existence de la Gestapo et des camps de concentration. Un éditeur, qui avait protesté avec sarcasme contre la censure de la presse par Goebbels, servit d'exemple. Il se retrouva derrière les barbelés d'Oranienburg, un camp de prisonniers au nord de Berlin. On envoya des propagandistes nazis dans les cafés et les restaurants prononcer des discours de soutien au régime. Des miliciens gardaient en général les entrées des établissements pour être sûrs que les clients écoutent attentivement.

On annonça de grands ralliements à renfort d'immenses affiches – « Arrêtez de geindre, travaillez ! » – et des groupes nazis parcouraient les rues en camion en beuglant des slogans.

On força les « bons » Allemands à acheter des écussons flanqués d'une croix gammée et à les porter en public pour prouver leur loyauté. La moindre expression de déloyauté pouvait avoir des conséquences terribles. Une femme, qu'on avait entendue dire que

« les choses ne s'amélioreraient jamais » sous le régime nazi, fut condamnée à se rendre tous les jours dans le bureau du maire afin de réciter la même phrase : « Chaque jour est déjà un jour meilleur, et les choses continueront de s'améliorer, encore et encore[7]. »

Mais tandis que Goebbels passait ses journées à fulminer sur scène, il devint évident que les nazis avaient de plus gros problèmes que le déclin d'enthousiasme du peuple. Une guerre civile se préparait, et Hitler allait devoir choisir son camp.

À l'été 1934, tous les fonctionnaires de Berlin sentaient une pression de plus en plus lourde, qui annonçait à n'en pas douter que la seule issue pour le Troisième Reich serait une issue violente.

Le 14 mai, au milieu de toute cette agitation, Rosenberg ouvrit un journal à la couverture de cuir rouge. Les pages de garde étaient décorées à l'aquarelle de vagues irrégulières qui faisaient penser à du papier Canson. Il l'ouvrit à la première page et prit son stylo à plume. En haut à droite, il écrivit : Berlin 15.5.34, puis repassa sur le 15 pour corriger la date. D'une écriture assez négligée, il se mit à écrire :

« Voilà quinze ans que je n'ai pas tenu de journal[8], écrivit-il. De nombreux événements historiques sont tombés dans l'oubli par ma faute. Nous voici aujourd'hui au cœur d'un nouveau tournant qui sera décisif pour l'avenir, et par lequel je me sens particulièrement impliqué dans deux questions cruciales. » La première concernait le rôle dans la vie allemande des Églises chrétiennes, qu'il avait attaquées sans relâche en tant que chef de file idéologique de Hitler. Rosenberg voulait forcer le clergé à rentrer dans le rang et dénoncer ses enseignements afin de les remplacer par l'idéologie nazie dans le cœur et l'âme du peuple allemand. L'autre question concernait la Grande-Bretagne dont Rosenberg, à la tête de la politique extérieure du parti, espérait encore faire une alliée du mouvement nazi. Cela malgré l'échec de sa visite à Londres en 1933, et malgré l'opposition sans relâche des Anglais à Hitler et à ses sous-fifres agressifs.

Rosenberg était témoin de nombreux événements historiques, un témoin assis aux premières loges, et il était désormais bien décidé à les rapporter en détail. Parmi les raisons qui le poussèrent à entamer ce nouveau journal – l'autre, plus ancien, dont il faisait mention dans sa première phrase, ne fut jamais retrouvé après la guerre – se compte probablement l'ego d'un homme convaincu qu'il serait un jour considéré comme une grande figure de l'Histoire.

Mais ce n'était pas l'unique motif. Un livre venait par ailleurs de paraître dans les librairies allemandes : Goebbels, l'ennemi juré, diariste inassouvi depuis des années, avait fait publier des passages de son journal de 1932 à 1933, afin de faire valoir son rôle fondamental dans l'accès de Hitler au pouvoir.

Si Rosenberg comptait tenir un journal, il allait devoir lutter contre son manque de discipline habituel. Il avait la réputation de s'éparpiller, de ne pas savoir se concentrer, de lancer de nouvelles entreprises puis d'en laisser la gestion, bonne ou mauvaise, à d'autres. Le journal viendrait de surcroît s'ajouter à tout ce qu'il écrivait déjà quotidiennement, les tracts politiques, les écrits de propagande ainsi que des rapports, encore des rapports et toujours des rapports.

On ne sut jamais s'il avait eu l'intention de publier ces pages. Il est possible qu'il ait plutôt considéré son journal comme un recueil de notes intimes[9] dans lequel il pourrait un jour puiser des années plus tard, quand il aurait le temps de rédiger des mémoires dignes de ce nom concernant sa carrière au sein du nazisme.

Quelles que fussent ses intentions, il se lança corps et âme dans cette tâche durant l'été. Les pages sans lignes du carnet rouge se remplirent au gré de ce qui le tourmentait ce jour-là. Rosenberg, le diariste, avait une tendance à la sévérité, à l'apitoiement sur son sort et au narcissisme, celui-là même qu'il reprochait à ses rivaux. Il donnait dans la calomnie de bas étage. C'était un homme soupe au lait, qui manquait d'empathie envers le coût humain de son idéologie inflexible, un homme entièrement dévoué au parti nazi. Il ne mentionnait que rarement sa famille et ne donnait aucune indication sur sa vie en dehors de son travail.

Dans les premières pages datant des quinze derniers jours de mai, Rosenberg évoque le rapport sur l'opinion publique britannique qu'il a fait parvenir à Hitler, peste contre Goebbels et dénonce la duplicité des diplomates du ministère des Affaires étrangères.

Les attaques antisémites de Goebbels au Sportpalast, au début du mois, avaient déclenché une pluie de critiques à Londres, selon William de Ropp, l'un des espions que Rosenberg avait involontairement recrutés en guise d'intermédiaire avec les Britanniques. Rosenberg avait beau détester Goebbels, il le défendit loyalement : « Et que devrions dire, nous, des provocations de l'*Evening Standard* contre Hitler ? À Londres, une personne peut insulter qui que ce soit comme elle l'entend, mais tout le monde crie au scandale[10] dès qu'il s'agit des juifs. » Officieusement, Rosenberg savait que Ropp avait raison. Il valait mieux que Goebbels mette de l'eau dans son vin durant ses discours. Sa rhétorique lui faisait gagner des « applaudissements faciles » en Allemagne, mais elle n'apportait que des problèmes sur le plan international.

Rosenberg s'inquiétait également de la propagande massive que Goebbels menait autour des *Kritikaster*. Cela ne faisait que donner au monde l'idée qu'il régnait un « large mécontentement » au sein de la population. Sinon, pourquoi les nazis mèneraient-ils une telle campagne pour faire taire leurs critiques ? « Le moteur le plus puissant de la politique allemande – le soutien d'une nation tout entière à son Führer –, menace d'exploser. "Vous avez parié sur le mauvais cheval, disent nos ennemis à nos amis, à présent la population ne croit plus en votre puissance". »

Mais ce qui offensa le plus Rosenberg au cours de ce mois-là fut un article de mauvaise presse. Le 9 mai, dans un article concernant l'évolution de la structure gouvernementale du Troisième Reich, le *Times* de Londres affirma que Rosenberg, le délégué en chef à l'idéologie de Hitler, était loin d'être aussi influent que son titre le laissait penser. « Au sujet des récentes rumeurs qui affirment que Herr Rosenberg a été mis au « placard, rapportait le correspondant, il convient d'expliquer que le titre ronflant de Herr Rosenberg[11] est depuis le début considéré par les autorités compétentes comme bien plus impressionnant que son pouvoir effectif et son champ d'action réel. Ce qui se confirme, si l'on considère qu'à l'occasion du premier grand discours de Rosenberg sur l'idéologie nazie après sa nomination – pour lequel on avait annoncé dans les médias, en grande pompe, la présence du Führer –, Herr Hitler s'était finalement fait excuser pour aller assister à un match de hockey sur glace avec le Dr Goebbels, et à un spectacle de patinage de Mlle Sonja Henie », la patineuse artistique norvégienne aux cheveux blonds, championne olympique et future star de Hollywood.

Furieux, Rosenberg fit irruption dans le bureau de Hitler pour se plaindre. Cela ne faisait aucun doute, les diplomates du bureau des Affaires étrangères étaient forcément derrière cet article.

Face à sa colère, le Führer se contenta de hausser les épaules. Que pouvait-il y faire ?

Mais quand Rosenberg publia un rapport affirmant que l'ancien ambassadeur allemand à Londres, Albrecht Graf von Bernstorff, avait dit à Graham Seton Hutchison – un ancien officier de l'armée britannique, un activiste fasciste, qui écrivait des romans d'espionnage et qui était un grand supporter de Hitler – que le régime nazi était sur le point de s'effondrer, Hitler fut hors de lui. Bernstorff était déjà connu pour être un opposant au nouveau régime de Berlin : il avait été rappelé de Londres l'année précédente.

« Que devons-nous faire de ce porc[12] ? » demanda-t-il, précisant cependant à Rosenberg qu'il devrait traiter Neurath et les autres diplomates avec délicatesse, par déférence pour Hindenburg. « Je ne veux pas de dispute avec le vieil homme, je ne veux pas lui gâcher ses derniers jours et les rendre amers », dit-il. Quand le Président serait mort – et c'était alors imminent, tant il était extrêmement affaibli – « alors on réglera son compte d'un seul coup à toute cette coterie. Bernstorff devra être arrêté sur-le-champ ».

Rosenberg attendait ce jour avec impatience. « Le sabotage de ces hommes d'un autre temps devient tout bonnement grotesque ! écrivit-il dans son journal. Leur réveil sera brutal et amer[13]. »

Mais Hitler avait des problèmes plus urgents que la déloyauté de son bureau des Affaires étrangères. Il est fort probable que Rosenberg en ait eu conscience – tout le monde au gouvernement en avait conscience – mais il ne prit pas le risque de les évoquer explicitement dans son nouveau journal. Les questions étaient bien trop sensibles pour qu'on les écrive noir sur blanc, même dans un journal intime.

Ernst Röhm, le chef des SA, soutenait publiquement la nécessité d'une « seconde révolution » depuis l'été 1933. Il voulait que les nazis s'en prennent aux industriels, aux grands patrons et, par-dessus tout, aux généraux de Prusse. « Il y a encore aujourd'hui des hommes à des postes officiels qui n'ont pas la moindre idée de ce qu'est l'esprit de la révolution, affirma-t-il lors d'un discours. Nous devrons nous en débarrasser sans pitié[14] s'ils osent mettre en pratique leurs idées réactionnaires. » Röhm avait le renfort nécessaire pour tenir ses promesses. Au début de l'année 1934, il avait trois millions d'hommes sous sa direction, des hommes qui avaient combattu dans la rue pendant des années, et qui s'attendaient à ce qu'on leur donne un travail en récompense. Röhm voulait que ces troupes d'assaut deviennent les fondations d'une nouvelle armée allemande. Il lui fallait donc d'abord évincer les vieux dirigeants militaires conservateurs.

Mais Hitler n'entendait pas les choses de la même oreille. La révolution était terminée. Rien de bon ne ressortirait d'un chaos supplémentaire. Hitler savait qu'il avait besoin du soutien de l'armée pour conserver le pouvoir. Les généraux n'avaient que cent mille hommes sous leurs commandes – ils avaient toujours les mains liées par le traité de Versailles – mais leurs soldats étaient bien mieux armés et disciplinés que les fauteurs de troubles de Röhm. L'armée disposait également du soutien inconditionnel du président Hindenburg. Hitler faisait donc sagement la cour aux généraux, notamment en faisant campagne pour un réarmement complet, malgré les restrictions du traité de paix.

En février 1934, Röhm proposa de fusionner les SA et l'armée sous sa direction. Au lieu de quoi Hitler passa un accord secret avec les généraux, durant une conférence au mois d'avril à bord du croiseur lourd *Deutschland*. Hindenburg était en train de mourir, et Hitler craignait encore que les généraux ne se retournent contre lui une fois le Président décédé. Si ceux-là s'engageaient à le soutenir comme successeur de Hindenburg, il promettait de ramener les troupes de Röhm à la raison.

Inconscient de ce pacte, Röhm continua de faire pression et, au printemps 1934, des rumeurs de coup d'État et de trahison circulaient partout dans Berlin.

Deux de ses puissants ennemis commencèrent alors à peaufiner leurs attaques contre lui. D'abord Göring, qui avait dirigé les sections d'assaut en 1923 avant le coup d'État du Bürgerbräukeller. Puis un homme que Röhm avait lui-même recruté au sein du parti, Heinrich Himmler. Fils d'un catholique dévot principal de collège, Himmler avait été bercé par l'histoire germanique[15] dès son plus jeune âge. Enfant, il mémorisait tous les détails des batailles les plus célèbres du pays. Adolescent, il était impatient de rejoindre les combattants de la Première Guerre mondiale. Mais l'Allemagne se rendit avant qu'il n'ait pu atteindre le front et il passa les premières années après la guerre à étudier à l'école et à travailler dans une ferme.

Röhm introduisit Himmler au parti nazi et, six ans plus tard, Himmler fut nommé à la tête des SS. À l'époque, il s'agissait d'une petite division insignifiante au sein des SA, mais il était bien décidé à en faire une armée redoutable[16]. Si les SA de Röhm n'étaient qu'une bande de canailles indisciplinées et violentes, les SS de Himmler – la Schutzstaffel, ou escadron de protection – serait une garde d'élite composée de la crème de la race aryenne, les plus purs des plus purs, des hommes qui vivaient selon un strict code germanique. Après l'accession de Hitler à la chancellerie, des hommes de la SS en uniformes noirs devinrent ses gardes du corps personnels. Mais Himmler nourrissait de plus grandes ambitions encore, il voulait prendre la tête de toute la police d'État allemande, et il s'efforça, discrètement et méthodiquement, de gagner chaque jour un peu plus de pouvoir. Himmler n'avait rien d'imposant. Presque rachitique, un menton fuyant et des petits yeux cachés derrière une paire de lunettes rondes. Mais il était déterminé et méticuleux, et il avait déjà pris la tête des divisions de police politique à travers l'Allemagne quand Göring lui légua la Gestapo, la police secrète de Prusse, en avril 1934. Les deux nazis zélés joignirent alors leurs efforts pour renverser Röhm. Göring et Himmler considéraient Röhm comme un rival et une menace – un homme en travers de leur chemin, comme dirait Göring des années plus tard. Les SS se mirent à fabriquer de toutes pièces des preuves affirmant que les SA préparaient un coup d'État, et firent parvenir l'information factice à Hitler.

Mais ils n'étaient pas les seuls à comploter contre Röhm. Certains conservateurs, parmi lesquels le vice-chancelier Franz von Papen et son protecteur, Hindenburg, s'inquiétaient depuis longtemps des effets déstabilisateurs de la révolution nazie. En juin, à l'université de Marbourg, von Papen prononça un discours étonnamment critique à l'égard de la terreur sans limites répandue par les nazis et des appels bruyants de Röhm à une seconde révolution. « On ne peut pas permettre que l'Allemagne devienne un train fonçant dans le vide sans que personne ne sache quand il va s'arrêter, déclara von Papen. Le gouvernement a pleinement conscience de l'égoïsme, du manque d'éthique, du comportement moins que chevaleresque et de l'arrogance qui ne font que s'accroître sous le couvert d'une révolution allemande. » Von Papen fustigea également Goebbels en affirmant que le peuple ne se laisserait pas berner par sa propagande d'amateur. « Les tentatives maladroites de tromper les gens par un optimisme de façade les font sourire, dit von Papen. À long terme, aucune organisation, aucune propagande, aussi efficace soit-elle, ne suffira à garder leur confiance. »

Furieux, Goebbels bloqua la diffusion du discours. Quelques jours plus tard, il taxa les conservateurs de « crétins ridicules ». Von Papen se plaignit auprès de Hitler du blocus de Goebbels et promit d'en parler à Hindenburg.

Hitler le devança. Le 21 juin, il se rendit en avion jusqu'à la propriété de Hindenburg afin de s'entretenir avec le Président, mourant. La conversation fut un véritable choc. Le Président lui lança un ultimatum : à moins que le chancelier ne réussisse à faire cesser les appels à une seconde révolution et n'apaise l'agitation à Berlin, Hindenburg déclarerait la loi martiale et remettrait le pays entre les mains de l'armée.

La dernière impulsion pour passer à l'action vint de Göring et Himmler. Prétextant une convalescence, Röhm s'était réfugié à l'hôtel Hanselbauer, dans la station thermale de Bad Wiessee pour quelques semaines, et avait ordonné au reste de ses hommes de prendre des vacances d'été. Mais le 28 juin, alors qu'il assistait à un mariage à Essen, les hommes de Göring soumirent à Hitler des rapports fraîchement falsifiés affirmant que les hommes de Röhm étaient en réalité en train de s'armer en vue d'une révolte à travers tout le pays.

Le Führer en avait assez entendu. Il chargea Göring de prendre des mesures drastiques contre leurs ennemis à Berlin.

Hitler allait prendre un avion et partir pour le sud afin de s'occuper personnellement de Röhm.

Quelques jours plus tard, Rosenberg ouvrit son journal pour rapporter le récit haletant de ce qui se passa ensuite.

Un véritable roman de gare[17].

Dans le récit de Rosenberg, Hitler frappe délicatement à la porte de la chambre d'hôtel de Bad Wiessee, là même où Röhm est en train de comploter le renversement du régime, l'exécution de ses ennemis et l'installation d'un gouvernement homosexuel. Mais le Führer, ce héros, a découvert l'intrigue diabolique juste à temps. Röhm est désormais cuit.

« Un message de Munich », dit Hitler d'une voix déguisée en frappant à la porte.

« Entrez, répond Röhm, la porte est ouverte. »

Hitler surgit dans la pièce et se jette sur Röhm encore au lit pour le saisir à la gorge. « Vous êtes en état d'arrestation, espèce de salaud ! hurle le surhomme allemand avant de remettre le traître entre les mains de la SS. Quand Röhm refuse de s'habiller, un officier SS lui balance ses vêtements en pleine figure.

Dans la chambre d'à côté, Hitler surprend Edmund Heines, le chef de l'état-major suppléant de Röhm, « en plein acte homosexuel ».

« Et ça prétend vouloir être Führer en Allemagne, ça », dit Hitler exaspéré et impassible.

« Mon Führer, pleurniche Heines tandis que le jeune prostitué à son côté lui embrasse délicatement la joue. Je n'ai rien fait à ce garçon. » Outré, Hitler empoigne l'amant de Heines et le jette contre le mur.

Puis Hitler rejoint le couloir où il croise un homme, le visage lourdement maquillé : « Qui êtes-vous ? » aboie Hitler.

« Le domestique civil du chef de l'état-major », répond l'homme.

Consumé par la colère, Hitler ordonne aussitôt que l'on regroupe tous ces mignons, ces *Lustknaben*, qu'on les descende à la cave et qu'on les fusille.

Hitler ne veut cependant pas tuer Röhm, son vieil ami. Mais Max Amann, le directeur de la maison d'édition du parti le convainc de faire ce qui est nécessaire. « Il faut régler son compte au plus gros salaud d'entre tous. » Amann et Rudolf Hess proposent de tuer le traître. Mais on donne finalement un pistolet à Röhm pour qu'il se tue lui-même.

Il refuse, les SS font ce travail à sa place, et ainsi se termine un autre épisode du combat de Hitler pour protéger l'Allemagne contre l'ignominie et le déshonneur.

Ce qu'il y a d'incroyable à propos du récit haut en couleur de la Nuit des Longs Couteaux – nom qui serait ensuite donné à ce bain de sang[18] – de Rosenberg, c'est que, bien qu'ayant été enjolivé, il est dans les grandes lignes tout à fait exact. Un peu comme si on racontait l'histoire du Troisième Reich dans une BD déjantée.

Le 30 juin 1934 à l'aube, l'avion de Hitler atterrit à Munich. Une légère pluie avait cessé un peu plus tôt et le ciel était clair quand il descendit sur le tarmac. « C'est le jour le plus sombre de ma vie », dit-il aux deux officiers qui vinrent à sa rencontre. Il monta dans la Mercedes qui l'attendait et se prépara à régler ses comptes. Rejoint par un contingent SS, Hitler prit la direction de l'hôtel où Röhm – n'ayant de toute évidence aucun soupçon – dormait encore.

Arme à la main, le Führer réveilla le chef des SA, le traita de traître et ordonna son arrestation. Puis il passa dans la chambre suivante, où Heines se trouvait au lit avec son jeune amant. « Heines, si vous n'êtes pas habillé dans cinq minutes, hurla Hitler, je vous fais fusiller sur-le-champ ! » Les SA furent conduits dans le calme à la prison de Stadelheim de Munich, puis on fit appeler Göring. « Colibri », lui murmura-t-on à l'appareil.

Colibri, c'était le nom de code pour lui dire de lancer les exécutions. À Berlin, les dirigeants des SA de Röhm furent fusillés par un peloton d'exécution, mais la tuerie alla bien au-delà. On assassina également des ennemis politiques passés et présents, parmi lesquels le chancelier précédent Kurt von Schleicher ainsi que son épouse, et l'ancien dirigeant nazi Gregor Strasser. Le corps de Gustav Ritter von Kahr – l'homme politique bavarois qui avait empêché le coup d'État du Bürgerbräukeller en 1923 – fut découvert dans un étang, après avoir été découpé à la hache. « Ainsi, le 9 novembre 1923 fut finalement vengé ! » écrivit Rosenberg « et Kahr n'a eu que ce qu'il méritait ! » Erich Klausener, l'ancien patron de Kempner, en tant que chef de la section de police du ministère intérieur prussien, fut abattu alors qu'il se lavait les mains. Göring ordonna l'assassinat d'Edgar Jung, l'homme qui avait écrit le discours si offensant de von Papen à Marbourg. Von Papen, cible bien trop connue, fut seulement assigné à résidence.

Göring et Himmler dirigèrent les opérations depuis un palais de Berlin, et un témoin observa les deux hommes suivre joyeusement la progression des assassinats, avec à la main une liste des personnes à exécuter. Le Reichsmarshall était d'excellente humeur, mais quand il apprit que quelqu'un s'était échappé, il se mit à hurler des ordres, la voix assoiffée de sang. « Fusillez-les !... Prenez toute une compagnie avec vous !... Fusillez-les ! Fusillez... Fusillez-les, c'est tout ! »

Après avoir ordonné l'exécution de plusieurs dirigeants SA de Munich – mais toujours pas celle de Röhm – Hitler reprit l'avion pour Berlin.

« Il ne portait pas de chapeau, il avait le visage pâle, mal rasé, fatigué de sa nuit blanche, à la fois émacié et bouffi, rapporta un témoin. Sous la mèche qui lui collait au front, ses yeux semblaient vides. Il ne semblait pas pour autant dévasté... Il était évident que l'assassinat de ses amis ne lui avait pas demandé beaucoup d'efforts. Il ne ressentait rien, il avait simplement agi sous l'impulsion de la colère. »

L'histoire n'a jamais pu retenir le nombre exact des victimes de cette nuit-là. Göring ordonna la destruction des dossiers une fois l'opération parachevée. Certains estiment que le chiffre dépasse les mille.

Röhm fut l'un des derniers. Hitler hésita quant à son destin. L'homme avait été l'un de ses amis les plus proches, son lieutenant loyal depuis le début. Mais Göring et Himmler firent pression pour qu'il se débarrasse du prétendu traître, et Hitler finit par donner son accord. Röhm reçut la visite d'officiers SS en prison qui lui tendirent un exemplaire du *Völkischer Beobachter* évoquant son projet de coup d'État, et un pistolet chargé d'une seule balle.

Dix minutes plus tard, quand ils revinrent, Röhm était toujours en vie. Il avait ôté sa chemise et se tenait au garde-à-vous. Tandis qu'ils brandissaient leurs armes, Röhm gonfla la poitrine et prononça ces derniers mots : « Mon Führer, mon Führer. »

La purge rendit Himmler plus puissant que jamais. Hitler promut les SS au-dessus des SA qui, bien que freinés et assagis, continuèrent, sous une nouvelle direction, à infliger des violences aux ennemis du nazisme. Himmler rendait désormais compte directement au Führer, et son empire s'étendait. Il supervisait non seulement ses SS adorés, la Gestapo et la police politique de toute l'Allemagne, mais aussi le réseau florissant des camps de concentration dans lesquels on emprisonnait les ennemis de l'État. Himmler gagnerait rapidement le contrôle de tout l'appareil sécuritaire nazi, et il s'en servirait sans pitié pour parvenir à ses fins.

Un mois plus tard, le 2 août, à 9 heures du matin, Hindenburg mourut. Le cabinet de Hitler combina le poste de chancelier avec celui de président, et l'armée fit le serment d'être fidèle au Führer quoi qu'il arrive. Hitler se couronna dictateur de l'Allemagne, et personne ne s'y opposa. Personne, du moins parmi ceux qui auraient été en mesure d'empêcher sa progression.

Rosenberg retrouva Hitler ce jour-là, et en profita pour aborder encore une fois le problème des diplomates. Hitler affirma en avoir désormais assez de ces vestiges que lui avait imposés le Président, désormais disparu. « Au bureau des Affaires étrangères, ils doivent avoir la queue entre les jambes aujourd'hui, parce que j'ai enfin le pouvoir de Hindenburg, dit-il. La fête est finie. » Hitler promit d'identifier les traîtres parmi les diplomates et de les traîner devant le nouveau *Volksgericht*, ces fameux tribunaux du peuple qui jugeaient des affaires impliquant les ennemis politiques du parti. « Personne, dit-il à Rosenberg, n'aura envie de faire sa connaissance[19]. »

Rosenberg ne fit que brièvement référence au décès de Hindenburg. « Un deuil profond a envahi l'Allemagne. Nous avons perdu un grand homme[20] », écrivit-il.

Mais cette tristesse céda vite la place à la joie. Hitler avait désormais les mains libres de faire ce qu'il désirait. « Désormais, exulta Rosenberg, le Führer est le seul maître de l'Allemagne. » Désormais, ils étaient libres de faire tout ce qu'ils voulaient.

Ausweis. Nr. A. 92.

Der durch nebenstehendes Lichtbild kenntlich gemachte Regierungsrat

Robert Kempner,

Wohnung: Berlin-Lichterfelde

Potsdamerstraße 58a

ist bei dem Preuß. Ministerium des Innern, Unter den Linden 72/74, beschäftigt. Alle militärischen und polizeilichen Organe werden gebeten, ihm Schutz und Hilfe angedeihen zu lassen und ihm in der Ausübung seines Berufes bei Absperrungen Durchlaß zu gewähren.

Berlin, den 7. September 1929.

Der Preußische Minister des Innern.

In Vertretung.

Eigenhändige Unterschrift des Inhabers:

Carte d'identité de Robert Kempner,
délivrée par le ministère de l'Intérieur de Prusse en 1920.

– 9 –

« Des interventions intelligentes et des coïncidences heureuses »

Tandis que ses amis fuyaient le pays les uns après les autres, Robert Kempner monta sa propre affaire à Berlin, bien décidé à gagner de l'argent. Après avoir été expulsé de la fonction publique, il ouvrit ce qu'il appelait un « bureau de transfert » au 9, Meineckestrasse, à un demi-pâté de maisons du bouillonnant Kurfürstendam, au sud-ouest du Tiergarten. Kempner et son associé Ernst Aschner, un juge juif renvoyé de la magistrature par les nazis, aidaient les émigrants à s'y retrouver dans le labyrinthe bureaucratique incontournable pour fuir l'Allemagne : gérer les implications fiscales, transférer la plus grande part possible de ses actifs, obtenir tous les papiers nécessaires.

Les deux associés avaient trouvé l'endroit idéal pour installer leur bureau. L'immeuble mitoyen abritait plusieurs organisations qui encourageaient l'émigration des juifs vers la Terre sainte, telles qu'un important journal sioniste, la Fédération sioniste d'Allemagne et le bureau de l'Agence juive pour la Palestine. Kempner et Aschner promettaient « une résolution sans problème, favorable et rapide[1] » des dossiers d'émigration à leurs clients – pas seulement vers la Palestine, mais également vers l'Amérique du Sud, l'Italie ou la destination lointaine qu'ils auraient choisie. Les avocats ne travaillaient que sur honoraires de résultats, ils n'étaient donc payés que si leurs démarches aboutissaient.

Les affairent prospérèrent. Bien que la majeure partie des juifs restât en Allemagne, près de 81 000 d'entre eux fuirent entre 1933 et 1935, la plupart se réfugiant dans d'autres pays d'Europe ou en Palestine. Une première vague partit à la suite du violent boycott des magasins juifs en avril 1933 et de la loi qui fut promulguée le même mois, excluant les juifs d'un grand nombre de professions. Un flot régulier d'émigrants suivit tout au long du reste de la décennie.

Les nazis accueillirent cet exode à bras ouverts. Toute politique qui poussait les juifs hors du pays avait évidemment leur aval. D'un autre côté, ils leur rendaient la tâche onéreuse et difficile. Leurs politiques répressives avaient déjà obligé les juifs à abandonner leurs postes et leurs entreprises. Désormais, pour fuir le pays[2], les émigrants devaient souvent laisser également une grande partie de leurs biens derrière eux. L'impôt sur la fuite d'empire fut instauré en 1931, afin de garder les capitaux au sein du pays. Les nazis s'en servirent contre les juifs et l'augmentèrent à un point tel que certains durent vendre tout ce qu'ils possédaient pour simplement s'en acquitter.

Les comptes bancaires de certains émigrants furent bloqués et ceux-ci ne purent récupérer leur argent qu'en le changeant pour des devises étrangères à des taux exorbitants (les sionistes qui encourageaient l'émigration vers la Terre sainte avaient, eux, cependant, passé un accord avec les nazis en 1933 pour que les juifs qui émigraient en Palestine puissent conserver une plus grande partie de leurs biens). Les émigrants devaient également fournir des documents, remplir des dossiers de candidature et obtenir des autorisations officielles. À chaque étape, on pouvait leur demander des pots-de-vin, des cadeaux, voire des faveurs sexuelles[3]. Les hommes de la Gestapo pouvaient frapper à la porte à tout moment et fouiller les maisons à la recherche d'une table, d'un tapis ou d'une belle peinture.

Pendant ce temps, les listes d'attente pour les visas étrangers s'allongeaient et les pays d'accueil exigeaient souvent la preuve que les réfugiés ne seraient pas un poids pour l'assistance publique une fois sur place. Les États-Unis demandaient même une déclaration sous serment d'un parrain qui s'engageait à intervenir si l'immigrant était amené à avoir des difficultés financières.

Perdus dans la complexité abrutissante de ces démarches, émigrant après émigrant défilaient dans les bureaux de Kempner et d'Aschner. Quand on interrogea Kempner, des années plus tard, sur le fait de gagner de l'argent sur le dos de juifs qui s'enfuyaient pour sauver leur vie, il se contenta de hausser les épaules. On vivait sous une dictature. La loi n'avait plus aucune valeur. Si vous saviez comment contourner les règles, il y avait beaucoup d'argent à se faire[4].

Il n'était pas sûr du temps que cela durerait. Kempner était cependant moins convaincu que les autres du caractère temporaire du nazisme. Des enquêteurs nazis rôdaient de façon inquiétante autour de ses affaires. Ils examinaient ses livres de comptes, à la recherche d'un élément qui aurait prouvé qu'il aidait les juifs à transférer illégalement de l'argent à l'étranger.

Un faux pas[5], et il savait qu'il se retrouverait derrière les barreaux. Ou mort.

Mais cela semblait en valoir la peine. Son succès financier était tel qu'il ne pouvait pas se permettre de ne pas rester en Allemagne. Plus tard, il estimerait ses gains annuels de cette époque à environ 8 000 dollars, l'équivalent de 138 000 dollars actuels[6].

Il avait une raison supplémentaire de repousser son émigration : il voulait continuer à veiller sur sa mère, Lydia[7] qui, bien qu'elle pâtît du nazisme, n'était pas en état de s'enfuir. Âgée de soixante-trois ans en 1934, elle était de santé précaire. Sa fille était morte en 1933 de la tuberculose – la même maladie qui avait emporté son mari, Walter, en 1920. Durant la consolidation du pouvoir nazi, Lydia avait été forcée de quitter son poste à la tête du laboratoire bactériologique de l'hôpital de Moabit à Berlin, ainsi que celui d'éditrice de la plus grande revue allemande sur la tuberculose, *Zeitschrift für Tuberkulose*.

Robert Kempner envoya tout de même son fils à l'étranger, à l'abri des murs relativement sûrs d'une pension pour écoliers juifs en Italie, à Florence. Lucian était le fruit du mariage de Kempner avec une femme du nom d'Helene Wehringer, qui s'était terminé en 1932 après neuf ans d'union. La séparation avait été difficile. Elle l'avait accusé de l'avoir battue, ce qu'il ne contesta pas devant le tribunal. Mais Kempner avait obtenu la garde du garçon et, des années plus tard, l'avocat de Kempner affirma dans un *affidavit* que son épouse était devenue « grandement partiale envers son mari et sa famille en raison de leurs origines juives[8] ».

En 1933, Kempner habitait toujours dans la maison familiale au côté de sa mère. Avant qu'elle ne perde son emploi, il la conduisait même tous les matins à l'hôpital. Le jour où des drapeaux nazis apparurent sur leur chemin habituel, elle se mit à pleurer.

« Mère, demanda-t-il, que se passe-t-il ? »

Ayant grandi à Kaunas, en Lituanie, elle avait entendu de nombreuses histoires concernant les massacres de juifs, et tout cela ne lui semblait que trop clair. Les juifs allemands étaient sur le point de subir le même traitement.

« Maintenant, dit-elle à son fils, les pogroms vont commencer[9]. »

Puis, un jour de mars 1935, il sembla que Kempner avait peut-être repoussé trop longtemps son départ.

La Gestapo lança une opération complexe afin d'arrêter un journaliste allemand de gauche du nom de Berthold Jacob[10] qui s'était exilé en France. Jacob avait écrit des articles sur le réarmement secret de l'Allemagne, en violation des termes du traité de Versailles, sous la république de Weimar, et avait été emprisonné quelques années plus tôt. Quand les nazis étaient parvenus au pouvoir, l'écrivain juif s'était enfui à Strasbourg, d'où il avait lancé une agence de presse et continuait à enquêter sur les plans militaires de l'Allemagne. Des agents déguisés lui proposèrent un faux passeport allemand – les nazis l'avaient déchu de sa nationalité – et réussirent ainsi à l'attirer jusqu'à Bâle, en Suisse. Après un dîner convivial, où l'alcool coula à flot dans un restaurant appelé Schiefen Eck – le coin tordu – Jacob accepta de suivre ses contacts jusqu'à un appartement où ils étaient censés terminer leur transaction. Mais quand il monta dans leur voiture, le chauffeur fonça droit vers le nord, passa la frontière suisse, rejoignit l'Allemagne et le conduisit jusqu'à Berlin dans la foulée.

Les agents de la Gestapo étudièrent attentivement le carnet d'adresses qu'ils avaient confisqué à leur prisonnier. Il contenait les différents contacts du journaliste au sein de l'armée ainsi que d'autres de ses informateurs potentiels. Parmi ces noms, figuraient ceux de Robert Kempner et d'Ernst Aschner.

Le 12 mars, la Gestapo passa la grille en fer qui entourait la maison de Kempner à Lichterfelde et frappa à la porte. Étroite et haute, l'élégante résidence en pierre s'élevait sur trois étages jusqu'à un pignon en bois et un toit de tuiles. Trois arches et une balustrade en pierre entouraient la véranda sur la gauche. Au premier étage, un balcon surplombait la rue.

« Mitkommen ! » ordonnèrent les officiers à Kempner quand il ouvrit la porte. « Venez avec nous ! »

L'heure que les Allemands, particulièrement juifs et opposants au nazisme, avaient tant redoutée était enfin arrivée : celle des convocations aléatoires au quartier général de la Gestapo sur la Prinz-Albrecht-Strasse. Quelquefois, cette convocation arrivait par voie postale ; pour d'autres, les officiers se déplaçaient personnellement sans prévenir et vous forçaient à les suivre. Ils pouvaient avoir des questions ou vouloir des informations. Il arrivait qu'ils vous renvoient rapidement chez vous. Ou vous pouviez aller tout droit en « garde préventive », dans l'un des nouveaux camps de concentration de Himmler.

Kempner eut droit à la « garde préventive ». Il fut incarcéré à la célèbre et décrépie Columbia-Haus de Berlin, une ancienne prison militaire connue pour ses brutalités et son anarchie.

Quand il arriva, il ne put penser qu'une chose : « C'est la fin[11]. »

Ce qui effraya le plus Kempner[12] durant ses neufs jours en isolement fut de ne pas savoir exactement *pourquoi* il avait été arrêté. Était-ce lié au bureau de l'émigration ? À la nouvelle à propos de la menace nazie qu'il avait publiée sous un pseudonyme ? À ses liens avec Ossietzky et la Ligue allemande des droits de l'homme ? Il n'avait pas l'intention de dire le moindre mot à ce sujet, de toute façon, admit-il des années plus tard, « vu qu'Ossietzky n'était pas vraiment une référence de premier choix[13] lors d'un interrogatoire de la Gestapo ».

Ce ne fut que lorsqu'on le ramena à la Prinz-Albrecht-Strasse pour lui poser des questions qu'il découvrit que son arrestation était liée à celle de Berthold Jacob. La Gestapo soupçonnait Kempner de lui avoir fourni des informations sur les activités des nazis à Berlin. Kempner nia. « Pour quelle raison mon nom figurait dans son carnet d'adresses, dit-il des années plus tard, je n'en sais rien. »

Quand sa mère eut vent de son arrestation, elle eut une attaque cardiaque. La famille de Kempner fit dès lors tout son possible pour le faire libérer parce que, comme il l'écrirait plus tard, quand ceux que vous aimiez étaient arrêtés par les nazis, vous n'attendiez surtout pas que la justice suive son cours. Vous faisiez tout ce qui était en votre pouvoir pour les faire sortir. Immédiatement.

Avant de quitter la maison de Lichterfelde escorté par la Gestapo, Kempner avait appelé son avocat, Sidney Mendel, et celui-ci avait déposé une plainte formelle. On envoya Ferdinand Sauerbruch, un éminent chirurgien que connaissait la mère de Kempner, discuter avec Oskar von Hindenburg, le fils du défunt président, pour lui demander d'intervenir. On ne sut jamais si Hindenburg était ou non intervenu, mais la femme que Kempner fréquentait à l'époque, Ruth Hahn – une assistante sociale, luthérienne comme lui – contacta une autre vieille connaissance potentiellement utile, Rudolf Diels.

Diels n'était plus chef de la Gestapo. Il s'était fait des ennemis puissants et avait été démis de ses fonctions en 1934, remplacé par Reinhard Heydrich, un acolyte de Himmler. Mais avec Göring comme protecteur, Diels fut nommé président du gouvernement régional de Cologne et échappa à la purge de la Nuit des Longs Couteaux. Il obtint même un poste au sein de l'empire commercial de Göring et épousa l'une de ses parentes. À n'en pas douter, Diels devait se souvenir de la façon dont Kempner l'avait aidé à se sortir d'une situation compromettante avec une prostituée. On ne sut cependant s'il intervint pour aider son ancien collègue en 1935 afin de lui renvoyer l'ascenseur. Ils refusèrent l'un comme l'autre de se prononcer sur le sujet.

Quoi qu'il en soit, Kempner fut libéré au bout de deux semaines. Dans une lettre qu'il écrivit à un ami quelques années plus tard, Kempner affirma que s'il était sorti en un seul morceau de Columbia-Haus c'était grâce à Ruth et à ses « interventions intelligentes doublées de quelques coïncidences heureuses[14] ».

Quant à Berthold Jacob, les journaux finirent par avoir vent de son histoire. Il s'ensuivit un tollé international. Les Suisses accusèrent la Gestapo d'avoir traversé leurs frontières pour arrêter le journaliste sans les prévenir et sans leur accord. Hitler, encore perméable à la pression diplomatique durant les premières années de sa dictature, ordonna la libération du journaliste au bout de six mois[15].

Pour Kempner, la question ne se posait plus, il savait qu'il devait fuir le pays. Sa mère mourut en août 1935[16] et Kempner commença enfin à organiser son départ. Voyageant souvent à l'étranger au nom de ses clients, il en profitait pour se renseigner discrètement sur le meilleur endroit où atterrir pour lui et Ruth, qu'il avait épousée le 25 mai 1935, peu après sa sortie de prison. Les Pays-Bas étaient trop proches, l'Angleterre trop difficile d'accès si l'on n'était pas un émigrant important, la France inhospitalière à long terme. La Palestine, quant à elle, semblait une option encore précaire.

Un jour, Kempner retrouva un de ses vieux collègues du ministère de l'Intérieur d'avant la période nazie dans un café de la Potsdamerplatz, au beau milieu du vacarme des tramways, des piétons et des automobiles qui tournaient dans tous les sens pour s'éviter. Werner Peiser, un homme juif et maigre qui portait des lunettes, avait travaillé comme attaché de presse du Premier ministre prussien, puis à l'Institut historique prussien de Rome avant d'être renvoyé du gouvernement par les nazis.

À la recherche d'un travail, Peiser avait eu l'idée de monter une école où les parents juifs pourraient mettre leurs enfants en sécurité. Il avait un partenaire financier, obtenu les différentes autorisations de l'État et fait paraître des encarts publicitaires dans les journaux allemands. Inaugurée à l'automne 1933 avec une poignée d'étudiants, l'Instituto Fiorenza de Peiser eut bientôt une trentaine d'élèves. Son institution avait un argument de vente imparable : sa situation géographique. « Landschulheim Florenz, disait l'annonce. Dans la campagne toscane[17]. » Comme un ancien élève le soulignerait plus tard, « il n'est pas difficile[18] de promouvoir un pensionnat situé en Toscane ». Quand Kempner décida qu'il était temps de faire sortir son fils, Lucian, d'Allemagne nazie, il l'envoya à l'école de Peiser. Et à présent, Peiser proposait à Kempner de le rejoindre à son tour à Florence, et d'aider à diriger l'institution.

Plus Kempner y pensait, plus l'Italie semblait être l'endroit idéal pour attendre la chute du nazisme.

Bien que Hitler admirât grandement le dictateur italien Benito Mussolini, le dirigeant fasciste qui avait pris le pouvoir en 1922, de son côté, n'était pas franchement conquis. Il se méfiait tout particulièrement des plans de Hitler concernant l'Autriche. Après que certains nazis, soutenus par l'Allemagne, eurent assassiné le chancelier autrichien Engelbert Dollfuss et tenté de renverser le gouvernement durant l'été 1934, Mussolini avait mis Hitler en colère en postant ses armées à la frontière et en jurant qu'il viendrait en aide au gouvernement autrichien si cela se révélait nécessaire.

Kempner savait que les Allemands avaient toujours été les bienvenus en Italie, ils n'avaient même pas besoin de visa.

Un autre point fondamental, comme il l'écrira plus tard : en Italie, « il n'y avait pas de question juive[19] ». Pas encore.

Il vendit donc la maison familiale de Lichterfelde, et toute la bibliothèque de livres de sa mère. Le grand piano fut cédé à la Haus Vaterland de la Potsdamerplatz pour cinq cents marks. Un officier de police qui lui devait une faveur lui procura rapidement un nouveau passeport pour remplacer le sien qui venait d'expirer. Kempner offrit même une bague à Ruth, pour célébrer leur émigration.

Puis il fit sa valise. Une petite valise. Il ne voulait pas avoir l'air de s'enfuir pour de bon.

Il ne pouvait pas se permettre d'éveiller les soupçons.

Rosenberg exposant la philosophie nazie au peuple allemand, 1933.

– 10 –

« Il est encore trop tôt pour moi »

Dans un affût de canon tiré par six chevaux noirs, le cercueil de Paul von Hindenburg, recouvert du drapeau allemand, avançait au milieu des plaines de Prusse. Le cortège funéraire semblait ne pas avoir de fin : des clairons, des porteurs de drapeaux, l'infanterie, la cavalerie, l'artillerie, des généraux haut gradés, des membres de la famille, des domestiques. Les roues du carrosse de Hindenburg écrasaient les fleurs et les aiguilles de pin que la foule lançait sur le chemin de la procession. Les flambeaux tremblaient dans la pénombre, kilomètre après kilomètre.

On conduisait les restes du Président au mémorial de Tannenberg, en Prusse-Orientale, lieu de sa grande victoire militaire sur les Russes en août 1914, où il reposerait désormais aux côtés de vingt soldats inconnus tombés pour la nation. À 5 heures le matin suivant, à l'aube du 7 août 1934, la procession arriva enfin face à l'impressionnant mémorial. C'était une forteresse, un Stonehenge militaire, avec une cour octogonale encerclée par huit tours saillantes et des murs de pierre. En ce sombre jour de deuil, les tours étaient habillées de noir, et la fumée blanche qui en sortait leur donnait un air d'« autels sacrificiels[1] », avait pensé l'un des témoins de la scène. Sept avions, des banderoles noires accrochées au bout de leurs ailes, tournaient dans le ciel tandis que des unités de SS et de SA se tenaient en rangs.

Les dignitaires étrangers et les responsables du parti prirent place sur leurs sièges. Le Führer monta sur la petite plate-forme qui surplombait le cercueil, afin de confier le maréchal à l'au-delà.

« Général défunt ! ordonna le nouveau dictateur, entre à présent au Valhalla ! »

Dans le public, Rosenberg se réjouit en silence en entendant les mots de Hitler. Pendant des années, il avait vilipendé le christianisme, gagnant ainsi la réputation internationale de chef de file de la faction anticléricale radicale du parti nazi. Pendant l'enterrement, il avait écouté avec irritation et dégoût un chapelain militaire proclamer que Hindenburg était resté « fidèle dans la mort[2] au Dieu vivant ». Plus tard, Rosenberg se plaindra dans son journal de ce que le chapelain les avait « submergés de citations bibliques[3] ». Il n'arrivait pas à comprendre comment un Allemand digne de son sang pouvait se laisser berner par ce charabia vaudou. « L'Église a une fois de plus démontré que bien qu'employant des mots allemands, elle parle en réalité chinois, écrivit Rosenberg plus tard ce jour-là. La nation en a assez d'entendre ce charabia fait de psaumes, de prophètes, etc. »

Mais Rosenberg pouvait toujours compter sur Hitler pour clarifier les choses, et il rayonna quand le Führer envoya Hindenburg dans un au-delà qui n'était pas celui du paradis chrétien, mais du palais mythique du dieu Odin. Rosenberg était convaincu que tous ceux qui écoutaient attentivement s'étaient forcément aperçus de la gifle que l'on venait d'infliger au christianisme.

Il pria pour que ce fût la première d'une longue lignée. Il avait eu tant de conversations avec Hitler au sujet de la traîtrise des Églises. Si seulement il pouvait le convaincre d'annoncer publiquement son intention d'affronter le clergé afin de récupérer l'âme allemande !

En dépit de toutes ses diatribes publiques contre les juifs, Rosenberg n'évoqua que rarement cette question centrale de la pensée nazie quand il écrivait dans son journal, lequel prenait de plus en plus d'ampleur. C'était comme s'il considérait le sujet à peine digne d'intérêt, une bataille assurément gagnée depuis la prise du pouvoir par les nazis. Rosenberg préférait s'intéresser à sa prochaine bataille.

En affrontant les Églises chrétiennes, les nazis s'attaquaient à une institution ancrée fermement dans la société depuis deux mille ans. Ils étaient au commencement d'une bataille qui durerait plusieurs générations, comprit Rosenberg. Mais il fit tout de même preuve d'un prosélytisme digne d'un homme qui espérait la gagner de son vivant.

« La Terre sainte[4] n'est peut-être pas la Palestine, exulta-t-il lors d'un discours, mais l'Allemagne. »

Il se réjouissait du moindre petit pas vers la victoire. À Oldenburg, on lui raconta que « dans une paroisse de quatre mille personnes, il avait fallu annuler le prêche 31 dimanches de l'année, en raison de l'absence totale de fidèles ». Rosenberg était convaincu que, pour en finir avec les Églises, les nazis devaient anéantir les croyances les plus ancrées parmi les Allemands, écailler la foi de leur aînés pour la remplacer par quelque chose de neuf. « Quand nous enfilons nos chemises brunes, harangua-t-il la foule en 1934, nous cessons dès lors d'être catholiques ou protestants. Nous ne sommes plus que des Allemands[5]. »

Il évoqua la question dans son *Mythe*, qui comprenait d'ailleurs une attaque vicieuse du christianisme moderne. Il affirmait que les juifs de l'Antiquité, et plus particulièrement saint Paul, avaient trahi le vrai message de Jésus, infiltré le christianisme pour en prendre la tête, répandu un faux message de soumission, de souffrance, d'humilité et d'amour universel. C'était une manipulation pour asservir les fidèles, pour les affaiblir et les soumettre. Du point de vue de Rosenberg, le message de saint Paul d'une égalité devant Dieu – « il n'y a plus ni juif ni Grec, ni esclave ni homme libre, ni homme ni femme, car vous ne faites plus qu'un dans le Christ Jésus » – équivaut au « nihilisme ». Il rejetait l'idée d'une religion pour tous les êtres humains. Les Allemands ne pouvaient pas embrasser une foi qui attendait d'eux qu'ils s'assoient à la même table que des races inférieures. Il rejetait l'idée d'un péché originel, car l'homme nordique était un héros. Il ridiculisait les idées fondamentales du catholicisme : un enfer ardent, une conception immaculée, la Résurrection du troisième jour. Tous ces enseignements n'étaient que charlatanisme, « de la magie… superstition après superstition[6] ».

Dans le *Mythe*, Rosenberg dresse laborieusement la liste des péchés du christianisme à travers les âges : comment les Églises se sont systématiquement appuyées sur une « histoire falsifiée[7] », comment le Vatican a persécuté, poursuivi et exterminé sans pitié en tant qu'hérétique quiconque questionnait le discours officiel de l'Église, comment les ecclésiastiques ont maintenu leur autorité par l'épée et l'Inquisition. Les enseignements de l'Église étaient, selon lui, « intrinsèquement faux et morts[8] ».

Les Allemands – libres, puissants et endurcis – avaient besoin d'une nouvelle foi musclée, une « religion du sang[9] » qui pourrait les lier entre eux au-travers d'un combat héroïque pour l'honneur national. Ils appartenaient à une race de « surhommes » qui rendraient sa gloire à l'Allemagne après des décennies de souffrance et d'ignominie. Rosenberg envisageait une nouvelle Église allemande, une foi populaire et nationale. On abolirait l'Ancien Testament, on purgerait le Nouveau de ces prétendus messages juifs, et un « cinquième évangile[10] » serait écrit, qui refléterait les véritables enseignements de Jésus. On décrocherait tous ces « horribles crucifix[11] », car l'Église ne se concentrerait plus sur les souffrances de Jésus, mais sur sa vie héroïque. Le Jésus germanique était le « prêcheur puissant du temple, un homme en colère[12] », et il serait représenté comme un « grand blond svelte au grand front[13] » parce qu'il était fort probablement aryen, et non pas juif. Les « hosannas » à la gloire de Yahvé seraient effacés des livres de cantiques. À la place de la Bible, avec ses histoires de « maquereaux et de marchands de bétails », c'est dans les mythes germaniques que les fidèles trouveraient l'inspiration divine. « Aujourd'hui, une nouvelle foi s'éveille, le mythe du sang[14], la croyance que défendre son sang c'est également défendre l'essence divine de l'homme en général, déclara le prophète de cette nouvelle foi nationale. Une croyance, incarnée par le plus grand savoir que le sang nordique représente ce *Mysterium,* qui a vaincu et remplacé les anciens sacrements. »

Dans son journal, Rosenberg désespérait également qu'un réformateur charismatique vienne un jour balayer tous ces termes, leurs outrageuses hypocrisies et leur misérable art religieux. Les « sculptures du gothique tardif, déformées[15] et souvent abominables » devraient être retirées des sanctuaires et gardées au musée. Les « répugnants emblèmes baroques » devraient être détruits. Les statues des saints devraient être remplacées par les bustes des grands héros germaniques. Alors seulement les nazis posséderaient véritablement l'âme allemande. Les évangiles de « sang et terre », le message de Rosenberg qui affirme que la race aryenne et le

Deutschland devaient prévaloir par-dessus tout, seraient enseignés par le clergé à la place du Deutéronome et du Lévitique, et dans les églises, « la parole juive de ces “prophètes” » ne résonnerait jamais plus.

À la fin de 1934, Rosenberg annonça, lors d'un discours à Stuttgart, l'intention des nazis de créer un « ordre social inspiré du mysticisme sacré du Moyen Âge » qui se réunirait dans les quartiers généraux du parti dans la capitale bavaroise. « Vous savez tous que nous disposons, dans la Maison brune de Munich, d'une chambre sénatoriale de soixante et un sièges qui n'a encore jamais été utilisée, dit-il. Nous n'attendons plus que le signal du Führer pour y lancer les fondations de ce nouvel ordre saint d'Allemagne[16]. »

Rosenberg, qui renonça officiellement à la religion en 1933, pensait avoir le Führer de son côté. Au fil des années, ils avaient eu ensemble plusieurs discussions radicales sur les chrétiens et leurs deux mille ans de trahison.

Un jour, Rosenberg raconta à Hitler le choc qu'il avait éprouvé quand, à dix-huit ans, il avait visité l'abbaye d'Ettal, un monastère bénédictin au sud de Munich, et y avait vu que « les squelettes des saints portaient des bagues et des couronnes en or sur leurs os et sur leurs crânes ». Tout ça, cracha-t-il, était digne des rituels de l'Afrique. C'était le genre de choses qu'un « culte ashanti[17] » aurait fait. En Russie, aller à l'église était quelque chose que les gens perpétuaient simplement par habitude, « une coutume orientale optionnelle avec des chants superbes ». Mais en Allemagne, on attendait des fidèles qu'ils *croient* véritablement aux histoires racontées par la Bible. « Quel que soit le sens que la vie ou le monde aient eu, nous n'arriverons jamais à le déchiffrer », dit[18] Hitler à Rosenberg lors d'une de leurs conversations. « Tous les microscopes du monde ne nous ont pas approchés de la solution, ils ont seulement approfondi nos connaissances. Mais s'il y a un dieu, nous avons le devoir de développer les capacités qui nous ont été données. On pourrait se méprendre à ce sujet, mais en tous les cas on ne peut ni l'ignorer ni le travestir. »

Hitler avoua un jour à Rosenberg combien il aurait souhaité que l'on pût revenir aux temps d'avant Jésus, à l'époque glorieuse de la Grèce et de Rome. Il jura qu'il ne bombarderait jamais Athènes et qu'il chérissait Rome. « Même dans sa chute, elle a su être sublime, et l'on peut facilement comprendre que les jeunes Teutons aient été bouleversés par ce spectacle », dit le Führer. Il suffisait de regarder la différence entre « la tête majestueuse de Zeus » et celle du « Christ qui agonise » pour apprécier la différence entre ces deux cultures. « Combien l'Antiquité semblait libre et joyeuse, en comparaison avec l'Inquisition et les bûchers de sorcières et d'hérétiques. »

Selon Hitler, comme il s'était amusé à le dire à Rosenberg, l'Antiquité avait échappé à deux grands maux : la syphilis et le christianisme[19].

Mais Hitler n'aurait jamais pris le risque de dire tout cela publiquement. « Il a souligné plus d'une fois en riant qu'il avait toujours été un véritable païen[20], et que le temps était venu pour le poison chrétien de disparaître, écrivit Rosenberg dans son journal, mais ces propos sont toujours restés rigoureusement secrets. » Le chancelier devait rester pragmatique. Comme il l'écrivit dans *Mein Kampf*, même un politicien qui déteste les Églises est forcé de reconnaître que la religion est une des clés du maintien de l'ordre civil. « Pour l'homme politique, la valeur d'une religion doit être estimée moins par ses failles que par la vertu d'un substitut visiblement supérieur. Tant que celui-ci n'existe pas, il faudrait être fou ou criminel pour détruire ce qui existe[21]. »

Il ne pouvait pas ouvertement offusquer les quarante millions de protestants et les vingt millions de catholiques d'Allemagne s'il voulait garder le peuple de son côté.

Dans les années qui précédèrent 1933, les nazis s'étaient rangés du côté de la tradition protestante allemande afin de gagner le vote des fidèles. Une fois Hitler au pouvoir, une faction de nationalistes et de sympathisants nazis unifièrent les nombreuses congrégations protestantes éparses en une seule Église du Reich. Soutenu par Hitler, un nazi du nom de Ludwig Müller devint évêque du Reich, il fut chargé de superviser la foi protestante et de répandre la bonne parole nazie[22]. Il ne s'agissait pas d'une Église d'État officielle – pas encore, du moins – mais elle allait de pair avec la grande campagne de nazification de la vie allemande dans chacun de ses aspects. Les nationalistes qui dominaient la nouvelle Église étaient plus que ravis de lutter contre la menace juive et de promouvoir une forme racialement « pure » du christianisme. Certains pasteurs conduisaient même le service revêtus de leurs uniformes SS.

Les catholiques, de leur côté, avaient une relation bien plus compliquée avec le parti nazi. Ils s'accordaient sur plusieurs points. L'Église déplorait la montée du communisme athée et accueillait à bras ouverts la politique antibolchevique de Hitler. Les évêques allemands condamnaient le libéralisme culturel de la République de Weimar. Mais, surtout, une tradition d'antisémitisme régnait sur la pensée catholique depuis des siècles : les théologiens remontaient la corruption juive au Calvaire. Cependant, pour les catholiques, il s'agissait d'une question religieuse et non raciale. Un juif pouvait se convertir et trouver le salut en Jésus. Les nazis, bien évidemment, ne reconnaissaient pas cette distinction. Sur les index officiels, un juif chrétien comptait toujours comme un juif.

L'opposition entre nazis et catholiques était principalement un problème politique. Durant les années qui précédèrent l'arrivée de Hitler au pouvoir, les évêques soutenaient leur propre organisation politique, le parti du centre catholique. Ils n'auraient jamais pu entièrement adhérer à un parti qui soutenait des blasphémateurs comme Rosenberg. Le clergé avait lu le *Mythe* attentivement, et il craignait que ses idées menaçantes contre les hommes en habit ne deviennent une véritable politique d'État. « La vision de la vie de Rosenberg, conclut un théologien qui avait fui l'Allemagne en 1937, est du délire pur[23] et sa maladie mentale risque fort d'infecter de plus en plus de ses compatriotes si les choses continuent ainsi. » Si c'était véritablement ce que Hitler et les nazis avaient en tête, décidèrent les ecclésiastiques, alors l'Église était condamnée.

À la fin de 1930, peu après la parution du *Mythe*, le cardinal Adolf Bertram, archevêque de Breslau, condamna publiquement les nazis et leur culte d'une race aryenne supérieure. « Il ne s'agit plus ici de questions politiques, écrivit-il dans un article publié par *Germania,* le journal d'un parti centriste, mais d'un délire religieux[24] contre lequel il convient de lutter le plus énergiquement possible. »

En 1931, les évêques bavarois interdirent aux prêtres catholiques d'adhérer au parti nazi à cause de son hostilité à la foi. Quant aux nazis, on pouvait leur refuser les sacrements. Les évêques d'autres paroisses émirent également des instructions interdisant aux croyants de rejoindre le parti.

Une fois au pouvoir, Hitler fit comme à son habitude : il raconta à l'Église ce qu'elle voulait entendre pour n'en faire ensuite qu'à sa tête – à savoir souvent exactement l'inverse de ce qu'il avait promis. Lors de sa première allocution radiophonique à la nation, le 1er février 1933, Hitler déclara expressément que le christianisme était « le fondement de notre morale nationale[25] ». En mars de la même année, tandis qu'il faisait pression sur le Parlement pour faire acter sa loi des pleins pouvoirs, il promit plusieurs concessions aux représentants catholiques. Le jour où la loi fut votée, il réitéra même dans son discours que l'« Église ne serait pas affectée par la loi des pleins pouvoirs ».

En retour, les évêques allemands levèrent leur interdiction d'adhérer au parti nazi pour les fidèles. Les évêques et les organisations syndicales de jeunesse ou fraternelles les plus importantes enjoignirent les fidèles à obéir[26] au nouveau gouvernement national et à travailler avec Hitler afin de rendre à l'Allemagne son honneur perdu.

Les catholiques étaient pressés de conclure un accord officiel qui assurerait leur place dans le nouvel ordre allemand. Les évêques craignaient que leur liberté de prêche ne soit limitée et que l'on ferme les écoles catholiques. On renvoyait les fonctionnaires qui étaient membres du parti catholique du centre et de nombreuses organisations catholiques faisaient l'objet de menaces et d'intimidations. Des prêtres étaient arrêtés, et des locaux administratifs catholiques fouillés. En résumé, ils s'inquiétaient de la protection de leur institution. Les évêques n'avaient aucune objection aux attaques cinglantes du nouveau régime contre les communistes, mais ils dénonçaient cependant l'idée nazie d'élever une race au-dessus de toutes ; les catholiques conviaient des gens de toute race à venir prier dans leurs cathédrales. Et ils protestèrent expressément contre la persécution des juifs qui s'étaient convertis au christianisme. Mais ils ne dirent rien des conséquences plus étendues de l'antisémitisme nazi sur la communauté juive allemande dans son ensemble.

À la fin du printemps, les députés de Hitler négocièrent un accord officiel avec le Vatican. Selon les termes du traité, signé au début du mois de juillet 1933, le Saint-Siège acceptait de ne pas intervenir dans la politique de l'Allemagne et les nazis garantissaient l'indépendance religieuse des catholiques. Mais les clauses de ce concordat restaient sujettes à interprétation et Hitler n'était pas du genre à se sentir prisonnier de promesses diplomatiques.

Le harcèlement des Églises par les nazis ne diminua pas pour autant. Le jour même de la ratification de l'accord avec le Vatican par le cabinet, ce dernier approuva également une loi ordonnant la stérilisation des malades et des handicapés, une loi que les catholiques contestèrent vigoureusement[27].

Les représentants catholiques semblaient agir sur un malentendu fondamental[28]. Ils croyaient que s'ils faisaient preuve d'un patriotisme fervent et acceptaient de rester en dehors des affaires de l'État – comme ils le faisaient dans d'autres pays – on les laisserait tranquilles. Si seulement les nazis avaient cessé de les tyranniser, ils auraient coopéré avec le régime. Ce qu'ils ne réalisaient pas, du moins pas dans un premier temps, c'est que la philosophie nazie imposait que le parti dirige le moindre aspect de la vie des Allemands. Ils ne réalisaient pas que les nazis les considéraient comme leur concurrent direct. « Les évêques, écrivit l'historien Guenter Lewy, ne saisirent pas cette évidence qu'il était de l'essence même du totalitarisme nazi d'éliminer toute influence de l'Église dans la vie quotidienne. » Ce régime totalitaire n'avait pas l'intention de partager la fidélité des masses avec une quelconque autre institution.

En décembre 1933, une foule de paroissiens se réunit en l'église Saint-Michel de Munich pour assister aux messes de l'Avent. En entrant dans cette cathédrale de style Renaissance du XVIe siècle[29], les fidèles passaient sous une imposante statue en bronze de l'archange saint Michel, défenseur de la foi, brandissant son grand bâton vers le cou d'un Satan anxieux dépeint de façon mi-humaine, mi-bestiale. Ils s'installèrent sur les bancs, au-dessous des voûtes qui réverbéraient une lumière blanche étincelante, et écoutèrent le cardinal Michael von Faulhaber qui, depuis sa chaire, se déchaîna contre l'apostasie de Rosenberg.

Faulhaber, en tant qu'archevêque de Munich et de Freising, était à la tête de la plus grande communauté catholique du pays. Il s'était opposé à la tentative de coup d'État de Hitler de 1923 et, en réponse aux attaques des nazis de cet hiver-là, affirma que toute vie était précieuse, en évoquant nommément les juifs[30]. Mais comme tous les autres ecclésiastiques d'Allemagne, il opta pour une approche plus pragmatique quand Hitler devint chancelier. Après le boycott nazi des magasins juifs en avril 1933, Faulhaber écrivit, à titre privé, qu'il n'y aurait eu aucun sens pour les catholiques de s'y opposer publiquement : protester n'aurait fait qu'encourager Hitler à riposter contre les catholiques. L'archevêque souligna que le tollé international des sympathisants à la cause juive avait rapidement forcé les nazis à suspendre leur boycott. « Les juifs, affirma-t-il, peuvent s'en sortir tout seuls[31]. »

Après la signature du concordat par le Vatican, Faulhaber félicita Hitler et écrivit : « Que Dieu garde le chancelier du Reich[32] pour notre peuple. »

Mais ce matin-là, perché sur la chaire de Saint-Michel, Faulhaber avait l'esprit occupé par des questions plus divines. Il attaqua ceux qui, comme Rosenberg, prétendaient que l'Ancien Testament était un livre juif qui empoisonnait le christianisme. Il critiqua ceux qui niaient le judaïsme de Jésus et « tentaient de Le sauver en falsifiant Son certificat de naissance[33] ».

« Quand ce genre de voix s'élève, quand ce genre de mouvement gronde, l'évêque ne peut pas garder le silence », dit Faulhaber. Dans l'immense cathédrale, le public, captivé, écoutait sans faire le moindre bruit. Dehors, des haut-parleurs relayaient aux foules qui n'avaient pas pu entrer dans l'église bondée sa voix désincarnée. « Quand la recherche raciale, qui n'est pas en elle-même une question religieuse, déclare la guerre à la religion et attaque les fondements du christianisme, quand la haine des juifs d'aujourd'hui déteint sur les livres sacrés de l'Ancien Testament… alors l'évêque ne peut garder le silence. »

L'archevêque n'eut pas besoin de nommer qui que ce soit. Pour tous ceux qui l'avaient écouté, sa cible ne faisait aucun doute.

Le mois suivant, quand Hitler nomma Rosenberg idéologue en chef, l'Église réagit avec une grande inquiétude. Bien que Hitler ait insisté auprès de Rosenberg pour que celui-ci déclare que son *Mythe* n'était qu'un résumé de croyances personnelles qui n'engageaient que lui – et non pas un dogme nazi officiel – peu nombreux étaient ceux en Allemagne qui croyaient que le penseur du parti aurait pu écrire ce qu'il avait écrit sans avoir obtenu l'accord, ne serait-ce que tacite, du Führer. Hitler n'avait jamais fait taire ce fauteur de trouble, ne l'avait jamais empêché d'écrire et ne l'avait jamais puni.

Deux semaines après la nomination de Rosenberg, le pape Pie X inscrivit le *Mythe* sur la liste des livres interdits. « Ce livre méprise tous les dogmes[34] de l'Église catholique et les rejette entièrement », pouvait-on lire dans le communiqué officiel justifiant la décision du pape. Rosenberg était ravi. « Cette opposition peu convaincante contribuera à la diffusion encore plus large de cette œuvre, écrivit-il. Je suis en excellente compagnie en figurant sur cette liste[35]. »

Le jour de l'annonce du Vatican, le cardinal Karl Joseph Schulte, évêque de Cologne, fut envoyé à la chancellerie du Reich pour déposer une objection formelle à la nomination de cet hérétique et ennemi en chef avéré de l'Église. Hitler interrompit les plaintes de Schulte. « Ce livre ne m'est d'aucune utilité[36], dit-il. Rosenberg le sait. Je le lui ai dit moi-même. Je ne veux rien savoir des questions païennes, comme le culte de Wotan, etc. »

Schulte ne se laissa pas impressionner. « Vous ne pouvez plus parler de Rosenberg et de son livre en ces termes, Herr Reichskanzler. »

– Et pourquoi ça ? »

– Parce qu'il y a quelques jours, vous avez officiellement nommé ce même Herr Rosenberg instructeur idéologique du parti nazi, et par conséquent instructeur d'une grande partie de la population allemande. Désormais, que vous le vouliez ou non, vous êtes lié à Herr Rosenberg. »

– C'est exact, répondit Hitler, je me sens lié à Herr Rosenberg, mais pas à l'auteur du livre du *Mythe.* » Si les écrits de Rosenberg contrariaient autant le Vatican, prévint Hitler, celui-ci ferait mieux de ne pas en faire grand cas. Cela ne ferait qu'encourager plus d'Allemands encore à lire son livre, ou à l'essayer, du moins. Après tout, c'était Faulhaber lui-même qui avait popularisé à ce point le *Mythe* en s'y opposant ouvertement.

L'Église décida qu'elle n'avait pas d'autre choix que celui d'attaquer Rosenberg par écrit et à la messe. Le clergé ne pouvait pas censurer Hitler, le concordat le lui interdisait – il est intéressant de noter que *Mein Kampf* ne fut jamais placé sur la liste des livres interdits du Vatican. Mais il pouvait s'en prendre à Rosenberg, puisque ses déclarations n'étaient pas considérées comme le dogme officiel. Il faisait une distinction ténue[37] : il serait fidèle au régime, mais ne tolérerait aucune hérésie de la part de ses représentants.

« Il y a de nouveau des païens en Allemagne, entonna Clemens von Galen, l'évêque de Münster, en accusant Rosenberg de placer la race aryenne au-dessus de toutes les autres. La prétendue âme éternelle de la race n'existe pas, en réalité[38]. » Les prêtres reprochaient à Rosenberg son soutien à l'eugénisme afin de mettre un terme à la « reproduction d'une sous-humanité[39] », et sa promotion de la polygamie afin de favoriser « l'expansion » de la race aryenne[40]. Rosenberg affirmait dans son *Mythe* que toute femme allemande devait faire son devoir de patriote et enfanter. Quant aux mesures extrêmes, elles se justifiaient par une simple question d'arithmétique, les femmes étant plus nombreuses que les hommes. De plus, il s'interrogeait : « Ne serait-ce pas légitime de simplement avoir pitié de ces vieilles filles, ces femmes qui n'auraient pas la chance d'accomplir leur devoir vital, celui d'enfanter, simplement parce que la guerre les a privées de maris ?[41] »

Des intellectuels catholiques rédigèrent une brochure qui soulignait les erreurs factuelles[42], les inexactitudes historiques et les aberrations théologiques du *Mythe*. Il y en avait beaucoup, le tout finit par atteindre cent quarante-quatre pages. Elle fut imprimée dans cinq villes en même temps, afin d'empêcher que la Gestapo ne les saisisse toutes à la fois, et van Galen la publia sous son nom pour protéger l'anonymat des critiques qui l'avaient rédigée. Il fallait être prudent, les nazis avaient mis l'Église sous surveillance et tenaient Rosenberg informé de tous les rapports[43] concernant ses agissements.

Quand Faulhaber s'en prit de nouveau à Rosenberg depuis sa chaire en février 1935, ce dernier voulut le faire arrêter.

« Comme on n'ose pas encore attaquer le Führer, on tente d'anéantir son plus dangereux collaborateur[44], écrivit-il. On ne manquera pas de répondre à cet homme. En vertu de la nouvelle loi, je pourrais le faire inculper et enfermer. » Des tribunaux extraordinaires jugeaient certains Allemands depuis la promulgation récente de la loi de défense contre les attaques insidieuses contre l'État et le parti. Mais même Rosenberg savait bien qu'arrêter un homme de l'importance de Faulhaber aurait occasionné une tempête de critiques.

D'une façon ou d'une autre, le « cardinal malfaisant », comme le surnommait Rosenberg, paierait pour son affront.

C'est ce qu'Alban Schachleiter[45] dirait à Rosenberg quelque temps plus tard « pratiquement sur son lit de mort ». Allié des nazis, cet abbé, catholique romain, écrivit un article pour le *Völkischer Beobachter* en 1933 pour que les catholiques s'allient à Hitler. Cet article parut avant que les archevêques n'aient levé leurs restrictions sur l'affiliation au nazisme, et valut à l'abbé d'être défroqué par Faulhaber[46]. Au début du Troisième Reich, l'abbé, tentant de réconcillier les nazis et l'Église, avait recommandé à Hitler de désavouer publiquement les *Mythes* de Rosenberg. Malgré cela, Schachleiter entretenait des relations amicales avec l'auteur dudit ouvrage, mais ne s'était jamais départi de son amertume envers le cardinal Faulhaber. S'adressant à Rosenberg d'une voix ténue mais « brûlant de haine », Schachleiter affirma que « si la justice d'ici-bas n'atteindra pas le cardinal, j'espère que celle de Dieu lui rendra la monnaie de sa pièce ».

Hitler eut raison sur un point. La déclaration de guerre de la part de Rome ne fit que rendre le livre de Rosenberg encore plus célèbre. Passant en revue les lettres de lecteurs, Rosenberg se mit à croire qu'il avait éveillé les esprits de millions d'Allemands qui avaient été hypnotisés par les prêtres et leurs bibles. « Le tirage de mon *Mythe* s'élève désormais à 250 000 exemplaires, un succès qui n'arrive qu'une fois par siècle », écrivit Rosenberg dans son journal au lendemain de Noël 1934. Il se délectait de ces attaques et jura de combattre le Vatican jusqu'à sa mort. « Je répondrai à la riposte de Rome. Ils se rendent enfin compte de tout ce qui est désormais en jeu... La chrétienté de Rome est basée sur la peur et l'humilité, le national-socialisme sur le courage et la fierté... Le grand bouleversement a commencé[47]. »

Tandis que les catholiques luttaient contre Rosenberg, Ludwig Müller, l'évêque protestant du Reich nommé par les nazis, vit sa campagne pour unifier son Église exploser en plein vol. Les partisans nazis des congrégations exigeaient que les pasteurs déloyaux au parti fussent démis de leurs fonctions et que tous les employés juifs, même ceux convertis au christianisme, fussent renvoyés. Certains, suivant le raisonnement de Rosenberg, firent même pression sur l'Église pour qu'elle renonce à l'Ancien Testament et qu'elle décroche les crucifix. C'en fut trop pour d'autres protestants, et des dissidents commencèrent à déclarer leur indépendance. Une église rivale se mit en place, ne reconnaissant pas la direction de Müller.

En 1935, Hitler institua un ministère des Affaires religieuses à la tête duquel il nomma Hanns Kerrl, avec pour mission d'anéantir toute rébellion parmi les ecclésiastiques. Dans les années qui suivirent, le nouveau chef de l'Église fit tout son possible pour s'exécuter. Une importante maison d'édition protestante fut saisie. Une Église de Munich fut écrasée. Des révérends dissidents furent réduits au silence et sept cents d'entre eux furent emprisonnés.

L'un d'entre eux, le Berlinois Martin Niemöller[48], était un nazi de la première heure, il avait même voté pour Hitler en 1933. Bien qu'il ait été acquitté et libéré – il affirmait que ses plaintes ne concernaient que des questions religieuses – le Führer ordonna son incarcération au camp de concentration de Sachsenhausen à la périphérie de Berlin, où il fut mis à l'isolement. Niemöller est connu pour avoir exprimé, dans plusieurs de ses discours d'après-guerre, son regret de n'avoir rien fait quand les nazis arrêtèrent les communistes, les sociaux-démocrates et les juifs, et celui que personne ne l'ait défendu quand la Gestapo vint pour l'emmener.

Dès le début, Rosenberg voyait d'un mauvais œil le nouveau ministère de Kerrl. Il considérait que Kerrl n'avait pas les épaules suffisamment solides. Ses opinions étaient « primitives. Il peut faire ce qu'il veut quand il s'agit d'affaires personnelles, mais quand il agit officiellement, il n'a pas le droit de faire de ses idées le credo du mouvement ». Le projet semblait mal pensé dans son ensemble, selon lui il ne fallait pas travailler avec les Églises, mais les anéantir.

« Tous les membres sains d'esprit du parti sont derrière moi sur cette question[49], écrit Rosenberg dans son journal, et considèrent le ministère de l'Église pour ce qu'il est, un mal nécessaire, même si la conviction de sa nécessité diminue de jour en jour. » D'un autre côté, Rosenberg accueillait à bras ouverts toute controverse lancée par Kerrl au cours de sa promotion de l'Église du Reich. « Tout ce qui se passe finira par nous conduire jusqu'au chemin que j'ai moi le premier tracé », écrivit Rosenberg.

« Kerrl ne m'aime pas par nature », ajouta-t-il.

Kerrl était prêt à tout pour convaincre les Églises de collaborer avec les nazis, plutôt que de s'opposer à eux. Mais partout des agitateurs nazis continuaient de semer le trouble.

L'un d'entre eux était un allié de Rosenberg, Carl Röver, le gouverneur d'Oldenburg, une région majoritairement catholique. Le 4 novembre 1936, il décréta qu'on ne pourrait plus accrocher ni crucifix ni portraits de Martin Luther dans les bâtiments publics, écoles comprises. Ceux-ci seraient remplacés par des images du Führer placées bien en évidence. « Cette nouvelle s'est répandue dans le pays comme une traînée de poudre[50], écrivit le dirigeant catholique de cette zone rurale dans une lettre à ses fidèles. Pour nous, toute attaque contre la Croix est forcément une attaque du christianisme. »

Les catholiques protestèrent comme jamais[51], des centaines d'entre eux se réunirent pour manifester dans les rues. Un prêtre jura de lutter jusqu'à la mort si nécessaire contre cette directive. Les fidèles quittèrent le parti en masse et plusieurs maires menacèrent de donner leur démission. Les paroisses faisaient constamment sonner leurs cloches. Un jour, un grand nombre de dissidents fit le trajet jusqu'à Oldenburg pour délivrer une pétition. Ils étaient si nombreux que la petite place principale fut embouteillée de tous côtés. Von Galen, l'évêque de Münster, écrivit dans sa lettre pastorale ce mois-là qu'un « frisson d'horreur » lui avait parcouru le cœur quand il avait entendu parler du décret. « Est-ce pour en arriver là… que certains se sont engagés, de façon fatale, sur le chemin tracé par Rosenberg ? »

Face à cette révolte populaire inhabituelle, les nazis réagirent de façon inattendue : ils firent marche arrière. Devant une foule de sept mille personnes, Röver affirma qu'un « gouvernement sage » admettait ses erreurs. « Les croix resteront dans les écoles. »

Galen applaudit les fidèles pour avoir lutté contre cette grave offense fait à la liberté religieuse des catholiques. « De presque toutes les paroisses, vos représentants, des Allemands courageux, ont essayé et tenté par la manière forte et douce, ont fait le voyage jusqu'à Oldenburg et, mettant de côté la peur qui est le propre de l'homme, ont rendu compte en votre nom de votre fidélité envers le Christ, le Crucifié. Dieu merci pour ce viril courage chrétien. »

Quand il se trouvait à Berlin, Hitler organisait souvent à la chancellerie du Reich des déjeuners réputés. Ces repas commençaient tard et duraient longtemps[52], calés sur l'emploi du temps pour le moins excentrique du Führer. Ce dernier se levait tard, lisait les journaux et les rapports du jour dans sa chambre, puis, vers midi, sortait enfin de ses appartements pour un premier briefing dans le Wintergarten qui donnait sur les jardins arrière de la chancellerie. Alors seulement il rejoignait la salle à manger, où il prenait place autour d'une grande table ronde qui lui permettait d'admirer une peinture de Kaulbach, intitulée *Entrée de la déesse solaire*.

Face à vingt ou trente convives – Rosenberg, Goebbels et Göring faisaient partie des habitués – Hitler livrait de longs monologues sur les affaires du monde, ou écoutait et donnait son avis tandis que d'autres discutaient de la question du jour. Goebbels amusait la galerie par des blagues et des caricatures des opposants au nazisme. Un jour, Hitler discourut même sur des questions alimentaires : les végétariens comme lui, contre « les mangeurs de cadavres[53] », comme il les appelait. « Il est convaincu que les mangeurs de plantes sont les forces les plus endurantes de la nature, écrivit Rosenberg dans son journal. Les mangeurs de viande, comme le lion, ont d'un coup une force immense mais ils n'ont aucune endurance. D'un autre côté, les éléphants, les bœufs, les chameaux, les buffles sont des contre-exemples éloquents. Il est évident que les plantes nous sont bénéfiques puisqu'on les utilise pour soigner les malades. Les enfants et les malades, on leur donne des jus de fruits et de légumes, pas de la viande. » Hitler affirma à ses invités que lorsque les scientifiques auraient bien compris la « théorie des vitamines », l'homme vivrait jusqu'à deux cent cinquante ans.

Ces déjeuners pouvaient être insupportables pour quiconque avait vraiment du travail.

Un jour de janvier 1937, deux mois après la bataille des crucifix, Rosenberg était assis à la table du Führer quand Kerrl commença à se plaindre des répercussions de cet épisode. Comment pouvait-il faire la paix avec les Églises, si des représentants nazis continuaient de semer le trouble sur le terrain ?

Hitler balaya ses propos d'un revers de la main et prit un ton philosophe. Soit, quelques « erreurs tactiques » avaient été commises. C'était somme toute naturel quand on menait une bataille. Les controverses disparaîtraient et, de toute façon, les plaintes des prêtres ne prêtaient pas vraiment à conséquence.

« La grande bataille pour la domination absolue de l'État sur l'Église continue, écrivit plus tard Rosenberg en relatant les propos de Hitler. Nous devons poursuivre le combat des grands *Kaiser* contre les papes et le mener à bien. Si l'Église s'y oppose, alors c'est aux tactiques seules qu'il faudra réfléchir : soit on veut lui couper une artère après l'autre, soit mener une guerre ouverte. L'Église ne cesse de perdre du pouvoir dans le monde entier[54], après tout. »

« Avons-nous pris le pouvoir avec ou sans les Églises ? demanda Hitler. Et d'après vous, Kerrl, avons-nous plus le soutien du peuple aujourd'hui qu'autrefois ?

– Nous l'avions plus autrefois.

– Voyons, Kerrl, répondit Hitler, ne dites donc pas n'importe quoi. »

Kerrl se « trouva profondément contrit » face aux arguments du Führer, écrivit Rosenberg. Le travail de Kerrl n'était pas d'obtenir la coopération des ecclésiastiques, mais d'asseoir le parti nazi comme « maître des Églises ». Pour Rosenberg, les Églises ne s'intéressaient même plus à la religion. Elles voulaient juste un pouvoir politique.

Il fallait les arrêter. Kerrl, cet idiot, ne l'entendait pas. Il n'avait jamais compris la tâche pour laquelle on l'avait choisi. « Cela ne fait que prouver, écrivait Rosenberg dans son journal, que quand une personne si idéologiquement incompétente se retrouve propulsée à un poste pour lequel elle n'est pas taillée, les conséquences sont désastreuses. »

Rosenberg, lui, n'avait aucun doute quant à sa mission. À la moindre occasion, il discréditait publiquement les Églises.

« Une longue lutte nous a permis d'acquérir ce joyau de sagesse intérieur, affirma-t-il lors d'un de ses discours habituels. S'il y a un paradis[55]... alors l'homme qui combat avec honneur et fait des sacrifices au nom de sa race et des ses valeurs les plus grandes l'atteindra plus probablement que l'homme qui, par les prières qu'il récite, trahit à la fois son peuple et son pays. »

Tandis que les luttes politiques et culturelles faisaient rage à travers le pays, les nazis reconstruisaient leur armée et se préparaient à mener une bataille en dehors de leurs frontières.

À la fin de la Première Guerre mondiale, la Sarre avait été excisée du flanc ouest de l'Allemagne et donnée à la France, à la condition que, au bout de quinze ans, sa population soit autorisée à voter pour déterminer si la région devait ou non être réunifiée avec le reste de l'Allemagne. En janvier 1935, la population, majoritairement germanophone, vota en masse pour la réunification avec la mère patrie. « Finalement, déclara Hitler le 1er mars 1935, jour de la réunification, le sang sera toujours plus fort que tout document fait de simple papier[56]. »

Deux semaines plus tard, il annonça au monde entier que l'Allemagne disposait désormais d'une force aérienne, la Luftwaffe de Göring, et avait commencé à enrôler une armée d'un demi-million d'hommes, violant ainsi les termes du traité de Versailles et défiant ses voisins européens de réagir.

Au début de 1936, Hitler décida de repousser la frontière allemande encore plus à l'ouest en envoyant des troupes réoccuper la Rhénanie. Cette campagne vallonée, traversée par le Rhin, la Ruhr et la Moselle, s'étendait des Pays-Bas jusqu'à la Suisse et comprenait des villes telles Düsseldorf, Cologne, Bonn et Mannheim. Bien qu'elle fût restée allemande après la guerre, elle était devenue une zone démilitarisée. Les généraux de Hitler l'avertirent que l'armée n'étaient pas prête au combat si les Français tentaient d'empêcher cette incursion. Quand Hitler annonça publiquement ses intentions, trois mille soldats allemands avaient déjà secrètement été postés dans la région. Et la France, pensant que les forces d'occupation étaient beaucoup plus conséquentes, refusait de provoquer une guerre en essayant de les déloger d'un territoire qui était déjà allemand. Le risque avait donc été payant.

Hitler organisa aussitôt de nouvelles élections parlementaires et un référendum sur la réoccupation de la Rhénanie. Le 29 mars, les nazis remportèrent les élections avec 98,9 % des voix.

Ce soir-là, Rosenberg retrouva Hitler sur les marches de son perron. « Eh, bien, Rosenberg, appela Hitler, que dites-vous de tout ça ? N'ai-je pas choisi un superbe slogan de campagne ? Même les évêques ont dû céder à l'ambiance sur le Rhin et faire sonner les cloches ! » Il se mit à rire, puis ajouta ce que les autres personnes présentes considérèrent comme une pique à l'intention de l'écrivain : « Le résultat n'aurait pas été le même si nous avions voté à propos du *Mythe.* »

– Non, répondit Rosenberg. Ça, on ne pourra le faire que dans cent ans. »

Rosenberg était fier d'être perçu comme un homme si dangereux, si controversé et si inflexible, qu'il avait besoin d'être gardé sous contrôle au risque de faire exploser toute la révolution nazie. Quand bien même, il confia un jour à Hitler qu'il était difficile d'être seulement considéré comme un homme d'idées. Rosenberg raconta dans son journal qu'en réponse, Hitler lui avait assuré qu'il disait à tous ceux qui l'interrogeaient que Rosenberg était l'esprit le plus profond du mouvement, qu'il était le « père de l'Église du national-socialisme ».

En repensant à cet échange, Rosenberg resta réaliste. « Je sais certes très bien, écrivit-il, qu'il est encore trop tôt pour moi [57]. »

Ruth, l'épouse de Kempner (à gauche), quitta l'Allemagne avec son mari en 1936.
Ils travaillèrent tous les deux dans un pensionnat pour élèves juifs de Florence.
Margot Lipton (à droite), sa secrétaire à l'école, devint sa maîtresse.

– 11 –

Exil en Toscane

En fuyant l'Allemagne nazie, Kempner ne prit qu'une seule précaution[1] : lui et son épouse voyageraient séparément. « Si l'un de nous deux devait se faire arrêter, décida-t-il, l'autre doit rester libre. » Un an avait passé, mais il était encore ébranlé par son arrestation et son interrogatoire. Il fit sa valise, prit le train jusqu'à l'aéroport de Tempelhof et demanda au comptoir de vente des billets à quelle heure partait le prochain avion pour l'Italie. En arrivant à la porte d'embarquement, il réalisa que le destin avait décidé de le faire voyager dans un avion privé affrété par Fritz Hess, le père de Rudolf Hess, le porte-parole du Führer. L'avion partait pour le Caire et faisait escale à Venise. Personne ne reconnut Kempner quand il monta à bord et rejoignit son siège.

Quand l'avion décolla, il observa par la fenêtre Berlin qu'il laissait derrière lui, et son départ lui sembla si définitif. Il se dit qu'il ne reverrait peut-être jamais ce pays où il était né[2].

Une fois à Venise, Kempner acheta un billet de train pour Florence, où il retrouva sa femme et sa belle-mère à la gare le jour suivant.

Après tant d'inquiétude – des années d'angoisse – le voyage s'était passé sans le moindre encombre.

Les Kempner avaient simplement suivi la vague de juifs qui continuait d'affluer dans l'Italie fasciste[3]. Deux ans après la tentative de coup d'État des nazis en Autriche qui avait tant préoccupé les Italiens, les tensions entre Hitler et Mussolini s'étaient apaisées : quand la Société des nations avait menacé l'Italie de sanctions économiques après son invasion de l'Abyssinie – l'Éthiopie d'aujourd'hui – afin de s'octroyer une nouvelle colonie africaine, l'Allemagne était restée neutre, au grand soulagement de Mussolini.

Mais le pays était encore considéré comme un refuge face aux terreurs nazies en Allemagne. Le ministère des Affaires étrangères italien autorisait l'immigration juive « tant qu'elle ne concernait pas les membres actifs de partis politiques opposés au fascisme ». Aucun visa d'entrée n'était nécessaire, même pour les immigrants apatrides, et il n'y avait que peu de restrictions en matière d'emploi. Autre point crucial : suite à un accord commercial italo-allemand de 1934, les réfugiés étaient autorisés à transférer une somme assez conséquente de devises vers l'Italie, du moins encore à cette époque. Ainsi, des artistes, des écrivains, des hommes politiques, des médecins et des universitaires s'enfuirent vers le sud, attirés par ces conditions favorables et le coût peu élevé de la vie sur place.

Kempner était venu en Italie afin de prendre la tête de l'administration du pensionnat de Werner Peiser, situé au milieu des collines qui entouraient la ville.

L'Istituto Fiorenza de Peiser était un refuge pour les enfants juifs que les nazis avaient bannis des écoles publiques[4]. En 1933, prétextant un problème de sureffectif, l'Allemagne plafonna le taux d'enfants non aryens de ses lycées à 1,5 %. Dans les écoles primaires, maîtres et élèves joignirent leurs forces pour tourmenter les enfants juifs. En classe, on leur enseignait que les juifs étaient intrinsèquement malhonnêtes. Parfois, on les consignait à des « bancs juifs ». À l'extérieur de l'école, ils étaient persécutés par des membres fraîchement formés des Jeunesses hitlériennes. Un élève se souvient d'avoir vu un exemplaire du *Stürmer*, le journal notoirement antisémite de Streicher, punaisé sur les murs de son école protestante de Munich. « Tu sens le juif[5] », lui avait dit un jour un camarade de classe. « Les nazis, écrivit plus tard un autre élève, ne laissaient aucun doute sur leurs intentions de nous voir disparaître jusqu'au dernier[6], et faisaient passer leur message soit poliment, par l'intermédiaire du principal, soit de façon plus péremptoire par celle du chef de la police locale. »

Certains des parents qui envoyèrent leur progéniture à l'école de Peiser avaient déjà fui l'Allemagne et cherchaient un endroit où leurs enfants pourraient continuer leur scolarité. D'autres avaient réussi à les faire sortir du pays, tandis qu'eux-mêmes poursuivaient les démarches nécessaires en vue de leur émigration. Ces enfants avaient, comme disait Kempner, « joué le rôle d'éclaireurs[7] ».

Parfois, il avait l'impression que dès que Goebbels ouvrait la bouche, les demandes d'inscription à l'école redoublaient[8].

Kempner n'en revenait pas que même les journaux nazis les laissent publier leur annonce. « En substance, notre annonce disait : "Si vous ne nous envoyez pas vos enfants, ils seront tués." »

La route de Florence à l'école suivait des chemins pavés longs et sinueux, qui donnaient soudainement sur des panoramas incroyables faits de vergers d'oliviers et de vignobles. « Le paysage toscan est à l'image des belles femmes, constamment changeant[9] », écrivit un élève qui avait fait le trajet.

Le pensionnat avait élu domicile dans plusieurs villas du village d'Arcetri, et notamment dans Il Gioiello, un bijou architectural où l'astronome Galilée avait vécu les dernières années de sa vie, confiné suite à ses démêlés avec le tribunal de l'Inquisition. Le quartier général de l'Institution se trouvait dans une belle demeure située sur le point culminant du village.

Pour les élèves qui arrivaient, le bâtiment ressemblait à un palais, avec sa grille d'entrée en fer forgé et son allée bordée de cyprès, et sa tour du XIIe siècle. À l'intérieur, ils mangeaient et étudiaient dans des pièces aux sols carrelés de rouge et aux plafonds hauts. Les portes à la française du réfectoire donnaient sur des jardins en terrasse avec des citronniers, des parterres de fleurs, des cyprès et un terrain de tennis. Des collines ondoyantes et les cimes de l'Apennin s'élevaient au loin. L'endroit s'appelait la Villa Pazzi, et bien que ce nom fût hérité d'une célèbre famille florentine, les internes affirmaient souvent en riant que celui-ci signifiait en réalité la « maison des fous », car *pazzi* signifie « fous » en italien. À vrai dire, leur résidence temporaire était une enclave calme, un refuge de jardins en fleurs au milieu des vignes et des propriétés de campagne entourées de murs épais et anciens recouverts de glycine. Un élève se souvient d'un jour où il était assis sur le balcon qui surplombait les champs. « Il y avait une légère brume, quelques nuages dans le ciel, mais le soleil faisait des apparitions de temps en temps. Tout était si calme et paisible, les coqs fanfaronnaient au loin, et les oiseaux chantaient. L'air était doux et les cloches de l'église se mirent tout juste à sonner[10]. » L'Istituto Fiorenza semblait être un refuge loin d'un monde qui était devenu fou.

Les enfants suivaient le cursus classique et habituel. On pouvait les entendre réciter Platon, on les voyait lire *Commentarii de Bello Gallico*, la fameuse *Guerre des Gaules,* de Jules César. Ils montaient des pièces de théâtre, organisaient des récitals et des lectures de poésie. Ils passaient des journées entières à Florence, les étudiants y admirant l'imposante ingéniosité architecturale qu'était le dôme de la cathédrale Santa Maria del Fiore, se retrouvant face au *David* de Michel-Ange et contemplant les chefs-d'œuvre des Médicis dans la fameuse gallerie Uffizi. L'école était suffisamment petite pour que les instituteurs puissent accorder à chaque enfant une attention particulière, et ils formaient ensemble une communauté très soudée.

Peiser avait réussi à réunir une impressionnante équipe d'enseignants, bien que peu d'entre eux l'aient été à l'origine. Parmi eux se trouvaient des linguistes de renom, un journaliste, une actrice et un futur spécialiste de la philosophie de la Renaissance. Ils gagnaient peu, voire rien, certains travaillaient en échange du gîte et du couvert. Leurs logements étaient minuscules. « La beauté incomparable du paysage[11] représentait la part substantielle de notre alimentation », se souvient l'un des instituteurs. La scolarité était loin d'être bon marché et l'école avait tendance à attirer des enfants des classes moyennes supérieures, voire plus riches encore et également, comme s'en plaignit l'un des instituteurs, « des enfants pourris gâtés de la bourgeoisie[12] ».

L'arrivée de Kempner provoqua des changements au sein de l'école. Il s'attela à recruter plus d'étudiants, et bientôt près d'une centaine d'élèves furent inscrits. Majoritairement juifs, les étudiants ne venaient pas seulement d'Allemagne, mais également d'Autriche, de Hongrie, de Roumanie et de Pologne. Avec la crise politique qui s'aggravait en Europe, le programme ne se concentrait plus uniquement sur les sciences humaines et la préparation aux examens qui auraient permis aux élèves de poursuivre des études supérieures. Les étudiants passaient désormais leurs journées à apprendre des leçons plus pratiques qui devaient les aider à trouver un travail en cas d'exil. Ils étudiaient les langues étrangères – l'italien, l'hébreu, le polonais, mais surtout l'anglais – et acquéraient les compétences nécessaires pour devenir menuisiers, forgerons, relieurs, sténographes, assistants pharmaciens ou aides-soignants. Certains instituteurs s'irritaient du fait que Kempner, obsédé par l'émigration définitive, fût en train de changer leur « petit refuge d'éducation humaniste » en un « centre de transit[13] ».

En 1936, tout le monde n'accueillit pas à bras ouverts l'intégration de l'avocat agressif et corrosif à leur chaleureuse communauté académique.

« Il a une approche des relations humaines qui s'apparente à celle d'un détective[14] », écrivit Ernst Moritz Manasse, un instituteur connu pour ses différends avec Kempner. Il aimait amuser la galerie avec ses histoires, celles où il racontait comment il avait obtenu des informations sensibles. Manasse écrivit, sans développer pour autant, qu'il ne pouvait pas s'empêcher d'être mal à l'aise face « aux méthodes moralement perturbantes » décrites par Kempner dans ces récits.

Avec le temps, un autre professeur se mit à penser que Kempner appliquait le même genre de tactique au corps enseignant et à l'équipe de l'Istituto Fiorenza. Wolfgang Wasow écrivit dans ses mémoires que Kempner était l'une des rares personnes, parmi celles qu'il avait connues dans sa vie, qu'il « détestait totalement ». L'homme ne prenait même pas la peine d'apprendre l'italien. Quand il lui arrivait d'être en colère et de vouloir renvoyer quelqu'un de son bureau, il confondait *venga* (venez) avec *vada* (allez-vous-en). « Ses manières étaient un mélange de manque de considération brusque, voire d'impolitesse, et d'une préoccupation totalement feinte quand il estimait que c'était nécessaire, écrivit Wasow. Mais, surtout, je suis convaincu qu'il s'agissait… d'un escroc[15]. Je serais incapable de le prouver devant un tribunal, mais les signes étaient si nombreux que la majorité de mes collègues enseignants étaient d'accord avec moi. »

Mais les adolescents gardent un souvenir incroyable de l'Italie. « Nous étions insouciants, heureux, soucieux de rien si ce n'était de nos affaires », se souvient l'un d'entre eux. Ils s'échangeaient des commérages. Ils se jouaient mutuellement des tours. Ils débattaient du sionisme. Ils volaient des cerises dans les champs. Ils dormaient la fenêtre ouverte et hurlaient quand une chauve-souris entrait dans la pièce. Ils imitaient les discours naissants du Führer en se servant d'un peigne en guise de moustache. Ils tombaient amoureux[16].

Chaque été, pendant trois mois, toute l'école migrait à l'hôtel Continentale de Bordighera, sur la partie italienne de la Riviera, pour des sortes de vacances studieuses loin de la chaleur toscane. À l'époque, les touristes se gardaient de fréquenter la ville balnéaire pendant les chauds mois d'été. Le propriétaire de l'hôtel était donc ravi de louer les lieux au pensionnat. Au milieu du ciel bleu méditerranéen et des palmiers, ils partaient en randonnée, nageaient et organisaient des cabarets. Certains se rendaient à Monte-Carlo pour la journée. « Que c'est magnifiquement beau ici, écrivit Kempner, chaque jour a son carnaval, son gâteau et son sport[17]. »

Depuis leurs balcons qui surplombaient la Méditerranée, les exilés pouvaient voir les paquebots fumants partir vers l'ouest, en direction de l'Amérique, et se prêtaient à rêver qu'ils étaient eux aussi à bord[18].

Ils semblaient si loin des sombres réalités de l'Allemagne nazie. « Nous étions soulagés d'avoir fui[19], écrivit un enseignant, et nous nous autorisions à nous laisser séduire par la beauté de Florence et de ses environs, la gentillesse de nos voisins italiens et la camaraderie qui existait entre nous, élèves et professeurs que le destin avait réunis. »

Mais tout cela était sur le point de changer. Au printemps 1938, la précarité de leur situation devint impossible à ignorer.

Le frère cadet de Kempner, Walter, avait déménagé aux États-Unis en 1935 après avoir obtenu un poste au centre de recherche de la faculté de médecine de l'université de Duke, en Caroline du Nord[20]. Il détestait Hitler et avait fait le nécessaire pour mettre tout un océan entre le Führer et lui. En 1938, Robert Kempner allait être forcé de se demander s'il n'avait pas commis l'erreur de sa vie en ne faisant pas de même.

En septembre 1935, lors du gala annuel du parti, Hitler annonça une nouvelle vague de restrictions à l'encontre des juifs. Approuvées immédiatement par le Reichstag, les premières lois de

Nuremberg[21] firent officiellement des juifs allemands des citoyens de seconde zone et leur interdirent d'arborer le drapeau allemand, qui dans tous les cas devait être orné du swastika. Affirmant que la « pureté du sang allemand est essentielle à la survie du peuple allemand », les nazis interdirent les mariages mixtes, proscrivirent les relations sexuelles entre juifs et Aryens, et déclarèrent qu'il était illégal pour les juifs d'employer comme domestique une femme aryenne de moins de quarante-cinq ans.

Les touristes et les hommes d'affaires étrangers ne remarquèrent pas nécessairement ces mauvais traitements, ou alors ne les jugèrent pas alarmants. Nombre d'entre eux rentraient chez eux, très impressionnés par le rapide redressement du pays qu'avait opéré Hitler.

Les nazis étaient de leur côté tout à fait capables d'avoir l'air bienveillants, particulièrement durant les jeux Olympiques de 1936, pour lesquels Goebbels enjoignit ses compatriotes de se montrer « encore plus charmants que les Parisiens ». On retira des vitrines de magasins et des fenêtres de restaurants les pancartes qui annonçaient *Juden unerwünscht,* « juifs indésirables ». Les journaux firent une pause dans leurs dénonciations. Les milices violentes semblaient avoir disparu. La tolérance était à l'ordre du jour[22].

Les visiteurs furent « grandement impressionnés par la puissance du régime, par l'enthousiasme de la jeunesse et par la propagande de Goebbels, écrivit Willy Brandt. Il était difficile de ne pas se laisser séduire, où que vous regardiez, vous pouviez admirer les succès du nazisme : sur les visages souriants des jeunes gens, dans les nouveaux bâtiments monumentaux, dans l'essor économique. Berlin offrit un magnifique spectacle[23] au reste du monde, un décor à couper le souffle ».

Mais ce n'était rien d'autre que cela, spectacle et décor. Une fois les Jeux terminés et les foules reparties, les persécutions reprirent de plus belle. « Pas une seule voix discordante ne retentit durant les festivités, continua Brandt, car les cris des camps de concentration et les râles mourants des victimes torturées n'atteignaient pas le stade. »

Deux jours après la fin des festivités, Wolfgang Fürstner, qui avait supervisé le village olympique, se tira une balle dans la tête. Des représentants nazis avaient découvert qu'il avait des ancêtres juifs, et il fut rétrogradé et menacé d'être renvoyé du parti.

Rosenberg n'eut guère de compassion à son égard. Au contraire, il applaudit Fürstner pour avoir accueilli de façon appropriée la nouvelle tragique de son sang mêlé. « Tout mon respect pour son geste[24] », écrivit-il dans son journal.

Durant les deux années qui suivirent, le peu d'illusions qu'il restait encore aux juifs au sujet de Hitler et des nazis fut dissipé. À l'été 1938, un ami écrivit à Kempner à propos des conditions en Allemagne : « Tous ceux qui sont en mesure de le faire se préparent au départ[25]. »

Les exilés de Florence pensaient avoir échappé au chaos. Les fascistes italiens n'étaient pas d'un antisémitisme aussi véhément que celui des nazis. En privé, Mussolini avait même rejeté les fondements raciaux du Troisième Reich et affirmé que Hitler semblait avoir la tête pleine à craquer d'idéologies et de philosophies « brumeuses ».

En 1936, le rapprochement entre les deux dictateurs n'était cependant plus très loin. Hitler s'allia à Mussolini pour soutenir le général Francisco Franco et les nationalistes durant la guerre civile espagnole. Hitler envoya l'artillerie et l'aviation, ainsi que des milliers de soldats. Le 26 avril 1937, en ce qui allait être l'un des assauts les plus marquants de cette guerre, les avions allemands et italiens bombardèrent et mitraillèrent le village de Guernica, tuant plus de 1 600 personnes. Picasso s'en inspira pour peindre sa fameuse fresque. Ces actions opposèrent l'Allemagne et l'Italie à la France et l'Angleterre et préparèrent le terrain pour une alliance de confort entre les deux dictateurs. Ils parvinrent rapidement à un accord secret formant un axe nazi-fasciste et, en septembre 1937, l'Allemagne reçut Mussolini avec un faste tout militaire et des foules immenses qui agitaient des drapeaux[26].

L'année suivante, Mussolini lui rendit la pareille. Hitler arriva à Rome[27] le 3 mai 1938 et, accompagné par le roi d'Italie, traversa la ville en calèche, entra par la porte Saint-Paul, passa la pyramide de Cestius puis se dirigea vers le centre de la capitale. Éclairée de façon théâtrale pour donner à la ville un air de cérémonie religieuse, Rome avait été transformée en une « immense scène d'opéra lyrique », écrivit un journaliste italien. C'était un « spectacle digne de Néron[28] : des flammes partaient des arches voûtées du Colisée, les pins reflétaient des lumières vertes et jaunes qui leur donnaient l'air d'être faits de cristaux, l'arc de Constantin était phosphorescent et les ruines du Forum drapées de reflets argent ».

Durant la semaine qui suivait, Hitler alla se délecter de l'architecture italienne, admirer de près la chorégraphie des exercices militaires et passer des heures dans les musées et les galeries d'art. « Rome, dira-il plus tard, me captivait. »

Au dernier jour de son voyage, Hitler s'arrêta à Florence pour une visite en coup de vent. Les deux dictateurs arpentèrent les rues dans une décapotable noire suivie d'un cortège de vingt voitures flanqué par une garde à motos. Les cloches sonnèrent et l'aviation italienne vola en formation étroite au-dessus de leurs têtes. La ville était pleine d'Italiens qui applaudissaient et agitaient des drapeaux ornés de croix gammées. Ils visitèrent la basilique Santa-Croce, là où Michel-Ange, Machiavel et Galilée étaient enterrés. Annoncés par des trompettistes florentins, ils apparurent sur le balcon du Palazzo Vecchio et, resplendissants, saluèrent l'énorme foule de sympathisants qui peuplait la place face à eux. Ils se promenèrent au musée des Offices[29], dînèrent au palais Médicis et assistèrent à un concert au cours duquel l'on joua du Verdi.

En chemin vers la gare, les deux dictateurs furent salués par des feux d'artifice qui dessinèrent les mots « Führer » et pour Mussolini son équivalent italien, « Duce ».

Puis ce fut terminé. Hitler monta dans un train blindé et fit ses adieux à Mussolini et à l'Italie.

Hitler passa en tout et pour tout dix heures à Florence. Mais les enseignants juifs de l'internat ainsi que leurs épouses, vingt et un élèves garçons et la belle-mère âgée de Kempner passèrent trois semaines en prison. « Notre emprisonnement faisait partie des festivités, écrivit l'un des élèves. Nous étions des otages, et par conséquent, nous nous trouvions dans cette position étrange de vouloir à tout prix que le *Visiteur* rentre chez lui intact[30]. »

En 1936, les polices d'Allemagne et d'Italie avaient commencé à échanger des informations et des documents sur de potentiels « éléments subversifs » au sein de leurs frontières. En préparation de la visite de Hitler de 1938, la Gestapo travailla en étroite collaboration avec la police italienne afin d'identifier systématiquement les exilés allemands, autrichiens et polonais qui vivaient dans l'État fasciste, et d'enquêter sur eux[31]. Des membres de la sécurité nazie furent envoyés dans plus d'une vingtaine de commissariats italiens où ils dressèrent des listes détaillées qui classifiaient les immigrants en « dangereux », « suspects » ou « fiables ».

Puis en avril, un mois avant l'arrivée prévue de Hitler, des officiers SS et de la Gestapo parcoururent l'Italie afin de mener des interrogatoires et de fouiller les maisons. Les 20 avril et 1er mai, des émigrés furent arrêtés en masse.

On plaça les hommes et femmes dans des prisons séparées. Il fallut du temps pour convaincre les gardes que ces émigrés n'avaient rien à voir avec les voleurs et les prostituées qui peuplaient généralement ces cellules. Les hommes durent remettre leurs ceintures au maton, au cas où ils auraient eu des idées suicidaires. Cependant, à une époque où la prison en Allemagne était synonyme de camp de concentration, les conditions de leur détention ne leur semblèrent pas si terribles. Un prêtre sympathique leur vint en aide en faisant passer des journaux et des lettres sous sa soutane. Les détenus étaient autorisés à se promener au sein de la prison pendant la journée. Une fois que Hitler eut passé le col du Brenner sain et sauf et rejoint le territoire allemand, tout le monde fut libéré.

Comme par osmose[32], l'antisémitisme finit par passer la frontière italienne. L'incarcération forcée des immigrants par les nazis dut faire croire à Mussolini que les juifs étaient un problème pour son pays, à l'instar de l'Allemagne. Quelques mois après la visite de Hitler, durant l'été 1938, le Duce imita son voisin du Nord. « Sans une conscience claire, certaine et constante de leur race, les empires ne peuvent pas survivre », écrivit-il dans un journal italien. Mussolini annonça que sa famille était d'origine nordique jusqu'au bout des ongles et, en juillet, son gouvernement publia un *Manifeste des scientifiques racistes*, un travail préparatoire aux mesures radicales d'exclusion des juifs de la société italienne.

La première de ses lois fut promulguée en septembre 1938 et ne laissait aucune marge de manœuvre au pensionnat. Les juifs n'étaient désormais plus autorisés à étudier, enseigner ni travailler dans les écoles italiennes – du jardin d'enfants à l'université, que l'établissement soit public ou privé.

En outre, on ordonna aux juifs qui étaient arrivés en Italie après 1919 de quitter le pays sous six mois.

Cette fois-ci, Kempner avait vu les choses venir et il agit avec diligence. Il savait depuis des mois que ses heures en Italie étaient comptées[33]. Il en avait vu les signes annonciateurs durant tout l'été. Les responsables nazis de Berlin avaient commencé à enquêter sur la philosophie potentiellement antinazie de l'école et avaient fait bloquer tous les virements de frais de scolarité provenant des parents[34]. Les autorités italiennes leur avaient rendu des visites menaçantes. Le 22 août, on demanda aux administrateurs de rédiger un rapport concernant l'héritage racial de tous les professeurs et élèves. « Un sentiment de peur et de mauvais augure envahissait l'école, écrivit un élève, et nous savions que l'insouciance de nos vies touchait à sa fin[35]. »

Un jour, un officier italien se présenta et exigea de Peiser qu'il signe un document « reconnaissant » que l'Istituto Fiorenza était une institution libérale et social-démocrate. Peiser demanda si on allait l'arrêter si jamais il signait. On lui répondit que oui.

Peiser et Kempner ne désiraient pour rien au monde retourner dans une prison italienne, et encore moins être extradés vers l'Allemagne. « On avait su par confidence, écrivit plus tard Kempner à un ami, qu'il valait mieux quitter le pays immédiatement et ne pas attendre la dernière minute[36]. »

Finalement, le 3 septembre, ils apprirent l'inévitable nouvelle : les Italiens ordonnaient la fermeture de l'école sur le fondement qu'il s'agissait d'une « école juive dont la position contredit l'esprit fasciste[37] ».

Ce jour-là, professeurs et élèves se trouvaient à Bordighera pour leurs vacances d'été. Kempner et Peiser se pressèrent de tout organiser du jour au lendemain afin que les enfants soient rendus à leurs familles « par des personnes appropriées ». Puis ils s'enfuirent vers Nice, juste de l'autre côté de la frontière, avec leurs épouses, quelques professeurs et les dix élèves qui avaient un visa en règle.

Au matin du 4 septembre, Gabriele Schöpflich, une enseignante de l'école, arriva dans la salle à manger de l'hôtel de Bordighera et apprit que Kempner et Peiser étaient partis, ainsi que « tous les élèves dont la scolarité avait été payée en devises étrangères ».

Les élèves que l'on avait abandonnés étaient « stupéfiés[38] ». Schöpflich et une collègue furent forcées de gérer la pagaille laissée par Kempner. Les employés de l'hôtel, n'ayant pas été payés depuis une semaine, démissionnèrent en masse. Les commerçants leur soumirent des factures sans fin qu'elles ne pouvaient pas payer, parmi eux le boucher, le laitier, l'épicier et le quincaillier. Durant les dix jours qui suivirent, Schöpflich et sa collègue rendirent chaque enfant à son gardien. « Aucune de nous deux ne dormit beaucoup[39] durant ces dix jours », écrivit-elle. Elle accompagna elle-même deux enfants à Florence pour qu'ils retrouvent leur mère à la gare afin de rentrer à Vienne.

Les rumeurs se répandirent au sein de la communauté juive à propos de ce départ plus que discutable. Margot Lipton, la secrétaire juive de vingt-quatre ans de Kempner, originaire de Francfort, reçut une lettre de sa sœur, Beate Davidson, qui vivait à Rome depuis peu.

La femme écrivait que les récits de la fermeture de l'école lui avaient donné la nausée[40]. Comment était-il seulement possible de fermer du jour au lendemain ? Était-il vrai qu'on avait abandonné plusieurs enfants en se disant que des membres de la communauté s'occuperaient d'eux ? « L'école avait une responsabilité envers ces enfants mineurs, écrivit-elle. Abandonner ces enfants dans un pays étranger, sans un sou, dans le contexte actuel, est tout simplement scandaleux. » Elle avait entendu dire que Kempner avait donné l'ordre aux enfants de ne pas raconter les circonstances de la fermeture de l'école à leurs parents et qu'il avait insisté pour que sa destination reste un secret. Elle avait entendu dire qu'il avait pris le passeport de quelqu'un comme moyen de pression. Elle avait entendu dire que l'école n'avait pas payé ses dettes. Tous ces actes étaient criminels, affirmait Davidson. Lipton était-elle au courant ?

Davidson reçut très vite une lettre de la part de Kempner et Peiser. Ils lui dirent qu'ils étaient extrêmement vexés que quelqu'un qui les connaissait puisse les accuser ainsi. Ils dénigrèrent ces accusations qu'ils qualifiaient de ragots de *Judenweiber*[41] – de nanas juives – amères et malveillantes.

Ils avaient engagé un avocat italien pour s'occuper de leurs dettes. Ils en avaient laissé derrière eux, car certains parents n'avaient pas payé la totalité des frais de scolarité de leurs enfants.

(Dans une autre lettre qu'on avait apparemment envoyée aux parents, Kempner et Peiser avaient dressé la liste des « mauvais payeurs » qui devaient plus de 3 000 lires à l'école[42].) En outre, tout ça n'était-il pas la faute du gouvernement italien ? Les circonstances ne les avaient-elles pas forcés à abandonner tous leurs meubles ? Comment pouvait-on les « traiter d'escrocs » dans la communauté juive ? Comment pouvait-on oser leur reprocher de s'être enfuis avant que le gouvernement italien ne les jette encore en prison ? « Pensez-vous que nous avions envie qu'ils nous enferment à nouveau après ce qu'il s'est passé en avril et en mai, quand nous et nos femmes avons dû partager nos cellules avec des putains et des criminels durant trois semaines ? Non, chère et honorable Madame, nous n'étions pas encore devenus assez léthargiques, ni masochistes, pour les laisser nous arracher notre liberté ou notre vie, après avoir déjà perdu de grosses sommes d'argent et des biens précieux. »

Quant aux enfants, Kempner et Peiser affirmèrent avoir répété aux parents depuis des mois que l'école avait des ennuis et qu'il leur fallait trouver une nouvelle maison à leur progéniture. Ils avaient sauvé les enfants qu'ils avaient pu sauver.

Dans de nombreux cas, comme l'écrivirent les deux administrateurs dans d'autres lettres à leurs proches, les élèves ne voulaient pas – ou ne pouvaient pas sans se mettre en danger – rejoindre leurs familles en Pologne, en Hongrie ou en Allemagne. « Si nous avions été seuls, nous n'aurions jamais été arrêtés[43] car nous aurions pu nous enfuir, écrivit Kempner à un de ses amis à Paris. Mais l'on ne pouvait pas abandonner tous ces enfants. D'un autre côté, on ne pouvait pas en emmener cent avec nous non plus. Cela aurait coûté énormément d'argent. Certains parents auraient sans doute affirmé que cela n'était pas nécessaire et auraient refusé de payer, car qui arrêterait des enfants ? »

La vie de Kempner était devenue incroyablement compliquée. Il avait peu de raisons de croire que la France serait la « dernière étape de notre pèlerinage terrestre[44] », écrivit-il à un ami, car les démocraties occidentales semblaient « tout ignorer des méthodes du Troisième Reich et de ses amis de l'Axe ».

Il avait dix élèves sous sa responsabilité, plus son épouse, sa belle-mère et sa secrétaire, Margot Lipton.

De surcroît, au bout d'un certain temps, il fut bien obligé d'annoncer à sa femme trois faits foncièrement embarrassants : qu'il avait une liaison avec Lipton, qu'elle était enceinte et que l'enfant était le sien.

Lucian, le fils de quinze ans de Kempner, ne suivit pas son père en France. Le garçon avait passé presque deux ans à l'Istituto Fiorenza. Helene, sa mère, qui n'était pas juive, avait contesté le départ de son fils devant les tribunaux, en arguant que Kempner avait fait sortir leur fils du territoire sans sa permission, mais sa démarche n'aboutit pas.

À la fin de 1937, Kempner s'arrangea pour que son ex-femme puisse passer deux semaines avec Lucian « dans un petit hôtel de la montagne italienne[45] ou un endroit équivalent ». Kempner lui acheta un aller-retour de troisième classe en train. Chaque matin, Helene et Lucian partaient pour de longues promenades, jusqu'au jour où, à la stupéfaction de Kempner, ils ne revinrent pas. Le soir de la Saint-Sylvestre, Helene ramena le garçon avec elle en Allemagne. Lucian affirmera plus tard avoir été enlevé[46], et que les autorités nazies et fascistes avaient aidé sa mère dans son plan. Il n'avait même pas de passeport en règle avec lui à l'époque.

De père juif, Lucian était considéré comme un *Mischling*, un métis. À cette époque, les nazis débattaient encore pour savoir si les *Mischlinge* devaient faire l'objet du même traitement discriminatoire que les juifs ou non. Kempner ne pouvait pas prendre le risque de retourner en Allemagne pour tenter d'obtenir la garde de son fils. Il fit tout de même appel auprès du tribunal en remettant en cause les capacités parentales d'Helene[47]. Il soumit des lettres montrant qu'elle avait par le passé été dépendante à l'alcool et aux antidouleurs, qu'elle avait déjà envisagé le suicide par overdose, qu'elle avait une maladie vénérienne et qu'un médecin lui avait affirmé qu'elle devait changer de vie du tout au tout. Contrairement à son ex-femme, argua Kempner, ses finances à lui étaient stables et il dirigeait une école dans laquelle Lucian aurait pu étudier. Helene répondit que l'école en question était d'« esprit marxiste-bolchevique et sous influence juive » et qu'on y enseignait aux élèves « un comportement anti-allemand[48] ».

La cour trancha en faveur de Kempner, mais on empêcha quand même Lucian de partir. Il lui fut impossible d'obtenir un passeport, raconta-t-il plus tard, et la Gestapo s'assura que sa mère conserve sa garde physique. Elle l'inscrivit à Zinzendofschule, une école privée pour garçons de Königsfeld, dans la Forêt-Noire, en Moravie.

« Ma mère m'a imposé de grandes souffrances, écrivit-il, et les Allemands n'ont rien arrangé[49]. »

Kempner ne pouvait pas faire grand-chose, à part écrire des lettres à son fils resté en Allemagne nazie. « Je me disais que tu avais sans doute complètement oublié que tu avais toujours un père[50] », écrivit-il peu après s'être enfui à Nice. Il assura à Lucian que les choses étaient « plus calmes ici aujourd'hui » et ne mentionna pas un mot de son départ chaotique et de la fermeture soudaine de l'école. « Nous sommes toujours à Nice la belle[51], que tu connais par notre voyage ici l'année dernière, écrivit-il une semaine plus tard. Il fait toujours incroyablement doux et le temps est superbe... As-tu parlé italien avec les employés italiens, ou as-tu tout oublié ? Et tes autres progrès linguistiques en général – le français, l'anglais ? Tu sais qu'il te faut les cultiver, un garçon comme toi avec un père juif et une mère aryenne a particulièrement besoin de maîtriser les langues étrangères ; tu es suffisamment grand pour le savoir et le garder à l'esprit. »

Il ajouta des timbres dans l'enveloppe et demanda à Lucian de lui faire parvenir des photographies. « Écris-moi bientôt, s'il te plaît. »

Rosenberg assis au premier rang à côté de Hitler
lors d'un événement culturel du parti nazi à l'Apollo-Théâtre en 1934.

– 12 –

« J'avais gagné le vieux cœur du parti »

Le 6 septembre 1937, à Nuremberg, la plus allemande des villes allemandes, les cloches de l'église sonnèrent une demi-heure durant pour marquer l'arrivée de Hitler et l'ouverture du Congrès annuel du parti nazi. Loyalement, les membres du parti arrivaient par centaines de milliers, en vue de ce qui promettait d'être le plus grand congrès à ce jour[1] – huit jours de discours et de spectacles, de marches organisées et de défilés militaires redoutables et grandioses.

Hectare après hectare, on avait fait dresser des tentes pour accueillir les militants. Au programme, trois millions et demi de gamelles et une bonne dose de camaraderie, si le temps le permettait. Les hébergements étaient si difficiles à trouver que les représentants des États-Unis et de Grande-Bretagne finirent par dormir dans le train spécialement affrété qui les avait conduits de Berlin jusque-là. Les nazis les plus importants devaient loger à l'hôtel et dîner dans les restaurants les plus réputés, comme le Goldenes Posthorn, ouvert depuis 1498 et dont la spécialité était le *bratwurst*. Il était connu pour avoir été l'établissement préféré du célèbre peintre Albrecht Dürer. De nombreux visiteurs profitèrent de l'occasion pour aller se balader dans le quartier rouge de Nuremberg et tentèrent de forcer le cordon de sécurité mis en place par les SS afin de rendre visite à la centaine de prostituées[2] qui y habitait.

Cette semaine-là, Rosenberg fut bien plus qu'un simple intervenant du Congrès. Il en était l'invité d'honneur. Dix-huit ans après sa première apparition à la réunion habituelle d'un petit groupe d'antisémites de brasserie munichois, on l'ovationnait comme l'homme qui avait mis en place les fondements idéologiques du national-socialisme. Son chef-d'œuvre, le *Mythe*, se tenait déjà à côté de *Mein Kampf* dans le Kongresshall de Nuremberg, l'arène monumentale qui se dressait au milieu des terrains où le rassemblement avait lieu. Une fois terminée, elle serait plus grande que le Colisée de Rome lui-même.

Rosenberg n'avait évidemment aucun moyen de le savoir, mais l'accueil somptueux qu'on lui réserva à Nuremberg cette semaine-là serait le point culminant de sa vie.

Hitler avait choisi Nuremberg comme lieu de rencontre annuelle du parti pour des raisons symboliques. Il voulait exploiter le passé glorieux du pays. Six cents ans plus tôt, ce bastion médiéval avait été l'une des cités les plus riches et les plus importantes d'Europe[3]. Derrière ses remparts épais et ses douves qui s'étendaient sur quatre kilomètres s'élevait une vieille ville dans la plus pure tradition de l'architecture germanique : un paysage merveilleux de pignons gothiques et de portes savamment sculptées, une place du marché traditionnelle, des églises extravagantes et, en haut d'une colline, un château imprenable qui avait un jour accueilli les empereurs du Saint Empire romain germanique. Pour un parti qui revendiquait les traditions du folklore mythique, Nuremberg était le décor idéal. « Il y a peu de villes, déclara le *Völkischer Beobachter* de Rosenberg, dans lesquelles le contraste entre passé et présent s'exprime aussi précisément qu'à Nuremberg – des tourelles, des remparts majestueux et des tours qui témoignent d'une puissance virile et d'un esprit guerrier[4]. »

Les congrès du parti à Nuremberg étaient bien plus que des rassemblements politiques. Il s'agissait de cérémonies mystiques destinées à affirmer la force du mouvement populaire nazi et à nourrir le culte du Führer[5].

Dans les jours qui suivirent, Goebbels dénonça le bolchevisme, les diplomates prirent le thé avec Hitler à son hôtel, la présidente de la Ligue des femmes nationales-socialistes enseigna aux épouses d'Allemagne comment tenir un foyer selon les règles nazies. Le « drapeau du sang », ce drapeau à la croix gammée brandi lors du coup d'État raté de 1923 vint caresser d'autres drapeaux, comme pour les consacrer. Les SS et les SA défilèrent, rang serré après rang serré, dans les étroites rues pavées de Nuremberg, sous les yeux des spectateurs penchés aux fenêtres. Hitler avait pris l'habitude de se tenir sur le balcon de sa chambre à l'hôtel du Deutscher Hof, au-dessus d'une enseigne lumineuse – *HEIL HITLER !* – et de saluer les défilés de troupes ou les foules d'Allemands qui, comme le rapporta Shirer, « levaient les yeux vers lui comme s'il s'était agi du Messie ».

Dans un défilé forçant l'admiration, à l'heure où le monde craignait qu'une guerre n'explose, l'armée allemande exposa fièrement ses toutes nouvelles machines : de l'artillerie motorisée, des voitures blindées, des motos, des tanks, des observateurs aériens, des bombardiers. Des nouveaux chasseurs fendirent le ciel à 500 kilomètres par heure tandis qu'on pointait des fusils antiaériens vers eux dans un simulacre de parade défensive.

Et des centaines de milliers d'hommes nazis, dans ce qui resta l'image la plus marquante de ce congrès, se rassemblèrent sur le Zeppelinfield au garde-à-vous et bien en rang. La scène vint renforcer l'insignifiance absolue de ces hommes en tant qu'individus. Hitler se tint au milieu d'une imposante tribune entourée de 170 pylônes en pierre blanche. Le soir, quand des centaines de projecteurs illuminèrent la scène, on en dirigea certains vers le ciel afin de créer la fameuse « cathédrale de lumière » de l'architecte nazi Albert Speer, dont les rayons pouvaient être vus à plus de 150 kilomètres à l'ouest de Francfort.

Heil, mes hommes ! hurla Hitler.

Heil, mon Führer ! répondaient les masses.

Bien que par intermittence, il plut pour ainsi dire toute la semaine. L'après-midi qui suivit son arrivée en fanfare à Nuremberg, Hitler et son entourage regagnèrent un convoi de Mercedes noires[6] et roulèrent à travers des rues bondées de partisans, jusqu'à la halle Léopold, où allait se tenir la cérémonie d'ouverture. « On pouvait entendre les cris annonçant son arrivée à plus de huit cents mètres, écrivit Frederick Birchall, le correspondant du *New York Times.* Ils s'élevèrent de plus en plus fort, jusqu'à ce qu'il fasse son entrée dans le hall, puis tout se transforma en un refrain frénétique de *Heil !* » La délégation passa la porte, un bloc monolithique de pierre blanche flanqué de vingt grands drapeaux nazis rouges, puis avança dans le hall. Le bâtiment avait été construit à l'image d'une cathédrale, dont l'aile centrale menait à une scène surélevée. Une immense croix gammée était suspendue derrière l'estrade destinée aux intervenants. On apporta des drapeaux sur le devant de la scène. L'atmosphère de la salle devint vite moite, les intervenants suant à grosses gouttes sous les projecteurs.

La mise en scène grandiloquente de ces cérémonies d'ouverture était si émouvante qu'elle toucha même le plus cynique des observateurs de la presse occidentale. William Shirer, le correspondant de CBS Radio à Berlin, écrivit dans son journal qu'il avait assisté à « un spectacle plus que sublime[7], qui avait également quelque chose du mysticisme et de la ferveur religieuse d'une messe de Pâques ou de Noël dans une grande cathédrale gothique ». Pouvait-on vraiment être surpris, s'interrogeait-il, que les Allemands considèrent le moindre mot de Hitler comme parole d'évangile ?

Plus tard ce soir-là, Hitler et Rosenberg se rendirent à l'Opéra, à quelques pas du Deutscher Hof, l'hôtel dans lequel logeait Hitler. Ils y entrèrent au son de « L'entrée des Dieux au Valhalla » de Wagner. Rosenberg fit un discours « contenant de nombreux extraits de ses livres » comme l'écrirait plus tard Birchall dans le *Times*. Puis Goebbels se leva pour faire une annonce : Alfred Rosenberg ferait partie des premiers lauréats du Prix national allemand[8] pour l'art et la science.

« Une sorte de tressaillement tangible[9] » parcourut la salle avant que n'explose une ovation « puissante et unanime », écrivit Rosenberg.

Ce prix venait d'être créé, en protestation contre la décision de la fondation suédoise d'attribuer le prix Nobel de la paix 1936 à Carl von Ossietzky, l'ami pacifiste de Kempner emprisonné par la Gestapo trois ans auparavant. Le comité avait encensé Ossietzky comme un citoyen qui se battait « pour la liberté de pensée, la liberté d'expression et la libre concurrence du monde des idées[10] ». Les nazis étaient outrés. « C'est une erreur grotesque et fatale[11] », déclara l'un d'entre eux au *Times*. Hitler répondit en interdisant aux Allemands d'accepter tout prix Nobel à l'avenir et en créant une distinction rivale propre à la nation. Le prix national allemand entraînait l'attribution d'une récompense de 100 000 marks et d'une épingle somptueuse sertie de diamants, décorée d'une bordure d'aigles et d'un motif or en bas-relief représentant Athéna portant un casque.

« J'ai presque honte, écrivit Rosenberg, de porter une étoile si précieuse[12]. »

« Alfred Rosenberg s'est distingué à travers ses œuvres, car il s'est battu sans relâche pour maintenir la pureté de la vision nationale-socialiste du monde, dit Goebbels au public. Seules les prochaines générations pourront juger adéquoitement à quel point cet homme a influencé la forme spirituelle et mondiale de l'état nazi. Le mouvement national-socialiste, ainsi que tout le peuple allemand, se réjouit grandement[13] que le Führer ait attribué ce prix à l'un de ses plus vieux et plus proches camarades. »

Rosenberg considéra cette récompense comme plus qu'une simple affaire académique, comme la reconnaissance de son « combat acharné contre Rome ». On lui avait dit que le Vatican voyait ce prix comme une gifle reçue par le Saint-Père lui même. « J'ai tenu bon, et même si le Führer a dû officiellement rester sur la réserve, il m'a toujours laissé mener ce combat » écrivit Rosenberg dans son journal, son ego délirant gonflant[14] à chaque phrase. Il était pour lui évident que ses positions – ses affirmations radicales du *Mythe* dont Hitler avait assuré à tout le monde qu'elles n'étaient que les opinions personnelles et privées de Rosenberg – ne faisaient qu'une avec la politique du Reich. Elles n'étaient rien de moins que les « fondements de toute la révolution du Führer ».

Tout le monde fut ému par cette reconnaissance du travail de Rosenberg, ou ce fut du moins l'impression qu'en eut le lauréat. Hitler lui-même avait retenu ses larmes quand il lui avait annoncé la nouvelle quelque temps plus tôt. « Vous seul pouvez recevoir le premier prix du Reich. Vous êtes tout de même l'homme… »

Les amis pleurèrent. Carl Röver, le gouverneur d'Oldenburg et allié proche de Rosenberg, marcha jusqu'à Hitler pour lui dire que c'était le plus beau jour de sa vie. « J'ai su à cet instant que j'avais gagné le cœur originel du parti, écrivit Rosenberg, qui était désormais comme libéré par le grand geste du Führer. »

Par-dessus tout, il tira un grand plaisir du fait que ce fût Goebbels lui-même qui prononce le discours de remise. « Ceci, après avoir fait tout son possible pour m'écarter par toute sorte de chicaneries, ce pourquoi il avait à sa disposition tous les moyens nécessaires, au vu de son contrôle sur tous les organes d'information. » Ceci après avoir dit aux gens que le *Mythe* était condamné à disparaître dans l'obscurité. « Sur cette question comme sur toutes les autres un tant soit peu profondes, ce monsieur s'est trompé, fanfaronna Rosenberg dans son journal. Et le voilà désormais contraint de lire à haute voix que seule une époque ultérieure saisirait véritablement l'importance d'A.R. dans la construction du Reich national-socialiste. »

Rosenberg se délecta de sa célébrité. Le mois qui suivit l'annonce de la récompense, il alla prononcer un discours à Fribourg et fut accueilli par des guirlandes, des drapeaux et des acclamations de foule sur la place publique. Même les églises avaient été décorées. À n'en pas douter, écrivit-il plus tard dans son journal, la ville n'avait jamais rien vu de tel : un « hérétique radical antiromain reçu comme un roi par le peuple[15] » dans la propre ville de l'archevêque.

Pour son quarante-cinquième anniversaire[16], en janvier 1938, Rosenberg reçut Hitler dans sa nouvelle maison de Dahlem, un quartier cossu de Berlin que lui et d'autres dignitaires nazis avaient arraché aux mains de propriétaires juifs. Le Führer apporta avec lui un buste de Dietrich Eckart, l'homme chez qui ils s'étaient connus en 1919. Il offrit également à Rosenberg une photo de lui dans un cadre en argent, avec une inscription qui émut ce dernier comme il ne l'avait jamais été : « À mon vieux compagnon de combat, le très fidèle Alfred Rosenberg, avec mes meilleurs vœux pour son quarante-cinquième anniversaire, amitiés cordiales, Adolf Hitler. »

Goebbels lui avait peut-être remis le prix national, mais la guerre entre Rosenberg et le ministre de la Propagande ne s'était pas calmée pour autant. Depuis 1933, Goebbels était devenu plus influent encore[17]. Ses costumes étaient faits sur mesure, ses fêtes fastueuses. Il avait emménagé dans un palais près de la porte de Brandenburg, et s'était acheté une maison de vacances et un yacht près d'un lac privatif au nord de la capitale. Il contrôlait la presse, la radio, le théâtre et – de loin son média préféré – l'industrie du cinéma. Se plaisant à s'imaginer directeur de studio, Goebbels se mit à demander des changements dans les scripts, à commenter les enregistrements bruts, à se mêler aux stars du cinéma et à séduire les belles actrices. Pendant les jeux Olympiques de 1936, il avait organisé une fête extrêmement coûteuse. Trois mille personnes étaient invitées sur une île spécialement décorée pour l'occasion. On se serait cru dans un film. Arrivant sur la musique de l'orchestre philharmonique de Berlin, les invités traversaient un ponton orné de lanternes. Ils avaient passé la nuit à boire et à danser, et la soirée s'était clôturée sur un spectaculaire feu d'artifice.

Son ennemi juré avait accumulé du pouvoir à revendre. Il contrôlait désormais des milliers de postes, si bien que même ceux qui le haïssaient avaient peur de le défier. « Ils me regardent, se plaignait Rosenberg, tandis que je mène le combat[18]. »

Hitler ne prit lui non plus aucune initiative à l'encontre de Goebbels, malgré les dénonciations insistantes de Rosenberg des « faux pas flagrants » de ce dernier. Rosenberg y trouvait à redire chaque fois que Goebbels faisait quelque chose. Le ministre organisa un spectacle de danse durant les trois jours de célébration du 650e anniversaire de l'université de Heidelberg, une opération de propagande visant à combattre les accusations affirmant que les nazis étaient hostiles aux universitaires. Rosenberg fut outré de voir qu'il y avait non seulement des *czardas* hongrois et des danses polonaises, mais également des Noirs parmi les danseurs. « Des claquettes nègres[19] ! écuma-t-il dans son journal. Nous luttons contre le folklore nègre depuis des années, et les voilà à nos spectacles de danse ! »

Pourquoi, s'interrogeait Rosenberg dans son journal, Goebbels ne faisait-il rien pour enseigner au peuple allemand les fondements des théories nazies concernant les juifs ? Personne ne semblait plus savoir quoi que ce soit des textes importants, tel le *Manuel de la question juive,* de Theodor Fritsch. Rosenberg était d'accord avec ce que lui avait dit l'un de ses compatriotes : « Si cela continue ainsi, nos enfants nous prendront un jour pour des idiots[20] de nous être énervés à ce point à cause des juifs ! » Il craignait que les générations futures ne se rendent pas compte que les nazis avaient contrecarré le complot des juifs visant à détruire l'Allemagne et à contrôler le monde.

Le problème avec Goebbels, se disait Rosenberg, c'est qu'il était bien trop obnubilé par lui-même, trop narcissique, trop occupé à se faire tirer le portrait. C'était un comédien, « un homme qui joue au ministre[21] ». Hitler ne le remarquait peut-être pas, mais les militants nazis, eux, le savaient, à n'en pas douter.

Quand Rosenberg et Goebbels apparurent à une conférence du parti aux environs de cette époque, le public accueillit Goebbels dans un « silence glacial », affirma Rosenberg dans son journal. « Ce fut un anéantissement moral… Le parti et le peuple n'admettent tout simplement pas l'abus scandaleux de l'exécutif à des fins d'autoglorification répugnantes. » Pendant ce temps, le vaniteux Rosenberg affirmait dans son journal que ses propres commentaires avaient été acclamés par une « ovation sans fin ». On le considérait comme l'opposé de Goebbels. « J'ai conquis le cœur du mouvement, c'est une joie immense, compte tenu de ma lutte qui a parfois semblé vaine contre l'empoisonnement du parti par la vanité du Dr G.[22]. »

À la grande joie de Rosenberg, la carrière de Goebbels connut bientôt de grands remous. Cela n'avait rien à voir avec les innombrables accusations de Rosenberg, mais avec le mariage de Goebbels[23].

L'homme avait un faible pour les femmes, et il supplia son épouse Magda de consentir à un mariage libre. Elle refusa. Cependant, quand il apprit en 1936 qu'elle couchait avec un autre dignitaire nazi, Goebbels devint livide – d'autant plus qu'il l'apprit de la bouche de Rosenberg lui-même. Plus tard cette année-là, Goebbels s'éprit d'une actrice tchèque de vingt-deux ans, Lida Baarova, avec qui il entretint une liaison. Ils furent surpris en pleine action par son mari, qui la quitta, et Magda exila Goebbels dans la dépendance de leur résidence commune.

Au bout de deux ans de liaison, Goebbels suggéra un ménage à trois, la solution selon lui à tous leurs malheurs matrimoniaux. Magda courut rendre visite à Emmy Göring pour lui raconter ses problèmes. Hermann Göring organisa un rendez-vous entre Magda et Hitler lui-même, lequel avait été le témoin de Goebbels à son mariage et avait été très proche du couple durant les premières années de leur union. Magda annonça au Führer qu'elle voulait divorcer. Hitler refusa catégoriquement, puis fit appeler Goebbels et lui ordonna de mettre un terme à sa liaison, à moins qu'il ne veuille perdre son poste de ministre. Hitler ne voulait pas d'un scandale parmi ses rangs les plus hauts, même s'il savait qu'il ne pouvait pas non plus se permettre de perdre son ministre de la Propagande, si doué pour la manipulation. Goebbels accepta à contrecœur de rompre avec Baarova. « La vie est si dure et cruelle[24] » se plaignit-il dans son journal. « Mais le devoir vient avant tout. »

Magda ne se calma pas pour autant. En octobre 1938, elle demanda à nouveau la permission de quitter Goebbels, et Hitler dut une fois encore négocier un cessez-le-feu.

À Berlin, les ennemis de Goebbels se disaient qu'il était sans doute condamné. À la fin de 1938, Himmler, le chef des SS, rendit visite à Rosenberg et la conversation dévia sur le ministre de la Propagande. Himmler dit que la Gestapo avait reçu des « douzaines » de plaintes pour agression sexuelle à l'encontre de Goebbels. Il les avait fait parvenir à Hitler en insistant pour qu'il soit renvoyé. Himmler affirma avoir dit au Führer que Goebbels était l'« homme le plus haï en Allemagne à ce jour[25] ». « Nous avons auparavant pesté contre les directeurs généraux juifs, qui forçaient leurs employées à avoir des relations sexuelles avec eux. Désormais, c'est le Dr G. qui s'en charge. » Rosenberg se fit un plaisir de répandre le plus possible ces rumeurs et ces accusations.

Il ne comprenait pas pourquoi Hitler ne se débarrassait pas de son ministre. Celui-ci aurait dû être en prison, et non pas à un poste clé du gouvernement. « Le Dr G., écrivit Rosenberg dans son journal, est moralement isolé au sein du parti, on le méprise. »

Et pourtant, Rosenberg savait parfaitement ce que se disait Goebbels : qu'il éviterait les conséquences, « surmonterait tout ça et l'emporterait quand même sur tous les esprits sains du parti ».

Il avait beau détester l'admettre, il savait que Goebbels avait probablement raison.

Deux mois plus tard, lors d'une réception en l'honneur du corps diplomatique, on entendit Goebbels déclarer que si Hitler n'approuvait pas son mode de vie, il n'aurait pas dû l'introduire dans son cercle le plus proche à l'époque des premiers combats. Il fallait que tout le monde le laisse vivre sa vie privée comme il lui chantait. « Bien que connaissant le caractère minable du Dr G.[26], écrivit Rosenberg à propos de ces commérages, j'avoue avoir été étonné par une telle franchise. »

Si seulement Hitler avait banni Goebbels en 1924, écrivait Rosenberg, quand le jeune écrivain s'était brièvement rebellé contre la direction du Führer. Les nazis se seraient épargné ses méthodes destructives. Il avait construit sa carrière en arrosant de purin ses ennemis ; et maintenant il entachait aussi les partisans loyaux du parti.

« Que l'on continue de tolérer ce caractère purulent, se plaignit Rosenberg, voilà qui causera la décomposition de notre révolution. »

L'affaire Goebbels fut un événement mineur, au sein d'une année capitale[27] durant laquelle Hitler conduisit l'Allemagne, irrémédiablement et résolument, vers une guerre mondiale.

À la fin 1937, il donna l'ordre à ses généraux de se tenir prêts à envahir la Tchécoslovaquie et l'Autriche. Ayant déjà repris le contrôle de la Sarre et de la Rhénanie, il voulait désormais récupérer les terres germanophones de l'Est. Elles formeraient un tampon stratégique et seraient une source de main-d'œuvre et de matières premières pour le Reich. Hitler annonça à l'armée nationale et aux dirigeants étrangers lors d'une réunion en novembre que « le but de la politique allemande était d'assurer et de préserver sa lignée raciale ainsi que de la faire croître. Il s'agissait donc d'une question d'espace[28] ». Ce qui voulait dire lancer l'attaque dès l'année suivante.

Les dirigeants militaires renâclèrent : tenter d'annexer leurs voisins par la force provoquerait à coup sûr une guerre avec la France et l'Angleterre. Bien que l'Allemagne ait passé les dernières années à se réarmer, elle n'était pas encore prête pour une autre guerre contre les grandes puissances de l'Ouest.

Mais Hitler n'eut bientôt plus besoin de s'inquiéter contre ces objections internes. Quand le ministre des Affaires étrangères, Konstantin von Neurath, vestige de l'époque de Hindenburg, fit des annonces alarmistes sur les projets de Hitler, ce dernier décida enfin de le faire remplacer, non pas par Rosenberg, mais par Joachim von Ribbentrop, bien plus malléable.

Puis Hitler profita de deux autres scandales pour se débarrasser de tous les dirigeants clés de l'armée.

Au début de janvier 1938, le maréchal Werner von Blomberg, ministre de la Guerre et commandeur des forces armées, épousa sa secrétaire, Margarethe Gruhn. Il était veuf ; elle avait trente-cinq ans de moins que lui. Tandis que les jeunes mariés s'envolaient vers Capri pour leur lune de miel, des appels anonymes provoquèrent une enquête sur le passé de Gruhn : il se révéla qu'elle avait été prostituée par le passé, et avait posé pour des photographies pornographiques. Göring s'en alla remettre le dossier à Hitler, qui explosa de rage et renvoya le maréchal.

À cette même réunion, Göring montra à Hitler des documents qui compromettaient le général Werner von Fritsch, commandant en chef de l'armée, l'homme le plus susceptible de succéder à Blomberg. Fritsch, selon le dossier monté par la police secrète de Himmler, avait été surpris en plein acte homosexuel et avait payé des années durant certaines personnes afin que l'affaire demeure secrète. « Un ramassis de mensonges nauséabonds ! », hurla Fritsch quand on le confronta à ces accusations. Mais lui aussi se vit contraint de démissionner.

Profitant de l'occasion, Hitler renvoya douze autres généraux, en muta cinquante et un, puis prit personnellement le commandement des forces armées d'Allemagne.

Il se servit aussitôt de l'armée comme d'un instrument d'intimidation diplomatique. Le 12 février 1938, Hitler convoqua Kurt von Schuschnigg, le chancelier d'Autriche, au Berghof. Schuschnigg trouva le Führer dans un état anormalement surexcité[29], proche de la folie. Hitler menaçait d'envahir l'Autriche si le chef du gouvernement ne signait pas un accord donnant rien de moins que tout le contrôle du pays aux nazis. Schuschnigg capitula d'abord, mais, le 9 mars, le chancelier autrichien appela à un référendum sur l'indépendance autrichienne par rapport à l'Allemagne. Hors de lui, Hitler posta ses troupes à la frontière, le gouvernement de Schuschnigg s'effondra, et, le 12 mars, le Führer marcha sur son pays natal en héros conquérant.

En avril, on organisa un référendum dans les deux pays concernant l'annexion de l'Autriche. En Autriche, ceux qui refusaient de voter ou avaient l'intention de voter *non* furent harcelés, battus, forcés de défiler en portant un insigne attestant de leur comportement de traître, parfois même expédiés à l'asile. À la suite de cette campagne d'intimidation et de la manipulation du scrutin, on put affirmer que 99,75 % des Autrichiens[30] voulaient que leur pays rejoigne l'Allemagne.

Encouragé par cette occupation sans effusions de sang, Hitler se concentra alors sur la Tchécoslovaquie, où trois millions d'Allemands vivaient dans la région occidentale connue sous le nom de « Sudètes ». Encouragé par les nazis d'Allemagne, le chef du parti allemand des Sudètes fit pression sur le gouvernement tchèque au début de 1938 afin d'obtenir certaines concessions. Il ne demandait rien de moins que la sécession. Hitler, qui désirait l'entièreté de la Tchéquoslovaquie, ordonna à ses généraux de se tenir prêts pour l'invasion, tout en cherchant une excuse valable qui lui permettrait de lâcher son armée sans provoquer un tollé international.

En mai, il confia à ses généraux en privé que « rien n'arrêterait sa volonté de voir la Tchécoslovaquie rayée de la carte ! ».

En public, il affirmait vouloir simplement intégrer les habitants des Sudètes au Troisième Reich. La Grande-Bretagne et la France ne firent rien pour s'y opposer. Elles préféraient éviter une guerre plutôt que de tenir tête au dictateur, et à Munich, fin septembre, après des semaines de négociations tendues avec un Hitler de plus en plus hors de contrôle, ils reconnurent l'occupation nazie des Sudètes.

« Je crois, déclara le Premier ministre britannique Neville Chamberlain depuis la fenêtre du premier étage du 10, Downing Street, qu'il s'agit de la paix pour notre époque[31]. »

Cinq semaines plus tard, libérés des caprices de l'opinion internationale, les nazis se déchaînèrent contre leur grand ennemi de l'intérieur.

Jusque-là, la campagne contre les juifs se résumait plus à des manœuvres légales qu'à des attaques physiques. En 1938, une série de mesures discriminatoires[32] exclurent encore un peu plus les juifs de l'économie allemande. Ils furent forcés de déclarer tous leurs biens, n'étaient autorisés à retirer que des sommes d'argent limitées, et uniquement avec une autorisation administrative. On exigea qu'une affiche placardée sur les vitrines de leurs magasins mentionne le fait qu'ils étaient possédés par des juifs. On exigea qu'ils portent un prénom juif « reconnaissable ». Si ce n'était pas le cas, ils devaient ajouter à leurs prénoms officiels « Sara » pour les femmes et « Israel » pour les hommes.

Finalement, des lois supplémentaires autorisèrent ouvertement l'usage de la violence contre les juifs. En effet, le 7 novembre 1938, un Polonais du nom de Herschel Grynszpan s'introduisit dans l'ambassade d'Allemagne à Paris et tira sur un diplomate[33]. Il était outré que ses parents aient été déportés d'Allemagne. Deux jours plus tard, quand le diplomate mourut, Goebbels, Hitler et le reste des dirigeants nazis se trouvaient à Munich pour leur célébration annuelle du coup d'État de la brasserie. Ils refusèrent de laisser passer cette opportunité.

Le Führer ordonna des représailles immédiates contre les juifs d'Allemagne : brûler leurs synagogues, détruire leurs biens, arrêter le plus grand nombre d'entre eux logistiquement possible. Mais

– et ceci était fort important – il fallait que cela passe pour une révolte spontanée à l'encontre des juifs de la part d'un peuple en colère.

Goebbels réunit les dirigeants du parti et les informa de la mort du diplomate.

« Camarades, s'exclama-t-il, nous ne pouvons pas laisser cette agression de la juiverie internationale sans riposte. Elle doit être punie[34]. »

Aussitôt, la directive fut relayée par téléphone à travers tout le pays, des dirigeants nationaux aux quartiers généraux de régions aux unités locales des SA et aux bureaux de quartier.

À 23 h 55, le 9 novembre, on envoya un Télex relayant les ordres de Hitler aux chefs de la police. Des attaques contre des propriétés juives allaient avoir lieu de façon imminente. Il ne fallait ni les empêcher ni les arrêter, à moins qu'elles n'impliquent des vols ou l'agression de personnes étrangères.

Les nazis, habillés en civil pour la plupart, envahirent les rues et se lancèrent à l'attaque de plus de mille synagogues à travers le pays. Ils ne s'arrêtèrent pas là. Ils brisèrent les vitrines de magasins juifs en détruisant tout ce qu'ils trouvaient à l'intérieur. Les résidences juives eurent droit au même traitement. À certains endroits, des cimetières juifs furent profanés. Un orphelinat juif fut mis à sac et les enfants se retrouvèrent livrés à eux-mêmes. On ordonna à des juifs de danser en pyjama devant des lieux de culte, tandis que les nazis les arrosaient à la lance à incendie. Des centaines de juifs furent assassinés.

À Oberlustadt – la ville que le grand-père de Henry Mayer, l'archiviste du musée de l'Holocauste, avait fuie en 1937 – les nazis se servirent d'un sarcloir à pommes de terre[35] pour forcer la porte d'entrée de la synagogue. Une foule armée de haches se rua à l'intérieur. Ils tirèrent sur les rouleaux de la Torah de l'Arche sainte et les jetèrent dans la cour pour y mettre le feu ainsi qu'à quelques bancs qu'ils avaient démolis. Certains déroulèrent les parchemins et firent semblant de les réciter en hébreu, tandis que d'autres dansaient autour du bûcher en rugissant et en scandant « Hokuspokus », formule allemande correspondant à notre « abracadabra ». Un des officiers de police du village versa de l'essence sous l'escalier qui menait au chœur, et la synagogue fut bientôt entièrement la proie des flammes. Puis la foule marcha à travers la ville et attaqua les membres de sa petite communauté juive.

Des villageois, dont des enfants des Jeunesses hitlériennes et de la ligue des filles allemandes, s'arrêtèrent devant la maison des cousins de Heinrich, Salomon et Élise Frank, et cassèrent les vitres et les volets à coups de pierres. Les nazis saccagèrent leur maison à coups de hache. Ils démolirent les meubles et la vaisselle, forcèrent la famille à rejoindre la rue où, munis de matraques, ils frappèrent Salomon qui était handicapé.

Jacob Frank, le frère de Salomon, aurait dû être là lui aussi ce jour-là. On célébrait l'anniversaire de son épouse en présence de leurs filles, Irma et Martha. Mais la police était venue le chercher dans la matinée et les femmes étaient désormais toutes seules pour défendre leur maison. Martha ferma la porte au nez des envahisseurs, mais la foule finit par l'enfoncer. Elle y laissa plusieurs dents. Elle se rua à l'intérieur, suivie de près par les villageois en maraude.

Les nazis passèrent la porte, coupèrent les pieds du canapé, tailladèrent les tapisseries et fracassèrent en morceaux les tables et les chaises. Ils arrachèrent les lampes, balancèrent les draps à l'extérieur, vidèrent les fruits et légumes du garde-manger. Les femmes abandonnaient pièce après pièce pour se cacher, terrorisées, avant d'être forcées de fuir. Elles réussirent à atteindre la grange de Salomon, où elles trouvèrent un chariot. Elles y hissèrent Salomon, le poussèrent jusqu'à la gare et s'enfuirent vers la ville de Karlsruhe.

Tous les hommes juifs d'Oberlustadt avaient été arrêtés ce matin-là et tous, à l'exception des plus âgés, furent envoyés à Dachau, le camp de concentration des environs de Munich. Environ 30 000 hommes partirent pour les camps[36] cette semaine-là. À Dachau, on força les nouveaux prisonniers à rester debout dans le froid sans bouger. Quiconque sortait du rang écopait d'une correction sévère. Les nouveaux baraquements n'avaient pas de lits, juste un sol recouvert de paille.

Pendant ce temps à Munich, Goebbels célébrait la nuit qu'on appellerait bientôt *Kristallnacht*, la Nuit de cristal. « Tandis que je roule vers l'hôtel, écrivit-il dans son journal, les fenêtres volent en éclats autour de moi. Bravo ! Bravo[37] ! » Quelques jours plus tard, il affirma au monde entier qu'il s'agissait d'une émeute antisémite spontanée et que les autorités avaient fait tout leur possible pour faire cesser les violences, cette nuit-là.

Dans un retournement cruel caractéristique de la part des nazis, on interdit aux juifs d'être dédommagés par leurs assurances et on les enjoignit à la place de payer une amende, une punition collective pour la mort du diplomate à Paris, que Göring fixa à plus d'un milliard de reichsmarks. Étant la personne responsable du maintien de l'économie allemande, il fut cependant furieux d'apprendre que les actions nazies avaient détruit des produits et des biens dans les magasins juifs, pour une valeur de plusieurs millions de reichsmarks.

« J'aurais préféré, dit-il, que deux cents juifs meurent sous vos coups plutôt que de vous voir détruire autant de biens de valeur[38]. »

Rosenberg reprochait la même chose à cette *Kristallnacht*. Il n'avait aucune compassion pour les juifs qui avaient perdu leurs maisons et leurs synagogues, leur liberté ou leur vie. Cependant, il considérait le pogrom comme un emportement émotionnel excessif et inutile, qui n'aiderait pas foncièrement les nazis à débarrasser l'Allemagne des juifs, leur objectif principal. Il s'inquiétait également du coût financier de la destruction causée par les casseurs et rejetait la faute sur son bouc émissaire habituel.

« Dommages au bien public, presque deux saisons de Secours hivernal, 600 millions ! » écrivit-il dans son journal. Le Secours hivernal était une récolte de fonds annuelle qui fournissait nourriture et vêtements aux pauvres. « C'est nous qui devons payer pour tout ce que G. fait[39]. C'est épouvantable. »

Pour les juifs du Reich, la Nuit de cristal mit un terme à tout espoir de pouvoir rester en Allemagne. Le temps de la patience était révolu. Leurs compatriotes n'allaient pas renverser Hitler et ramener l'ère de la tolérance. Les diatribes de Rosenberg et les discours de Goebbels n'étaient plus des mots creux que l'on pouvait ignorer. Les nazis voulaient que les juifs s'en aillent, et s'ils n'étaient pas disposés à partir d'eux-mêmes, on les chasserait de leurs maisons par la force.

Dans les dix mois qui suivirent, plus de cent mille juifs quittèrent le pays.

Mais il en restait plus du double.

Un cliché de l'Hudson et de l'Empire State Building pris par les Kempner à leur arrivée aux États-Unis à bord du SS *Nieuw Amsterdam* le 1er septembre 1939.

– 13 –

S'échapper

À Nice, les réfugiés de l'Istituto Fiorenza de Kempner passaient leurs journées à chercher des solutions d'exil. Ce fut une période incroyablement décourageante pour tout le monde. Comme le formula l'un d'entre eux, une attitude réaliste, des amis serviables et de la chance[1] étaient les éléments dont tous avaient besoin à cette époque. « Chacun d'entre nous attend en regardant sa montre, jusqu'à ce qu'un ou une puisse partir pour un autre pays », écrivit Walter Hirsch, un professeur qui se retrouva au chômage après la fermeture de l'école. Sa situation était, pour le moment, « supportable ». Les cours particuliers payaient ses cigarettes et de nouvelles semelles pour ses chaussures. Mais il avait peur de l'avenir.

« J'ai connu tant de déceptions, ces derniers temps, écrivit-il, tant de marques de mépris, de méchanceté, d'incompréhension et de rejet, quand je voulais seulement qu'on me comprenne, que je suis devenu cet homme amer et désemparé[2]. »

Le 21 octobre 1938, sept semaines après être arrivés en France avec des visas temporaires, Kempner et sa femme furent officiellement déchus de leur citoyenneté allemande[3]. Ils ne pouvaient plus rentrer à Berlin, mais ne pouvaient pas rester à Nice indéfiniment. Ils se mirent donc à la recherche d'un emploi qui les conduirait aux États-Unis. Kempner contacta des collègues outre-Atlantique au sujet d'un éventuel poste universitaire, et réunit des lettres de recommandation de la part d'amis et de soutiens. Il se présenta comme un expert de l'organisation policière, un conférencier de droit administratif et un écrivain. L'une des recommandations qu'il avait reçues de la part d'un ancien collègue louait « son courage face aux obstacles du national-socialisme[4] ».

Parmi ceux à qui il écrivit se trouvait le doyen de l'école de médecine pour femmes de Pennsylvanie, où sa mère avait brièvement enseigné plusieurs décennies auparavant, avant de rentrer à Berlin pour se marier et travailler avec Robert Koch. Son portrait était toujours accroché aux murs du département de bactériologie. Le doyen le mit en contact avec Stephen Sweeney, le directeur de l'Institut de Droit public de l'université de Pennsylvanie. Sweeney envoya une lettre affirmant qu'il serait ravi d'avoir Kempner à l'institut, mais uniquement s'il acceptait de « venir dans ce pays sans engagement de notre part » et des « honoraires[5] » qui se limitaient à quelques centaines de dollars.

En décembre, Kempner répondit qu'il acceptait l'offre. Le salaire effectif n'avait pas « grande importance », écrivit-il, parce qu'il avait les moyens de subvenir à ses propres besoins pour le moment. Il raconta à un autre de ses correspondants de cette époque qu'il avait « plusieurs centaines de milliers de francs[6] » à son actif, l'équivalent actuel de 100 000 dollars. Ce dont il avait besoin, c'était d'une lettre confirmant que l'institut le paierait. Ainsi, il pourrait demander un visa qui ne tomberait pas sous le coup des quotas d'immigration américains, lesquels limitaient le nombre d'Allemands admis annuellement dans le pays. « Sans ce visa non soumis aux quotas, je serais forcé d'attendre plusieurs années avant de me rendre en Amérique parce que l'immigration allemande est saturée, écrivit Kempner. J'espère vraiment que vous me donnerez une chance[7]. J'attends avec impatience votre réponse. »

Parallèlement, les Kempner demandèrent de l'aide à un ami de la famille, Otto Reinemann, qui avait émigré d'Allemagne à Philadelphie en 1934 et obtenu un poste au tribunal municipal de la ville. Reinemann promit de soutenir le dossier de Kempner à Philadelphie.

En attendant, Kempner évalua ses options. Quitte à choisir, il aurait préféré rester sur la Côte d'Azur plutôt que de déraciner sa vie et déménager aux États-Unis. Entre 1938 et 1939, lui et

Werner Peiser passèrent l'automne et l'hiver à tenter de réouvrir leur école à Nice. Ils demandèrent des aides financières[8] à l'*American Jewish Joint Distribution Committee*, le « Joint », qui levait des fonds pour aider les juifs assiégés en Europe. Grâce à l'aide de Kurt Grossman, un journaliste, ancien secrétaire général de la Ligue allemande pour les droits de l'homme à Berlin avant l'arrivée des nazis au pouvoir, l'école reçut 21 000 francs[9]. Ceci les aida à entretenir les dix élèves qui avaient fui d'Italie avec eux.

On trouvait encore de nombreux parents juifs en Allemagne, en Pologne, en Tchécoslovaquie, en Autriche et en Italie, heureux de pouvoir envoyer à Nice leurs enfants en danger, à quelque coût que ce fût. Seulement, la plupart de ces enfants ne pouvaient pas obtenir de visas, car en France la moindre démarche administrative prenait des mois[10]. Kempner écrivit à la Ligue des droits de l'homme de Paris pour lui demander de l'aide dans l'obtention des visas pour « ces enfants malchanceux, dont les parents sont souvent en camps de concentration ou bien torturés de façon horrible[11] ».

Une fois établi qu'obtenir des visas serait difficile, voire impossible, Kempner et Peiser tentèrent de recruter des enfants qui s'étaient déjà réfugiés en France. Ils passèrent des annonces dans les journaux français et suisses. Et quand, en décembre 1938, le ministre des Affaires étrangères, Georges Bonnet, proposa que la France mette en place une organisation pour s'occuper des orphelins juifs allemands, Kempner pressa Grossman de parler de son école au comité en charge du programme. « Agissez, écrivit-il, et la récompense suivra à coup sûr[12] ! » Kempner interrogea également Emil Gumbel, un professeur pacifiste qui avait émigré à Lyon et dirigeait désormais un comité d'aide aux réfugiés, sur d'éventuelles pistes. Gumbel l'avertit que personne ne lui donnerait de l'argent pour enseigner et loger des enfants[13]. Loin d'être découragé, Kempner écrivit aux comités de réfugiés de France et de Grande-Bretagne[14], offrant les services de son école pour 600 francs par mois, l'équivalent de 350 dollars aujourd'hui. Kempner expliqua à l'Alliance israélite, une organisation juive, qu'il y avait de nombreux juifs aisés à Nice – certains y ayant émigré, d'autres des visiteurs provenant des États-Unis ou d'Angleterre – que l'on pouvait sans doute encourager à faire don de sommes importantes pour l'éducation des enfants réfugiés.

Tandis que les administrateurs faisaient campagne pour les élèves, des activistes de Grande-Bretagne, eux, travaillaient à l'organisation de *Kindertransport* (littéralement « transport d'enfants »), une opération visant à sauver de jeunes continentaux du péril nazi. Mais le ton des lettres de Kempner suggérait qu'il était plus intéressé par le fait de gagner sa vie que celui d'aider à résoudre une crise humanitaire imminente, et une fois que des possibilités d'emplois à l'étranger parurent se concrétiser au début de 1939, Kempner abandonna vite sa campagne de réouverture du pensionnat. À la place, il se mit à la recherche de quelqu'un qui prendrait la responsabilité des élèves qui avaient fui avec lui depuis Bordighera. « Cela vous intéresserait-il de prendre la tête d'une petite pension qui compte dix élèves juifs[15] de différents pays, et qui offre pour le moment une existence confortable et semble pleine d'avenir[16] ? écrivit-il à un collègue à Paris. Le Dr Peiser et moi-même attendons des contrats d'Amérique. »

Au printemps 1939, tandis que Kempner continuait de chercher une issue, les pays voisins de l'Allemagne tombaient les uns après les autres et la guerre menaçait à l'horizon.

D'abord, les manœuvres politiques des nazis conduisirent les Slovaques à quitter la Tchécoslovaquie et à se placer sous la protection des Allemands. Puis, les Tchèques eux-mêmes cédèrent[17] après une réunion en pleine nuit entre Hitler et le président Emil Hácha, durant laquelle le dirigeant allemand annonça que l'armée avait déjà commencé à envahir le pays et que la Luftwaffe contrôlerait tous les aéroports tchèques dans quelques heures. Le dictateur donna à Hacha le choix entre deux options : se rendre ou faire face à des conséquences sanglantes. Sous la pression, le dirigeant tchèque s'évanouit, revint à lui après que le médecin de Hitler lui eut injecté des médicaments, puis signa l'abandon de son pays aux Allemands. Ce soir-là, le 15 mars 1939, Hitler dormit au château de Hradèany à Prague, depuis lequel les rois, les empereurs et les présidents de la nation avaient régné.

Ensuite, Hitler commença à inquiéter la Pologne[18]. Son grand objectif était de dessiner un « Lebensraum », un « espace vital » pour les Allemands, et son voisin de l'Est allait devoir faire de la place. Cette fois encore, il avait un prétexte tout trouvé pour une invasion. À l'issue de la Première Guerre mondiale, on avait attribué à la Pologne un « couloir » rejoignant la mer Baltique et coupant l'État allemand de la Prusse en deux. La Prusse-Orientale était donc désormais un îlot isolé entouré par la Pologne, la Lituanie et la mer Baltique. À la même époque, la ville majoritairement allemande de Dantzig – désormais devenue Gdansk en Pologne – fut déclarée « ville libre » et sous la protection de la Société des nations.

Les nazis considéraient l'intégralité de cet arrangement comme « intolérable ». Ils exigèrent que la Pologne leur restitue Dantzig et autorise les Allemands à construire une autoroute et un chemin de fer vers la Prusse-Orientale. Les Polonais refusèrent, et quand Chamberlain annonça le 31 mars que les Britanniques allaient garantir la souveraineté polonaise, Hitler explosa de colère.

« Je vais leur cuisiner un ragoût avec lequel ils vont s'étouffer ! » pesta Hitler en privé. Il ordonna à l'armée de se préparer à une guerre pour écraser la Pologne.

Trois semaines plus tard, le 28 avril 1939, Hitler intervint au Reichstag pour répondre au télégramme de Franklin D. Roosevelt, dans lequel le président américain lui demandait de déclarer aux pays voisins qu'il ne les attaquerait pas. Lors d'un discours mondialement retransmis, le Führer insista sur les intentions pacifiques de l'Allemagne. Il n'avait aucun projet de guerre contre aucune nation. « J'ai rendu au Reich les provinces que l'on nous avait volées en 1919, gronda Hitler. J'ai guidé vers leur terre natale des millions d'Allemands qu'on nous avait arrachés et qui étaient misérables… et ce, monsieur Roosevelt, sans faire couler le sang et sans conduire mon peuple – et donc les autres – vers la misère d'une guerre. »

Voilà ce qu'il affirma. Mais tout cela était sur le point de changer. Hitler passa l'été de 1939 à poser les fondations d'une innovation en matière de guerre, le *Blitzkrieg*.

Le poste universitaire de Kempner aux États-Unis ne s'était toujours pas concrétisé à la fin du printemps 1939. Au mois de mai, Kempner écrivit à Sweeney à l'université de Pennsylvanie pour lui annoncer qu'il était dans une situation désespérée : son visa de transit en France était sur le point d'expirer. « Je vais être confronté à d'immenses problèmes si je ne peux pas me rendre très bientôt aux États-Unis[19]. » Sweeney reçut également, au nom de Kempner, des lettres de Peiser qui avait émigré au mois de mai après avoir obtenu un poste d'enseignant à Atlanta ; ainsi que du frère de Kempner, Walter, qui enseignait à l'université Duke, en Caroline du Nord.

Robert Kempner écrivit également à Reinemann pour lui demander à nouveau son aide. Ils ne pouvaient plus attendre très longtemps. Les autorités avaient donné du fil à retordre à Kempner quand il avait demandé une courte extension de leurs visas, et il ne l'avait obtenue que parce que Ruth venait de se faire opérer de l'appendicite et devait rester à l'hôpital durant douze semaines.

Le problème, c'était que Sweeney proposait à Kempner très peu d'argent, à peine une centaine de dollars. Or, pour pouvoir demander un visa non soumis aux quotas, Kempner devait apporter la preuve que l'institut lui paierait un salaire suffisant pour vivre, au moins 200 dollars par mois sur une période de deux ans.

Pour contourner cette obligation, Kempner eut recours à une ruse financière. Si l'institut acceptait d'augmenter son offre de salaire sur le papier, écrivit-il à Sweeney en mai, « des amis à moi[20] » pouvaient ensuite « verser la différence » pour rembourser l'université. À dire vrai, Kempner avait l'intention de payer la majeure partie de son « salaire » d'avance en virant ses propres fonds à un tiers, qui en ferait ensuite don à l'université. Sweeney se déclara prêt à accepter cet arrangement peu orthodoxe et Kempner se mit à la recherche d'un tiers, un « administrateur » pour s'occuper de la transaction. Reinemann, son ami, contacta à nouveau la doyenne de l'école de médecine pour femmes, mais elle fit marche arrière. Si elle devait faire une faveur à quelqu'un, elle préférait que ce soit pour une femme.

Ils se tournèrent alors vers Wilbur Thomas[21], dont la Fondation Carl Schurz travaillait à la consolidation des relations entre Allemands et Américains. Ce dernier accepta de leur venir en aide et, le 9 juin, Reinemann envoya un télégramme à Kempner à Nice pour lui dire que toutes les parties s'étaient mises d'accord et qu'il pouvait virer l'argent.

Le matin suivant, Kempner fit partir un télégramme à Philadelphie : VIREMENT PARTI, MILLE MERCIS[22].

Reinmann répondit que le contrat était en route. « Nous recevons, par la présente, l'opportunité de commencer une nouvelle ère de notre vie[23] », répondit Kempner, en remerciant son ami d'avoir insisté à ce point en son nom. Le contrat arriva le 20 juin. Le lendemain, les Kempner remplirent les papiers administratifs du consulat. Pour être sûrs que tout se passe bien, Kempner avait dressé une liste tapuscrite des points à évoquer en anglais. « Comment allez-vous ? pouvait-on lire. J'ai été nommé à l'université de Philadelphie et je vous prie de me donner un visa non soumis aux quotas. J'ai tous mes papiers avec moi et je pense que tout est en ordre[24]. »

Cinq jours plus tard, ils reçurent leurs papiers, ceux de la mère de Ruth et ceux de Margot Lipton, la maîtresse de Kempner, et envoyèrent à leur ami d'Amérique des lettres débordantes de joie et d'angoisse, les questions existentielles laissant place à d'autres, plus pratiques.

Pouvait-on se servir d'un poste de radio européen aux États-Unis ? Pouvait-il leur recommander un hôtel jusqu'à ce qu'ils trouvent un appartement ?

Combien coûterait un quatre pièces dans un beau quartier de Philadelphie ? Aurait-il un balcon ?

Ils avaient dû abandonner leurs meubles à Florence : pourraient-ils en louer ?

Reinemann voulait-il qu'on lui apporte quoi que ce soit d'Europe ?

Mais ces jours d'euphorie n'étaient pas dénués d'ombre. Une certaine amertume régnait et limitait leur humeur festive. Au cours du voyage sinueux qui le conduisait de Berlin à Philadelphie, Kempner était en train de subir une véritable métamorphose : d'un fonctionnaire senior, prospère et plein de relations, il devenait un chercheur assistant immigré et inconnu. Il avait déjà perdu son travail, sa maison d'enfance, ses meubles et la majeure partie de ses économies. Les nazis lui avaient pour ainsi dire tout pris, à part sa vie.

Et ce jour-là, alors qu'il fuyait pour la dernière fois, Kempner laissa derrière lui bien plus encore : ses fils.

Au mois de mars, sa maîtresse, Margot Lipton, avait donné naissance à André. Dans l'incapacité d'obtenir un visa pour le nourrisson, ils décidèrent de le confier à une nourrice niçoise en espérant que tout se passerait bien[25]. Pendant ce temps, Lucian était toujours coincé en Allemagne et courait encore un grand danger, comme le savait son père. Les *Mischlinge*, les juifs de sang mêlé, ne tombaient pas sous la coupe des lois de Nuremberg, mais comme l'écrivait un ami de Kempner en 1938, « à long terme, le demi-juif n'a aucun avenir dans le Troisième Reich[26] ».

En juillet 1939, peu après avoir reçu ses visas, Kempner envoya une lettre résignée à son fils en Allemagne.

« Cher Lucian[27], écrivit-il, tu fêtes tes seize ans aujourd'hui et je tiens à te faire part de mes meilleurs veux pour ton anniversaire. Mais je te souhaite surtout d'avoir la chance de vivre un jour à nouveau dans un pays libre, comme un homme libre et égal aux autres, où tu pourras travailler où bon te semble sans faire l'objet de restrictions du fait de ta race ou de ta religion. Mon vœu deviendra un jour réalité, j'en suis certain, et je serai heureux de te revoir, mon fils. La réalisation de ce vœu-là est bien plus importante à l'échelle d'une vie que tous les petits vœux matériels que je ne peux, malgré mon envie, me permettre de réaliser à cet instant puisque, comme tu le sais, j'ai été pillé par le Troisième Reich comme d'autres non-Aryens ou *persona non grata* sur le plan politique. Je ne sais pas où tu fêteras ton anniversaire cette année, ni si cette lettre sera interceptée par des voyous, mais tout ça n'a aucune importance. Je suis toujours avec toi en pensée, mes pensées et mes sentiments pour toi restent intacts malgré tout ce que l'on a pu me faire subir. N'oublie jamais que je mène ce combat parce que je t'aime, et non pas pour des motifs égoïstes, mais parce ton père sait – mieux que tous ceux qui ont décidé de te laisser croupir au fond du Troisième Reich – ce que cela signifie d'être un juif, un non-Aryen, un *Mischling.* »

Vers la fin du mois d'août, Kempner et son entourage rejoignirent le port de Boulogne-sur-Mer au bord de la Manche, et embarquèrent sur le vaisseau amiral de la compagnie Holland-America Line, le *S.S. Nieuw Amsterdam*[28], un croiseur rapide et luxueux mis en service l'année précédente. Le navire prit la direction de l'Amérique, ses deux cheminées aux rayures vert et or crachant une vapeur brune. Kempner n'avait pas la moindre idée de quand – ou même si – il reverrait un jour ses garçons.

Une semaine plus tard, le bateau entra dans le port de New York et s'amarra sans difficulté au ponton de la 5e rue à Hoboken. Le terminal était rempli d'Américains venus accueillir leurs familles et leurs amis en agitant la main et en applaudissant. Les Kempner récupérèrent leurs bagages, débarquèrent et prirent un bus pour traverser l'Hudson River jusqu'à Manhattan. Trois ans après avoir quitté Berlin, ils étaient enfin en sécurité.

On était le 1er septembre 1939. Le même jour, Adolf Hitler lança ses troupes à travers l'Europe, démarrant ainsi la guerre la plus meurtrière que le monde ait jamais connue.

EN GUERRE

1939-1946

Rosenberg, le jour de son quarante-cinquième anniversaire, accueillant Hitler dans sa résidence de Dalhem à Berlin.

– 14 –

Le fardeau de l'avenir

Il ne l'avait pas vu venir. Alfred Rosenberg apprit la nouvelle stupéfiante à la radio en même temps que le reste du peuple allemand, un peu avant minuit, le 21 août 1939 : son Führer adoré avait fait la paix avec son pire ennemi, l'Union soviétique. Hitler envoyait à Moscou une délégation menée par Joachim von Ribbentrop, le ministre des Affaires étrangères, pour finaliser les détails d'un pacte de non-agression.

Cette simple idée – l'abject Ribbentrop trinquant à la vodka avec Joseph Staline au Kremlin – lui était insupportable.

Pas un membre du Troisième Reich ne fut probablement plus bouleversé d'apprendre la signature de ce pacte que Rosenberg. Il avait passé les vingt dernières années à tirer la sonnette d'alarme contre les communistes et leur « syndicat du crime juif[1] ». C'était l'œuvre de toute sa vie. C'était, et serait toujours, le centre de toute sa pensée politique. Qu'était-il censé faire désormais ? Avaler la pilule et rentrer dans le rang ?

Il ne pouvait pas vraiment s'agir du Hitler qui avait écrit *Mein Kampf*, celui qui avait écrit que l'espace vital des Allemands ne pourrait se réaliser qu'aux dépens de l'Union soviétique et de ses territoires, celui qui avait juré d'exterminer la menace soviétique à l'Est. Il ne pouvait pas s'agir de l'homme qui avait raillé l'idée d'une alliance avec les bolcheviques : « N'oubliez jamais que les dirigeants de la Russie actuelle ne sont que des criminels couverts de sang ; qu'ils sont la pourriture de l'humanité qui, profitant des circonstances, renversèrent un grand État[2] ». Il ne pouvait sûrement pas s'agir de l'homme qui avait émis cet avertissement si important : « La bataille contre la bolchevisation du monde juif nécessite une attitude claire envers la Russie soviétique. On ne peut chasser le Diable avec Belzébuth[3]. » Il ne pouvait pas s'agir de l'homme qui lui avait dit, à peine quelques années auparavant, que les nazis ne trouveraient jamais de terrain d'entente avec les Soviets, ce ramassis de bandits, « parce qu'il était impossible d'interdire au peuple allemand de voler tout en restant l'ami des voleurs ».

En envoyant Ribbentrop trouver un accord avec Moscou, les nazis souffraient d'« une atteinte à notre dignité morale[4], compte tenu de notre combat depuis vingt ans, écrivit un Rosenberg en colère dans son journal. L'histoire dira peut-être un jour si ce qui se passe était inéluctable ». Il ne pouvait qu'espérer qu'il s'agisse en réalité d'une autre manipulation stratégique et brillante de la part de Hitler, une alliance temporaire de nécessité. Puis l'Allemagne reviendrait au plan à long terme qu'avait toujours envisagé Rosenberg, et qui consistait non pas à devenir l'ami des communistes, mais à les anéantir. Il avait besoin de parler à Hitler. Il avait besoin de comprendre ce qu'il s'était passé.

L'idée du pacte avait découlé du projet de Hitler d'envahir la Pologne. Tandis que ses généraux mettaient en place une stratégie militaire, le Führer cherchait à tracer un chemin diplomatique. Il ne voulait pas se lancer dans une guerre à l'ouest contre la Grande-Bretagne – pas encore – et il ne pouvait pas se permettre la moindre confrontation avec l'Union soviétique à l'est.

Ses soucis géopolitiques à l'esprit, Hitler consulta son ministre des Affaires étrangères. De l'avis de tout le monde, *sauf* du dictateur allemand, Ribbentrop manquait cruellement du bon sens diplomatique et de l'expertise politique nécessaires à la gestion de questions comme celles-ci. Même Rosenberg, qui n'était certainement pas connu pour son tact, était capable de le voir. « Le fait qu'il soit son propre pire ennemi, de par sa vanité et son arrogance… n'est un secret pour personne[5], écrivit-il en 1936. Je lui ai parlé dans mes lettres de son comportement depuis qu'il considère que le soleil l'illumine. »

Ribbentrop venait d'un milieu cultivé[6]. Après le décès de sa mère, son père avait épousé la fille d'un aristocrate. Bien que n'étant pas noble lui-même, il réussit, une fois adulte, à obtenir le droit d'utiliser la particule « von » devant son nom, mais seulement parce qu'il avait payé un parent éloigné pour que ce dernier l'adopte. Ribbentrop avait grandi en jouant du violon et en faisant du tennis, passé une partie de son adolescence dans les Alpes suisses, étudié à Londres pendant un an puis, à dix-sept ans, avait navigué avec des amis jusqu'au Canada, où il passa les quatre années suivantes à tomber amoureux d'une femme et à monter une affaire d'importation de vin.

La Première Guerre mondiale le fit rentrer en Allemagne. Repartant à zéro après l'armistice, il avait ouvert un commerce de vins et de liqueurs qui fonctionnait plutôt bien, et était devenu un homme riche. En 1932, il rejoignit le parti nazi et se retrouva à négocier l'accord[7] qui allait permettre à Hitler de prendre les rênes du pouvoir. Ribbentrop avait servi à Constantinople pendant la guerre, au côté de Franz von Papen, qui devint chancelier en 1932 et qui, durant ces semaines fatidiques de janvier 1933, avait l'oreille de Hindenburg. Ribbentrop passa le mois à aller et venir entre von Papen et Hitler, tandis que les deux hommes négociaient le partage du pouvoir. Des réunions secrètes déterminantes se tenaient dans sa villa dans un quartier chic de Berlin, von Papen arrivait en général dans la limousine de Ribbentrop, tandis que Hitler passait discrètement par le jardin. « Le fait qu'il ait agi en intermédiaire en 1932 était très important pour le Führer » écrivit plus tard Rosenberg « et il se sent extrêmement redevable envers Ribbentrop[8] ».

La première fois qu'il discuta avec le futur Führer, lors d'une soirée qu'il avait organisée en 1932, les deux hommes parlèrent longuement de la Grande-Bretagne. Ribbentrop n'avait vécu que brièvement à Londres, mais la conversation avait dû rester gravée dans l'esprit de Hitler, parce qu'à partir de ce jour, il considéra – à tort – le marchand de vin comme un expert de l'Empire britannique. « C'est la concordance de nos points de vue sur l'Angleterre, se souvint Ribbentrop, qui, dès le premier soir de notre rencontre, créa un lien de confiance entre Hitler et moi-même[9]. »

Au début du Troisième Reich, Ribbentrop se servit de son statut de dignitaire nazi pour organiser des rencontres avec des représentants britanniques et français. Hitler n'en eut jamais conscience, mais la plupart des diplomates internationaux considéraient Ribbentrop comme un médiocre sans envergure. Il n'avait aucune idée du protocole propre aux relations internationales, il était maladroit et fourbe dans ses négociations, et il réussissait le tour de force d'être à la fois ignorant et arrogant. Rien de tout cela n'arrêta Hitler, il confia au diplomate son propre bureau des Affaires étrangères, le *Büro Ribbentrop*[10], et l'envoya à Londres pour négocier un traité naval avec les Britanniques. À la stupéfaction de la plupart de ses ennemis, Rosenberg inclus, Ribbentrop réussit sa mission et, en 1936, Hitler le fit nommer ambassadeur d'Allemagne en Angleterre.

Mais alors que Ribbentrop s'activait à tenter de renouer les liens entre les deux nations, les Britanniques rejetèrent systématiquement ses tentatives maladroites et le qualifièrent de « Monsieur von Brickendrop » – qui fait tomber les briques – et de « von Ribbensnob ».

Hitler était très impressionné qu'il semblât connaître toutes les figures importantes de la politique britannique. Ce à quoi Göring répondit : « Oui, mais le problème c'est qu'eux connaissent aussi Ribbentrop[11]. »

À défaut de conquérir les Anglais, Ribbentrop décida de s'opposer résolument à eux.

Tout cela n'empêcha pas Hitler de le nommer ministre des Affaires étrangères en 1938, et de l'écouter un an plus tard quand il lui affirma qu'il ne fallait pas s'inquiéter de la réaction de l'Angleterre face à l'invasion de la Pologne. Tout comme ils avaient fermé les yeux pour la Tchécoslovaquie, promit-il, les Britanniques ne partiraient pas en guerre[12] pour la Pologne.

Hitler suivit ce conseil dangereusement erroné, et se mit en quête d'un allié à l'est.

Au printemps 1939, tout le monde savait que l'Angleterre et la France étaient en train de négocier une coalition avec les Soviets pour empêcher une attaque de la Pologne par les nazis. Hitler, après avoir fulminé contre l'Union soviétique pendant des années, devait désormais affronter des ennemis puissants à l'ouest, alors qu'il s'apprêtait à faire feu. Ses diplomates et lui étaient prêts à tout pour ranger Staline de leur côté. Ainsi, la date fatidique de l'invasion prévue par Hitler approchant – le 1er septembre, suffisamment tôt pour éviter les boues d'automne – les nazis agirent aussi vite que possible pour parvenir à un accord[13].

Staline, se méfiant des démocraties occidentales et aussi froidement pragmatique que Hitler, semblait prédisposé à un accord avec les nazis. En faisant alliance avec l'Angleterre et la France, il craignait de n'obtenir rien d'autre qu'une guerre mondiale, dont les coûts incomberaient de façon disproportionnée à son pays, puisqu'il était l'unique rempart possible sur un interminable front de l'Est.

Les mois de discussions et de télégrammes[14] entre l'Allemagne et l'Union soviétique se conclurent le 20 août, quand Hitler écrivit à Staline qu'il voulait finaliser le pacte « le plus tôt possible » car la « crise » en Pologne, pouvait exploser d'un jour à l'autre. « La tension entre l'Allemagne et la Pologne, écrivit-il, est devenue insupportable. »

À 21 h 35 le jour suivant, Staline donna son accord par télégramme. « L'accord du gouvernement allemand à la conclusion d'un pacte de non-agression, écrivit-il, fournira les fondements qui permettront d'éliminer la tension politique et d'établir la paix et la collaboration entre nos deux pays. »

La nouvelle fut immédiatement relayée par la radio allemande et, deux jours plus tard, Ribbentrop s'envola pour Moscou[15] afin de discuter les détails du traité.

Il passa trois heures avec les Soviets cet après-midi-là puis les retrouva dans la soirée. Il n'y eut à vrai dire aucun désaccord concret, même quand on aborda la question du codicille secret qui distribuait d'avance les terres entre les deux pays. Les Soviets auraient les pays baltes jusqu'au nord de la Lituanie et on se partagerait la Pologne selon ses principaux fleuves. On passa d'ailleurs la majeure partie de la soirée, non pas à discuter de détails techniques, mais à s'échanger des opinions sur les affaires internationales et à se saluer mutuellement à coup d'accolades chaleureuses et de toasts répétés. « Je sais à quel point la nation allemande aime son Führer, dit Staline quand ce fut son tour. J'aimerais donc boire à sa santé. » Puis l'on but à la santé de Staline, puis à celle de Ribbentrop, du Reich et de leur nouvelle amitié.

Au petit matin, avant qu'ils ne se séparent, Staline prit Ribbentrop à part pour lui dire combien il prenait au sérieux leur nouveau pacte. Il jura sur son honneur qu'il ne serait pas celui qui le briserait.

Rosenberg, l'anticommuniste le plus engagé du Troisième Reich, n'avait bien évidemment pas été tenu au courant des négociations ayant conduit au pacte. Pendant tout ce temps, il avait espéré que l'Allemagne arriverait à un accord de partage de puissance avec l'Angleterre. Les deux nations aryennes étaient faites pour agir ensemble, et non pour se faire la guerre. Les deux pays devaient se tenir la main pour devenir les maîtres du monde. Mais cela ne se ferait finalement pas et il rejetait amèrement la faute sur Ribbentrop – cette « plaisanterie de l'histoire du monde[16] », comme il l'appelait, pour avoir malmené les négociations avec Londres. En Angleterre, Ribbentrop n'avait rien fait pour améliorer les relations avec l'Allemagne, il avait fait exactement l'inverse. « A Londres même, v. R., qui avait tout de même été envoyé là-bas parce qu'il y avait soi-disant des "contacts", n'avait inspiré que le dédain » écrivait Rosenberg dans son journal. « Sans aucun doute cela était-il dû à son propre caractère ». Rosenberg avait apparemment oublié sa propre visite de courtoisie en Angleterre quelques années auparavant.

Rosenberg se souvint d'avoir dit à Göring plus tôt, cette année-là : « J'ai la conviction qu'il s'est comporté en Angleterre de manière aussi stupide et arrogante qu'ici, et qu'il a donc fait l'objet d'un rejet tout aussi puissant que chez nous. »

Le ministre des Affaires étrangères n'avait véritablement qu'un seul ami en Allemagne, avait répondu Göring, et il s'agissait de Hitler : « Von Ribbentrop est-il un fou ou un idiot[17] ? »

« Un véritable idiot », marmonna Rosenberg « avec son arrogance habituelle ».

« Il nous a trompé avec ses "contacts". Quand on y regarde de plus près, les comtes français et les aristocrates anglais [qu'il connaît] sont tous propriétaires de productions de champagnes, de whiskey et de cognac. Désormais, l'idiot se sent obligé de jouer les "chanceliers de fer" partout où il va, dit Göring. Cependant, un imbécile de ce genre finit par se saborder lui-même petit à petit, sauf qu'il peut provoquer des dégâts terribles. »

Et voilà que ces dégâts étaient avérés : le pacte de Moscou. La loyauté de Rosenberg envers Hitler entrait en conflit avec sa certitude que le Führer avait commis une erreur aux conséquences désastreuses. Rosenberg pouvait comprendre une alliance temporaire, il affirmait avoir même un jour évoqué cet arrangement fourbe avec Göring. Mais ce pacte n'avait en rien l'air temporaire. Les journaux déclaraient que les Allemands et les Russes étaient des amis et alliés de longue date. « Comme si notre combat contre Moscou était un malentendu, et que les bolcheviques étaient les véritables Russes, avec tous ces juifs soviétiques à leur tête ! Cette petite accolade est plus qu'embarrassante. »

Rosenberg, toujours prêt à s'incliner devant la sagesse de son héros, tenta de se convaincre que Hitler n'avait eu d'autre choix que de parvenir à un accord avec les Soviets avant l'Angleterre et la France. Il s'était agi d'une question d'autoprotection. « Le changement de stratégie du Führer, admit-il dans son journal, était probablement nécessaire dans cette situation précise. » Mais il n'arrivait pas à se défaire du sentiment que Hitler avait pris un risque majeur.

« J'ai le sentiment que l'on paiera tôt ou tard ce pacte de Moscou[18], écrivit-il dans son journal. Ce ne fut pas une démarche librement consentie, mais plutôt un acte forcé par la contrainte – une *supplication* au nom d'une révolution au chef d'une autre révolution... Comment peut-on encore parler de sauver l'Europe et de lui donner une forme, quand nous devons demander de l'aide à celui-là même qui la détruit ? »

« Et aujourd'hui, la question se pose une nouvelle fois : cette situation devait-elle nécessairement arriver ? Le problème polonais devait-il être résolu maintenant, et de cette façon ? »

Personne, pensait-il, n'avait de réponses à ces questions.

« Ne laissez aucune pitié envahir vos cœurs ! » dit Hitler à ses chefs militaires, neuf jours avant d'envoyer ses armées en guerre contre la Pologne. « Soyez brutaux !... Soyez durs et impitoyables ! Restez de marbre face à tout signe de compassion ! »

Il ne voulait pas que ses armées se contentent de vaincre les forces polonaises, il exigeait « l'anéantissement physique de l'ennemi[19]... j'ai envoyé ma formation Tête de mort avec l'ordre de tuer hommes, femmes et enfants d'origine et de langue polonaise, sans pitié et sans remords ».

La sauvagerie de Hitler se fondait, comme toujours, sur un préjugé racial : tous les Allemands apprenaient dès leur plus jeune âge que les Polonais étaient un peuple tapageur et primitif qui méritait d'être gouverné par des maîtres puissants. En outre, la réalité géographique jouait également son rôle : la Pologne était un obstacle à l'expansion de l'Allemagne vers l'est, et les dirigeants de Varsovie avaient provoqué la colère de Hitler en lui refusant des concessions territoriales malgré ses demandes répétées.

Donc, le 1er septembre, les Allemands forcèrent les frontières[20] nord, sud et ouest : un million et demi d'hommes, trois cent mille chevaux tirant artillerie et matériel, mille cinq cents chars et des centaines de nouveaux avions de la Luftwaffe. Contre cette *Blitzkrieg*, littéralement cette « guerre éclair », les Polonais n'avaient aucune chance. Leurs lignes furent mitraillées par les soldats et brisées par les divisions de blindés. Leur force aérienne fut décimée. Leurs villes furent écrasées. Les civils s'enfuirent par milliers, en voiture et en train, à vélo et à pied. Ils partirent vers l'est, où leur fuite fut interrompue par les Soviets. Cent vingt mille soldats polonais perdirent la vie lors des combats, dix pour chaque Allemand tué. Un million d'hommes furent emprisonnés.

Vingt ans après la capitulation qui avait donné naissance aux nazis, les Allemands avaient construit la machine de guerre la plus redoutée au monde. « L'armée d'aujourd'hui est incomparable avec celle de 1914, écrivit Rosenberg à la lueur de la victoire, il existe un tout autre lien entre le commandement et les soldats : une cuisine unique pour les généraux et leurs hommes ; les généraux en première ligne, devant sur le front. Quand Hitler a vu ses bataillons entiers passer devant lui, il s'est dit qu'on ne retrouverait jamais une telle humanité[21]. »

Rosenberg, quant à lui, était hors service, littéralement, le jour où la Seconde Guerre mondiale éclata. Il passa le plus clair d'août et de septembre en incapacité, à cause d'une affection chronique de la cheville. Rosenberg avait toujours eu une santé précaire. En 1935, 1936 et 1938, il passa des mois dans un centre médical de Hohenlychen, au nord de Berlin, afin qu'on le traite contre une inflammation des articulations si douloureuse qu'il pouvait à peine bouger. « Ma vieille et vive inflammation articulaire[22] au pied est revenue, et avec elle cette même douleur ancienne, et le muscle de mon dos fait encore des siennes », écrivit-il dans son journal en 1936. Le surveillant médical, Karl Gebhardt, conclut que Rosenberg était extrêmement sensible aux changements météorologiques et que sa vie sédentaire l'avait conduit à un surpoids excessif[23]. Le médecin blâmait également son « isolation psychique ». Rosenberg n'avait que peu d'amis avec qui il aurait pu avoir des conversations honnêtes et sincères.

Même s'il n'avait pas été consigné chez lui, écrivit-il amèrement dans son journal, Hitler ne l'aurait de toute façon pas convoqué durant les premiers jours historiques de l'invasion. Le Führer n'avait nullement besoin d'un idéologue qui avait gagné ses lettres de noblesse en attaquant sans relâche le tout dernier allié de l'Allemagne.

« Les hommes[24] qui composent aujourd'hui essentiellement le cercle de Hitler ne sont pas ceux du temps de la lutte. »

Le jour où la guerre éclata, Rosenberg se traîna en boitant jusqu'au Reichstag pour écouter les arguments de Hitler. C'était la faute des Polonais[25], affirmait le Führer. Ils avaient ignoré ses offres tout à fait raisonnables. Ils avaient refusé une résolution pacifique. Il n'avait pas eu d'autre choix que d'attaquer. « Je suis jugé à tort si l'on confond mon amour de la paix et ma patience avec de la faiblesse, voire de la lâcheté, dit-il. Je me suis donc résolu à parler à la Pologne avec le même langage que la Pologne a employé avec nous depuis des mois. » Les Polonais avaient ouvert le feu sur des soldats allemands, affirmait-il – ce qui n'était pas vrai – et l'armée ne faisait que riposter. « Désormais, dit-il, nous rendrons bombe pour bombe[26]. »

Juste avant le discours, Rosenberg croisa Göring, et les deux hommes échangèrent quelques mots dans l'atrium. « J'ai juste l'impression, dit Rosenberg, que l'on a consciencieusement sous-estimé l'Angleterre[27]. »

Il avait raison, bien entendu. Dans les jours précédant l'invasion, les dirigeants de Grande-Bretagne avaient fait tout leur possible afin de réunir l'Allemagne et la Pologne à la table des négocations. Hitler avait assuré à leur ambassadeur à Berlin, Nevile Henderson, qu'il voulait la paix avec la Grande-Bretagne. Sa dispute ne concernait que ces intransigeants de Polonais. Dès qu'il aurait réglé ses problèmes avec eux, il en aurait fini avec la guerre – pour toujours. Mais à cette date avancée, après l'Autriche, après Munich, après la Tchécoslovaquie, Londres avait retenu la leçon et savait qu'il ne fallait pas tenir compte de promesses que Hitler ne tiendrait pas. Le 25 août, l'Angleterre signa un pacte d'assistance militaire mutuelle avec la Pologne. Ribbentrop s'était trompé : les Britanniques ne resteraient pas les bras croisés.

Quelques heures avant l'invasion, après des jours de négocations diplomatiques infructueuses, Henderson se retrouva à prendre le thé avec Göring, qui était d'une humeur exubérante comme à son habitude. Si les Polonais ne cédaient pas, expliqua-t-il à l'ambassadeur, l'Allemagne les « écraserait comme des poux[28] », et il serait « fort imprudent » d'intervenir de la part des Britanniques.

Au matin du 3 septembre, Henderson arriva au bureau des Affaires étrangères d'Allemagne pour annoncer la déclaration de guerre officielle de la Grande-Bretagne. Ribbentrop ne reçut pas l'ambassadeur en ce jour historique. À sa place, son interprète écouta la brève annonce avant de se ruer jusqu'au bureau de Hitler, où il trouva le Führer assis à sa table et Ribbentrop debout près de la fenêtre. Les deux hommes écoutèrent en silence, puis, après un long moment – qui « avait semblé une éternité », écrira plus tard l'interprète, Hitler, « le regard féroce », se tourna vers son ministre des Affaires étrangères. « Et maintenant[29] ? »

William Shirer, le correspondant de la Radio CBS à Berlin, était sur la place devant la chancellerie parmi une foule d'Allemands, à écouter les haut-parleurs annoncer que Hitler avait entraîné la nation vers une nouvelle guerre mondiale. « C'était une belle journée de septembre, le soleil brillait, l'air était doux, le genre de journée qu'un Berlinois aime passer en forêt ou au bord des lacs environnants », écrivit-il dans son journal. Quand l'annonce toucha à sa fin, « il n'y eut pas un murmure. Les gens restèrent juste là sans bouger. Estomaqués[30]. »

Malgré leur déclaration de guerre, Anglais et Français ne firent rien, tandis que Hitler envahissait la Pologne. Cependant, durant les semaines qui suivirent, l'Angleterre et la France refusèrent de négocier la paix, malgré les propositions nazies. Rosenberg n'arrivait pas à comprendre l'entêtement britannique[31]. Même après six années à étudier ce pays et ses habitants, il était aussi perplexe que le reste de ses collègues de Berlin sur ce que voulaient vraiment les Anglais. « Nous avons pour ainsi dire tout essayé, écrivit-il dans son journal, mais une minorité délirante à dominance juive tient le pouvoir. Chamberlain n'est qu'un vieillard dépourvu de volonté. On dirait qu'ils ne comprendront pas tant qu'on ne les forcera pas à comprendre[32]. »

La guerre avait été déclarée, et parmi les rangs les plus hauts du Troisième Reich, on savait que rien n'aurait pu désormais convaincre l'Angleterre de ne pas intervenir. Il était donc l'heure de frapper pour les forcer à se soumettre, dit Hitler à Rosenberg.

« Si les Anglais refusent la paix, écrivit Rosenberg un mois après le début de la guerre, il les attaquera et les anéantira par tous les moyens[33]. »

Pendant ce temps, les nazis appliquèrent leur philosophie radicale[34] à la Pologne. Heinrich Himmler se chargea de tracer le chemin.

Lors de la Nuit des Longs Couteaux de 1934, Himmler avait fourni les preuves maquillées que Röhm préparait un coup d'État, et ce furent principalement ses hommes, les SS, qui se chargèrent des tueries[35] quand Hitler donna l'ordre de la grande purge. Depuis, les SS étaient devenus une force redoutable. Ils portaient des uniformes noirs avec un insigne sur le col qui ressemblait à deux anciens éclairs runiques. Leurs casquettes arboraient une tête de mort en argent, un crâne avec des os croisés. « Je sais qu'il y a de nombreuses personnes qui ont un haut-le-cœur en voyant cet uniforme noir[36], dit Himmler un jour. Nous le comprenons et nous ne nous attendons pas à être aimés par beaucoup de gens. » Il envisageait les SS comme une sorte d'ordre religieux[37], et instaura des rites païens hérités des Teutons et des Vikings, que les nazis considéraient comme les ancêtres des Aryens. Rosenberg n'était pas le seul apostat de la hiérarchie nazie. Himmler, lui aussi, pensait que « la lutte finale contre le christianisme » était proche. Ses SS ne fêtaient pas la naissance du Christ, mais célébraient le solstice d'été.

Après l'annexion de l'Autriche, les hommes de Himmler marchèrent derrière l'armée pour arrêter les juifs indésirables par dizaines de milliers, et les soumettre à de cruelles humiliations. Quand Shirer se rendit à Vienne pour enquêter, il fut choqué d'y voir des juifs nettoyer des graffitis sur le trottoir et récurer des toilettes sous les cris hostiles de la foule. « De nombreux juifs se suicidaient, écrivit le journaliste. On entendait un tas d'histoires sur le sadisme des nazis[38]. »

Immédiatement après l'invasion de la Pologne de septembre 1939, Himmler réunit sa police immense et toute-puissante et ses unités paramilitaires[39] en un bureau principal de la Sécurité du Reich, sous le contrôle de l'éternel et impitoyable Heydrich. Impitoyable, amoral et d'une cynique efficacité, Heydrich était aussi détesté que craint[40]. Élevé par un père qui faisait de l'opéra et une mère du théâtre, il apprit le violon ; il devint également un excellent escrimeur. Il attint le grade de lieutenant dans la marine, mais sa carrière militaire prit fin quand il mit enceinte la fille d'un grand industriel. Himmler l'avait recruté dans les SS, où il devint rapidement responsable du rassemblement d'informations sur les adversaires politiques comme sur les autres nazis. Il devint rapidement un des favoris d'Himmler et, en 1936, il dirigeait à la fois la Gestapo et la police criminelle. Trois ans plus tard, tout cela fut rassemblé en un seul poste.

Après que l'armée eut explosé les défenses polonaises, il répartit des unités spéciales d'assassins, appelées *Einsatzgruppen*, afin de balayer le pays vaincu en tuant et pendant quiconque pourrait un jour tenter d'organiser la résistance – intellectuels, aristocrates, grands entrepreneurs et prêtres y compris.

Quand les combats cessèrent, la Pologne fut divisée en trois parties. Les terres orientales furent intégrées à l'Union soviétique. Les terres occidentales furent annexées par l'Allemagne pour être « dépeuplées, puis repeuplées d'Allemands[41] », comme Hitler l'avait annoncé lors des réunions au Berghof qui avaient précédé l'assaut. Les terres centrales, qui incluaient Varsovie, Cracovie et Lublin, devinrent une colonie allemande qui prit le nom de Gouvernement général. Contrôlée par un impitoyable administrateur nazi, Hans Frank, cette terre de onze millions d'habitants allait devenir une fosse géante accueillant toutes les personnes considérées comme indésirables par les nazis.

En octobre, Hitler décida d'ajouter une corde de plus à l'arc de Himmler : le titre de *Reichskommissar* pour le renforcement de la race allemande. Il coordonnerait la relocalisation compliquée des Allemands d'origine dans les nouvelles colonies, et superviserait l'élimination des « influences néfastes de cette partie étrangère de la population qui représente un danger pour le Reich ».

Durant l'année qui suivit, Himmler supervisa la déportation forcée de plus d'un million de Polonais et de juifs vers les terres abandonnées du Gouvernement général. On les arrachait à leurs maisons, on les entassait dans des wagons non chauffés et les débarquait sans la moindre provision pour subsister. Une fois qu'ils arrivaient à destination – s'ils y arrivaient vivants ; beaucoup mourraient en chemin – Hans Frank leur avait instauré des mesures sévères : ghettos, travail forcé et privation de nourriture.

« Les juifs ne m'intéressent en rien, dit-il au printemps 1940. Qu'ils aient ou non quelque chose à manger est la dernière de mes préoccupations au monde[42]. »

D'autres Polonais furent envoyés en Allemagne, où ils travaillèrent pour un salaire d'esclave dans des conditions souvent misérables. Ils étaient hébergés dans des baraquements surpeuplés. Des étiquettes sur lesquelles on lisait *OST* (« Est ») étaient cousues sur leurs vêtements pour décourager les Allemands de fraterniser avec eux et de se souiller. Des orphelins polonais, dont nombre d'entre eux s'étaient retrouvés seuls parce que les nazis avaient déporté leurs parents, furent « distribués » aux gens du Reich qui souhaitaient les adopter.

Pendant ce temps, les Allemands d'Estonie, de Lettonie, de Roumanie et d'ailleurs étaient rapatriés et installés dans des villes occidentales de Pologne, nettoyées et annexées par le Reich, comme Poznan et Lodz.

Durant une brève visite des terres qu'il venait de conquérir, l'image sombre qu'avait Hitler de la population ne fit que se confirmer, raconte Rosenberg. « Les Polonais : une fine couche germanique, et en dessous, une horrible substance[43], écrivit-il dans son journal après une réunion avec le Führer vers la fin de ce fatidique mois de septembre 1939. Les juifs sont de la pire espèce. Les villes sont recouvertes de crasse. Il dit avoir beaucoup appris ces dernières semaines. Principalement que si la Pologne avait régné sur les anciennes parties du Reich quelques décennies de plus, tout y aurait été pouilleux et délabré ; là-bas, seule la main ferme d'un maître sûr de lui peut désormais régner. »

En pleine agitation européenne, Rosenberg cherchait des distractions. « J'ai peint aujourd'hui[44], pour la première fois depuis longtemps, écrivit-il un jour dans son journal. Des études que j'avais peintes il y a vingt et un ans viennent d'arriver de Réval. Hélas, les retravailler ne les améliorera pas pour autant. » Pour son anniversaire, il reçut de nombreuses lettres, et il fut ravi, écrivit-il, de réaliser que, « au fil du temps, des centaines de milliers de personnes ont connu une révolution morale grâce à mon œuvre[45]. Beaucoup ont trouvé une paix et un soulagement intérieurs à travers elle, un nouveau sens, puisqu'on avait perdu l'ancien. C'est ce que m'écrivent des hommes, des femmes, des jeunes filles et des lycéens. Certains écrivent des poèmes, beaucoup évoquent leur évolution ».

Il songea à la guerre en cours et à celles à venir, et aux gens pour lesquels il écrivait depuis 1919, les hommes et les femmes d'Allemagne. Il se demanda s'ils savaient vraiment ce qui les attendait.

Il se demanda s'ils auraient ou non la force de « porter le fardeau de l'avenir ».

Kempner passa ses premières années aux États-Unis à travailler dans un bureau du Blanchard Hall de l'université de Pennsylvanie, sur Walnut Street à Philadelphia.

– 15 –

La gloire à tout prix

Après une longue semaine de traversée, Robert et Ruth Kempner débarquèrent à New York et s'installèrent dans la chambre 1063 de l'hôtel Pennsylvania, sur la Septième Avenue, juste en face de Penn Station, la gare aux colonnes blanches et à la façade de style beaux-arts.

Au dos d'une carte postale de l'hôtel, Ruth griffonna quelques lignes à l'attention d'Otto Reinemann, l'homme qui avait rendu leur émigration possible. Elle était bouleversée par leur voyage, par Manhattan, mais surtout par la chance qui avait été la leur[1].

Les journaux affirmaient que s'ils avaient pris la mer ne serait-ce qu'une semaine plus tard, leur capitaine aurait été forcé d'éteindre les feux du navire toutes les nuits, par peur des sous-marins allemands. La compagnie Holland-America Line avait décidé de garder à quai le *Nieuw Amsterdam*, le bateau qui avait conduit les Kempner jusqu'en Amérique, plutôt que de risquer une autre traversée de l'Atlantique nord en temps de guerre. Plusieurs amis et proches des Kempner étaient toujours bloqués en Allemagne et en France. Bientôt les appels au secours désespérés se mirent à affluer par courrier.

La mère âgée de Ruth avait également fait partie du voyage, ainsi que Margot Lipton, la maîtresse de Kempner. Quel que soit le poids que l'aventure extraconjugale de Kempner eût fait peser sur leur mariage, Ruth semblait être en paix et avoir accepté l'arrangement qui s'imposait : Lipton emménagerait avec eux. Les parents de celle-ci, qu'elle avait laissés à Francfort, furent déportés[2] au camp de concentration de Theresienstadt, en ce qui avait été la Tchécoslovaquie, et n'en revinrent pas. Ses frères et sœurs allaient, eux, réussir à quitter l'Allemagne et à s'installer en Angleterre et en Israël. Mais Margot avait fini par considérer les Kempner comme sa véritable famille, et ce sentiment était de toute évidence réciproque.

Les Kempner avaient passé les mois qui avaient précédé le voyage à étudier l'anglais avec acharnement. Mais excepté la langue, ils ne connaissaient absolument rien des États-Unis. Ce qui comptait, dira Kempner plus tard, c'est qu'ils étaient sur un territoire « grand, riche et libre d'un point de vue politique[3] ».

Kempner savait que la vie en tant qu'immigré ne serait pas facile. Qu'il ne retrouverait jamais le statut qu'il avait dû laisser derrière lui à Berlin. La haute fonction qu'il avait assumée avant d'être renvoyé du ministère de l'Intérieur de Prusse – celle d'*Oberregierungsrat*, de haut fonctionnaire du gouvernement – n'avait aucune valeur aux États-Unis. Sa connaissance des ficelles de l'administration et des lois allemandes ne l'aidait pas particulièrement à comprendre comment fonctionnait le système américain. Et le fait qu'on le prenne souvent pour un excentrique de prime abord était loin de lui être favorable. Dans les années 1940, quelqu'un lui fit passer un entretien dans le cadre d'une étude sur les universitaires migrants et remarqua qu'il était « habillé plutôt n'importe comment » et se « tenait avachi sur son siège ». Il fixait l'enquêteur sans jamais cligner des yeux. « La plupart des propos qu'il tenait et la nature de ses réponses semblaient sonner faux, écrivit l'enquêteur, et j'ai eu l'impression d'avoir affaire à une personne mentalement instable[4]. »

Il avait tout de même réussi à obtenir un poste, aussi modeste et ennuyeux soit-il, en tant que chercheur associé à l'Institut de droit administratif de l'université de Pennsylvanie. Il connaissait des juges, des entrepreneurs et des professeurs confirmés qui, en arrivant aux États-Unis, avaient dû devenir plongeurs ou comptables. Toutes les immigrations ne se passaient pas aussi bien que celle d'Alfred Einstein. Tout le monde ne pouvait pas être engagé par l'université en exil, la fameuse *New School* spécialisée dans les sciences sociales et dont l'essence était d'accueillir les universitaires réfugiés à New York. La renommée et les diplômes n'avaient pas forcément la même valeur de ce côté-ci de l'océan. Parmi les nouveaux arrivants, nombreux furent ceux qui durent survivre et organiser leur vie en parcourant les petites annonces dans les journaux destinés aux réfugiés.

Kempner étant Kempner, feuilleter les journaux à la recherche d'une opportunité n'allait pas suffire. Il décida qu'il fallait que son nom soit publié dans la presse, afin que les opportunités viennent à lui. De façon épatante – sans doute avec l'aide de Reinemann, encore une fois, qui travaillait à la mairie de Philadelphie et devait connaître quelques journalistes –, un article sur l'arrivée de Kempner aux États-Unis fut publié avant la fin du mois de septembre.

« Un ancien conseiller au sein de la police allemande arrive en ville pour commencer une nouvelle vie », titra le *Evening Public Ledger* de Philadelphie le 29 septembre. Le bref article évoquait le travail de sa mère à l'école de médecine pour femmes de Pennsylvanie et sa fuite depuis l'Allemagne nazie. Il raconta au journal qu'il comptait bien rester aux États-Unis, qu'il n'y avait plus rien qui le rattachait à l'Europe. En revanche, il ne fit aucune mention de Lucian ni d'André. « Il vaut mieux, affirmait-il, commencer une nouvelle vie dans ce pays. »

Il insista auprès du reporter sur le fait qu'il n'était pas un nazi, que son travail au sein de la police berlinoise n'avait rien à voir avec celui de la Gestapo. Il avait tout simplement été fonctionnaire et conseiller juridique avant que Hitler ne prenne le pouvoir.

« Je vous prie de préciser que je suis à l'université en tant qu'étudiant, conclut-il, et je vous prie de rappeler que je ne fais pas de politique et que je ne peux pas parler de politique[5]. »

Kempner avait une bonne raison d'être sur la défensive, comme il l'expliqua plus tard dans son autobiographie. Pendant la guerre, les Américains avaient un principe simple : « Un Allemand est un Allemand[6]. » Inquiets des saboteurs et des espions nazis, ils étaient convaincus que tous les migrants jusqu'au dernier étaient faits du même bois, un bois auquel on ne pouvait pas faire confiance ; qu'ils soient juifs ou non, qu'ils aient été déchus de leurs droits par Hitler ou non, qu'ils aient combattu les nazis ou non.

L'article du *Eveving Public Ledger* fut une carte de visite pour Kempner, un minuscule bout de crédibilité qui lui serait utile dans la conquête de ce nouveau territoire encore inconnu.

Dans un premier temps, Kempner et son entourage emménagèrent à Philadelphie même, dans une maison mitoyenne en brique rouge de l'Osage Avenue, non loin de l'université de Pennsylvanie. Ses bureaux se trouvaient au dernier étage du Blanchard Hall, un bâtiment administratif de trois étages : une façade gothique, un toit mansardé et de lourdes portes en bois.

Depuis son nouveau poste, Kempner rédigeait des rapports, donnait des conférences et publiait des articles dans des journaux académiques. Il suivait également des cours de sciences politiques, interviewait des réfugiés allemands pour une émission antinazie diffusée une fois par semaine par la radio de Philadelphie ; et on l'invitait à intervenir en public. Il se présentait comme un rescapé des hommes de main de Hitler. Il avait frôlé tant de fois la mort, affirmait-il, que plusieurs journaux européens avaient rapporté qu'il avait été fusillé par un peloton d'exécution à la suite de son arrestation par la Gestapo en 1935. Les conférences qu'il donnait dans les clubs du coin, les lycées et les universités avaient toutes des titres accrocheurs : « Hitler, Göring, Himmler, Goebbels, je connais ces hommes », « L'amour au temps de la dictature » et, bien évidemment, « Mon histoire commence avec ma mort[7] ».

S'il avait dû lui-même payer son propre salaire afin d'être engagé en 1939, Kempner reçut par la suite des subventions, dont une bourse de la part du Comité d'urgence pour les universitaires européens réfugiés. Il toucha également une subvention de 1 000 dollars de la Carnegie Corporation pour étudier les méthodes de police et l'administration du Troisième Reich. Pour cela, il dut commander en Allemagne nazie de la documentation, ce qui exigea quelques subterfuges. « Vu que mon nom était inscrit sur toutes les listes noires nazies en tant qu'ennemi du régime en exil, et que mes livres avaient été brûlés par le gouvernement, je donnais des noms comme Cemper ou Cempen[8]. »

Ses études le conduisirent parfois sur des chemins étonnants. Il écrivit un jour à un professeur de l'université de Washington au sujet de la « question de la nouvelle physionomie nazie » des Jeunesses hitlériennes et des SS. « Les membres de la nouvelle génération nazie, écrivait Kempner, avaient tous un visage figé[9] sur leurs photos, par l'intervention de différents outils administratifs. Sachant cela, j'aimerais savoir si vous pensez qu'il existe ou non d'autres études du même genre sur les visages transformés des prisonniers de longue date ou de groupes d'immigrés, etc. »

La plus grande partie de la bibliothèque de Kempner l'avait suivi dans son voyage tortueux entre l'Allemagne nazie et les États-Unis. Il décida de l'exploiter et édita lui-même le rapport qu'il avait aidé à rédiger dans les années 1930, celui qui dénonçait la nature criminelle du parti nazi. Il l'avait rebaptisé : *Les Plans des fondations nazies selon les rapports secrets de la police*[10].

Il essaya également de convaincre des éditeurs de publier une traduction anglaise annotée du *Mythe du vingtième siècle*, « les prophéties de ce Nostradamus de Rosenberg ». Le monde anglophone devait lire le « seul ouvrage officiel de la philosophie nazie, de cette nouvelle religion et théorie politique », écrivait Kempner dans une note d'intention qu'il envoya à différentes maisons telles que Knopf, Oxford University Press et Macmillan.

Il était convaincu que le livre serait un succès commercial[11], et suggéra de faire don des bénéfices aux réfugiés allemands qui avaient été dépossédés.

Les éditeurs déclinèrent poliment son offre, les uns après les autres. « Je crains, hélas, que cet ouvrage pompeux n'ait aucun succès sur le marché américain, répondit l'un d'entre eux, ni qu'il signifie quoi que ce soit pour 99 % des lecteurs américains. »

Derrière toutes ses études, ses publications et ses interventions, Kempner visait en réalité un poste bien plus élevé. Il voulait travailler pour l'agence policière la plus célèbre du monde.

Kempner avait écrit une première fois à J. Edgar Hoover, le directeur du FBI, le Bureau fédéral d'investigation, depuis Nice, en décembre 1938. Bien que l'anglais du futur réfugié ne fût pas encore très fluide – il avait plus étudié le grec que l'anglais à l'école –, il réussit à faire passer son message.

Il se présenta comme un « expert en criminologie », un ancien instructeur de la police et le « premier secrétaire des services de police du ministère de l'Intérieur à Berlin ». Tout en demandant s'il n'y avait pas un poste pour lui au sein du bureau, Kempner assurait à Hoover qu'il serait « en mesure de rendre des services très utiles à votre pays[12], car je connais de nombreuses violations criminelles qui sont de la plus grande importance pour les États-Unis en ce moment ».

Sa lettre était destinée au justicier le plus connu d'Amérique[13], grâce au portrait qu'avait dressé de lui Hollywood dans sa poursuite acharnée de braqueurs de banques et d'assassins célèbres. Hoover avait commencé à gravir les échelons du bureau pendant la Première Guerre mondiale, quand la paranoïa contre les espions et les saboteurs allemands s'était emparée de l'Amérique. Le jour de l'entrée en guerre des États-Unis, on rassembla et arrêta près d'une centaine d'Allemands, et près de 1 200 autres furent mis sous surveillance. L'*Espionage Act* de 1917 punissait tout acte de déloyauté. Même s'exprimer contre la guerre était un crime. Le bureau chassa les espions allemands, punit les syndiqués appartenant au mouvement des *Industrial Workers of the World*, arrêta des dizaines de milliers d'hommes soupçonnés de désertion.

Après la guerre, Hoover fut nommé à la tête de la nouvelle division radicale du ministère de la Justice et, avec près de 61 agents du bureau sous ses ordres, eut vite fait de monter des dossiers sur des milliers et des milliers de personnes susceptibles de vouloir renverser le gouvernement américain. Les agents infiltrèrent les organisations communistes des États-Unis, en arrêtèrent les membres et poussèrent le mouvement à la clandestinité. Les critiques commencèrent à s'inquiéter des violations des libertés individuelles. Quand on apprit que des agents avaient espionné des membres du Congrès, le président Calvin Coolidge décida de reprendre le contrôle de la situation. « Un système de police secrète peut devenir une menace contre l'indépendance du gouvernement et des institutions, affirmait Harlan Fiske Stone, le nouveau procureur général de Coolidge, parce qu'il comporte un risque d'abus de pouvoir qui ne sera pas forcément compris. » Il renvoya le directeur du FBI et donna le poste à Hoover, à une condition, que l'espionnage cesse. Hoover accepta, puis trouva le moyen de continuer en secret.

En 1938, à l'aube d'une nouvelle guerre, la peur des nazis et des fascistes s'était transformée en véritable paranoïa. La fédération germano-américaine claironnait un message pronazi dans les magazines et dans les rues. Le père Charles Coughlin, un prêtre catholique de Royal Oak, Michigan, qui avait lancé une importante station de radio et amassé plus de 40 millions d'auditeurs avant la guerre, crachait sa haine des « conspirateurs juifs » et des communistes. « Quand on en aura fini avec les juifs, criait-il lors d'un discours dans le Bronx, ils penseront que ce qu'ils ont subi en Allemagne n'était rien[14] ! » Le roman à succès de Sinclair Lewis, *Cela ne peut arriver ici*, racontait l'histoire d'un président américain démocratiquement élu qui proclamait la dictature.

Au milieu de tout ce vacarme d'angoisse et de panique au sujet des espions et des saboteurs, le nouveau président se tourna vers Hoover.

Le 25 août 1936, par un ordre si secret qu'il n'y en eut jamais aucune trace écrite, Roosevelt ordonna au chef du bureau de réunir des informations concernant les nazis et les communistes aux États-Unis. Hoover alla plus loin. Il ne se contenta pas de transmettre des données sur les agents étrangers et infiltrés, mais également sur les ennemis politiques de Roosevelt, notamment l'aviateur Charles Lindbergh, qui avait été fort impressionné par Hitler et le Troisième Reich depuis sa visite en Allemagne. « J'ai la conviction absolue que Lindbergh est un nazi[15] », dit un jour Roosevelt à un membre de son cabinet.

En février 1938, des agents démasquèrent un cercle d'espions allemands qui avaient infiltré l'armée américaine et les entreprises de défense. Agissant depuis dix ans, ces criminels avaient réussi à voler les plans de nouveaux avions et de navires de guerre. Cette affaire instaura une idée terrifiante dans l'esprit du public : les nazis étaient véritablement là[16], en action, de ce côté de l'Atlantique.

Hoover persuada vite Roosevelt de lui donner les pleins pouvoirs sur les services de renseignements américains et les opérations de contre-espionnage. Les agents mirent en place des écoutes illégales et des cambriolages déguisés pour réunir des informations. Le bureau avait établi une liste de traîtres potentiels qui devaient être arrêtés ou mis sous surveillance si les États-Unis entraient en guerre.

Les défenseurs des libertés individuelles – dont le procureur général Robert H. Jackson, le futur procureur en chef au procès de Nuremberg – s'inquiétèrent des méthodes agressives de Hoover. Quand Eleanor Roosevelt découvrit que des agents fouillaient dans le passé de sa secrétaire, elle écrivit une lettre à ce dernier : « Ce genre d'enquête me semble trop emprunter aux méthodes de la Gestapo[17]. »

Voici donc l'homme et l'agence pour lesquels Robert Kempner voulait travailler à l'été 1938.

La lettre qu'il adressa à Hoover ne donna cependant pas lieu à un rendez-vous avec le directeur du FBI en personne. Le bureau de Hoover renvoya un bref message accompagné d'une brochure qui expliquait comment devenir un agent spécial. Mais le directeur n'eut aucun mot d'encouragement à l'intention du réfugié allemand[18].

Loin de se laisser décourager, Kempner écrivit de nouveau au mois de janvier pour dire qu'il s'organisait pour venir travailler aux États-Unis. Pouvait-il lui téléphoner une fois qu'il serait arrivé à Washington ? Il voulait lui remettre des « informations particulièrement intéressantes pour vos services en ce moment ». Hoover répondit que Kempner pouvait bien évidemment venir et qu'on lui « ferait faire une visite guidée et détaillée des locaux et de leurs archives ».

Qu'on le snobe ainsi ne découragea toujours pas Kempner. Le 25 septembre 1939, l'avocat exilé informa Hoover de son arrivée. « C'est pour moi un grand privilège de vivre et travailler aux États-Unis, et de contribuer grâce aux modestes connaissances de ce milieu que j'ai accumulées durant mes nombreuses années de service à Berlin et ailleurs. J'espère avoir bientôt l'opportunité de venir à Washington vous rendre visite. Je serai ravi de vous téléphoner pour que l'on discute de sujets qui nous intéressent, vous et moi. »

Kempner semblait savoir au moins une chose à propos de son pays d'accueil : il fallait être un battant pour réussir en Amérique.

Trésors spoliés entassés dans une église d'Ellingen en Bavière.

– 16 –

Des voleurs à Paris

Les complots pour attenter à la vie de Hitler étaient monnaie courante sous le Troisième Reich. Un groupe de conspirateurs vit le jour au sein de l'armée, parmi des généraux qui craignaient que le Führer, aussitôt après avoir écrasé la Pologne, n'ait en réalité l'intention de se tourner vers l'Ouest et d'attaquer la France. L'armée n'était pas prête, insistaient-ils. Outré, Hitler les traita d'« hommes sans ambition » et insinua qu'on les soupçonnait de trahison. Les comploteurs se dispersèrent[1].

Le 8 novembre 1939, à l'occasion du seizième anniversaire du coup d'État manqué de Munich, Hitler se tenait sur l'estrade du *Bürgerbräukeller*, la même brasserie dans laquelle il avait tiré des coups de pistolet en l'air et retenu en otages les dirigeants de la Bavière. Chaque année, les combattants de la première heure se rendaient à Munich et défilaient dans les rues comme ils l'avaient fait en 1923, mais cette fois, c'étaient eux les vainqueurs et la foule les accueillait en héros. Hitler aimait ce spectacle par-dessus tout. Une année, il se retourna vers Rosenberg qui marchait au deuxième rang et lui dit, le visage rayonnant : « Ils n'arriveront plus jamais à refaire la même chose avec leurs vieux saints[2]. » Rosenberg surnomma ce défilé la « procession germanique de la Fête-Dieu » – réponse nazie à la marche au cours de laquelle le pape portait le saint sacrement à travers les rues de Rome.

Le discours de commémoration de Hitler à la brasserie était une tradition annuelle. Le Führer s'adressait en général à la foule entre 20 h 30 et 22 heures. Cette année-là, cachée dans une colonne derrière la scène, une bombe à retardement décomptait les secondes[3]. Son explosion était prévue pour 21 h 20, au beau milieu du discours.

Mais Hitler modifia son programme habituel. Un peu après 21 heures, il termina son intervention, et plutôt que de se mêler à la foule comme il le faisait en général, il monta en voiture pour rejoindre la gare.

« Il a dit qu'il devait absolument rentrer à Berlin[4] », écrivit Rosenberg trois jours plus tard dans son journal. Il avait une réunion importante à propos de l'invasion de la France, originalement prévue pour le 7 novembre, mais que le mauvais temps l'avait obligé à repousser. « Après son discours plutôt bref, on lui a demandé de se joindre aux combattants de la première heure sur la galerie de la brasserie. Il a demandé l'heure qu'il était : 21 h 10… Par respect pour le train qu'il ne voulait pas retarder, il est parti aussitôt. Ne l'aurait-il pas fait que nous serions tous enterrés sous les gravats à l'heure qu'il est. »

La bombe explosa à l'heure prévue, détruisant la colonne et le toit que celle-ci soutenait. Soixante-trois personnes furent blessées et huit tuées. Le lendemain, le journal de Rosenberg, le *Völkischer Beobachter*, claironna le « salut miraculeux du Führer ».

À l'instar de Hitler qui suspectait un complot des services secrets britanniques, Rosenberg écrivit dans son journal que des saboteurs étrangers s'évertuaient à vouloir les éliminer. Cette tentative d'assassinat incita Rosenberg à inspecter sa maison de fond en comble. « Il serait facile de lancer une bombe en pleine nuit au beau milieu de ma chambre à coucher. » D'un autre côté, il voulait rester philosophe. Les grands hommes prenaient de grands risques. N'était-ce pas le message même de la tentative de coup d'État de 1923 ? « Au bout du compte, nous n'aurions jamais pu nous lancer sans insouciance. »

Cet attentat manqué le fit également réfléchir sur l'état de l'opinion publique en Allemagne. Ici, comme à son habitude, Rosenberg rejeta la faute sur Goebbels. Le ministre de la Propagande avait sapé la confiance du peuple, écrivait Rosenberg, et était responsable de l'« amertume du pays. La confiance détruite par l'arrogance du Docteur Goebbels et la vanité d'autres ne peut être calculée. Nous paierons tous pour ce que des individus ont détruit par leur vanité et leurs prétentions Levantine ».

Sans le savoir, Rosenberg avait flairé quelque chose. La bombe à retardement du Bürgerbräukeller était l'œuvre d'un charpentier, Georg Elser, qui avait agi seul. Il avait passé des mois à attendre, tapi, la fermeture de la brasserie, puis à creuser la colonne pour y installer les explosifs.

Quand la bombe explosa, Elser avait déjà été arrêté. On l'avait surpris en train d'essayer de franchir illégalement la frontière avec la Suisse.

Quand on l'interrogea, il affirma s'alarmer de la direction dans laquelle Hitler conduisait l'Allemagne, craindre une autre guerre et s'inquiéter des violations des libertés individuelles par les nazis. Il avait décidé que Hitler devait être éliminé, ainsi que Goebbels et Göring.

La Grande-Bretagne et la France restèrent en retrait tandis que les nazis écrasaient la Pologne. Les deux nations n'étaient pas prêtes au combat et consacrèrent toute la fin de l'année 1939 et le début de 1940 à relancer leur industrie militaire. Pendant ce temps, les nazis se tournèrent vers le Danemark et la Norvège[5].

Berlin décida d'attaquer la Scandinavie neutre, pour deux raisons stratégiques. D'abord, les amiraux allemands ne voulaient pas risquer qu'on leur bloque l'accès à l'océan au moyen d'un cordon britannique qui aurait traversé la mer du Nord, comme cela avait été le cas pendant la Première Guerre mondiale. Ensuite, ils avaient averti Hitler, avec raison comme on le découvrit plus tard, que les Britanniques avaient l'intention d'occuper la Scandinavie afin d'empêcher l'Allemagne d'avoir accès au minerai de fer dont elle s'approvisionnait en Suède. En effet, durant l'hiver, le passage de la Suède à l'Allemagne était bloqué par la glace et le minerai était acheminé via un port norvégien.

Rosenberg joua un rôle dans cet épisode de la guerre. Depuis 1933, il avait un allié en Norvège, un homme politique de droite du nom de Vidkun Quisling, dont le Parti d'unité nationale avait pour objectif d'importer le nazisme au sein de son pays. En août 1939, Rosenberg s'arrangea pour que quelques-uns des miliciens de Quisling viennent s'entraîner en Allemagne et, profitant de toutes ces rumeurs d'invasion de la Scandinavie, fit savoir à la marine allemande que Quisling préparait un coup d'État dans son pays. Peut-être, suggéra Rosenberg, que le putschiste norvégien et les Allemands pouvaient travailler ensemble ?

En décembre 1939, Quisling rencontra Hitler à trois reprises, afin d'affiner son projet de coup d'État et de confirmer qu'il avait bien le soutien de l'armée norvégienne. Hitler rechignait à intervenir. Il annonça à Quisling qu'il préférait que la Norvège restât neutre, mais qu'il ne demeurerait pas sans rien faire si les Britanniques cherchaient à s'emparer des ports afin de bloquer les importations allemandes. Pour le moment, il ne s'engageait qu'à fournir une aide financière au mouvement de Quisling.

Avant de quitter Berlin, Quisling rendit visite à Rosenberg et le remercia chaleureusement de son aide.

Rosenberg répondit qu'il avait hâte de visiter la Scandinavie bientôt en tant qu'invité officiel du gouvernement. « Nous nous sommes serré la main et nous reverrons avec plaisir, écrivit Rosenberg dans son journal, quand l'opération aura été menée à bien et que le Premier ministre de Norvège portera le nom de Quisling[6]. »

Dans les mois qui suivirent, Hitler commença à se faire à l'idée d'une occupation scandinave et, le 9 avril 1940, les troupes allemandes envahirent le Danemark et la Norvège. Les Danois se rendirent immédiatement, mais l'amirauté britannique et l'armée norvégienne ripostèrent férocement.

Le jour de l'invasion, Quisling prit la parole sur les ondes, déclara qu'il était le nouveau dirigeant de la Norvège et enjoignit à ses compatriotes de n'opposer aucune résistance aux Allemands. « Aujourd'hui est un grand jour pour l'histoire allemande[7], écrivit Rosenberg. Danemark et Norvège occupés. Je félicite le Führer pour son œuvre, à laquelle j'ai également participé. »

Le roi et les ministres du gouvernement légitime s'enfuirent vers le nord et, le jour suivant, firent parvenir aux nazis un tout autre message. Ils ne soutiendraient pas Quisling. Ils se battraient. Mais leur résistance ne fit pas grande différence, pas plus que l'aide de la marine britannique. Les Allemands occupèrent rapidement Oslo et les autres grandes villes du pays.

Rosenberg se vanta de son rôle dans l'invasion. On ne pouvait pas nier que son bureau des Affaires étrangères « avait accompli une mission historique » en bâtissant les fondements de cette opération, écrivit-il dans son journal à la fin du mois d'avril. « L'occupation de la Norvège jouera peut-être un rôle décisif dans la guerre[8]. »

Il n'en fut rien, mais la victoire allemande en Scandinavie eut cependant une conséquence majeure : elle provoqua la colère du parlement britannique et précipita la démission du Premier ministre Neville Chamberlain. La chute de la Norvège, après l'annexion de l'Autriche, après la perte de la Tchécoslovaquie et la disparition de la Pologne, condamnèrent son gouvernement et l'opposition exigea sa démission.

Le 10 mai 1940, il quitta volontairement son poste, et un homme qui avait pour réputation d'être un ennemi acharné du Troisième Reich prit sa place au pouvoir : Winston Churchill.

En avril 1940, Rosenberg partit en tournée pour une série de discours à travers toute l'Allemagne de l'Ouest. Il en profita pour faire un détour par Sarrebruck. D'un côté de la frontière les Allemands avaient leur ligne Hindenburg, et de l'autre les Français avaient leur ligne Maginot, de vastes lignes de fortifications impénétrables : des postes antichars bien ancrés dans la terre, des rangées de fils de fer barbelés à n'en plus finir, des bunkers souterrains, des tourelles de mitrailleuses. La France avait déclaré la guerre à l'Allemagne immédiatement après l'invasion de la Pologne en 1939, mais aucun des deux camps n'était prêt à attaquer. Cependant, au printemps 1940, cette « drôle de guerre » se transforma en vrai combat. Dans les semaines qui précédèrent le voyage de reconnaissance de Rosenberg, les armées française et allemande échangèrent des tirs d'artillerie lourde et des combats aériens fendirent le ciel. Des accrochages avaient eu lieu quand les patrouilles allemandes avaient voulu enquêter sur les fortifications alliées[9]. La tension montait.

Rosenberg se promena à travers ce paysage de désolation et nota ses impressions dans son journal. « Des villages de no man's land[10] criblés de balles. De vieilles tombes françaises abandonnées, recouvertes de matelas et de couvertures. Un café français transformé en petit fortin de béton. Une succession ininterrompue de bunkers. » Les officiers et les soldats allemands qu'il rencontra semblaient avoir le moral. Mais à Sarrebruck, les maisons étaient en ruine.

« Si tout l'Ouest venait un jour à ressembler à ça, écrivit Rosenberg, ce serait un cauchemar. »

Le 10 mai 1940 : « Le combat final commence[11], écrivit Rosenberg, et décidera du destin de l'Allemagne. Sans doute pour toujours, en tout cas pour des siècles. »

Les Alliés avaient eu des années pour se préparer mais ils n'étaient pas prêts à parer l'invasion qu'avaient prévue les nazis[12]. Ils avaient pensé que l'Allemagne frapperait d'abord les Pays-Bas et la Belgique. Mais Hitler avait finalement décidé, non sans audace, de lancer la majeure partie de ses hommes à travers les Ardennes, cette région de forêts épaisses et de collines aussi désolée que sauvage, inhospitalière et brumeuse. Les Ardennes n'étaient que légèrement défendues : les Alliés les pensaient trop accidentées pour un assaut armé.

Le plan de Hitler fonctionna parfaitement. Dans le Nord, les Hollandais capitulèrent rapidement après le bombardement de Rotterdam par les Allemands le 14 mai. En Belgique, les Alliés conservèrent d'abord leur première ligne de défense dans le Nord, là où ils avaient concentré leurs forces pour contrer ce qu'ils pensaient être la principale force d'invasion.

Dans le même temps, dans les Ardennes du Sud, les tanks allemands et les blindés traçaient lentement leur chemin vers l'ouest, en quatre lignes s'étendant sur près de 160 kilomètres. Les Allemands parvinrent sans encombre jusqu'à la Meuse et, après avoir franchi le barrage allié le 14 mai, traversèrent rapidement le pays sans être dérangés. Le 20 mai, ils atteignirent la Manche, et encerclèrent les forces françaises et britanniques à Dunkerque. Bien que 340 000 soldats alliés soient parvenus à s'enfuir et à traverser la Manche, la première vague de combats était déjà pratiquement terminée. Les Allemands se dirigeaient maintenant en masse vers le sud, et, le 14 juin, pénétrèrent de manière incontestée dans Paris.

Les dirigeants français demandèrent l'armistice. Une semaine plus tard, on les convoqua dans la forêt de Compiègne[13], à l'endroit même où l'Allemagne s'était rendue à la France en novembre 1918. Hitler conduisit la délégation jusqu'à une clairière pour débuter les négociations. Quand ils l'atteignirent, le Führer mit un point d'honneur à marcher sur le monument commémoratif de la fin de la Première Guerre mondiale et de la chute de l'Empire allemand. Il y était écrit « Ici a succombé, le 11 novembre 1918, la fierté criminelle de l'Empire allemand vaincu par les peuples libres qu'il avait essayé d'asservir ». Il lut l'inscription avec un mépris évident. William Shirer, le correspondant de la radio CBS venu témoigner de ce moment historique, regarda attentivement le Führer. « J'ai vu ce visage de nombreuses fois à de grands moments de sa vie, écrivit-il plus tard dans son journal. Mais aujourd'hui, il était illuminé par le mépris, la colère, la haine, la revanche et le triomphe. »

Le lendemain, les Français signèrent un armistice accablant. Deux jours plus tard, les Allemands firent détruire le monument commémoratif.

Depuis le jour où, six ans auparavant, Hitler l'avait nommé chef de l'endoctrinement, Rosenberg avait vu ses enseignements imprégner chaque aspect de la vie quotidienne allemande. Le plan de *Gleichschaltung*, ou de « Mise au pas[14] », avait octroyé aux nazis le contrôle des syndicats, des chambres de commerce, des unions d'enseignants, des sociétés étudiantes, des associations de jeunesse et de presque tout autre groupe social ou associatif, même les plus insignifiants à l'échelle locale la plus basse – clubs de tirs, de chant et de sport.

Constamment soumis à une éducation idéologique, tout citoyen allemand était donc inévitablement familier avec les idées radicales de Rosenberg.

Celui-ci intervenait régulièrement devant les Jeunesses hitlériennes[15] qui comptaient, en 1939, huit millions sept cent mille enfants à leur actif. Hitler considérait cette association comme le terreau de ses futurs soldats et des futurs membres du parti. En plus de l'éducation physique prédominante, randonnée, camping, sport – ainsi que, dès le début de la guerre, d'autres activités plus adaptées à des soldats en devenir comme le code morse, l'orientation, le défilé militaire –, tous les enfants faisaient l'objet d'un endoctrinement idéologique. Ils chantaient des chansons, lisaient des livres et écoutaient attentivement les leçons conditionnées sur le Führer, les mythes germaniques et la pureté raciale. Le *Mythe* faisait partie de la documentation que les instructeurs des Jeunesses hitlériennes devaient connaître et enseigner.

Cet ouvrage semblait être partout au sein du Troisième Reich. Les professeurs du secondaire devaient passer des examens d'accréditation qui imposaient de connaître les théories qu'il soutenait. En 1935, une publication de la Ligue nationale-socialiste des enseignants déclara que « tout Allemand qui se bat pour la liberté d'esprit et d'âme » avait le devoir de le lire. « Avec son *Mythe du vingtième siècle*, Rosenberg a mis entre les mains des Allemands une arme[16] avec laquelle ils peuvent regagner leur honneur et leur autonomie spirituelle. » Les éducateurs, les étudiants et même les entrepreneurs participaient à des camps d'endoctrinement nazi[17] où l'on invoquait *Mein Kampf* et le *Mythe* pour enseigner l'importance de la pureté raciale. « Le national-socialisme est une idéologie, et cette idéologie se trouve dans le *Mythe du vingtième siècle* de Rosenberg, affirma à des étudiants un éducateur officiel du parti lors d'une séance d'endoctrinement, en septembre 1935. Ceux qui ne partagent pas notre foi ou ne peuvent pas la partager en raison de leur infériorité raciale doivent être éliminés[18]. »

Les hommes de Himmler se familiarisèrent avec le message de Rosenberg à travers le journal officiel des SS, *Das Schwarze Korps.* Ses articles étaient également reproduits dans le *SS-Leitheft*, bulletin idéologique destiné au commandement SS, à la couverture étincelante fendue du logo SS en forme d'éclairs sur fond rouge et noir.

Rosenberg avait beau voir son idéologie envahir la culture allemande, il continuait constamment à débattre avec Hitler pour que celui-ci lui octroie encore plus de pouvoir sur les cœurs et les esprits de son pays. Il voulait une scène encore plus grande, depuis laquelle il pourrait prêcher sa parole au peuple. Le pays étant en guerre, il affirmait que Hitler avait besoin de sa voix singulière pour s'assurer la fidélité du parti et des masses aux doctrines nazies.

Mais ce n'était pas un hasard si le plan de Rosenberg pouvait en même temps lui permettre de limiter l'influence de son pire ennemi, Joseph Goebbels.

« Le peuple regarde désormais le parti[19] », écrivit-il dans son journal un jour de septembre 1939 en rapportant les propos qu'il avait tenus à Rudolf Hess, porte-parole du Führer. Les Allemands avaient accordé leur vote de confiance aux nazis, et les dirigeants avaient abusé de cette confiance. La Chambre de culture du Reich de Goebbels était corrompue. Robert Ley, après s'être arrangé avec Rosenberg pour préparer du matériel d'endoctrinement pour le parti, avait ensuite essayé de « m'escroquer du travail de ma vie », se plaignit Rosenberg. « Et c'est ainsi que le parti se destructure : le comportement ostentatoire de quelques parvenus, l'obstruction inamicale de certaines personnes pour des raisons de vanité pure, sans oublier une faiblesse et une indécision de petit-bourgeois. Des milliers de nationaux-socialistes dignes de ce nom ne cessent de poser la question : le Führer ne va-t-il donc pas intervenir ? Peut-il continuer à nous imposer le Dr G. ? N'y aura-t-il jamais aucun ordre ? Ils travaillent fidèlement, comme toujours – parce qu'ils se sont battus et qu'ils ne peuvent pas abandonner ce combat –, mais ils n'ont plus la foi, notre foi intérieure, celle que nous avions tous autrefois. » Rosenberg était convaincu que le parti volerait en éclats et s'effondrerait s'il ne le guidait pas sur les sujets idéologiques. La seule chose qui unifiait encore le Troisième Reich, c'était l'autorité inattaquable de Hitler. Mais si le Führer mourait, ses acolytes entreraient en guerre les uns contre les autres, comme les généraux d'Alexandre le Grand s'étaient battus pour le butin qu'il avait laissé derrière lui à l'époque de la Grèce antique. Le temps était venu d'instaurer une « réforme », et il était l'homme idéal pour s'en charger.

Plus tard au cours de 1939, Rosenberg alla plaider sa cause auprès de Hitler. Il ne s'agissait pas seulement d'une guerre territoriale, dit-il au Führer. C'était une guerre spirituelle. Il s'inquiétait de ce que le peuple se laisse séduire par de nouveaux dirigeants, des « philosophes Art nouveau[20] ». Les Églises renforçaient leurs activités subversives et les nazis n'arrivaient pas à contenir leur combat. Le clergé s'accrochait toujours à l'idée qu'il était lui-même – et non pas le parti nazi, non pas Rosenberg – en charge du bien-être spirituel des Allemands. Un théologien avait même eu l'audace de suggérer que l'entraînement idéologique du parti devait être dispensé par l'Église. « Ce message éhonté dégouline d'une arrogance à la fois naïve et obtuse, mais il démontre à quel point le grandiloquent esprit chrétien, obsédé par l'Ancien Testament, est complètement perdu quand on le confronte avec le mode de vie allemand, écrivait Rosenberg. Cette Église attardée ne se doute même pas d'à quel point elle est dépassée. » Des prêtres de plusieurs régions affirmaient que la guerre était une punition de Dieu. Ils pervertissaient les âmes humaines, et ce n'étaient pas les tactiques de Goebbels – « des contes de fées, de la propagande mensongère et des représentations dignes d'un vaudeville[21] » – qui permettraient de gagner la bataille contre ces ennemis-là.

« Je crois avoir honnêtement gagné la confiance du parti ces dernières années[22], soutenait Rosenberg, et si nous ne sévissons pas, notre combat futur sera vain. »

Rosenberg mit son idée par écrit et l'envoya dans la grande machinerie de la légifération nazie. À coups de négociations et de compromis, il fit tout pour que son projet plaise à ses ennemis. Mais au printemps 1940, Hitler lui opposa soudain son veto[23], en rejetant principalement la faute sur Benito Mussolini. Le dictateur italien s'inquiétait des répercussions à Rome la catholique si le Führer nommait Rosenberg l'hérétique à un nouveau poste important. Hitler avoua à Rosenberg qu'il partageait ce sentiment. Ce geste « aurait immédiatement l'effet d'une bombe[24] , dans les instants précédant la grande offensive ». D'ici quelque temps, les nazis feraient ce qu'ils voudraient, mais pour l'instant ce n'était pas le bon moment pour affronter une nouvelle rébellion des membres du clergé. « L'Église espère encore d'une certaine façon qu'elle réussira à survivre, expliqua Hitler. Votre nomination enterrerait tous ces espoirs, et ferait donc tomber toutes leurs inhibitions. »

Mais le Führer eut vite d'autres projets pour son fidèle lieutenant.

Dans les cinq années qui allaient suivre, l'ambition sans limites de Rosenberg et sa quête infatigable de pouvoir personnel allaient lui obtenir un rôle clé dans l'un des crimes les plus célèbres de l'Allemagne nazie.

De façon plutôt inoffensive, le nouveau chapitre de la vie de Rosenberg commença par un projet de bibliothèque[25]. Sur ordre de Hitler, il dessina une *Hohe Schule* nazie, une « grande école », institution qui, ils l'espéraient, assurerait les enseignements du parti nazi génération après génération. Le campus principal serait construit au bord du lac Chiemsee, une superbe étendue d'eau au milieu des montagnes au sud de la Bavière. L'architecte envisageait un imposant bloc de béton en guise de bâtiment principal[26], avec des lignes austères typiquement nazies, entouré de colonnes monumentales sur lesquelles auraient trôné deux immenses aigles en pierre.

La Hohe Schule serait l'apogée d'un système d'éducation idéologique d'élite[27]. Les adolescents allemands qui espéraient obtenir un jour des postes de dirigeants du parti seraient forcés de s'inscrire dans l'une de ces nouvelles écoles construites par Adolf Hitler. Dirigées par les Jeunesses hitlériennes, elles insisteraient sur l'éducation physique et militaire. Les meilleurs élèves pourraient ensuite intégrer un « château de l'ordre SS » – on en construisit trois pour des sommes exorbitantes en Rhénanie, en Bavière et en Poméranie – où quelques élus se plongeraient dans la biologie raciale, le sport de haut niveau et l'entraînement idéologique. Les châteaux accueilleraient également les dirigeants du parti en vue de leur formation continue. La Hohe Schule formerait les enseignants des écoles Adolf Hitler et des châteaux de l'ordre SS, donnant ainsi à Rosenberg le contrôle sur tout le système éducatif du parti.

Cette nouvelle institution servirait également dans l'instruction du personnel d'endoctrinement ainsi qu'en tant que centre de recherches nazi. On établirait différentes branches à travers le pays pour étudier le communisme, la théologie, l'hygiène raciale, le folklore germanique, l'art et bien plus encore. Le premier institut ouvrit à Francfort, et les universitaires nazis y étudièrent la question la plus pressante du jour, la question juive.

Ces institutions avaient besoin de bibliothèques et les bibliothèques avaient besoin de livres. En janvier 1940, Hitler ordonna aux dirigeants du gouvernement et du parti de venir en aide à Rosenberg dans son effort pour mettre en place les collections de la Hohe Schule[28]. Rosenberg persuada la ville de Francfort de partager sa collection d'archives juives et entreprit l'achat d'autres bibliothèques.

Mais au début de la guerre, une nouvelle opportunité se présenta à Rosenberg. Le 18 juin, quatre jours après la chute de Paris, un membre de son équipe se rendit compte que de nombreuses institutions juives et maçonniques de la capitale française avaient tout bonnement été abandonnées. Leurs archives seraient une véritable mine d'or pour l'institut de recherches de Rosenberg.

Profitant au maximum de cette opportunité, Rosenberg demanda officiellement à Hitler de lancer une équipe d'intervention pour rassembler toute documentation abandonnée par les juifs en exil afin de la faire étudier par de futurs universitaires. Hitler donna aussitôt son accord et le bientôt tristement célèbre Einsatzstab Reichsleiter Rosenberg (ERR) – l'équipe d'intervention du Reichsleiter Rosenberg – était né. Très vite, ses hommes

– avec l'aide de la Gestapo, des forces de sécurité SS et de la police militaire secrète, la *Geheime Feldpolizei* – vinrent piller les bibliothèques, les archives et les collections privées de Hollande, de Belgique et de France.

Les hommes de Rosenberg s'emparèrent des collections de deux des plus importantes institutions juives de Paris : l'Alliance israélite universelle et l'École rabbinique, saisissant au total cinquante mille ouvrages. Ils confisquèrent vingt mille livres chez *Lipschutz*, l'une des librairies juives les plus connues de la capitale. Ils spolièrent l'énorme collection privée des Rothschild. Ils occupèrent les principales loges maçonniques, que Rosenberg considérait à vrai dire comme des « organisations belliqueuses[29] ». Et puisque Rosenberg était en charge de l'opération, ils attaquèrent également les bibliothèques russes et ukrainiennes de l'Ouest occupé. L'ERR menait une compétition féroce, particulièrement avec le bureau principal de sécurité du Reich dirigé par Himmler, lequel mettait également en place sa propre bibliothèque de recherches secrète afin de faciliter ses enquêtes contre les ennemis du nazisme[30]. Mais Rosenberg avait réussi à piller des milliers de livres en un temps record. En août 1940, un convoi de mille deux cent vingt-quatre caisses de livres alla jusqu'à remplir onze wagons[31].

« Les biens que mon Einsatzstab a confisqués à Paris, écrivit Rosenberg dans son journal, sont sans aucun doute uniques au monde[32]. »

Dans son nouvel Institut pour la recherche de la question juive de Francfort, Rosenberg compilait la plus grande bibliothèque judaïque du monde. Il voulait donner aux chercheurs le matériel dont ils auraient besoin pour étudier le grand ennemi de l'Allemagne dans les moindres détails. « Quiconque voudra étudier la question juive à l'avenir, écrivit-il dans son journal, sera *forcé* de se rendre à Francfort[33]. »

Mais, rapidement, la mission de l'ERR concernerait bien plus que des piles de livres de bibliothèque poussiéreux. Les hommes les plus haut placés du Troisième Reich avaient des vues sur les trésors les plus précieux de l'Europe occidentale.

Hitler prévoyait de construire un immense musée à Linz, la ville d'Autriche où il avait grandi[34]. En 1938, son passage éclair aux Offices et à la galerie Borghèse de Florence l'avait convaincu que son pays ne disposait d'aucune des œuvres d'art de premier plan dont son projet de musée avait besoin. Cela était sur le point de changer. En Allemagne, la Gestapo confisquait aux juifs des œuvres d'art et d'autres biens précieux « pour les mettre en lieu sûr ». On décida que les plus belles pièces seraient assignées à Linz et à d'autres musées allemands, et que le reste serait vendu ou détruit.

En 1939, les entrepôts de Hitler étaient pleins à craquer et il nomma un historien de l'art, Hans Posse, en charge de trier la masse d'œuvres confisquées et de choisir ce qu'on enverrait au Führermuseum. Disposant d'un budget illimité et du pouvoir de conduire les négociations les plus féroces, Posse se mit également à acquérir des pièces sur le marché traditionnel.

Il était en compétition avec Hermann Göring qui, en tant que pilleur, n'avait pas son pareil dans toute l'Allemagne nazie[35]. Göring se considérait comme un homme de la Renaissance. Sa résidence à Berlin était décorée de peintures que lui avaient prêtées des musées allemands. Une énorme toile de Rubens y cachait un écran de cinéma. Il avait commencé à rassembler une impressionnante collection d'art, peu après la prise du pouvoir par les nazis. En 1936, quand Hitler le nomma à la tête de l'économie allemande, les fonds gouvernementaux affluèrent dans les caisses de Göring, et ceux qui le considéraient désormais comme un atout financier le couvraient en privé de cadeaux somptueux. À 65 kilomètres au nord de Berlin, le Reichsmarschall construisit une résidence extravagante qui faisait forte impression sur les visiteurs étrangers par son immense étendue et son caractère ostentatoire. Il y avait des peintures par centaines, mais aussi de gigantesques lions et bisons empaillés. Il était connu pour avoir une coupe sertie de diamants sur son bureau afin de pouvoir tripoter quelque chose pendant ses réunions.

Après l'annexion de l'Autriche, les Allemands pillèrent Vienne[36]. Des familles célèbres perdirent leurs collections, certains juifs renoncèrent à leurs biens en échange d'une autorisation d'émigrer. Les bijoux de la couronne du Saint Empire romain germanique – sceptres, orbes, livre de prière de Charlemagne, tout ce qui était serti de pierres précieuses[37] – furent saisis par le maire de Nuremberg au motif qu'ils avaient été emportés à Vienne pour y être mis en lieu sûr après avoir passé quatre siècles dans sa ville, et n'avaient jamais été restitués.

Quand ils envahirent la Pologne l'année suivante, les nazis s'emparèrent du plus grand retable de bois gothique du monde – celui de la basilique Sainte-Marie de Cracovie, réalisé par le sculpteur allemand Veit Stoss –, ainsi que de peintures célèbres peintes par Rembrandt, Raphaël et Léonard de Vinci.

Aux Pays-Bas, les agents de Göring s'arrangèrent pour organiser des spoliations méthodiques tandis qu'on encerclait les troupes alliées à Dunkerque. Les filets nazis[38] semblaient tout ramasser : les propriétés de ceux qui avaient été arrêtés, de ceux qui s'étaient enfuis avant l'invasion, de ceux qui avaient confié leurs tableaux à des galeries et de ceux qui avaient tenté de faire envoyer leurs biens à l'étranger.

Tout ne fut pas purement et simplement volé. Les nazis donnèrent un semblant de légalité[39] à leurs opérations en achetant des collections. Mais il s'agissait de ventes forcées à des prix cassés sous la menace d'une confiscation. « Si vous étiez, cette fois encore, incapable de vous décider, lança Göring à un marchand belge hésitant, alors je serais dans l'obligation de retirer mon offre et le processus suivrait donc son cours normal sans que je sois en mesure de faire quoi que ce soit pour l'en empêcher[40]. »

Parfois, un visa de sortie faisait partie du marché pour un vendeur désespéré. L'un d'eux échangea quatre panneaux de Brueghel contre la liberté de deux de ses employés juifs. Un autre réussit à obtenir des visas pour vingt-cinq membres de sa famille en échange du *Portrait d'un membre de la famille Raman*, peint par Rembrandt en 1634. L'une des transactions les plus importantes impliqua la collection abandonnée par Jacques Goudstikker, un marchand juif, l'un des plus éminents spécialistes de maîtres anciens. En mai 1940, il s'était brisé la nuque dans la cale d'un navire en tentant de fuir la Hollande occupée. Deux de ses employés avaient réussi à convaincre sa veuve que si elle ne vendait pas, tout serait confisqué. À l'issue de cette transaction, Göring repartit avec six cents tableaux, dont neuf Rubens.

À l'été 1940, les nazis se concentrèrent sur la France vaincue. Hitler ordonna que l'on mette l'art « en lieu sûr », et Otto Abetz, l'ambassadeur de Ribbentrop, prit immédiatement en charge cette mission. Ses hommes dévalisèrent les coffres de banques, les galeries d'art et les résidences privées des juifs. On entassa les biens confisqués à l'ambassade. Mais les officiers militaires, croyant que c'était à eux qu'on avait confié la responsabilité de ces trésors, et non pas à l'ambassadeur, s'opposèrent au zèle d'Abetz et tentèrent de l'empêcher d'envoyer tous ces biens à l'étranger. Dans la course aux spoliations, les joueurs étaient nombreux, il y avait également Goebbels, qui s'estimait légitime en tant que chef de la Chambre de culture du Reich.

Mais cette fois, Rosenberg eut le dessus sur ses rivaux. Hitler lui confia la mission de protéger les « biens juifs sans propriétaires[41] » comme le mentionnait l'ordre donné à l'ERR. Contrairement à Göring, Rosenberg n'avait pas de collection artistique à enrichir. On pouvait compter sur lui pour mettre à l'abri pour Hitler, scrupuleusement et servilement, tous les biens spoliés.

En France, les agents de Göring s'attelaient déjà à la tâche, bien évidemment. Rosenberg leur écrivit donc immédiatement pour leur dire qu'il comptait sur leur complète coopération. Le Reichsmarschall répondit avec enthousiasme. Il offrit de résoudre l'un des problèmes de Rosenberg : celui de rapatrier les œuvres d'art en Allemagne. Les trains n'étaient pas toujours disponibles, mais Göring mettait la Luftwaffe à la disposition de Rosenberg pour empaqueter, préparer, conserver et acheminer les œuvres.

Les deux dirigeants nazis entretenaient une relation compliquée. Durant la brève titularisation de Rosenberg à la tête du parti entre 1923 et 1924, alors que Göring était en exil, se remettant d'une blessure par balle après le coup d'État, Rosenberg avait fait rayer le nom de Göring des listes nazies et ce dernier ne l'avait pas oublié. Une décennie plus tard, à l'époque où Rudolf Diels, le chef de la Gestapo, fournissait à Göring des dossiers sur les traîtres potentiels au sein du ministère de l'Intérieur de Prusse, il lui remettait également des renseignements sur les autres dirigeants nazis. Dans ses mémoires, Diels affirmait que le dossier de Rosenberg contenait des lettres d'amour[42] à une femme juive, Lisette Kohlrausch, arrêtée par la Gestapo. Il écrivit que Rosenberg avait réussi à la faire libérer, mais que cette affaire l'avait mis dans une position compromettante. À tout moment, Göring pouvait révéler l'incident à Hitler et détruire la carrière de Rosenberg. Les lettres évoquées par Diels, si elles ont existé, n'ont jamais été retrouvées.

Mais en 1940, le soutien de Göring fut comme une bénédiction pour Rosenberg[43]. Tous ses rivaux se soumirent rapidement à l'autorité de l'ERR. La Devisenschutzkommando de Göring, le « Détachement pour la mise en sûreté des devises », une unité de contrôle monétaire, aida à mener des raids et remit même à l'agence de Rosenberg des œuvres qu'elle avait découvertes. Les nazis semblaient savoir, sans avoir besoin de le demander, où trouver les musées, les galeries, les banques, les entrepôts et les résidences privées les plus importants. On voyait de nombreux camions de déménageurs garés devant les maisons de riches familles juives. Un témoin écrivit dans son journal : « De magnifiques chefs-d'œuvre, tapisseries, tapis, bustes, porcelaines, meubles, couvertures, draps, tout fut emporté en Allemagne[44]. »

On entreposa tout au Jeu de paume, ce petit musée de la place de la Concorde. Bientôt, les œuvres d'art envahirent les bureaux à une vitesse telle que les historiens d'art de Rosenberg eurent du mal à suivre la cadence. « Par tous les moyens possibles et de toutes les façons, nous trouvions et saisissions toutes les collections d'art appartenant à des juifs[45] qui étaient cachées soit dans leurs résidences parisiennes, soit dans des châteaux en province, soit dans des entrepôts ou des garde-meubles, rapporta Rosenberg à Hitler. Les juifs en exil savaient comment dissimuler leurs caches d'œuvres d'art. » Les célèbres collections des Rothschild avaient été réparties entre Paris, Bordeaux et la vallée de la Loire.

Lors d'un déjeuner avec Hitler, début septembre, Rosenberg raconta avec enthousiasme ce qu'ils avaient trouvé dans l'hôtel particulier parisien d'un membre de la famille Rothschild. Sous une trappe, dans une cave secrète[46], on avait découvert soixante-deux boîtes pleines de documents et de livres, ainsi qu'une petite cassette contenant des boutons de porcelaine qui avaient été portés par Frédéric le Grand lui-même.

Quand on l'interrogea après la guerre sur la saisie de toutes ces œuvres d'art et de ces antiquités sans la moindre compensation, Rosenberg se justifia de la façon la plus simple qui soit : « Tous les propriétaires étaient partis[47]. »

Rosenberg comprit vite que sa collaboration avec Göring ne serait pas sans contrepartie.

Göring entretenait une relation privilégiée avec le responsable de l'ERR à Paris, Kurt von Behr – le même von Behr qui, cinq ans plus tard, conduirait les Alliés jusqu'aux documents cachés par Rosenberg dans l'abbaye de Banz. Impérieux et vaniteux[48], von Behr était issu d'une famille aristocratique et avait un jour dirigé la Croix-Rouge allemande. Bien que ne faisant plus partie de l'armée depuis la Première Guerre mondiale, il s'arrangea pour être nommé lieutenant-colonel par le gouvernement militaire de Paris. Il parlait français, paradait dans ses uniformes flamboyants, entretenait des relations dans les plus hautes sphères et donnait des soirées somptueuses. Son épouse était anglaise mais détestait son pays natal. D'autres membres de l'Einsatzstab se plaignaient que von Behr était un « égocentrique sans scrupules » qui ne connaissait rien à l'art et se comportait comme un gangster. Même sous un régime dont l'avidité n'avait jamais connu d'équivalent, les von Behr réussissaient à se démarquer.

Selon une enquête du Bureau des services stratégiques américain, le bureau de l'ERR de Paris ne ressemblait apparemment à aucun autre au sein de l'empire de Rosenberg. Les responsables avaient ouvertement des aventures avec leurs secrétaires. Une employée s'« appropriait des objets de valeur tels que des fourrures, des bijoux et de l'argent[49] » et se querella un jour amèrement avec l'une de ses collègues à coups d'« injures et de contre-accusations hystériques ». Une autre employée fut soupçonnée d'espionner l'équipe pour le compte de son patron. L'administration militaire en vint à détester von Behr et toute son unité.

Début novembre, Göring vint à Paris faire ses emplettes[50]. Ses agents avaient exploré toutes les collections privées avant que celles-ci ne fussent confisquées et s'étaient assurés que les plus belles œuvres soient envoyées au Jeu de paume.

Au musée, von Behr organisa une exposition privée sophistiquée à l'intention du Reichsmarschall. On sabra le champagne, les salles avaient été décorées à l'aide de feuilles de palmier, de meubles élégants et de tapis délicats. L'invité d'honneur se promena toute la journée au milieu des œuvres avant de revenir deux jours plus tard pour considérer les mérites d'autres tableaux encore. Il fit mettre de côté deux douzaines d'œuvres pour son usage personnel – un Rembrandt, un van Dyck, une série de vitraux et quelques tapisseries – et en désigna stratégiquement d'autres pour le Führermuseum de Hitler, parmi lesquelles un chef-d'œuvre de Vermeer, *L'Astronome.*

À la fin de sa visite, Göring émit, de façon présomptueuse, un ordre qui précisait comment les biens spoliés seraient divisés, bien qu'il n'eût aucune autorité officielle sur l'ERR et les saisies artistiques de Paris.

D'abord, décréta Göring, les représentants de Hitler mettront de côté ce qu'ils souhaitent pour Linz. Puis Göring prendrait ce dont il avait besoin « pour compléter la collection du Reichsmarschall ». Rosenberg, le suivant dans la hiérarchie, pourrait prendre ce qu'il voudrait pour sa « Hohe Schule ». Enfin, les musées allemands et français pourraient se servir dans le butin. Dans une tentative inutile de faire preuve de bienveillance, Göring déclara que tout ce qu'il resterait – s'il restait quelque chose – pourrait être vendu aux enchères, et que les gains pourraient aller aux veuves et aux orphelins de guerre.

Trois semaines après la fièvre acheteuse de Göring, Rosenberg arriva à Paris, une ville que même les nazis n'avaient pu se résoudre à bombarder.

« Je n'ai absolument pas l'intention d'attaquer la belle capitale de France[51] », annonça Hitler tandis que son armée passait la frontière à l'été 1940. Une partie de son raisonnement était stratégique. Les nazis savaient que détruire Paris – comme ils l'avaient fait de Rotterdam, par exemple –, c'était s'attirer l'hostilité des Britanniques, avec qui ils espéraient, à l'aube de la défaite française, relancer les négociations de paix. Mais Hitler admirait également la ville pour sa beauté et son style. Il la considérait comme l'un des « joyaux de l'Europe » et jura de la préserver.

Deux semaines après que les Allemands furent entrés dans Paris sans tirer le moindre coup de feu, le Führer monta dans une Mercedes décapotable et fit le tour de la ville. De manière surréaliste, les rues étaient complètement vides, au moins quatre millions de personnes s'étaient enfuies. Il s'arrêta face à l'Opéra pour en admirer l'architecture, puis l'hôtel des Invalides pour voir la tombe de Napoléon. Il posa pour la photo que tout touriste visitant Paris doit prendre : debout, devant la tour Eiffel.

À défaut de détruire Paris, les nazis s'assurèrent tout de même que tout le monde avait bien conscience de leur présence. Quand les Parisiens rentrèrent chez eux après la capitulation, ils trouvèrent une ville envahie de jeunes soldats en uniforme. Les croix gammées semblaient flotter à chaque balcon. Des panneaux en allemand fraîchement peints fleurissaient à chaque carrefour important pour orienter la circulation. Les rues dont les noms honoraient des juifs célèbres avaient été rebaptisées. Sur les Champs-Élysées, on avait investi le Grand Palais, qui avait été laissé vide pour laisser place à un dépôt de camions militaires. Quant au gouvernement nazi, il s'était installé dans les plus beaux et les plus renommés palaces et hôtels de la ville. Au final, l'annuaire des adresses qu'ils avaient réquisitionnées atteignit les six cents pages[52].

Les nazis s'abandonnèrent avec délices aux plaisirs de la ville : les restaurants et les cafés, les boîtes de nuit, le Casino de Paris, les Folies Bergère. On les croisait en masse, les poches pleines de francs échangés à un taux très avantageux, dans les magasins chics comme au marché. Ils étaient ravis de « faire que Paris soit toujours Paris », comme l'avait ordonné le ministre de la Propagande. De nombreux soldats, qu'ils fussent en poste à Paris ou en visite lors d'une permission, se référaient à un nouveau petit guide touristique en allemand publié un mois après le début de l'Occupation. « Pour beaucoup d'entre nous, Paris est une terre inconnue qui suscite en nous des sentiments partagés : supériorité, curiosité et anticipation nerveuse. Le nom de Paris évoque quelque chose de particulier[53]. » Quand leurs grands-pères en parlaient, ceux qui avaient combattu en France en 1870, son nom résonnait comme celui d'un endroit « mystérieux, extraordinaire. Aujourd'hui nous sommes là et nous pouvons en profiter comme nous l'entendons ».

Rosenberg se rendit à Paris pour prononcer un discours devant les nouveaux dirigeants de la France au Palais-Bourbon, qui abritait le Sénat depuis 1830 et allait devenir le siège du gouvernement nazi pendant l'Occupation. Hugo Sperrle, général de la Luftwaffe, et d'autres commandants militaires faisaient partie des six cents hommes qui se rassemblèrent dans la grande salle semicirculaire du palais pour écouter Rosenberg.

« C'est un sentiment étrange[54] que de parler ici, depuis l'endroit où Clemenceau et Poincaré ont tonné contre le Reich, ce lieu qui fut la source de toutes les campagnes internationales contre l'Allemagne, encore et encore, médita plus tard Rosenberg dans son journal. J'ai été le premier à parler au nom de la révolution nationale-socialiste sur la tombe de la Révolution française, si je puis dire. » Pour ses remarques, publiées dans un recueil intitulé

Sang et Or, Rosenberg reçut beaucoup de critiques et de commentaires de la presse parisienne. « De ce que j'ai pu comprendre, mon discours a été le sujet du jour auprès de tous les Français, écrivit-il plus tard dans son journal. Coincé entre l'Église et la démocratie, ils y ont vu un nouveau chemin spirituel. Pour l'instant, cependant, un changement intrinsèque ne se profile pas encore en France... Le Français n'a pas encore compris l'ampleur de son effondrement. »

Ce soir-là, Rosenberg se rendit à une soirée au Ritz, puis visita les quartiers opulents de Sperrle récemment rénovés, au palais du Luxembourg. Peu après sa victoire en France, l'Allemagne prévoyait un plan pour envahir la Grande-Bretagne par un assaut sous-marin. La Luftwaffe se mit à bombarder les terrains d'aviation anglais, les infrastructures et les villes afin de préparer l'assaut. Durant ces mois de combat aérien, les avions Spitfire et Hurricane britanniques remportèrent la bataille de la suprématie aérienne contre les Messerschmitts allemands et, en septembre 1940, Hitler renonça à attaquer en traversant la Manche. Mais la guerre éclair continua par des bombardements nocturnes de Londres, de Liverpool et d'autres villes d'Angleterre, forçant la population à courir pour se mettre à l'abri. À Paris, Sperrle montra à Rosenberg des images aériennes de la dévastation infligée par ses pilotes.

Pendant son séjour à Paris, Rosenberg rendit également visite à son équipe de l'ERR au Jeu de paume. Le musée avait été décoré de chrysanthèmes en son honneur. « Il y avait beaucoup de belles choses à admirer, écrivit-il. Rothschild, Weill, Seligmann, etc., avaient tous dû céder le fruit d'un siècle de profits en Bourse : Rembrandt, Rubens, Vermeer, Boucher, Fragonard, Goya... étaient représentés en nombre, ainsi que de très anciennes sculptures sur bois ou des tapisseries. Les experts évaluent tout cela à presque un milliard de marks ! »

Mais il avait des raisons de s'inquiéter. Göring prétendait déjà que certaines de ses œuvres étaient les siennes.

Rosenberg manqua de trouver la mort[55] à son retour de Paris. Après avoir assisté à une pièce de théâtre, il se hâta de rejoindre l'aérodrome et monta à bord de l'avion du maréchal Gerd von Rundstedt afin de parcourir les 900 kilomètres qui le séparaient de Berlin. Mais les jauges avaient gelé et le pilote fut forcé de faire demi-tour. Il atterrit dans une précipitation telle qu'une des ailes de l'avion frappa violemment le sol. « Quand il en entendit parler, se remémora Rosenberg, Sperrle souleva pratiquement le pauvre pilote par ses boutons. »

Quand il rentra enfin chez lui, Rosenberg entreprit d'empêcher Göring de prendre le contrôle de son opération de spoliation artistique[56] en France.

Une lettre du Reichsmarschall était arrivée, dans laquelle il expliquait à Rosenberg qu'il soutenait complètement l'autorité de l'ERR. Mais il soulignait, avec raison, que c'étaient ses hommes à lui et ses sources de renseignements qui avaient aidé à localiser la plupart de ces trésors, et expliqua qu'il garderait donc quelques pièces pour lui – « un petit pourcentage », écrivit-il – qu'il promettait de léguer au Reich à la fin de sa vie.

Rosenberg envoya à Paris Robert Scholz, son conseiller artistique à Berlin, afin qu'il visite l'ERR. Celui-ci rapporta que Göring prévoyait en réalité un « convoi massif » d'œuvres d'art en direction de Carinhall. Il semble que cela déclencha le signal d'alarme. Hitler n'était-il pas censé décider lui-même de ce qu'il fallait faire des œuvres saisies ? Rosenberg voulut que le Führer intervienne. Il demanda à Scholz d'écrire au conseiller de Hitler au bureau de la chancellerie, pour suggérer qu'un convoi de quinze wagons des pièces les plus précieuses quittent immédiatement la France afin de pouvoir être déballées, répertoriées et remises à Hitler.

Ainsi alerté, ce dernier décida le 31 décembre quelles œuvres spoliées en France il désirait s'approprier pour son propre musée. Pour son premier convoi, il choisit quarante-cinq peintures confisquées aux Rothschild, y compris *L'Astronome*, de Vermeer, ainsi qu'un Rembrandt, deux Goya, un trio de Rubens et trois œuvres de Boucher. Il sélectionna également un certain nombre de tapisseries ainsi que des meubles français du XVIIIe siècle. Les œuvres d'art furent transportées à Munich en février par le train spécial du Reichsmarschall, et entreposées dans des abris anti-aériens du Führerbau. De son côté, Göring obtint cinquante-neuf pièces et du mobilier.

Mais les nazis ne faisaient que commencer.

On estime que lorsqu'ils en eurent fini, un tiers des biens artistiques français appartenant à des particuliers étaient en leur possession.

L'ERR confisqua à elle seule près de vingt-deux mille objets à plus de deux cents collections privées juives de France : des huiles sur toile, des aquarelles, des dessins, des sculptures en bronze, des tapisseries, des pièces, des porcelaines, des bijoux, des vases anciens. Entre 1941 et 1944, vingt-neuf convois se rendirent dans six différents châteaux d'Allemagne dont on se servit comme entrepôts, parmi lesquels le château de Neuschwanstein, aux airs de conte de fées au milieu des montagnes sauvages au sud de Munich. Les nazis emportèrent *Le Portrait de Madame de Pompadour* de Boucher ainsi qu'un capriccio d'architecture de Panini – le Christ à la piscine de Bethesda. Ils s'emparèrent également d'une scène de port de Joseph Vernet et d'un paysage de rivière de Nicolas Berchem, tout comme d'un portrait de femme par Frans Hals.

La France protesta, en vain. Le service de Rosenberg lui rappela que l'Allemagne était en train de démanteler un complot juif global. En confisquant ces trésors inestimables à la France, elle ne faisait que se dédommager « pour tous les grands sacrifices faits par le Reich pour le peuple européen ».

Göring revint au Jeu de paume au moins vingt fois dans les deux années qui suivirent, et sélectionna plus de sept cents pièces pour sa collection qui n'en finissait pas de s'agrandir. Lors d'une visite, on montra au Reichsmarschall vingt-deux caisses de bijoux dérobés dans la maison de campagne des Rothschild. En regardant les pièces, il en sélectionna six des plus belles et se contenta de les glisser dans sa poche.

Rosenberg en voulait à Göring d'intervenir dans son opération. Nazi fidèle par excellence, il était convaincu que ces trésors n'appartenaient pas à un seul homme mais au parti tout entier, lequel « payait son combat contre les juifs depuis vingt ans ».

Par la suite, Rosenberg insista sur le fait qu'il avait « interdit, de façon très stricte, à tous les collaborateurs de s'approprier même un objet de pacotille en guise de souvenir[57] ». Mais il ne fut jamais en mesure d'empêcher Göring de prendre ce qu'il voulait. On découvrit plus tard que Rosenberg n'était pas totalement hermétique à la tentation. Il avait accroché dans sa maison de Berlin trois peintures précieuses prises aux Pays-Bas[58], dont une œuvre de l'artiste hollandais Frans Hals.

Finalement, les deux hommes obtinrent tous les deux ce qu'ils voulaient : Göring, sa part des œuvres spoliées, et Rosenberg le contrôle d'une opération qui serait considérée comme l'une des plus grandes confiscations artistiques de l'histoire.

L'ERR remplissait une multitude de carnets en cuir de photographies répertoriant les trésors qui étaient désormais entre les mains des Allemands. Au cours d'un mois d'avril, Rosenberg en envoya quelques-uns à Hitler « afin de vous procurer, mon Führer, un peu de joie pour votre anniversaire[59] ». Il en avait bien plus, expliqua-t-il, et il proposa de les lui livrer personnellement « dans l'espoir que cet instant passé avec des belles choses qui vous tiennent tant à cœur apporte un rayon de beauté et de joie à votre vie glorieuse ».

Quant aux peintures « dégénérées », celles des impressionnistes français et d'autres peintres modernes qui offensaient tant les sensibilités nazies, on les échangeait contre des toiles de maîtres anciens. Des enquêteurs américains découvrirent plus tard que, au cours d'une négociation, Göring approuva un échange avec un marchand allemand basé à Paris du nom de Gustav Rochlitz, qui sélectionna onze tableaux de Degas, Matisse, Picasso, Renoir et Cézanne, parmi d'autres, en échange d'un « portrait du Titien fortement douteux et d'une œuvre banale de Jan Weenix ».

Plus tard, d'autres œuvres modernes – de Picasso, de Miró, de Dalí – furent défaites de leurs cadres, emportées au jardin du Jeu de paume et brûlées avec les poubelles. Sur les listes méticuleuses de l'ERR, les noms des œuvres d'art condamnées furent rayés et annotés d'un simple mot.

Vernichtet. « Détruit ».

Au printemps 1941, Rosenberg allait se concentrer sur une destruction d'un genre plus sombre encore. Après les œuvres d'art, les vies humaines.

Un char d'assaut de la division SS Totenkopf – la division de la « tête de mort » – envahit les territoires de l'Union soviétique au début de l'opération Barbarossa à l'été 1941.

– 17 –

Rosenberg, votre heure de gloire est arrivée

Lorsqu'ils allumèrent leurs radios à la fin du mois de mars 1941, les Allemands entendirent la voix de l'idéologue en chef de Hitler envahir les ondes. L'intervention de Rosenberg concernait les juifs et, bien qu'elle paraisse en surface, tout ce qu'il y a de plus formelle, n'importe quel auditeur, même celui qui écoutait d'une oreille distraite, fut capable de déceler un discours sous-jacent bien plus meurtrier.

« Nous pensons que cette Grande Guerre va de pair avec une révolution mondiale d'épuration biologique[1], disait le Reichsleiter. Aujourd'hui, nous considérons la question juive comme l'un des problèmes politiques les plus importants d'Europe, un problème qui doit être résolu et qui sera résolu. Nous espérons, et nous avons d'ores et déjà la certitude que toutes les nations d'Europe finiront par nous soutenir dans cette épuration. »

Ce même week-end, à Francfort, des dignitaires nazis se réunirent dans la mairie au style médiéval afin d'inaugurer le nouvel Institut de recherches sur la question juive de Rosenberg. Un groupe de journalistes antisémites, d'écrivains et de représentants mineurs de dix pays européens[2] s'entretint pour s'accorder sur la façon d'éliminer les juifs du continent. Le moment était le bon, tout le monde le savait. Avec les nazis qui contrôlaient désormais une grande partie de l'Europe, les ennemis du peuple juif avaient enfin la possibilité de transformer leurs paroles en actes funestes[3].

Rosenberg avait assisté à la première partie de la conférence, mais quand Hitler le rappela à Berlin pour une question urgente et qu'il ne put revenir à temps pour la fin des débats, il décida de prononcer son discours de clôture à la radio, afin que toute l'Allemagne l'entende.

Cette guerre, dit-il aux auditeurs, exterminerait « tous ces virus contagieux de la juiverie et de ses bâtards. Tous les pays sont à la recherche d'une solution à cette question, et nous devons ici le déclarer avec la plus grande véhémence : nous n'allons et nous ne pouvons plus supporter de voir les doigts graisseux de la haute finance juive intervenir encore une fois dans les intérêts populaires (*völkisch*) de l'Allemagne ou des autres peuples d'Europe. Tout comme nous ne tolérerons plus de voir des bâtards juifs et nègres courir dans les villes et villages allemand(e)s au lieu d'y voir des enfants allemands. »

Restait maintenant à savoir « où on allait mettre les juifs ». L'idée d'un État juif indépendant était morte ; il ne s'était agi que d'un complot sioniste visant à créer un centre depuis lequel les juifs pourraient continuer leur contrôle insidieux sur le monde. Rosenberg suggéra de les déporter dans une réserve où ils seraient maintenus sous « la supervision d'une force de police expérimentée ».

Quelle que soit la logistique nécessaire, « Nous, en tant que nazis, n'avons qu'une seule réponse à donner ici pour toutes les questions : pour l'Allemagne, la question juive ne sera réglée que lorsque le dernier juif aura quitté le Grand Reich germanique, affirma Rosenberg. Pour l'Europe, la question juive ne sera réglée que quand lorsque le dernier juif aura quitté le continent européen ».

Tandis qu'il prononçait ces mots, Rosenberg savait déjà que pour la première fois de sa vie il allait avoir la possibilité de mettre à exécution toute la rhétorique qu'il avait forgée.

Hitler lui donnait enfin le pouvoir d'écrire l'histoire du monde.

Au mois de juillet 1940, Hitler était déjà concentré sur sa cible ultime, l'Union soviétique. Rosenberg avait raison depuis le début. En dépit de son pacte historique avec Moscou, Hitler avait toujours secrètement eu l'intention de détruire ce pays – et le plus tôt serait le mieux.

Il n'avait aucune confiance en Staline et ne pensait pas qu'il honorerait leur pacte. Profitant de l'invasion allemande de l'Ouest en mai et juin 1940, l'impitoyable dirigeant soviétique avait acquis de nouveaux territoires de son côté. Dans un premier temps, Staline avait mis en place l'occupation de l'Estonie, de la Lettonie et de la Lituanie, puis il avait exigé, avec succès, que la Roumanie lui cède deux de ses provinces orientales. Quand les Soviets commencèrent à négocier avec l'Allemagne afin d'obtenir plus de concessions encore en Europe de l'Est – le contrôle de la Finlande, de la Bulgarie ou de détroits importants comme celui des Dardanelles et du Bosphore –, Hitler lança son projet d'attaque militaire.

Un plan fut élaboré. Nom de code : opération Barbarossa. L'Allemagne écraserait les Soviets et les repousserait au-delà de l'Oural, à l'est de Moscou. Quand les troupes allemandes franchirent la frontière par force, Hitler exulta : « Le monde retient son souffle[4]. » Étonnamment, Staline, d'habitude suspicieux jusqu'à la paranoïa, n'avait pas cru les rapports le mettant en garde contre la trahison imminente de Hitler.

Le bureau des Affaires étrangères de Rosenberg travaillait d'arrache-pied sur la question russe depuis presque une décennie. Il en fit mention pour la première fois dans son journal en août 1936 : « À deux reprises désormais, le Führer m'a demandé de préparer un rapport dans l'éventualité d'une attaque russe[5]. » Ses hommes étaient des experts de l'Europe de l'Est. Ils s'intéressaient de près[6] à tous les développements à l'Est, recensaient les populations ethniques et politiques et restaient en contact étroit avec les leaders anticommunistes. Ils réfléchissaient au partage territorial du pays, quand l'heure serait venue. Durant l'automne 1940, ils publièrent un bulletin d'information bihebdomadaire sur les affaires intérieures de l'Union soviétique, destiné aux dirigeants du parti.

Ils avaient bien conscience des souffrances des peuples d'Ukraine, de Biélorussie et de Russie occidentale[7] depuis leur incorporation à l'Union soviétique.

Au début des années 1930, on confisqua leurs fermes aux paysans à travers toute l'Union afin de les collectiviser et de les réunir en grandes zones agricoles. L'idée était de rendre les fermes du pays plus productives afin de vendre plus de grain et de financer ainsi la modernisation du pays tout entier.

La première étape fut de sévir contre les fermiers les plus riches, les koulaks. Les Soviets lancèrent contre eux une campagne de propagande qui aurait pu être l'œuvre des nazis eux-mêmes – ils prétendaient que les koulaks n'étaient que des babouins avides et non pas des humains – et les firent déporter au goulag par centaines de milliers. Cette politique agricole sévère des Soviets fut d'une violence disproportionnée à l'égard des Ukrainiens. La collectivisation échoua misérablement, le surplus de grain si anticipé ne se concrétisa pas. Staline resta fidèle à son programme, même quand cinq millions de paysans moururent de faim.

En ville, les citadins qui faisaient la queue à la soupe populaire étaient assaillis par des enfants qui mendiaient, le ventre gonflé, et qui n'avaient paradoxalement pas de quoi survivre dans les fermes. Des gardes surveillaient les champs depuis des miradors afin d'empêcher qu'on y vole. Tout ce qui poussait sur les terres collectivisées appartenait désormais à l'État, et en récolter une petite part pour se nourrir, soi ou sa famille, était un crime. Quand les quotas n'étaient pas atteints, les autorités accusaient les paysans de sabotage, fouillaient leurs maisons et saisissaient toute leur nourriture. Dans de nombreux endroits, la population finit par se résoudre au cannibalisme.

À l'été 1932, la famine s'abattit sur le pays. Staline l'ignora royalement et monta dans un train de luxe pour passer quelques jours de vacances à Sotchi.

Cinq ans plus tard, durant la Grande Terreur, la région souffrit de nouveaux traumatismes. Staline ordonna une autre persécution vicieuse des koulaks qui, cette fois, visa spécifiquement les Polonais et d'autres minorités vivant en Ukraine et en Biélorussie. Ces personnes étaient des « espions étrangers » qui avaient l'intention de renverser l'État communiste, affirmait le dictateur. « Buvons à la complète destruction de nos ennemis et de leurs enfants[8] ! »

Plus de soixante-dix mille Ukrainiens furent exécutés lors des campagnes contre les koulaks, souvent d'une balle dans la nuque, à la suite d'auditions secrètes par des troïkas qui travaillaient à un rythme effréné. Des Polonais d'Ukraine et de Biélorussie furent forcés de monter dans des camions noirs avant d'être emportés par dizaines de milliers. Ils finirent au goulag ou au cimetière. Les épouses étaient envoyées en exil et les enfants emmenés à l'orphelinat pour être sûrs qu'on ne les élèverait pas comme des Polonais.

Incroyablement, les massacres ne provoquèrent aucune contestation internationale. On les remarqua à peine.

Mais en 1940, le regard de Hitler était tourné vers l'Est et il préparait une nouvelle tournée d'horreurs pour ces populations[9]. En étudiant les cartes, il ne voyait plus qu'une table rase sur laquelle il pourrait installer son utopie dont la construction durerait mille ans. On viderait les grandes régions de leurs indésirables en les déportant, les fusillant, les affamant ou, comme on le découvrirait plus tard, en les gazant. Puis de fidèles et purs Allemands aryens viendraient repeupler ces terres. Le Reich aurait accès à tout le grain et le pétrole dont il avait besoin pour survivre. « Les territoires de l'Est seront pour nous[10], proclama Hitler, ce que l'Inde fut pour l'Angleterre. »

Quand Hitler convoqua Rosenberg en mars 1941, il avait décidé qu'une fois que ses armées seraient entrées en Union soviétique et qu'elles auraient écrasé les forces ennemies, un nouveau gouvernement allemand prendrait vite la tête du pays. Le Führer confia à Rosenberg la grande responsabilité de préparer la reconstruction politique de l'Est occupé. Mais Rosenberg entra en jeu assez tard. De nombreuses décisions importantes avaient déjà été prises et dès le début, sa mission politique fut secondaire par rapport aux objectifs militaires et économiques dont on discutait depuis plusieurs mois.

Göring superviserait l'extraction des matières premières de la région dont on avait besoin pour faire tourner les usines en temps de guerre et, tout aussi important, les récoltes dont on manquait cruellement en Allemagne. Même en temps de paix, la nation avait dû se résoudre à l'importation de nourriture. Désormais, la marine britannique arrêtait et fouillait tous les navires qui se dirigeaient vers le Reich et leur confisquait par la force leurs provisions essentielles, leurs matières premières et leurs stocks alimentaires – un blocus qui menaçait de causer bien des pénuries en Allemagne. Hitler craignait de devenir dépendant de Staline pour nourrir son peuple. Et si les Soviets se servaient de cet état de fait pour négocier ? Et s'ils menaçaient les Allemands de famine comme ils l'avaient fait avec les Ukrainiens en 1932[11] ?

L'Allemagne manquait déjà de pain, de fruits, de légumes, et un rationnement de la viande se profilait à l'horizon. Göring avait peur de perdre le soutien de ses compatriotes si ceux-ci restaient le ventre vide.

L'idée d'aller se nourrir à l'Est trouvait sa source dans un rapport de l'hiver 1940-1941 rédigé par Herbert Backe, secrétaire d'État à l'Agriculture du Reich, puis ministre de l'Alimentation, et appuyé par le général Georg Thomas, le chef du département de l'Économie de la guerre et de l'Armement. « La pénurie de grain en l'Allemagne, affirmait Thomas dans un message à Hitler en février 1941, avait une solution. Il fallait aller le chercher en Ukraine, le grenier à blé de l'Union soviétique. »

En théorie, selon ses calculs, une légère réduction de la consommation soviétique dégagerait des millions de tonnes de grain pour les Allemands. Il n'y avait aucune raison de s'inquiéter pour les personnes dont l'accès à la nourriture serait rationné, expliquait Backe dans une directive à l'intention de son équipe à l'aube de l'invasion. Ils étaient « inférieurs », argumenta-t-il et, de toute manière, « Le Russe a résisté à la pauvreté, à la faim et à l'austérité pendant des siècles. Il a l'estomac bien accroché, donc pas de pitié déplacée[12] ! ».

Mais le plan ne consistait pas simplement à rationner les Soviets. Backe considérait le peuple russe comme inférieur et il avait l'intention de mettre en place la « plus terrible famine » qu'il ait jamais connue.

Le plan des nazis était d'encercler Moscou, Leningrad et les autres villes du Nord afin de leur bloquer l'accès au ravitaillement de nourriture du Sud. L'armée allemande aurait donc la primeure sur ces stocks. Le surplus serait envoyé pour nourrir les peuples d'Allemagne et de l'Europe occupée. « Des dizaines de milliers de gens sur ce territoire deviendront superflus et mourront ou émigreront en Sibérie », affirmait un rapport allemand sur la stratégie à mettre en place. C'était tout simplement le prix de la victoire. « Sur ce sujet, il faut être très clair[13]. »

Les huiles de l'armée acceptèrent le plan Backe sans aucune résistance, ils le considéraient comme un des éléments clés de leur stratégie militaire. Ils se déplaceraient plus vite s'ils nourrissaient leurs hommes sur place et libéraient les lignes de chemin de fer pour le transport de munitions, de carburant et d'autres approvisionnements. Tout comme en Pologne, la rapidité était cruciale.

Les Allemands s'attendaient à en avoir fini avec l'armée Rouge en dix semaines.

Quand il rejoignit l'équipe de planification, Rosenberg – « cet idiot de nazi avec un talent incomparable pour comprendre l'histoire de travers[14] », comme allait l'écrire un journaliste – se mit à faire ce qu'il faisait de mieux, rédiger des rapports.

Il remit le premier à Hitler lors d'un dîner non officiel, le 2 avril 1941. Le Führer voulait discuter loin de l'agitation de son bureau. Ils dînèrent donc dans la salle à manger de sa résidence personnelle, à la vieille chancellerie de Wilhelmstrasse. Puis les deux hommes se retirèrent dans le jardin d'hiver adjacent dont les fenêtres donnaient sur un jardin verdoyant bordé d'arbres.

Dans le plan qu'il soumit à Hitler, Rosenberg préconisait un traitement impitoyable de la Grande Russie. Les nazis devaient détruire le gouvernement « judéo-bolchevique » de Moscou et empêcher son successeur légitime de prendre le pouvoir. Ils devaient démanteler l'industrie du pays et anéantir ses réseaux de transport. Ils devaient tout dévaster sur le territoire et l'utiliser comme une « décharge pour tous les éléments indésirables du peuple[15] ».

Il avait cependant une idée différente de la gestion des pays Baltes, de la Biélorussie et de l'Ukraine. Rosenberg soutenait que concernant ces terres, il fallait faire preuve d'intelligence. Il leur fallait considérer certains éléments politiques. Après la guerre, ces alliés formeraient un cordon défensif autour de Moscou.

Il suggérait donc que les trois États baltes soient incorporés à l'Allemagne après le « nettoyage nécessaire » des services secrets lettons et la déportation des « parties racialement inférieures » du peuple de Lituanie, qui comptait des centaines de milliers de juifs.

Pour l'Ukraine, Rosenberg souhaitait l'indépendance politique et culturelle, mais arguait dans le même temps qu'elle devrait fournir toutes les matières premières et toutes les récoltes dont l'Allemagne aurait besoin pendant et après la guerre.

La Biélorussie, quant à elle, était un cas désespéré. Arriérée et peuplée de juifs, elle ne pourrait jamais être indépendante.

Après son exposé, Rosenberg remit son rapport à Hitler qui affirma qu'il le lirait le soir même. « Je vais créer un bureau pour toute la question russe et vous en aurez vous-même la charge, dit Hitler. L'argent dont vous aurez besoin sera à votre disposition. Rosenberg, votre heure de gloire est arrivée[16]. »

Les deux hommes examinèrent ensemble les dernières actualités, puis retournèrent dans le jardin d'hiver et parlèrent dans la nuit de la psychologie des Russes et du rôle des juifs au sein de l'Union soviétique.

« Il ne m'est pas nécessaire de m'étendre sur ce que je ressens, écrivit Rosenberg avec exaltation dans son journal en rentrant chez lui ce soir-là. Vingt ans de lutte antibolchevique vont enfin, désormais, avoir des effets *politiques* sur l'histoire du monde. Des millions de gens… et leur destin seront placés entre mes mains. L'Allemagne sera libérée pour des siècles du fardeau qui a toujours pesé sur elle d'une façon ou d'une autre. Qu'importe si des millions d'autres maudissent un jour la mise en œuvre de cette action nécessaire, pourvu qu'une future grande Allemagne bénisse nos actes à l'avenir ! »

Rosenberg fit également une autre remarque énigmatique à propos de sa soirée dans le jardin d'hiver. Hitler, écrivit-il, avait parlé en détail de son projet pour l'Est. Ce que lui avait exactement dit le Führer était « strictement confidentiel », tellement secret que Rosenberg répugna à en parler, même dans son journal intime.

« Je ne veux rien coucher sur papier *aujourd'hui*, écrivit-il. Mais je n'oublierai *jamais*[17]. »

Ce que Hitler n'avait, semble-t-il, pas dit à Rosenberg, c'était qu'il n'avait aucune intention de suivre ses conseils concernant les territoires de l'Est.

« Avec avidité, comme un enfant[18], écrivit un historien au sujet de Rosenberg durant ces années-là, il tendait la main pour qu'on lui donne un peu de pouvoir. »

Plus l'invasion approchait, plus il était évident que Rosenberg n'était pas simplement en train de prévoir une institution civile qui contrôlerait l'Est. Hitler avait décidé que, une fois la guerre lancée et les territoires soviétiques occupés par les Allemands, Rosenberg lui-même prendrait la tête de ce ministère. Personne d'autre ne pensa que c'était une bonne idée de lui remettre les clés d'un ministère, en particulier quelqu'un qui, sur le papier, paraissait tout-puissant. Comme l'écrivit Goebbels, Rosenberg ne savait « que théoriser... pas organiser[19] ».

Presque aussitôt, des rivaux s'opposèrent à cette prise de pouvoir par Rosenberg. Aucune embûche ne fut aussi puissante et impitoyable que celles semées par Himmler, qui venait de passer un an et demi à brutaliser la population polonaise. Hitler envoyait le chef des SS derrière l'armée pour débarrasser les nouvelles terres conquises des juifs, des chefs communistes, des partisans et autres ennemis réels et imaginaires. « Le Führer a confié plusieurs missions[20] au Reichsführer SS en préparation du futur gouvernement, disait l'ordre rédigé par Hitler en date du 13 mars 1941. Dans le cadre de ces missions, le Reichsführer SS agit de façon indépendante et sous sa seule autorité. »

En s'appuyant sur cette directive, Himmler refusa de soumettre ses forces de police de l'Est qui tombaient sous la direction du nouveau ministère de Rosenberg.

Rosenberg renâcla. « Dans ce cas, je ne peux pas accepter la mission[21] », dit-il à Lammers en avril. Ce dernier, un juriste chauve avec un strabisme à l'œil droit, était en charge de tous les ordres officiels rédigés par le bureau de la chancellerie de Hitler. Rosenberg se plaignit qu'il devait déjà partager le pouvoir avec l'armée et avec la division économique de Göring. Si Himmler avait lui aussi une liberté totale, il ne resterait virtuellement plus aucun pouvoir au ministère de Rosenberg.

« Il est inenvisageable que la police constitue un gouvernement parallèle, s'emporta Rosenberg auprès de Lammers. Ses mesures pourraient potentiellement entraver les objectifs politiques que nous cherchons à atteindre. »

Lammers accepta d'en parler au chef des SS le matin suivant. Quand il vit que la réunion n'en finissait pas, Rosenberg comprit que Himmler était resté sur ses positions et qu'il n'en démordrait pas. À midi et quart, Lammers réapparut enfin.

« Sans espoir, écrivit Rosenberg. H. a affirmé que c'est Göring qui ferait tout, que c'est lui qui aurait en l'occurrence tout le pouvoir exécutif, et que je n'aurais qu'une fonction de conseiller. Je n'ai pas travaillé sur un problème pendant vingt ans pour "conseiller" M. Himmler, qui n'a jamais eu la moindre réflexion sur ce sujet et dont les seules connaissances de l'Ukraine et autres proviennent des travaux que j'ai accomplis depuis quinze ans. Le travail de branquignols accompli par ses petits protégés jusqu'ici n'a rien de glorieux. »

Rosenberg quitta la chancellerie, fou de rage. Au début de l'année 1941, il avait acheté une nouvelle résidence à Mondsee, en Autriche, un « magnifique coin de terre au milieu du paradis[22] », une maison de campagne avec un verger, du bétail, des bois et 800 mètres de rivage au bord d'un lac pittoresque, juste à la sortie de Salzbourg. Installé là-bas, il réfléchit à son malheur. Une fois encore, Himmler tentait de « tirer la couverture à lui ». Himmler ne voulait pas travailler pour quoi que ce soit, il voulait juste s'emparer de plus de pouvoir. « Il aurait en soi suffisamment de grandes missions pour occuper une vie de travail. »

Rosenberg voyait la situation défiler devant ses yeux comme un film. Au seuil de la grandeur, il se voyait tomber.

« J'espère, écrivit-il, que tout ça finira autrement[23]. »

Le 2 mai, Rosenberg organisa une réunion cruciale[24] avec les dignitaires haut placés qui auraient la charge de l'exploitation économique de l'Est. Ils discutèrent des conséquences du plan allemand jusqu'aux détails les plus sévères : si l'armée prenait ce dont elle avait besoin dans les territoires envahis, « à n'en pas douter, X millions de gens[25] mourraient de faim. Parmi eux, les soldats soviétiques qu'on ferait prisonniers, puisqu'on ne prévoyait pour eux aucunes provisions ».

La réunion terminée, Rosenberg écrivit dans son journal qu'elle avait été un « bon travail d'état-major[26] ».

Le même jour, il rapporta ses conclusions à Hitler et la conversation dévia sur une plus longue discussion concernant la mission de Rosenberg. Il remercia le Führer de sa confiance. Depuis un mois, il s'était à la fois senti dépassé et excité par sa tâche[27]. Il allait superviser une région qui s'étendait de la mer Baltique à la Caspienne. Les chances que les conséquences soient génératrices de chaos étaient énormes. « Plus je réfléchis aux problèmes, dit Rosenberg, plus la tâche qui m'attend me paraît considérable.

– Mais c'est une grande mission positive que l'on vous confie[28], répondit Hitler. Je dois assumer la responsabilité de ce pas que nous allons franchir. » En prononçant cette dernière phrase, Hitler eut les larmes aux yeux, écrivit ensuite Rosenberg dans son journal.

Le 20 juin, deux jours avant le lancement de l'opération Barbarossa, Rosenberg fit part à certains de ses collègues clés du gouvernement de son plan de séparer les confins ouest de l'Union soviétique de Moscou. Il serait important de créer une relation positive avec l'Est, de conquérir le cœur du peuple. « Il y a une différence si, d'ici quelques années, j'ai persuadé quarante millions de personnes de coopérer volontairement, ou si j'ai dû placer un soldat derrière chaque paysan. » Dans le même temps, paradoxalement, il était pour une stratégie de famine : il reconnaissait que nourrir les Allemands était la plus grande priorité de la guerre et qu'il n'y aurait aucune obligation de nourrir également les gens de l'Est.

« Nous savons que c'est la dure réalité, il ne faut pas faire de sentiments. Une évacuation massive sera nécessaire, cela ne fait aucun doute, dit-il, et des années difficiles attendront[29] assurément le peuple russe. »

Dans la soirée du samedi 10 mai 1941, Rosenberg avait prévu de se réunir avec Rudolf Hess, l'adjoint de Hitler, afin de le mettre au courant de sa nouvelle mission. Cependant, la veille, il reçut un coup de fil de l'assistant de Hess. La réunion devait être avancée au samedi matin, car le chef de cabinet du Führer devait ensuite partir d'urgence.

L'assistant ne donna pas plus d'explications et Rosenberg ne se douta de rien. Mais il découvrirait bientôt que ce samedi serait pour Hess un jour capital. Rosenberg allait être l'un des derniers dirigeants nazis à le voir jusqu'à ce qu'il réapparaisse à la fin de la guerre.

Comme il était trop tard pour que Rosenberg prenne le train, Hess lui fit envoyer son avion à Berlin pour qu'il rejoigne Munich au plus vite. Hess l'accueillit[30] à 11 heures du matin, le visage livide et l'air malade, même si cela n'avait rien d'inhabituel. Hess avait été un partisan servile de Hitler depuis le début. Pendant des années, il avait exercé une grande influence au sein du parti, mais une fois la guerre déclenchée, il avait eu de plus en plus de difficultés à être reçu par Hitler[31]. Son chef de cabinet, Martin Bormann, semblait être désormais celui qui avait l'oreille du Führer.

Rosenberg et Hess se mirent à discuter du personnel du futur ministère de l'Est. Mais quand Rosenberg tenta d'examiner de plus près certains détails, Hess balaya la question d'un revers de main. Il ne voulait parler que des choses importantes. Son esprit était trop occupé pour s'attarder sur des points mineurs.

Juste avant le déjeuner, son fils de trois ans descendit les rejoindre et ils bavardèrent quelques instants.

« Plus tard, il m'est apparu évident, écrivit Rosenberg, qu'il voulait dire adieu à son *Butz** qui allait désormais, et pour le restant de sa vie, devoir porter sur ses épaules les conséquences de l'acte de son père. »

Hess ne raconta apparemment pas à Rosenberg ce qui le perturbait, mais l'imminence d'une guerre sur deux fronts à la fois semblait le terrifier. Comme Rosenberg, il pensait que la Grande-Bretagne aurait dû faire partie du camp nazi. S'il arrivait à faire la paix avec elle, alors Hitler et l'Allemagne seraient libres de se lancer corps et âme dans une guerre contre les Soviets.

Et donc quelques heures après le départ de Rosenberg, Hess embarqua à bord d'un avion de chasse Messerschmitt et décolla de l'aérodrome d'Augsbourg, à la sortie de Munich. Aux alentours de 10 heures du soir, il sauta en parachute au-dessus de Glasgow, laissant l'appareil s'écraser en flammes.

Au sol, il demanda à s'entretenir avec le duc de Hamilton, un aviateur en chef de la Royal Air Force que Hess affirmait avoir connu lors des jeux Olympiques de 1936. Hess raconta à Hamilton qu'il était venu faire une proposition de paix aux Anglais. Après l'avoir fait interroger de façon plus poussée par d'autres responsables, les Britanniques se rendirent compte que Hess était venu à l'insu de Hitler, pour leur enjoindre de déposer les armes avant qu'il ne soit trop tard.

L'homme semblait délirer. Ils décidèrent de l'emprisonner pendant toute la durée de la guerre.

Le lendemain du départ de Hess, Hitler reçut une lettre de ce dernier. Elle précisait son projet et suggérait que si le Führer s'opposait à sa manœuvre folle, il n'aurait qu'à le faire passer pour un fou déséquilibré. Ce fut exactement ce que fit Hitler – qui, selon Rosenberg, « eut la nausée » en lisant le courrier de Hess.

Le dimanche soir, lors d'une émission de radio, les nazis annoncèrent la nouvelle au monde entier et affirmèrent que Hess souffrait d'une maladie mentale.

---

* *Butz* signifie « gamin » en allemand.

Rosenberg fut aussi estomaqué que le reste des membres du parti. Il n'avait rien vu venir, même lors de son déjeuner avec l'homme lui-même, le jour même de son voyage insensé. « Nous avons tous été abasourdis, écrivit-il dans son journal, et nous avons tenté de nous expliquer ce qui avait bien pu se passer. Mais j'ai pensé que Hess avait souffert de dépression. Concrètement, il n'avait presque plus rien à faire, il n'avait plus aucun pouvoir réel au parti, il avait senti qu'il n'était plus à la hauteur de son poste... La dépression de n'avoir rien accompli s'était manifestée d'une façon inattendue... Hess vivait dans un monde irréel. Son amour pour les radiesthésistes, les astrologues, les guérisseurs, etc., était apparemment déjà tellement enraciné en lui qu'il a fini par guider ses actes... Cette fantasmagorie mystique de Rudolf Hess inspirera un jour à un dramaturge une tragicomédie historique. »

Rosenberg trouvait que la sortie de scène de Hess était une bonne nouvelle. Le Troisième Reich n'aurait plus à faire face à la possibilité désagréable d'être un jour dirigé par un « homme déjà gravement atteint par la maladie ».

Mais Rosenberg ne savait pas ce qui l'attendait. C'est le chef de cabinet de Hess, que ce dernier haïssait, qui allait le remplacer, ce « Machiavel de bureau[32] », ce cou trapu de Martin Bormann. C'est lui qu'on considérait comme le véritable homme de pouvoir du parti, bien avant que son patron ne s'enfuie en avion. Discret et sérieux, Bormann, l'archétype du manipulateur en coulisses, semblait se trouver constamment au côté de Hitler. « Hess avait de toute évidence fini par irriter le Führer, et c'était Bormann qui s'occupait de toutes les requêtes et missions, écrivit Rosenberg dans ses mémoires de prison après la guerre. C'est à cette époque-là qu'il a commencé à se rendre indispensable[33]. Si, durant une conversation au cours d'un dîner, on mentionnait un incident quelconque, Bormann sortait son carnet et notait. Si le Führer exprimait son agacement quant à une remarque, une mesure ou un film, Bormann notait. Si un point manquait de clarté, Bormann se levait et quittait la pièce, mais revenait presque aussitôt – après avoir donné l'ordre à son cabinet d'enquêter plus avant, de passer des coups de fil, d'envoyer des télégrammes ou des télétypes. Il arrivait que Bormann ait une explication avant la fin du dîner. »

Bientôt, Bormann deviendrait le principal obstacle à l'avancement de Rosenberg.

Les plans d'occupation de l'Union soviétique continuaient d'avancer bon train. Dans son journal, Goebbels écrivait que Rosenberg « se prenait pour le Tsar de Russie : toujours la même rengaine : les zones d'influence ». Himmler faisait toujours tout ce qui était en son pouvoir pour garder Rosenberg éloigné. Cependant, sur les instructions directes de Göring, Heydrich, le chef de l'appareil de sécurité de Himmler et l'homme qui avait la charge de trouver une solution finale à la question juive, reçut l'ordre d'incorporer le ministère de Rosenberg quand cela était nécessaire[34].

Dans les mois qui précédèrent l'opération Barbarossa, Heydrich tenta de trouver un arrangement au conflit qui opposait Himmler et Rosenberg. Pourquoi ne pas recommander à Hitler de nommer les plus hauts dignitaires de la SS de Himmler comme Reichskommissare à la tête des gouvernements civils de Rosenberg, dans chacun des territoires occupés ? Ce type d'« union personnelle » était courant à l'époque du Troisième Reich. Un fonctionnaire pouvait avoir deux postes dans deux agences différentes, ce qui pouvait, soit favoriser la coopération, soit tout aussi bien conduire à des conflits d'intérêt insolubles[35]. En l'espèce, cela aurait de facto fait de Himmler le chef du ministère de Rosenberg.

« Cela signifierait que la direction politique serait assurée par des officiers de police[36] ! », s'exclama Rosenberg. Il contra leur offre en disant qu'il accepterait un responsable de la SS dans ses bureaux en tant que subordonné, mais doutait que Himmler soit d'accord. Mais il voulut tout de même tenter une fois encore sa chance. En s'enjoignant de rester fort, il écrivit à nouveau à Himmler pour voir s'ils ne pouvaient pas arriver à un accord. « J'attends sa réaction avec impatience[37] », nota-t-il dans son journal.

Ses mots n'eurent aucun impact. Rosenberg lui demandait de lui soumettre des rapports sur ses préparatifs pour leur mission à l'est. Il voulait également avoir un droit de véto sur le personnel qu'Himmler voulait employer dans les territoires occupés. Pour le Reichsführer SS, s'en était trop, et il en appela à Bormann pour faire mettre un terme aux interférences de Rosenberg.

« Le Führer m'a dit… que ma mission ne faisait pas de moi un subordonné de Rosenberg, écrivit Himmler à Bormann. L'approche de Rosenberg rend extrêmement difficile le fait de travailler avec lui, d'homme à homme… Travailler avec Rosenberg, à plus forte raison sous son autorité, est probablement la tâche la plus difficile au sein du parti nazi[38]. » En juin, Bormann transmit les arguments de Himmler à Lammers : « Particulièrement dans les premières semaines et les premiers mois, pour mener à bien sa mission concrètement difficile, la police doit être libre de tout obstacle[39] issu d'une dispute de juridictions, quelles que soient les circonstances. »

Mais le conflit perdura. Himmler alla même jusqu'à soutenir qu'il ne devrait pas simplement avoir un pouvoir de police, mais être également en charge des affaires politiques des territoires occupés.

Cela, dit Rosenberg, serait « complètement insupportable », une formule assurée pour « un chaos sans précédent[40] ».

Le problème n'avait toujours pas été réglé quand les Allemands lancèrent leur assaut contre l'Union soviétique[41] à l'aube du 22 juin 1941.

Les Soviets furent complètement pris par surprise. Staline ne crut pas les premiers rapports qui faisaient état de tirs d'artillerie sur un front de 1 600 kilomètres allant de la Finlande à la mer Noire. Ce fut la plus grande invasion armée de l'histoire : trois millions et demi de soldats dans plus d'un demi-million de camions et de tanks, équipés de sept cent mille canons et de près de trois mille avions. Les Allemands se pressèrent de traverser les pays Baltes, puis l'Ukraine. L'armée Rouge se désintégrait sous leurs yeux. Des soldats mouraient dans des affrontements face à face, battaient en retraite, désertaient dans les bois, se rendaient en masse. Au bout de quelques jours, les généraux allemands criaient déjà victoire. À Moscou, Staline ne pouvait rien faire pour les contredire. Fin juin, il quitta le Kremlin pour sa datcha de Kountsevo en périphérie de la capitale. Il déclara alors à ses assistants : « Tout est perdu[42]. »

Des centaines de milliers de soldats – au bout du compte, ils seraient des millions – furent faits prisonniers par les forces allemandes qui n'avaient pas prévu de les interner et, à vrai dire, n'avaient aucune intention de leur laisser la vie sauve. Les fonctionnaires communistes furent fusillés sur ordre de Hitler. Les soldats soviétiques étaient conduits en processions irrégulières, battus à coups de matraque et affamés. Les camps de prisonniers de guerre des Allemands, à l'automne 1941, se résumaient souvent à des champs encerclés de barbelés. « On aurait dit des animaux affamés[43], et non des hommes », écrivit un témoin dans un journal publié après la guerre. Quand l'on se servait des chemins de fer, les Soviets étaient entassés dans des wagons à bestiaux ouverts, à tel point qu'il leur aurait été tout bonnement impossible de s'asseoir.

Dans la plupart des camps, les soldats n'avaient pas d'autre choix que de se soulager au milieu de la foule agglutinée. Dans un camp, les bâtiments prirent feu[44], et ceux qui ne furent pas immolés furent fusillés quand ils essayèrent de fuir. Dans un autre, les détenus demandèrent que l'on mette fin à leur supplice. Des soldats allemands rapportèrent des cas de cannibalisme. À la fin de l'année 1941, on comptait déjà trois cent mille morts dans ces camps. Plus de trois millions de prisonniers soviétiques périrent avant la fin de la guerre.

L'histoire était cruelle, écrivit Rosenberg tandis que la guerre progressait. Il soutenait que les Russes avaient tué et banni les populations allemandes par centaines de milliers et « pour ces meurtres, la nation russe devra donc payer dans son ensemble[45] ». C'était la faute du peuple, ratiocinait-il. Il n'aurait jamais dû autoriser les communistes à prendre le pouvoir.

Le peuple russe était donc un prisonnier qui avait fait la paix avec ses geôliers – et avait hélas choisi de combattre le peuple qui aurait précisément pu le libérer.

La guerre était commencée depuis trois semaines quand, au milieu du mois de juillet, la bataille bureaucratique pour le contrôle des nouveaux territoires occupés s'accéléra. Hitler avait réussi. L'Allemagne était sur le point d'obtenir une énorme part de l'Union soviétique, et il était désormais l'heure de discuter de la mise en place d'un redressement rapide de la région. Après un déjeuner léger et quelques bières, les dirigeants du Troisième Reich se retrouvèrent pour une longue réunion à Wolfsschanze[46] – la « Tanière du loup » –, le quartier général de Hitler en Prusse orientale. Rosenberg était présent, tout comme Göring, Bormann, Lammers et Wilhelm Keitel, le chef des forces armées.

Les Allemands, déclara Hitler, entraient en Union soviétique comme des libérateurs. C'était en tout cas ce qu'ils devaient dire aux gens. Quant aux véritables plans de l'Allemagne, le Führer ordonna le plus grand secret. Personne ne devait savoir – pour l'instant – qu'ils préparaient une « implantation définitive ». L'important était que les dirigeants allemands s'accordent tous sur les mesures nécessaires, « fusillades, déplacements des populations ». Tout le monde devait bien comprendre une chose, dit Hitler : « Nous ne quitterons plus jamais ces régions. »

« Nous devons désormais affronter la tâche, continua-t-il, de diviser le gâteau selon nos besoins, afin de pouvoir d'abord le dominer, ensuite l'administrer, et enfin l'exploiter. »

Les hommes consultèrent des cartes et Hitler divisa le nouveau territoire. Ce qui restait de Leningrad après qu'ils l'ont « rasé jusqu'au sol » irait aux Finlandais qui, contrariés d'avoir perdu une partie de leurs terres lors d'une guerre aussi brève que sanglante contre les Soviets en 1939-1940, s'étaient ralliés à l'Allemagne lors de l'opération Barbarossa afin de les récupérer. La Prusse orientale aurait Białystok. Les États baltes seraient intégrés au Reich. La Crimée serait nettoyée et repeuplée par des populations allemandes. Leningrad serait « complètement rasée ».

Hitler recevait des rapports affirmant que des partisans soviets en civil commençaient déjà à combattre les Allemands derrière les lignes de front, mais il ne s'en inquiéta pas. Ces piteuses tentatives de résistance donneraient une parfaite excuse aux nazis, dit-il. « Cela nous permettra d'éradiquer tous ceux qui s'opposent à nous. »

Le Führer se posa également une question : les Allemands devraient-ils circuler dans des voitures blindées ?

Inutile, répondit Göring. Si les gens étaient assez stupides pour se rebeller, la Luftwaffe n'aurait qu'à les bombarder jusqu'à ce qu'ils se soumettent. « Naturellement, pouvait-on lire sur le compte rendu de la réunion rédigé par Bormann, cette zone immense devait être pacifiée le plus vite possible, la meilleure solution étant de faire fusiller la moindre personne qui sortirait du rang. »

Au beau milieu de tout ça, Rosenberg poursuivit son argumentation tordue soutenant qu'il fallait conquérir les cœurs et les esprits d'au moins une partie des populations conquises – comme il l'avait suggéré dans le plan qu'il avait remis à Hitler en avril –, mais Göring interrompit son monologue. L'appareil de guerre avait besoin de matières premières. Il n'avait pas le temps de se préoccuper de construire de futures alliances.

Les choses empirèrent pour Rosenberg quand les hommes se mirent à discuter des questions pratiques en cours : la nomination des Reichskommissare, les adjoints de Rosenberg à l'Est. Rosenberg voulait un allié en Ukraine, qu'il estimait cruciale. Mais Hitler ne tint pas compte de son avis et nomma un dirigeant du parti du nom d'Erich Koch. Rosenberg protesta contre cette décision. Il craignait que Koch, dont le pragmatisme brutal et sans fard avait conduit ses partisans de Berlin à le surnommer le « second Staline », ne suive jamais les ordres. Mais Hitler balaya ses inquiétudes d'un revers de main. « Tous les décrets sont pour l'instant au stade de la théorie, dit-il. S'ils ne sont pas conformes aux nécessités, alors on les modifiera. » Hitler suivit tout de même une des recommandations de Rosenberg et nomma Hinrich Lohse à la tête des États baltes et de la Biélorussie.

Quand la réunion fut terminée, Rosenberg serra la main de Göring. « À notre bonne collaboration », dit le Reichsmarschall.

Mais Rosenberg voyait bien les luttes imminentes se profiler à l'horizon.

Himmler n'assista pas à cette réunion. Il avait déjà déterminé ses pouvoirs dans les territoires de l'Est.

En juin, Himmler avait soutenu que parce que Hitler lui avait confié la tâche de relocaliser les populations allemandes dans les nouveaux territoires occupés, on devait également lui octroyer les pleins pouvoirs de « pacifier et consolider la situation politique » à l'Est. Deux jours après l'invasion, Himmler demanda même à l'un de ses assistants de rédiger en son nom un plan pour la reconstruction de l'Est.

Rosenberg s'opposa à grands cris à cet empiètement flagrant sur son territoire et sembla gagner la bataille – mais seulement sur le papier. Himmler n'obtint pas explicitement l'autorité politique sur ces terres, mais on lui donna la liberté d'agir indépendamment dans le secteur de Rosenberg[47]. Les Reichskommissare recevraient non seulement des ordres de Rosenberg, leur supérieur officiel, mais également, quand il s'agirait de questions de police, de Himmler. S'il y avait une urgence, Himmler n'avait même pas l'obligation d'informer Rosenberg de ses ordres donnés aux Reichskommissare. Les fonctionnaires du gouvernement civil, quel que soit leur niveau, se virent tous assigner un SS ou commandant de police avec qui ils devaient collaborer. Mais ces derniers recevaient leurs ordres de Himmler, et non pas des dirigeants du ministère.

La réalité géographique accentua également le pouvoir de Himmler : Rosenberg avait décidé de travailler depuis Berlin et non pas sur le terrain, tandis que le Reichsführer SS parcourait les territoires occupés pour contrôler leur développement et donner des instructions. Sur le terrain, il avait toute la marge de manœuvre qu'il pouvait désirer.

Pour le nouveau ministre du Reich, on était loin de la victoire qu'il avait espérée. Comment se faisait-il que trois mois et demi après sa réunion triomphale avec Hitler, il ne lui restât plus qu'un département voué à l'échec ? À quoi avait pensé Hitler ? Considérait-il le ministère comme une couverture massive de l'exploitation et des assassinats qui allaient avoir lieu en coulisses, une action gouvernementale de façade qui viendrait masquer tout ça[48] ? Les historiens allaient se heurter à cette question des décennies durant, sans jamais parvenir à une réponse satisfaisante. Les prises de décisions bureaucratiques de Hitler n'avaient pas toujours de sens.

Les intrigues clandestines avaient sans doute joué un rôle dans les nominations. Rosenberg, de façon surprenante, avait gagné le soutien de Bormann. Bormann haïssait Rosenberg, mais à l'aube de l'Occupation, il l'envisageait comme un ministre qu'il pouvait contrôler ou du moins ignorer[49]. Il insista discrètement mais fermement pour que Rosenberg obtienne le poste, mais pas les pleins pouvoirs que celui-ci désirait.

« On m'a assigné une mission colossale[50], écrivit Rosenberg dans son journal trois jours après que Hitler eut signé son ordre de nomination à la tête du ministère des Territoires occupés de l'Est. Probablement la plus importante que le Reich ait à confier, la garantie pour plusieurs siècles que l'Europe restera indépendante des autres continents. » Rosenberg aurait aimé que Hitler lui confère la « totalité des pouvoirs pour mener à bien cette mission », mais n'avait pas l'intention de se rendre sans se battre contre ses ennemis intérieurs.

On lui avait donné le contrôle du ministère d'un gouvernement central, et il avait bien l'intention d'en tirer le plus de profit possible.

Durant les trois années qui suivirent, tandis que les nazis mettaient à exécution les menaces antisémites principalement issues de ses laïus agressifs – des menaces qu'il avait lui-même énoncées avec une effroyable clarté lors de son discours radiophonique du mois de mars 1941, appelant à une « révolution mondiale d'épuration biologique » –, Rosenberg allait s'assurer que son ministère des Territoires occupés à l'Est fasse sa part.

Un membre d'un des Einsatzgruppen, les unités de police politique,

s'apprête à abattre un juif ukrainien au bord d'une fosse à Vinnytsia en Ukraine.

– 18 –

Missions spéciales

À la chancellerie du Reich, tous ceux qui étaient attablés avec Hitler ce jour-là pour déjeuner semblaient d'excellente humeur[1]. Rosenberg était là lui aussi, aux côtés de Bormann, Hess et Lammers. Nous étions en janvier 1940, un an et demi avant l'opération Barbarossa, et les dirigeants nazis discutaient des sujets importants habituels, la guerre contre l'Angleterre et les progrès dans l'épuration raciale de la Pologne. Mais la conversation prit alors un ton pour le moins cynique.

Quand on évoqua la question des juifs, Rosenberg annonça qu'un « horrible pogrom juif » aurait lieu si jamais le peuple de l'Union soviétique réveillait et libérait sa rage antisémite.

En entendant cela, Hitler l'interrompit.

Si des massacres explosaient en Union soviétique, dit le Führer un sourire aux lèvres, peut-être que l'Europe lui demanderait à *lui* d'intervenir pour protéger les juifs de l'Est.

Les nazis réunis explosèrent de rire.

Hitler poussa plus loin la plaisanterie en suggérant que lui et Rosenberg pourraient peut-être organiser un congrès exceptionnel pour mener un débat sur la question brûlante de leur époque, le « traitement humain des juifs ».

Durant son intervention à la radio pour l'inauguration de l'Institut de recherches sur la question juive au mois de mars 1941,

Rosenberg affirma que la question juive ne serait pas résolue tant que tous les juifs n'auraient pas quitté le continent européen. Il incombait à Himmler et Heydrich, le chef du bureau de la sécurité du Reich de Himmler, de transformer ces mots en actions concrètes.

En ce début d'année 1941, l'idée majoritaire parmi les planificateurs nazis était de déporter les juifs vers une terre lointaine et déserte. Madagascar, cette colonie française qui se trouvait à 8 000 kilomètres des côtes africaines, avait même été envisagée, avant d'être écartée car c'était concrètement impraticable. L'opération Barbarossa semblait offrir des lieux plus viables pour une réserve destinée aux juifs : les territoires de l'Union soviétique, bientôt vaincue. Mais en cette fin d'année, l'invasion stagnait. La question juive prit un tournant radical. On allait mettre en place leur extermination totale.

Les juifs des États baltes, de Biélorussie et d'Ukraine seraient les premières victimes de ce virage létal de la politique nazie ; et Rosenberg et son ministère allaient jouer un rôle important dans ces massacres[2].

Au cours de l'opération Barbarossa, une mauvaise interprétation d'une des théories fondamentales de Rosenberg devint un point essentiel de la stratégie allemande à l'Est. En 1919, il avait soutenu que les juifs étaient à l'origine des mouvements communistes en Union soviétique et ailleurs, une idée qui fut exagérée et déformée au point que l'on crut en réalité que *tous* les juifs étaient communistes, et que pour vaincre la menace rouge, les Allemands devaient les éliminer.

Hitler s'empara de cette conclusion erronée et, à l'approche de l'invasion, elle devint partie intégrante des instructions fondamentales que l'on donnait aux Allemands qui s'apprêtaient à envahir l'Est. On leur disait que cette guerre ne serait pas une guerre ordinaire. Qu'elle serait l'affrontement de deux visions du monde irréconciliables[3], nazisme contre bolchevisme, Aryens contre juifs. Dans les discours tenus aux chefs militaires avant l'invasion, Hitler leur enjoignait d'employer la « force la plus brutale » dans cette « bataille pour l'anéantissement ». Les instructions données aux soldats allemands affirmaient que les Soviets n'étaient rien de moins que leurs ennemis mortels. « Ce combat requiert des mesures impitoyables et énergiques contre les agitateurs bolcheviques, les délinquants, les saboteurs, les juifs : la totale élimination de toute forme de résistance active ou passive. »

On fit passer substantiellement le même message aux SS, aux forces de police et aux Einsatzgruppen dirigés par Himmler, en charge de balayer derrière l'armée et de « pacifier » les territoires. Telles étaient, dans le langage froid et codé des ordres militaires, les « missions spéciales[4] » que Hitler avait données au Reichsführer SS.

Dans les premiers jours de la guerre, alors qu'on venait de lâcher les Einsatzgruppen à l'Est, Heydrich donna à ses hommes une grande latitude pour décider de qui devrait ou non être exécuté : les communistes, les juifs qui appartenaient au parti ou au gouvernement, et les « autres éléments radicaux, saboteurs, propagandistes, tireurs embusqués, assassins, agitateurs[5]... ». À l'aube de l'invasion, Himmler annonça à ses hommes qu'ils allaient se confronter à une « population de cent quatre-vingts millions de personnes, un mélange de races dont les noms sont imprononçables et dont les physiques sont si horribles qu'on peut les fusiller sans éprouver ni pitié ni compassion[6]... unis en une seule et même religion par les juifs, une seule et même idéologie : celle du bolchevisme ».

Dans un premier temps, les victimes des Einsatzgruppen de Himmler et de ses forces de sécurité étaient des hommes. Les nazis prétextaient tuer des résistants, des agents soviétiques, des agitateurs communistes et des espions juifs. Les victimes étaient accusées de pillage, de sabotage, de propagande ou d'avoir la peste.

Mais presque aussitôt les nazis étendirent leurs opérations de massacre aux femmes et aux enfants, et se mirent à assassiner systématiquement les civils des nouveaux territoires occupés par centaines de milliers.

En général, on regroupait les juifs sur une place centrale avant de les conduire vers un endroit isolé en dehors de la ville. Si l'on n'avait pas encore creusé de fosse commune, les premiers à arriver sur place recevaient l'ordre de le faire. Les victimes étaient fusillées au bord du trou ou couchées sur les cadavres de ceux que l'on avait déjà assassinés. Certains respiraient encore quand on leur recouvrait le corps de terre[7].

L'opération la plus meurtrière eut lieu à la périphérie de Kiev, en Ukraine, à la fin du mois de septembre 1941, après que les bombes et les mines mises en place par la résistance russe eurent détruit le quartier général de l'occupation allemande. Furieux, les nazis accusèrent la police secrète soviétique et, par extension, les juifs de Kiev d'être à l'origine de l'opération. Des affiches furent accrochées partout dans la ville pour leur donner l'ordre de se rendre à un carrefour le 29 septembre. On leur demandait d'apporter leurs papiers, leurs économies, leurs bagages et leurs bijoux, parce qu'ils allaient être relocalisés. Le lendemain, on célébrait Yom Kippour, le jour du Grand Pardon.

En arrivant au rendez-vous, les juifs ne trouvèrent aucun train. En revanche, on les conduisit jusqu'à un poste de contrôle face au cimetière juif de la ville. Ceux qui formaient la queue comprirent rapidement ce qu'il se passait. Ils pouvaient entendre les coups de feu au loin.

Au poste de contrôle, ils durent remettre leurs biens, jusqu'à leurs alliances et leurs vêtements. On les emmenait en les frappant par groupes de dix jusqu'à un ravin connu sous le nom de Babi Yar. En tout, trente-trois mille sept cent soixante et une personnes furent fusillées en quelques jours à peine. « Puisque les corps furent ensuite exhumés et brûlés sur des bûchers et que les os qui résistèrent au feu furent écrasés jusqu'à se mélanger à la terre, écrivit plus tard l'historien Timothy Snyder, ce compte n'inclut que les autres restes[8]. »

Babi Yar ne fut qu'un des nombreux massacres de masse de la seconde moitié de 1941. En août, plus de vingt-trois mille juifs étrangers déportés de Hongrie – principalement russes et polonais – furent massacrés à Kamenets-Podolski, une ville de l'ouest de l'Ukraine. En octobre, dix mille autres furent fusillés à Dnipropetrovsk. Parallèlement, des juifs disparurent lors d'opérations de plus petite envergure dans des villes et des villages allant des pays baltes à la mer Noire.

À Berlin, Rosenberg recevait régulièrement des rapports indiquant quelles villes de son vaste territoire étaient désormais officiellement *judenfrei*, « libres de juifs ».

Non seulement des villes, mais également des pays entiers : le premier fut d'ailleurs l'Estonie, la terre natale de Rosenberg. Les mille cinq cents juifs qui y vivaient furent éliminés. En septembre, Rosenberg accueillit avec plaisir les rapports de deux fonctionnaires de son ministère qui rentraient d'un voyage en Lettonie et en Estonie. Ils lui indiquèrent que les gens là-bas – ceux qui avaient survécu au massacre nazi – étaient heureux d'avoir été libérés de l'occupation soviétique brutale que les États baltes subissaient depuis 1940-1941, durant laquelle des milliers d'Estoniens, de Lettons et de Lituaniens avaient été exécutés, déportés ou mobilisés par l'armée Rouge.

« Non seulement les juifs leur empoisonnaient l'esprit, mais eux-mêmes étaient divisés. Ils avaient vécu de telles horreurs que le maître allemand leur apparaissait comme un sauveur. Maintenant que les juifs et les communistes ont tous été éliminés, écrivit Rosenberg dans son journal après cette discussion, le peuple revit[9]. »

Dans de nombreux endroits, les opérations de massacres nazis se heurtaient au fait que les Allemands voulaient également utiliser les juifs pour le travail forcé dans les usines, les magasins et les chantiers de construction. Les juifs « aptes au travail » se retrouvèrent temporairement épargnés, vivant dans une incertitude horrible en regardant la police emmener de force leurs voisins vers la mort.

Minsk, la capitale de la Biélorussie, fut un exemple flagrant. La ville tomba au bout de six jours de combat. Début juillet, tous les hommes de moins de quarante-cinq ans furent rassemblés et emmenés jusqu'à un camp installé dans un champ[10]. On entassa plus de cent quarante mille prisonniers de guerre et civils dans une zone pas plus grande qu'une place de village. La nourriture et l'eau étaient limitées. On battait les hommes à coups de matraques en caoutchouc et on les fusillait à la moindre occasion. Rosenberg reçut un rapport sur les conditions du camp au mois de juillet : « La garde limitée, qui a la charge de surveiller sans qu'aucune relève ne vienne la soulager pendant des jours, communique avec les prisonniers dans la seule langue possible, celle des armes, et elle le fait sans aucune pitié[11]. » Au bout d'un temps, on les sépara selon leur nationalité et leur race, puis on libéra les Russes et les Polonais. Mais pas les juifs.

Un matin, les gardes demandèrent à tous les juifs éduqués – les ingénieurs, les médecins, les comptables – de se présenter pour travailler ; deux jours plus tard, on leur fit quitter le camp et ils furent fusillés. Ceux qui restaient furent reconduits en ville, installés dans un ghetto avec le reste des juifs de la localité et mis au travail au service des occupants. Avec une population d'au moins soixante-dix mille personnes, le ghetto de Minsk était le plus grand de toute l'Union soviétique occupée.

Les juifs mouraient de faim, ils se nourrissaient de maigres rations et d'épluchures de pommes de terre, vivant dans la terreur. « La Gestapo entre dans le ghetto par surprise, en camion, et se met à arrêter des hommes, écrivit Mikhail Grichanik, un tailleur qui travaillait dans une usine de vêtements de Minsk et qui passa plusieurs mois dans le ghetto avant de réussir à s'échapper. Ils débarquent dans les appartements, frappent les gens avec des matraques en caoutchouc et les traînent dehors en leur faisant croire qu'ils les envoient travailler dans les tourbières ou autres. Personne n'a jamais revu vivants ceux qui avaient été emmenés. » Les rapports des Einsatzgruppen renseignaient ces phénomènes avec une exactitude statistique absolue. 16 août : 615. 31 août et 1er septembre : 1 914. 4 septembre : 214. 23 septembre : 2 278.

En septembre, le patriarche de la famille Kovarsky raconta avoir vu, caché avec l'un de ses fils, la police faire irruption chez lui et tuer ses deux autres fils, ses deux filles et leur grand-mère. On ordonna d'abord à l'aînée des filles de se déshabiller et de danser sur la table[12].

Des fourgons noirs aux vitres teintées se mirent à patrouiller dans les rues à la nuit tombée, arrêtant des juifs, des partisans, des enfants perdus. Les habitants du ghetto découvrirent avec horreur que ces véhicules expérimentaient en fait le gazage des victimes : ils étaient conçus de façon que les gaz d'échappement du moteur soient rejetés dans la partie arrière fermée du fourgon, afin d'en asphyxier les passagers. Les juifs surnommèrent ces fourgons les « destructeurs d'âme ».

Le 7 novembre 1941, la police fit sortir tous les habitants du ghetto de Minsk dans la rue. « Les hurlements lugubres de peur et d'horreur[13], les cris désespérés, les pleurs des enfants et les sanglots des femmes… retentissaient à travers toute la ville », se rappelle Sofia Ozerskaya, une institutrice qui survécut à ce bain de sang. La date était symbolique, c'était l'anniversaire de la révolution communiste de 1917. Dans une mise en scène qui moquait cette célébration, les nazis ordonnèrent aux juifs de revêtir leurs plus beaux habits et puis, guidés par un homme brandissant un drapeau rouge, de parcourir les rues en chantant des chansons patriotiques. Quand le défilé fut terminé, on poussa tous les juifs dans des camions pour les emmener jusqu'à un camp voisin, où on les entassa dans des granges en attendant leur fin. Durant les jours suivants, on les conduisit de force dans des tranchées où ils furent fusillés les uns après les autres. Douze mille personnes furent tuées lors de cette opération.

Deux semaines plus tard, sept mille autres furent rassemblées et fusillées. Un barbier juif du nom de Levin, connu et protégé par certains officiers nazis grâce à ses talents d'artisan, supplia frénétiquement le commandant d'épargner également sa femme et sa fille. Mais l'Allemand préféra n'en sauver qu'une, le barbier dut choisir laquelle des deux.

« Levin choisit sa fille, raconta Grichanik, le tailleur. Quand les ouvriers rejoignirent l'usine, ils étaient blancs comme un linceul et incapables de prononcer le moindre mot. »

Les Allemands contrôlèrent Minsk pendant encore près de trois ans.

Parallèlement aux massacres ininterrompus perpétrés par les hommes de Himmler, deux des sept administrations de Rosenberg dans les nouveaux territoires occupés lancèrent elles aussi des opérations : celle en Ukraine, dirigée par Koch, et celles du commissariat du Reich Ostland de Hinrich Lohse, qui incluait les pays baltes et une partie de la Biélorussie.

À la fin du mois de juillet 1941, suite à des discussions avec plusieurs responsables à Berlin dont Hitler lui-même, Lohse fut envoyé à Kovno, en Lituanie. Sur place, l'homme de Rosenberg s'entretint à deux reprises avec Himmler et reçut l'ordre de poursuivre l'extermination des juifs, déjà bien entamée. Au cours du même mois, quinze mille juifs[14] furent arrêtés à travers tout le pays, conduits au sortir des villes, fusillés puis enterrés dans des fosses communes. Le 1er août, Lohse rentra à Berlin et fit part de ce qu'il avait vu à Rosenberg et aux autres responsables du ministère des Territoires de l'Est. Il décrivit les massacres de juifs en Lituanie – il évalua à dix mille le nombre des victimes – et affirma que des tueries avaient lieu toutes les nuits, et qu'elles étaient perpétrées « par la population lituanienne ». Il finit par confirmer que, « en accord avec la décision du Führer, tous les juifs devraient bientôt avoir été exterminés de cette zone[15] ».

Au lendemain de cette réunion à Berlin, Lohse coordonna la politique concernant les juifs avec le dirigeant SS de son territoire. Il suivit les lignes de conduite édictées par Rosenberg dans le cadre de son partage politique des territoires de l'Est publié au printemps précédent : « Travail forcé pour les juifs, création de ghettos, etc. » comme « solution temporaire[16] » à la question juive. Si l'on s'en réfère aux mesures plus précises mises en place par Lohse, on allait « nettoyer » les campagnes des juifs qui y habitaient. Ces derniers n'étaient pas autorisés à se déplacer sans permission ; ils pouvaient être arrêtés à tout moment « si nécessaire » ; ils devaient porter l'étoile jaune ; il leur était interdit d'emprunter les trottoirs, la voiture et les transports publics, ils n'avaient pas le droit d'entrer au théâtre, à la bibliothèque, au musée, à la piscine, sur les terrains de jeux ou dans les stades ; leurs propriétés seraient saisies.

Aussi sévères que pouvaient paraître ces mesures, elles ne l'étaient apparemment pas assez au goût des SS, qui s'irritaient de cet empiètement administratif sur leur propre terrain.

Franz Walter Stahlecker, le commandant des Einsatzgruppen A, une unité meurtrière de l'Ostland, ne resta pas sans rien faire. Lohse ignorait le fait que, pour la toute première fois, un « traitement radical de la question juive » était désormais possible, écrivit Stahlecker. Il exigea une réunion pour débattre plus amplement du problème, car les mesures de Lohse impliquaient un « ordre général d'une autorité supérieure... dont on ne saurait discuter par écrit[17] ».

En conséquence, Lohse revit sa directive et insista sur le fait que les restrictions qu'il avait mises en exergue n'étaient rien d'autre que « provisionnelles... des mesures minimes[18] », et que les fonctionnaires ne devaient pas interférer avec le travail des forces de sécurité de Himmler. Après la publication de ce décret, Stahlecker écrivit aux officiers de ses Einsatzgruppen pour les rassurer et leur dire que la SS avait le soutien total[19] de Lohse dans leur mise en place de la solution finale de la question juive.

Stahlecker avait raison. Cette dispute, comme beaucoup de celles qui explosèrent entre les SS et le ministère des Territoires de l'Est entre 1941 et 1942, était principalement une question de juridiction. Le problème était de savoir si les politiques juives dans les territoires de l'Est étaient une question de police à la charge du Reichsführer SS ou une affaire de politique incombant au ministre du Reich. Rosenberg n'avait pas abandonné l'idée de faire de son ministère l'autorité ultime à l'est. L'un de ses assistants, Otto Bräutigam, trouvait cela fort imprudent. En ce qui concerne la question juive, disait-il, « il ne serait pas forcément mauvais d'insister sur l'autorité des SS[20] et des chefs de la police ».

Mais en 1941, tandis que les forces de Himmler assassinaient les juifs de son empire, Rosenberg ne voulait pas qu'on le maintienne trop éloigné de l'action.

En septembre 1941, Rosenberg prit une décision déterminante[21]. Berlin apprit que Staline avait fait déplacer six cent mille Allemands vivant sur les rives de la Volga pour les envoyer en Sibérie et au Kazakhstan. « La haine pour Moscou fit à nouveau rage en nous tous, plus forte que jamais[22], écrivait Rosenberg dans son journal. La déportation, disait-il, signifiait ici le meurtre. J'ai donné des instructions pour une déclaration extrêmement sévère, et en ai envoyé le brouillon au Führer, qui en a encore renforcé le ton. Hier, j'ai demandé à ce qu'on prépare une proposition pour diffuser un message radio à la Russie, à l'Angleterre et aux États-Unis stipulant que si ce massacre avait lieu, l'Allemagne ferait souffrir les juifs d'Europe centrale en retour. »

Rosenberg conseilla à Hitler de riposter en déportant immédiatement « tous les juifs d'Europe centrale » vers l'est.

Hitler avait jusque-là résisté aux pressions quant à l'expulsion des juifs. Il avait l'intention de le faire après sa victoire contre les Soviets dans une guerre dont il était convaincu qu'elle serait courte et écrasante. Mais les troupes de Staline avaient survécu au choc des premières attaques et, deux mois après le début de l'invasion, Berlin avait compris que Moscou n'allait pas se contenter de s'effondrer et de se rendre en quelques jours.

Ainsi, après une série de discussions avec Ribbentrop et Himmler, Hitler décida que l'Allemagne ne pouvait plus attendre, et le 17 septembre, il ordonna au chef des SS de lancer la déportation des juifs d'Allemagne, d'Autriche et de Tchécoslovaquie.

Goebbels en fut ravi : à l'est, écrivait-il dans son journal un mois plus tôt, les juifs seraient « traités de la façon la plus sévère qui soit ».

Quand les responsables de l'Ostland apprirent que des milliers de juifs allaient être déportés vers leurs terres et que de nouveaux camps de concentration allaient être construits à Riga et à Minsk, ils furent loin de s'en réjouir[23]. On eut finalement des nouvelles du ministère de Rosenberg : « Ne vous inquiétez pas, ce n'était qu'une solution temporaire, ensuite il n'y aurait plus aucun juif de toute façon. » L'un des conseillers de Rosenberg sur les questions de race, Erhard Wetzel, rédigea une lettre à l'intention de

Lohse dans laquelle il souleva l'idée de construire un « appareil gazant[24] » à Riga, en Lettonie, afin d'en disposer pour les déportés qui n'étaient pas « aptes au travail ». Viktor Brack avait participé à un programme au cours duquel des dizaines de milliers de malades mentaux allemands avaient été euthanasiés, nombre d'entre eux au moyen d'un gaz mortel. Brack était entièrement disposé à envoyer ses techniciens à Riga pour mettre en place un établissement qui s'occuperait des juifs de Lohse.

Il n'y a pas de preuve que la lettre fut effectivement envoyée[25] et cette proposition ne vit jamais le jour – les camps de la mort furent construits au cœur de la Pologne occupée –, mais ce qui est remarquable ici, c'est l'acceptation éhontée de la part du ministère de Rosenberg de n'avoir « aucune objection à ce que ces juifs qui ne sont pas aptes au travail soient anéantis avec l'aide de Brack ».

Le 4 octobre, Heydrich se réunit avec les responsables du ministère de Rosenberg pour leur enjoindre de coopérer[26]. Il ne voulait pas de dispute, leur dit-il, et « de toute façon, tous les aspects de la mise en œuvre du traitement des juifs » relevaient de la police. Mais à l'automne 1941, les fonctionnaires sous la direction de Lohse commencèrent à soulever des objections contre les massacres opérés par les forces de sécurité déchaînées de Himmler.

Le principal point de discorde ne concernait pas l'assassinat des juifs en tant que tel. Aucun nazi n'aurait voulu paraître clément envers les juifs. Mais les fonctionnaires se plaignaient de ne pas avoir été consultés en amont ; ou du fait que, les massacres étant conduits en plein jour, cela perturbait l'ordre public de leurs villes, ou parce qu'ils voulaient que certains juifs fussent exemptés afin d'être employés au travail forcé.

L'un des chefs de district de Lohse, Heinrich Carl, rapporta qu'à 8 heures du matin, le 27 octobre 1941, un officier accompagné d'un bataillon de police arriva à Sloutsk, en Biélorussie, et annonça que son unité avait été chargée de liquider tous les juifs de la ville[27]. Dans un rapport qui remonta jusqu'à Lohse, Carl se plaignait de n'avoir pas été prévenu et de ce que, en outre, certains de ces juifs étaient des artisans, tanneurs, menuisiers, forgerons. Si on les exécutait, il n'y aurait plus qu'à fermer immédiatement les usines de la ville. Mais le commandant de police lui répondit qu'il avait reçu l'ordre de « libérer toute la ville des juifs, sans exception ».

Les tireurs se mirent au travail avec une « brutalité indescriptible » à la limite du « sadisme ». Ils forcèrent les juifs à sortir hors de leurs lieux de travail, les jetèrent dans des camions et les fusillèrent au sortir de la ville. On les battit à coups de matraques et de crosses de fusil. « On entendait des coups de feu à chaque coin de la ville, écrivit Carl dans son rapport, et dans plusieurs rues les cadavres de juifs fusillés s'entassaient. »

Certains juifs furent enterrés vivants. Une fille courut à travers toute la ville, tentant de rassembler assez d'argent pour sauver la vie de son père.

Les policiers dépouillèrent les victimes de leurs montres et de leurs bagues, pillèrent leurs maisons pour les bottes, le cuir, l'or et tout ce qu'ils pouvaient transporter. Les non-juifs de la ville étaient « abasourdis », affirma Carl. « Il faudra longtemps avant que nous ne retrouvions la confiance de la population, que nous avons perdue. »

Aux environs de la même époque, un autre chef de district rapporta que les massacres de Liepaja, une ville de Lettonie sur la mer Baltique, avaient causé de nombreuses agitations. « Même les officiers me demandent s'il était bien nécessaire d'exterminer les enfants[28]. » Lohse intervint pour empêcher d'autres massacres dans cette ville. Himmler envoya aussitôt un messager pour le faire rentrer dans le rang. « Dites à Lohse que ce sont mes ordres[29] et qu'ils reflètent la volonté du Führer. »

La SS déposa une plainte auprès du ministère de Rosenberg, lequel demanda à Lohse de s'expliquer.

« J'ai interdit l'exécution sauvage des juifs[30] de Liepaja car la façon dont elle était mise en œuvre était injustifiable, répondit Lohse. J'aimerais savoir si votre directive du 31 octobre doit être considérée comme l'ordre d'exterminer tous les juifs de l'Est. » Lohse n'avait pas de scrupule particulier sur le fait de massacrer les juifs. Mais il avait besoin de ces juifs-là spécifiquement. « Bien entendu, le nettoyage des juifs à l'Est est une mission nécessaire. Cependant, son exécution doit tenir compte des besoins de la production de guerre. » Le Reichskommissar ne voulait pas perdre une main-d'œuvre importante avant que ses remplaçants n'aient pu être formés.

Le ministère de Rosenberg envoya une réponse plutôt cryptique au cours du mois de décembre. Des débats à Berlin avaient tranché sur la question. « La clarification de la question juive[31] a désormais probablement été obtenue grâce à des échanges verbaux, disait la lettre. Les considérations économiques doivent être ignorées dans la gestion de ce problème. » Lohse pouvait consulter la SS s'il avait des questions.

Apparemment, il n'en avait pas. Il laissa tomber le sujet.

Les débats de Berlin clarifiant la question juive avaient eu lieu au milieu du mois de novembre 1941 lors d'une réunion entre Rosenberg et Himmler[32]. Le 15 novembre, un samedi, les deux dignitaires déjeunèrent ensemble à 14 heures, puis s'entretinrent pendant quatre heures au sujet des disputes entre les responsables politiques de Rosenberg et les forces de police de Himmler.

Nous ne savons pas si Himmler parla en détail à Rosenberg de son projet de plus en plus radical quant à l'extermination des juifs à travers l'Europe. Mais à cette date, la construction de la première chambre à gaz avait bel et bien commencé dans un camp de Bełżec, au sud-est de la Pologne. Himmler avait cherché des méthodes de massacre plus efficaces après avoir assisté à une tuerie de Minsk au mois d'août précédent, et décidé que fusiller des juifs par milliers était bien trop pesant pour le moral des assassins.

Trois jours après sa réunion avec Himmler, Rosenberg parla de l'« éradication biologique » des juifs dans un discours.

Le mardi 18 novembre, des représentants de la presse allemande furent conviés dans l'après-midi à une conférence de presse au quartier général du ministère de l'Est de Rosenberg, un grand bâtiment de pierre situé à la limite sud-ouest du Tiergarten. Il s'agissait de l'introduction officielle de Rosenberg en tant que ministre des Territoires occupés de l'Est. Sa nomination venait tout juste d'être annoncée au public, car Hitler avait trouvé plus sage que le projet de ce ministère d'occupation reste un secret bien gardé durant les premiers mois de l'opération Barbarossa.

Vêtu d'un costume à rayures et d'un insigne nazi épinglé sur le revers de sa veste, Rosenberg annonça à cette fidèle assemblée de journalistes allemands, qui, sous le Troisième Reich, agissaient sous la surveillance du ministère de la Propagande, qu'il avait organisé cette réunion parce qu'il voulait leur expliquer ce qu'il se passait à l'Est. Cependant, ils ne pourraient pas écrire à ce sujet, du moins pas de manière explicite. Il s'agissait uniquement de faire un point général, tout ce qu'il allait dire était strictement confidentiel.

Ses remarques ne furent en effet pas publiées dans la presse, mais on trouva une copie de son discours parmi ses papiers après la guerre. Après avoir évoqué le projet de démanteler l'Union soviétique pour toujours et d'exploiter ses ressources naturelles, Rosenberg aborda la question juive.

« À l'Est, leur dit-il, vivent toujours six millions de juifs et cette question ne peut se résoudre que par l'éradication biologique de toute la juiverie d'Europe[33]. Pour l'Allemagne, la question juive ne sera résolue que lorsque le dernier juif aura quitté le territoire allemand et, pour l'Europe, quand aucun juif ne vivra plus sur le continent européen jusqu'à l'Oural. Voilà la mission que le destin nous a confiée. » Il se remémora la capitulation de l'Allemagne du 9 novembre 1918 comme d'un « jour de destin et de choix. À cette époque, la juiverie a montré combien elle était décidée à détruire l'Allemagne. Grâce au seul Führer et à la force de caractère de la nation allemande, ils n'y sont pas parvenus ». Mais tant que les juifs vivraient sur le continent, le danger demeurerait : des Européens compatissants pouvaient leur permettre de prospérer à nouveau. C'était pour cela qu'il fallait les bannir, tous sans exception. C'était pour cela qu'il fallait les « expulser bien au-delà de l'Oural ou les éradiquer d'une autre façon ».

Il n'aurait pas pu être plus clair. La déportation vers l'Est était devenue un euphémisme. À la fin de l'année 1941, elle était synonyme de mort.

Les objections techniques soulevées par Lohse et d'autres administrations en octobre et novembre furent des exceptions à la règle. De Rosenberg jusqu'à l'échelon le plus bas de la hiérarchie, les fonctionnaires du ministère de l'Est soutinrent les massacres, coopérèrent avec les forces de police de Himmler et facilitèrent le processus d'extermination[34].

Ils dressèrent des listes des propriétés juives. Ils aidèrent à rassembler les victimes. Ils allèrent assister au carnage, certains prirent même part aux fusillades.

À la fin du mois de novembre, après qu'on lui a dit qu'Himmler, et, par extension, le Führer, avait ordonné la liquidation du ghetto de Riga, Lohse regarda[35] sans protester les hommes de Himmler emmener de force quinze mille personnes du ghetto jusque dans la forêt de Rumbula. Sur place, ils furent rejoints par les survivants d'un des premiers convois de juifs en provenance de Berlin : beaucoup étaient morts de froid lors du trajet. Les juifs se déshabillèrent, se couchèrent dans les tranchées qu'ils avaient eux-mêmes creusées[36] et furent fusillés. On recouvrit les fosses de terre que l'on aplatit au rouleau compresseur.

En décembre 1941, Karl Jäger, le chef des forces de police de Himmler en Lituanie, écrivit un rapport brutal sur ses activités depuis l'été. « Il n'y a désormais plus de juif en Lituanie, affirmait-il, sauf ceux qui travaillent et leurs familles », ceux qui avaient été sauvés par le travail forcé. Jäger comptait environ trente-cinq mille survivants sur une population de plus de deux cent mille personnes avant l'Occupation.

Sans ces petites considérations économiques mesquines, ajouta-t-il, il se serait fait un plaisir de les tuer eux aussi[37].

À la fin de l'année, 70 % des juifs de Lituanie – cent soixante-dix-sept mille personnes – avaient été tués, la quasi-totalité d'entre eux après l'arrivée de Lohse[38]. En Lettonie, 90 % des soixante-quinze mille juifs du pays avaient péri. À travers l'Est dans son ensemble, pas moins de huit cent mille civils juifs étaient déjà morts[39].

Pendant ce temps, durant la seconde moitié de 1941, les prêtres catholiques s'en prenaient de nouveau aux nazis dans des discours et par écrit, et cela ne plaisait pas du tout à Hitler. « Il semble, dit-il à Rosenberg, que les rasés – un terme désignant les prêtres qui s'étaient rasé le crâne pour montrer leur dévotion religieuse – ont la migraine. La seule façon de les soulager, c'est de leur couper la tête[40]. »

« On dirait, ajouta Rosenberg, que ces messieurs ne connaissent pas encore bien Hitler. »

Les protestations des prêtres[41] étaient liées à un autre genre de tuerie en masse ayant lieu à l'Est : un programme secret nazi d'euthanasie de tous les enfants et adultes handicapés, connu sous le nom de code T-4 d'après l'adresse de son quartier général à Berlin, Tiergartenstrasse 4. Hitler lança le programme en 1939, dans le cadre de l'effort nazi de mettre en place une race aryenne pure. Certains eurent vent du programme après qu'on eut demandé à des médecins de remplir des questionnaires concernant leurs patients. De nombreuses victimes étaient prises en charge par des organisations liées à l'Église, et bien que les responsables religieux aient été alertés, ils ne firent aucune campagne publique pour demander l'arrêt du programme par crainte que les nazis ne se vengent sur eux.

Mais le 3 août, l'évêque de Münster, Clemens von Galen, décida de dénoncer ces massacres depuis sa chaire. Son sermon fit sensation. « Je tiens de source sûre, dit-il aux paroissiens de l'église Saint-Lambert de Münster, que dans les hôpitaux et les institutions de Westphalie, on dresse des listes de personnes considérées comme des "membres improductifs de la communauté nationale", que l'on souhaite les expulser de ces établissements et les tuer dans la foulée. Une première vague de patients a quitté l'hôpital psychiatrique de Marienthal, près de Münster, cette semaine. » Les cendres des victimes, affirmait-il, seraient renvoyées à leurs familles avec un courrier affirmant que leurs proches étaient morts de façon naturelle.

Mais il s'agissait d'un meurtre, affirmait von Galen. Des êtres humains mouraient parce qu'ils n'étaient plus « productifs » selon les autorités nazies. Si ce principe tordu était véritablement appliqué, « alors, malheur à nous tous lorsque nous deviendrons vieux et infirmes... malheur aux handicapés... malheur à nos soldats courageux qui rentrent à la maison avec des blessures graves, qui reviennent boiteux ou invalides ! » Sous le coup de cette politique, continua l'évêque, « aucun homme ne serait en sécurité. Un comité ou un autre pourrait à tout moment inscrire son nom sur la liste des personnes "improductives", celles qui ne sont selon eux plus "dignes de continuer à vivre". Et aucun policier ne viendra protéger cet homme, aucune cour ne viendra venger son assassinat en faisant comparaître ses meurtriers ».

Son sermon causa une véritable tempête et, le 24 août, Hitler fit suspendre le programme d'euthanasie aussi secrètement qu'il l'avait lancé. Mais l'opinion publique n'était peut-être pas la seule raison de son geste. T-4 avait déjà atteint l'objectif fixé par Hitler – soixante-dix mille victimes. Et comme l'avait suggéré Wetzel, du bureau de Rosenberg, dans son fameux brouillon de lettre destiné à informer Lohse de l'existence des « appareils de Brack », le personnel euthanasiant était en train d'être muté à l'Est où un gazage d'une tout autre envergure se profilait.

Quatre mois plus tard, en décembre 1941, Rosenberg et Hitler évoquèrent de nouveau cette rébellion. Hitler n'arrivait pas à la comprendre. « Si les Églises tenaient tellement à garder les idiots[42], écrivit Rosenberg dans son journal, il était prêt à leur laisser tous les crétins pour qu'ils leur servent de prêtres et de fidèles. » Les sermons avaient même été diffusés par la BBC. Ils avaient été traduits dans d'autres langues, réimprimés comme pamphlets et distribués par milliers en Allemagne, en France, en Hollande, en Pologne et dans le reste de l'Europe occupée. D'autres curés avaient rallié la cause. On écrivait des lettres, on intervenait en public.

« Le Führer a expliqué que ces hommes voulaient être des "martyrs", qu'ils espéraient une détention honorable », écrivit Rosenberg. Et dans certains cas, leur vœu fut exaucé, la Gestapo les rassembla et les envoya en camps de concentration. Mais pas l'évêque. Tandis que certains dirigeants nazis demandaient que l'on fasse pendre von Galen, Hitler craignait, lui, des ramifications politiques internes[43] et ne voulait pas faire de lui un martyr. Il décida plutôt qu'il réglerait ses comptes une fois la guerre finie. D'une façon ou d'une autre, écrivit Rosenberg, « l'évêque de Münster devra un jour faire face au peloton d'exécution ».

Malgré l'annulation du programme T-4, on continua à gazer des enfants handicapés en Allemagne.

On continua également à massacrer les juifs. Et quand leur déportation vers l'est commença, von Galen ne dit pas le moindre mot[44] , du moins pas en public.

Le 12 décembre 1941 – cinq jours après le bombardement de Pearl Harbor par les Japonais et le lendemain de la déclaration de guerre de l'Allemagne aux États-Unis –, Hitler annonça lors d'une réunion confidentielle réunissant les dirigeants du parti à Berlin qu'il était temps de s'occuper des juifs une fois pour toutes. « Le Führer est déterminé à faire table rase[45], écrivit Goebbels dans son journal à propos de ce rassemblement secret. Il avait averti les juifs que s'ils causaient une autre guerre mondiale, cela conduirait à leur propre disparition. La guerre mondiale est là... Les responsables de ce conflit sanglant devront payer de leurs vies. »

Un peu plus tard ce mois-là, Rosenberg était supposé prononcer un discours au Sportpalast de Berlin afin d'annoncer de nouvelles représailles à l'encontre des juifs, conséquence du blocus naval en cours des Alliés contre la marine allemande. Il avait prévu de dire[46] qu'on allait répondre à l'« agitation mondiale contre l'Allemagne » orchestrée par les « juifs de New York » par des « mesures allemandes équivalentes à l'encontre des juifs de l'Est ». Six millions de juifs vivaient désormais sous l'autorité des nazis dans les territoires de l'Est et ils étaient l'« origine et la source du pouvoir juif à travers le monde ». L'Allemagne devait commencer à « détruire les sources dans lesquelles les juifs de New York puisaient leurs pouvoirs » en enclenchant l'« élimination négative de ces éléments parasitaires ». Le discours ne serait pas sans lien avec les remarques officieuses qu'il avait prononcées un mois plus tôt devant la presse allemande.

Mais à l'aube de la déclaration de guerre des États-Unis, il sembla à Rosenberg que le moment était peut-être mal choisi pour un discours aussi incendiaire. Si les nazis formulaient tant de menaces à l'égard des juifs, c'était en partie parce qu'ils pensaient qu'elles dissuaderaient les États-Unis d'entrer en guerre. Mais Rosenberg était désormais dépassé par les événements.

Il retrouva Hitler le 14 décembre pour discuter de la marche à suivre. « En ce qui concerne la question juive, écrivit Rosenberg dans un rapport à propos de cette réunion, j'ai dit que je pensais qu'il fallait sans doute modifier désormais mes remarques au sujet des juifs de New York, après la décision. » A priori, il parlait de la décision des États-Unis d'entrer en guerre. « Mon avis est qu'il ne faut pas mentionner l'extermination des juifs[47]. » Hitler était d'accord. Puis il exprima un sentiment que Rosenberg partageait déjà, puisqu'il s'agissait du moteur même de tout son combat politique : les juifs avaient causé la guerre et la destruction, et ils seraient les premiers à en payer les amères conséquences.

Le même jour, Hitler organisa une autre réunion[48] avec Rosenberg, Himmler et Philipp Bouhler, l'un des administrateurs en chef du programme d'euthanasie T-4.

Si les nazis n'étaient pas prêts à parler d'extermination en public, le sujet était cependant devenu central entre les dirigeants du parti, durant les jours qui suivirent les remarques que leur avait faites Hitler sous le sceau du secret. Hans Frank, le gouverneur général de Pologne, en fut un parfait exemple. Il avait entendu ce que Hitler avait dit et avait rejoint son royaume dans un état d'esprit macabre. « Quant aux juifs, eh bien, je peux vous dire assez sincèrement que d'une façon ou d'une autre nous devons y mettre fin... ils vont disparaître, dit-il à son équipe. Il faut s'en débarrasser[49]. »

Cinq semaines plus tard, un mardi de janvier 1942, quinze responsables nazis descendirent de voiture devant un petit hôtel SS de Wannsee, la banlieue à la mode de Berlin. La ville avait un lac ravissant ainsi qu'une plage, et l'été elle était le lieu de villégiature de toutes les personnes riches et célèbres. Mais ce matin-là on voyait la neige tomber sur le lac par la fenêtre. Les hommes s'installèrent autour de la table et se réchauffèrent avec un cognac.

Parmi les officiels en présence, il y avait les secrétaires d'État et sous-secrétaires des Affaires étrangères, des représentants du ministère de l'Est de Rosenberg, des ministères de l'Intérieur, de la Justice et de l'Économie, et de la chancellerie du Reich. Sept étaient des officiers SS qui se préoccupaient de la question juive. Robert Kempner décrivit plus tard ce groupe par ces mots : « Les messieurs réunis là savaient ce qu'il y avait à savoir[50]. » Pas plus que tous les autres ministres, Rosenberg ne participa pas personnellement à cette réunion. Il envoya à sa place deux membres importants de son ministère de l'Est, Alfred Meyer, son secrétaire d'État, et Georg Leibbrandt, le directeur du service politique du ministère, qui, à n'en pas douter, lui firent un compte rendu des débats.

Reinhard Heydrich avait réussi à rassembler ces hauts fonctionnaires en dépit d'une invitation très évasive quant à l'ordre du jour. Adolf Eichmann, qui organisa et géra la déportation des juifs en Europe en tant que chef des affaires juives du Bureau central de la sécurité du Reich (RSHA) sous la direction de Heydrich, rédigea ensuite un rapport afin de le remettre aux personnes en présence et aux autres responsables. Le document d'Eichmann était si incriminant que presque tous les trente destinataires le détruisirent, à l'exception d'un seul. La copie qui survécut fit que cette réunion d'une heure et demie fut considérée à jamais par l'Histoire comme le tournant fondamental du projet nazi vers la solution finale.

Heydrich voulait rassembler les différents ministères autour de son plan. Il rappela aux fonctionnaires qu'on lui avait confié la responsabilité de débarrasser l'Europe des juifs, et expliqua que les mesures précédentes encourageant leur émigration – une décennie d'attaques, d'arrestations et de discrimination – n'avaient pas réglé le problème. Hitler avait donc désormais approuvé une nouvelle solution, « l'évacuation des juifs vers l'est ».

Heydrich exposa les grandes lignes de son projet. On allait passer l'Europe au peigne fin et exterminer les juifs. Ceux d'entre eux dont la condition physique le permettait travailleraient jusqu'à ce que mort s'ensuive. Littéralement. « En longues files indiennes composées uniquement de personnes du même sexe[51], les juifs aptes au travail avanceront vers l'est en construisant des routes.

Il ne fait aucun doute que la grande majorité disparaîtra de mort naturelle, pouvait-on lire dans le rapport d'Eichmann. Et il ne fait aucun doute que seuls les éléments les plus robustes survivront. Il faudra s'occuper d'eux en conséquence, car sinon, par sélection naturelle, ils formeraient la graine d'un renouveau juif (voir les exemples donnés par l'Histoire). »

Malgré cette description sans détour d'une politique qui, d'une façon ou d'une autre, condamnait à mort tous les juifs d'Europe, les hommes présents ce jour-là nièrent plus tard que Heydrich ait parlé de génocide. Mais Eichmann, l'auteur du seul récit de cette discussion, affirma dans son témoignage que le rapport avait bien évidemment été rédigé au moyen d'euphémismes, un langage codé afin de cacher ce dont les quinze hommes parlaient vraiment dans cette villa de Wannsee : non pas de l'évacuation des juifs, mais de leur extermination.

Cette réunion deviendrait le symbole de l'horreur incompréhensible de l'Holocauste, comment une nation éclairée et développée comme l'Allemagne pouvait sombrer dans la pire forme de barbarie. « D'un côté, l'atmosphère délicate d'une élégante villa, dans un quartier chic d'une des capitales les plus sophistiquées d'Europe, écrivit l'historien Mark Roseman. De l'autre, quinze fonctionnaires éduqués et cultivés, appartenant à une société éduquée et cultivée, respectant tout le protocole. Et au milieu, le génocide décidé par un discret hochement de tête[52]. »

Quelques mois avant la réunion de Wannsee, Hitler avait médité sur tout ce qu'il avait déjà fait pour isoler les juifs d'Allemagne. Une analogie sombre lui était alors venue à l'esprit – elle liait un affreux slogan de campagne des années 1920 aux travaux du fameux bactériologiste qui avait donné son prénom à Robert Kempner, et qui était le parrain de ce dernier.

« J'ai l'impression d'être le Robert Koch de la politique[53] », avait dit le Führer à l'un de ses compatriotes. La discussion avait eu lieu juste avant l'aube, le ciel commençait tout juste à s'éclairer à l'est. Hitler s'expliqua : « Il a découvert le bacille de la tuberculeuse et a ainsi changé le cours de la médecine. Moi, j'ai découvert que les juifs étaient le bacille et le ferment de tout pourrissement de la société. Leur ferment. Et j'ai prouvé une chose, qu'un État peut vivre sans juifs. »

Max et Frieda Reinach avec leur fille, Trude, en des temps plus heureux.

– 19 –

Notre destinée si tragique et particulière

Le premier jour de la Seconde Guerre mondiale, un couple de juifs berlinois, Frieda et Max Reinach, choisirent un petit cahier noir[1] au papier millimétré et commencèrent un journal destiné à leurs enfants déjà adultes qui, eux, avaient réussi à fuir l'Allemagne. Un demi-siècle et deux générations plus tard, le petit journal, dont la couverture ne tenait plus qu'à renfort de Scotch, arriverait enfin entre les mains d'un de leurs descendants – Henry Mayer, l'archiviste en chef du mémorial de l'Holocauste de Washington.

« Si je vais m'efforcer de consigner le récit des jours et des semaines à venir dans ce carnet, c'est pour vous, mes enfants chéris, afin que vous puissiez un jour comprendre l'époque que nous avons vécue et savoir combien nous avons souffert, écrivit Max. Vos parents font confiance à Dieu, qui nous a déjà protégés lors de temps difficiles passés et qui le fera encore. Il est ainsi écrit dans la Bible : "Vous êtes les enfants du Dieu éternel. Si un père est en colère contre ses enfants, il ne les exposera cependant pas à la destruction totale." Notre conscience est tranquille et pure et Dieu est la seule chose que nous craignons. »

Avant la guerre, Frieda était institutrice et Max vendeur de cigares. Quand ils perdirent leurs emplois, ils se portèrent tous deux volontaires pour aider à la soupe populaire de la communauté juive. Mais au fil du temps, alors que la guerre progressait et que les attaques se multipliaient, Frieda sombra de plus en plus dans la dépression. La famille n'avait jamais été particulièrement religieuse, mais Max décida de se tourner vers Dieu pour prendre du recul et il devint très philosophe quant au lot d'épreuves qui allaient de pair avec le fait de vivre en Allemagne sous le Troisième Reich. Il jura que Frieda et lui ne cesseraient jamais de se battre pour leur vie. Ils ne faibliraient pas, comme d'autres qui avaient perdu leur foi. « La souffrance et le chagrin, si forts qu'il n'y a pas de mot pour les décrire, se sont abattus sur nous tous et nous avons besoin d'une foi et d'une croyance de fer en Dieu pour surmonter les épreuves du présent, dit-il à ses enfants. Vos parents ont la ferme intention de survivre à cette époque d'horreurs et de peut-être connaître à nouveau, dans un autre avenir, quelques années de paix. »

« Selon la loi, nous devons porter une étoile de David... et sous cette étoile il est inscrit *Jude* », écrivit Max en septembre 1941. Les mesures exigeaient qu'elle soit cousue sur tout vêtement du côté gauche de la poitrine. On en produisit presque un million, sur de grands rouleaux de tissus, puis on les découpait et on les vendait aux juifs pour dix pfennigs l'unité[2]. Porter l'étoile signifiait pouvoir être interrogé par la Gestapo. Ne pas la porter signifiait que l'on risquait d'être arrêté. Max était horrifié. « Je n'aurais jamais cru qu'une chose pareille puisse arriver. »

Au fil des ans, les restrictions prirent un tournant encore plus sévère[3]. Les juifs n'avaient pas le droit de voyager. Il leur était interdit de pénétrer dans une gare sans permis. Ils n'avaient pas le droit de déambuler dans le quartier du gouvernement de Berlin. Ils n'avaient pas le droit de conduire. « Les juifs, disait un tract nazi, n'ont plus rien à faire derrière le volant d'un véhicule en Allemagne ! » Ils devaient se plier à un couvre-feu tous les soirs à 20 heures, 21 heures le week-end. On exigea qu'ils remettent leurs actions, leurs bijoux, leurs collections d'art. On leur coupa le téléphone. On leur confisqua leurs postes de radio, ils durent restituer leurs appareils le jour le plus saint de l'année, Yom Kippour. Les rations qu'on leur allouait étaient bien plus maigres que celles de leurs voisins aryens et ils n'avaient le droit de faire leurs courses qu'une heure durant, en toute fin de journée, quand les magasins étaient pour ainsi dire vides.

« Pendant soixante ans, se lamentait Max, nous avons vécu en essayant de ne pas avoir l'air différents des autres, ni de l'être, et maintenant, les enfants dans la rue s'amusent à compter les juifs. Nous ne sommes plus des citoyens du même ordre. »

Le ministère de la Propagande fit coller des affiches qui reprenaient la « prophétie » de Hitler, celle prononcée lors de son discours du 30 janvier 1939 au Reichstag : « Si les financiers juifs internationaux en Europe et au-dehors réussissent une fois de plus à plonger les nations dans une guerre mondiale, alors il en résultera non pas une bolchevisation du globe, et donc la victoire de la juiverie, mais l'annihilation de la race juive en Europe[4] ! »

En mai 1942, Max songea au peuple juif et à sa « destinée si tragique et particulière ». La déportation avait commencé.

Les premiers trains quittèrent Berlin le 18 octobre 1941, et dès lors, les juifs ne furent plus autorisés à émigrer[5].

Max nota dans le journal que ses frères et sœurs, ainsi que ceux de son épouse, avaient été « évacués » – Max, Jule, Moritz, Martha, Luane, Adele et Bernhard. « La plupart de nos amis ont déjà été emmenés et nous nous sentons bien seuls. » Et pourtant il croyait toujours qu'il reverrait un jour ses enfants. S'il avait tort, écrivit-il, personne ne devait être triste. « Vous serez toujours notre rayon de soleil jusqu'à ce que notre heure vienne et que l'obscurité de la nuit s'abatte sur nous, affirmait-il. Votre enfance fut un plaisir et un bonheur, pour vous comme pour nous, et nous aurons toujours nos souvenirs. »

Frieda ouvrit le carnet quelques jours plus tard et ne put cacher sa colère. « Combien de milliers de juifs, depuis octobre 1941, ont été *évacués* ? écrivit-elle. *Évacués*, comme ils disent, d'Allemagne. *Évacués*, quel euphémisme... Je suis terrifiée à l'idée de l'*évacuation*, et nous avons de bonnes raisons de croire que cette horrible possibilité pend au-dessus de nos têtes à tout moment. Dès que j'y pense, je panique complètement, car je sais déjà que si l'on me force à emprunter cette route, je ne vous reverrai jamais, mes enfants chéris. »

Pendant un temps, ils avaient envoyé de la nourriture et de l'argent à quelques membres de leur famille enfermés dans le ghetto de Łódź en Pologne, même s'ils n'avaient pas grand-chose à manger eux-mêmes, et avaient perdu un poids conséquent. Les mois passèrent et ils n'eurent plus le droit d'acheter ni viande, ni poisson, ni beurre, ni œufs, ni fruits, ni café, ni alcool, ni tabac avec leurs cartes de rationnement. Ils ne pouvaient plus acheter non plus de chaussures, de savon ou du bois de chauffage[6].

Dans les parcs, ils n'étaient autorisés à s'asseoir que sur des bancs réservés aux juifs. « Ils étaient peints en jaune, écrivit Frieda. Nous avons refusé de les utiliser. » Puis ils furent tout bonnement bannis des parcs.

Peu après cela, on leur ordonna de rendre leurs animaux domestiques. « Une violation de cette mesure, disait l'annonce officielle, sera punie par la loi. »

Le 24 mai 1942, l'une des femmes avec qui les Reinach partageaient leur appartement fut contrainte d'abandonner sa chambre. « Ce genre d'événement, écrivit Max, est toujours le premier pas vers la déportation. »

En juin, ils eurent des difficultés à déterminer si Max devait s'inscrire et travailler pour les nazis. Ils n'avaient pas besoin d'argent, puisqu'ils n'avaient pas le droit d'acheter quoi que ce soit, mais travailler les protégerait peut-être de l'« évacuation ». Leurs postes au centre de la communauté juive les préservaient pour l'instant mais ils seraient plus en sécurité encore si Max travaillait dans une usine de munitions et contribuait à l'effort de guerre[7]. D'un autre côté, en s'inscrivant sur les listes de travail, Max encouragerait peut-être les nazis à agir contre lui et son épouse. « Le choix est si difficile et compliqué, écrivit Frieda, car quelle que soit notre décision, elle pourrait se révéler la mauvaise. »

Ils n'avaient aucune nouvelle de leurs familles parties vers l'est. « Où sont-ils ? écrivit-elle. Et comment vont-ils ? »

Ils durent également restituer tous leurs appareils électroménagers – aspirateur, fer à repasser, bouillotte, gazinière. Ils furent bannis des échoppes de barbiers. On les força à remettre leurs machines à écrire et leurs bicyclettes, leurs appareils photo et leurs télescopes. « Charmant, n'est-ce pas ? écrivit Frieda. Et pourtant, cela pourrait être pire. Tous les jours ont lieu des arrestations, des gens sont fusillés, exécutés. Est-il si surprenant que j'aie peur ?... Seul un miracle pourrait nous sauver, et ce miracle doit vite arriver. Autrement, nous sommes tous perdus. » Ils voulurent espérer que l'Allemagne perde la guerre, mais cela ne semblait être qu'un vœu pieux. « Ce n'est pas un temps pour rêver. »

C'était l'été, mais il pleuvait et il faisait froid. Au début de l'année, on les avait obligés à se défaire de leurs fourrures et de leurs vêtements de laine.

Le 29 juin, Max s'inscrivit sur les listes de travail. Ils le renvoyèrent chez lui en lui disant d'attendre leur décision. Une semaine plus tard, ils reçurent enfin des nouvelles. Ils étaient « évacués » et devraient se présenter aux autorités dans quatre mois. Ils étaient terrifiés, et pourtant Max connut encore des instants où il se sentit, au fond de son âme, « étrangement plus serein ».

« Aller s'inscrire pour le travail a été, comme vous le voyez, une mauvaise décision, écrivit-il. Mais chaque être humain a son propre destin. Mon Protecteur ne nous abandonnera pas dans la peur et le tourment car Il a toujours été à nos côtés. »

Trois mois et demi plus tard, le 20 octobre 1942, Frieda et Max furent convoqués aux bureaux du centre de la communauté juive d'Oranienburgstrasse à 7 heures du matin. Là, avec le reste des mille cinq cents employés de l'organisation, ils attendirent terrifiés l'arrivée des hommes de la Gestapo.

Un an auparavant, les responsables de la communauté juive de Berlin avaient dû, sous la contrainte, aider[8] les nazis à organiser les transports vers l'est. Une ancienne synagogue du quartier du Tiergarten avait été convertie en « camp de rassemblement », et l'équipe du centre juif avait aidé à enregistrer les gens sélectionnés pour partir à l'Est. Les responsables juifs avaient coopéré « malgré de nombreux doutes », selon l'un d'eux qui survécut à la guerre. Ils n'avaient pas encore compris que la déportation était synonyme de mort. Ils avaient voulu s'assurer que les passagers des trains avaient les vêtements et les provisions nécessaires au voyage. Ils pensaient que l'opération serait moins violente s'ils n'en laissaient pas toute l'organisation à la Gestapo.

Mais désormais, la Gestapo venait les chercher eux aussi[9].

Les employés attendirent plusieurs heures dans les salles de réunion, dans les couloirs et les bureaux du centre. La police arriva et annonça que cinq cents employés allaient perdre leurs postes, mesure à effet immédiat, et que les concernés devraient se présenter dans un camp militaire deux jours après. Pour toute personne qui ne se présenterait pas, les nazis promirent de tuer un responsable juif.

On dressa une liste de déportation. Les Reinach y figuraient.

Ils rentrèrent chez eux à 15 heures en état de choc.

Frieda prit la plume à minuit et écrivit quelques dernières lignes à ses enfants, en espérant qu'un jour ce journal leur parviendrait. « Nous sommes les victimes de notre destinée juive et nous perdons notre pays, notre maison, nos biens. Tout... Quelques jours encore dans notre cher foyer, et puis le néant. » Elle souhaita à ses enfants et à ses petits-enfants une vie heureuse. « Je sais que vous ne nous oublierez jamais, mais voici mon vœu : Ne laissez pas notre destin peser sur vos vies. »

Deux jours plus tard, Max rédigea son propre testament. Il promit de s'en aller sans avoir peur. Ce qui devait se passer se passerait. « Nos biens matériels ont disparu et c'est presque nus que nous quittons ce pays dans lequel nous vivons depuis plus de quatre cents ans, écrivit-il. Nous ne savons pas encore où il nous faut aller, mais Dieu est partout, et partout nous appellerons son nom et nous le trouverons. »

Les déportations étaient véritablement devenues monnaie courante. Le 22 octobre, Frieda et Max se rendirent au camp militaire. Ils enregistrèrent ce qui leur restait de biens, qu'on leur confisqua aussitôt. On fouilla leurs sacs pour s'assurer qu'il n'y restait aucun objet de valeur[10]. Quatre jours plus tard, tôt le matin, ils marchèrent du camp au dépôt de marchandises, à environ 3 kilomètres au nord. Avec presque huit cents autres personnes, dont quatre-vingt-huit enfants de moins de quinze ans, ils montèrent à bord d'un train de passagers de troisième classe et partirent vers l'est.

Leurs bagages ne voyagèrent pas avec eux. À Berlin, leur appartement était très convoité.

Le 29 octobre, Frieda, Max et le reste des juifs condamnés à mort arrivèrent dans une gare aux environs de Riga, en Lituanie, à 1 000 kilomètres de Berlin. Après être descendus du train, ils furent conduits dans la forêt et on les fusilla[11].

Quelque temps plus tard, leur fille Trude reçut en Israël une lettre de ses parents, acheminée de Berlin par la Croix-Rouge allemande quelques jours avant leur déportation. « Du fond de notre cœur ému, nous te faisons nos plus sincères adieux. Que Dieu te protège. »

Elle était tout simplement signée « Tes tristes parents ».

Un mois plus tard, les nazis commencèrent à faire partir des trains depuis Berlin directement pour Auschwitz. En tout, cinquante mille juifs furent déportés depuis la capitale et exécutés avant la fin de la guerre. Seuls huit mille juifs berlinois survécurent[12].

L'action des nazis, écrivit un historien, équivalait à un « gommage minutieux[13] » de toute l'existence sociale des déportés.

Mais avant le départ des Reinach, une femme qui vivait dans le même immeuble qu'eux accepta de garder le journal[14] et de tenter de le faire parvenir à leurs enfants. Elle était si dévouée à sa mission qu'elle gardait le journal sur elle, caché dans une ceinture autour de sa taille. Après la guerre, elle le confia à un soldat américain, accompagné d'une adresse de la famille Reinach aux États-Unis. Quand il rentra chez lui, il livra le journal à l'une de leurs filles, Lilian, près de Boston dans le Massachusetts.

Des années plus tard, l'autre fille des Reinach, Trude, traduisit ces pages pour ses petits-enfants qui ne parlaient qu'anglais. Ce n'était pas seulement qu'elle voulait qu'ils le lisent, admit-elle, elle avait une « motivation plus profonde ». Transmettre ce journal à une autre génération, c'était rester fidèle à la mémoire de ses parents et des parents de son mari, et des millions d'autres personnes qui avaient perdu la vie entre les mains des nazis.

Elle conclut par quelques vers qu'elle attribuait à l'écrivain juif allemand Alfred Kerr[15] :

« Seuls sont morts / Ceux qui sont oubliés. »

En tant qu'avocat, Kempner s'était rendu célèbre
pour ses interrogatoires agressifs.

– 20 –

Les nazis à nos portes

La moitié des émigrants allemands qui débarquaient à New York décidaient d'y rester. Ils furent si nombreux à s'installer à Washington Heights que le quartier fut rapidement rebaptisé « le Quatrième Reich ». Mais Kempner ne voulait pas vivre en ville[1], et dès qu'il eut mis de l'ordre dans ses affaires financières, il quitta Philadelphie pour Lansdowne, une banlieue de 2 kilomètres carrés et demi, peuplée de vieux arbres et de grandes maisons victoriennes. L'endroit lui rappelait Lichterfelde, son ancien quartier à Berlin. Il acheta une maison dans un coin tranquille et invita ses amis de la ville à venir passer du temps avec lui sur sa véranda qui donnait sur une petite crique traversant un parc.

Aussi idyllique que fût cette petite oasis, la vie des nouveaux arrivants allemands s'était grandement compliquée depuis que les États-Unis étaient entrés en guerre contre les nazis. « La question de savoir si je suis réellement un ennemi de l'étranger[2] ou non n'est toujours pas réglée, écrivit Kempner dans une lettre pour protester auprès des autorités américaines, qui lui avaient demandé de désactiver sa radio à ondes courtes afin de l'empêcher d'écouter les stations allemandes qui émettaient d'Europe. Le régime de Hitler m'a expatrié par décret extraordinaire. Par conséquent, je ne suis pas un citoyen allemand, mais un apatride. Je ne dois aucune fidélité à aucune puissance étrangère, hormis les États-Unis. » Bien qu'on l'autorisât à garder sa radio, cet incident symbolisait le combat grandissant que lui et ses compagnons émigrés devaient mener sur leur nouvelle terre d'accueil.

« Les immigrants avaient tous un défaut majeur, écrivit Kempner, ils parlaient avec un fort accent. » Les gens se posaient dès lors des questions. « Est-ce un Allemand[3] ? » « Devrions-nous faire surveiller cet homme, peut-être était-il un agent de Hitler, peut-être l'est-il même encore ? »

Kempner pouvait aider à répondre à ces questions. À vrai dire, répondre à ces questions était précisément son fonds de commerce quand il arriva à New York à l'automne 1939 : il pouvait aider à identifier les agents envoyés par les nazis en Amérique pour soutenir secrètement leur cause.

Amasseur compulsif, il avait réussi à emporter avec lui sept caisses de documents originaux du gouvernement allemand en traversant l'Atlantique. Il les appelait ses *Handwerkszeuge*, ses « outils ». Il n'avait aucune intention de les partager sans contrepartie.

Des années plus tard, Kempner raconta comment il en était venu à travailler pour le département de la Justice des États-Unis. Un jour, deux jeunes procureurs fédéraux lui rendirent visite à l'université, probablement encouragés par les lettres qu'il n'avait eu de cesse d'envoyer à des responsables de Washington pour leur proposer ses services. En 1940, une unité spéciale de défense avait été mise en place par le département de la Justice afin de réunir des renseignements sur la propagande nazie aux États-Unis et monter des dossiers en vue de poursuites criminelles. Cette division devait être une « tour de contrôle dans la lutte du gouvernement afin d'éliminer toute activité subversive[4] » principalement en surveillant et en mettant un frein aux organes de presse qui sympathisaient avec les nazis. À l'été 1941, Kempner était entré en contact[5] avec elle.

Les agents qui lui rendirent visite, selon le récit de Kempner, l'appelèrent familièrement « Bob » et lui demandèrent ce qu'il pouvait faire pour eux. « Pouvez-vous nous obtenir des documents[6] ? »

Aussi direct que d'habitude, il leur posa la question suivante :

« Et qu'en est-il du salaire ?

– C'est assez difficile, répondit l'un d'eux. Vous êtes en réalité toujours considéré comme un ennemi étranger.

– Écoutez, dit Kempner en haussant une épaule, si votre organisation n'a pas les fonds pour des affaires comme celle-ci, cela veut sans doute dire que tout cela n'en vaut pas vraiment la peine. »

Les deux hommes sourirent.

« Bien évidemment, dit l'un d'entre eux. Il y a des fonds pour tout. »

Cette question réglée, Kempner leur remit un échantillon de ses dossiers. Il leur montra des documents concernant l'Auslands-Organisation du parti nazi, dirigée par Ernst Wilhelm Bohle. Cette agence, qui coordonnait les citoyens allemands membres du parti et vivant à l'étranger, était soupçonnée de cultiver une cinquième colonne d'informateurs et de saboteurs, et Kempner montra aux juristes les documents précisant sa mission et ses tactiques.

Bohle était au départ un partisan des Amis de la nouvelle Allemagne, le groupe d'antisémites à l'origine des émeutes du Madison Square Garden en 1934. Mais les Amis étaient des incapables et se révélèrent bien vite une source d'embarras plus qu'autre chose. À Berlin, le parti nazi, craignant que le discours violent de son satellite officieux aux États-Unis n'exacerbe des relations déjà tendues avec Washington, prit publiquement ses distances avec le groupe. Celui-ci fut dissous peu de temps après. Le Bund germano-américain vint alors prendre sa place, mais son dirigeant, Fritz Kuhn, fut emprisonné pour détournement et fraude fiscale juste après l'arrivée de Kempner en 1939.

Quand bien même, il restait plein d'autres sympathisants nazis pour porter le drapeau de Hitler aux États-Unis. Des procureurs et des législateurs de Washington craignaient qu'une dangereuse conspiration fasciste nationale ne soit en préparation – une qui aurait eu pour but de renverser la démocratie en incitant à la haine raciale. Au vu du succès de la machine de propagande de Hitler, il ne semblait pas impossible que ces nazis en guerre psychologique[7] puissent, à l'instar d'un talentueux publiciste, infiltrer le subconscient américain et faire des ravages.

Plus tard, Kempner tourna en ridicule l'effort allemand de semer le trouble aux États-Unis. « Les nazis ont géré la situation de manière idiote, peu attrayante et désorganisée, dit-il alors. Je veux dire que des petits groupes isolés se chargeaient à la fois des missions de sabotage, de propagande nazie et d'espionnage. Ce qu'était censée accomplir cette cinquième colonne pour l'Allemagne était risible. À Berlin, ils avaient réussi à se convaincre qu'on pouvait mettre en place un front allemand en Amérique, et que celui-ci suffirait à empêcher les États-Unis d'entrer en guerre. »

Mais pendant la guerre, les agitateurs présents sur le sol américain n'avaient rien de comique, et Kempner faisait partie de ceux qui clamaient haut et fort qu'ils étaient une menace grave pour la sécurité du pays.

Le département de la Justice décida de faire surveiller, taire et arrêter les propagandistes allemands. Des procureurs fédéraux, emmenés par le procureur général des États-Unis, Robert Jackson, et son successeur Francis Biddle, poursuivirent des douzaines de nazis en justice pour violation d'une loi anti-insurrection récente, le Smith Act, ainsi que pour le crime, plus prosaïque, d'avoir omis de s'enregistrer auprès du gouvernement américain en tant qu'agent d'une puissance étrangère, ce qui équivalait à poursuivre un truand de la pègre pour fraude fiscale.

Kempner devint rapidement un expert indépendant régulier et payé dans ces affaires[8]. Les procureurs appréciaient sa participation, parce qu'il avait personnellement témoigné de la montée du nazisme et pouvait aider à dresser des parallèles entre les propagandistes nazis et américains. Le seul problème, semble-t-il, concernait sa façon de s'habiller. Il avait une préférence pour les vestes et les pantalons bariolés. On lui confia qu'on préférerait qu'il adopte un style plus proche de l'homme d'affaires et du fonctionnaire américain : costume sombre, chemise blanche, cravate en soie de couleur unie.

Des employés de l'agence de presse allemande Transocean firent partie de ceux que Kempner aida à poursuivre en justice[9]. En particulier Friedrich Ernst Auhagen, un ancien professeur de l'université Columbia qui dirigeait un groupe pronazi appelé « Le Forum de la communauté américaine », et Carl Günther Orgell, dont la Confédération nationale des Allemands à l'étranger avait été financée par Rosenberg et son bureau des Affaires étrangères du parti, afin de répandre le catéchisme nazi le plus loin et le plus largement possible.

Durant le plus grand procès pour insurrection de l'histoire américaine, *United States v. McWilliams*, en 1944, Kempner « aida à esquisser le fondement légal d'une affaire très difficile[10] », écrivit le procureur O. John Rogge. Vingt-neuf propagandistes pro-allemands virulents installés aux États-Unis avaient été réunis dans un seul et même procès. C'était un groupe de chahuteurs et il y eut plusieurs jours où le procès vira à la farce. « Rarement, écrivit un journaliste qui avait assisté aux auditions à Washington, autant de marginaux ébahis, nerveux et déments[11] ne furent réunis en un même endroit. »

L'accusation soutenait que les accusés faisaient partie d'une conspiration nazie visant à renverser les gouvernements démocratiques à travers le monde. Ils avaient violé le *Smith Act* de 1940 en collaborant avec le gouvernement allemand et des responsables du parti nazi, ainsi qu'entre eux, pour imprimer et distribuer des livres, des journaux et des tracts qui encourageaient concrètement l'« insubordination et l'infidélité des membres de nos forces armées ». Leur propagande avait pour but de convaincre les soldats que le système démocratique américain ne valait « ni la peine qu'on le défende, ni qu'on se batte pour lui[12] ».

Les conspirateurs, annonça Rogge au jury, avaient l'intention de suivre à la lettre le manuel du parfait nazi. Ils voulaient un Hitler à eux. Ils voulaient s'en prendre aux juifs. Ils parlaient de révolutions violentes, de bains de sang, de « pendre des gens aux réverbères ». Ils envisageaient des pogroms qui feraient passer « ceux de Hitler pour une partie de campagne ». À l'instar des nazis allemands, les fascistes américains gagneraient d'abord la guerre de la propagande aux États-Unis, puis ébranleraient les institutions démocratiques et enfin prendraient le pouvoir avec l'aide de membres déloyaux de l'armée. La défense nia faire partie d'une telle conspiration – « Je suis un démocrate, pas un nazi ! » cria l'un des accusés – et provoqua un tel chahut dans la salle d'audience que le procès se prolongea des mois durant. On était encore bien loin de sa fin quand le juge eut une crise cardiaque, forçant ainsi son annulation.

Rogge et Kempner tentèrent de ressusciter l'affaire, mais ce genre d'affaires fut mis de côté après la guerre. Des défenseurs des libertés individuelles s'inquiétaient des implications possibles de ces accusations. Mais pour Kempner, son expulsion de son pays natal en tant qu'agent subversif fit qu'il n'hésita pas une seconde : il voulait aider les États-Unis à identifier et à faire taire leurs ennemis potentiels. Tout ce qui comptait pour lui, c'était d'être à nouveau en train de combattre les nazis – et de se faire un nom. À peine quelques années après avoir débarqué à Hoboken, Kempner évoluait déjà parmi les figures politiques américaines les plus importantes.

Mais le destin s'apprêtait à emmener les procureurs qui s'étaient occupés des agitateurs nazis encore plus loin.

Et bientôt, ces derniers emmèneraient Kempner avec eux dans ce qui allait être la plus grande opportunité de sa vie.

Tout en collaborant avec les procureurs du département de la Justice, Kempner continuait d'écrire ses lettres obséquieuses[13] à Hoover, espérant toujours attirer l'attention du directeur du FBI, dont la campagne contre les ennemis potentiels du pays allait bien au-delà des efforts de l'unité spéciale de défense. En mai 1941, la liste des « ennemis soupçonnés » du bureau – dressée grâce à des informations obtenues via le programme de surveillance interne de grande envergure que Roosevelt avait secrètement autorisé, cinq ans plus tôt – recensait dix-huit mille noms[14].

Kempner envoya à Hoover une note suggérant que le FBI se prépare à l'Europe d'après guerre en étudiant les questions administratives fondamentales : « Le personnel, le champ d'action, la géographie des quartiers généraux d'aujourd'hui, la nature des forces locales, etc. Je serais ravi de préparer un mémo sur les principaux problèmes impliqués, ce serait sans doute utile à plusieurs égards. »

Il offrit de partager ce qu'il savait sur Kurt Daluege, ce membre du ministère de l'Intérieur nazi et « homme dangereux », qui venait d'être nommé protecteur adjoint de la Bohême-Moravie, une région de l'ancienne Tchécoslovaquie.

Kempner envoya même des cadeaux. À Noël 1942, il leur fit parvenir une copie de son livre sur les nazis : *Le Crépuscule de la justice*, publié en 1932 sous le nom de plume d'Eike von Repkow. Seuls deux exemplaires avaient survécu, affirmait-il. Tous les autres avaient été brûlés sur ordre de Hitler. L'année suivante, Kempner envoya le rapport sur les nazis qu'il avait aidé à rédiger pour le ministère de l'Intérieur prussien en 1930. Kempner affirmait avoir quitté l'Allemagne avec ce document « historique et prophétique (...) à mes risques et périls » et il assura à Hoover qu'il serait un ajout précieux à la collection du FBI.

Kempner savait désormais qu'il recevrait toujours des réponses courtes, polies et impersonnelles à ses lettres[15], mais que celles-ci ne lui obtiendraient pas l'entretien privé avec le justicier le plus célèbre d'Amérique comme il l'aurait tant souhaité. Cependant, Hoover avait transmis une de ses lettres à l'agent spécial en charge de l'annexe du FBI à Philadelphie[16] en lui demandant d'entrer en contact avec Kempner, et en 1942 ce dernier fut employé comme chercheur et informateur privé. Il n'était qu'un « employé spécial », c'est-à-dire un indépendant qui facturait au bureau 14 dollars par jour plus les frais. Mais il considérait que travailler pour le FBI, à quelque niveau que ce soit, était un « grand privilège ». Et vu la quantité de travail qu'il fournissait, tout cela lui rapportait mensuellement une coquette somme. À la fin de l'année, Kempner remercia Hoover de le laisser apporter sa « petite pierre dans notre combat contre Hitler, cette fois-ci du côté des vainqueurs et non pas, comme cela avait été le cas de 1928 à 1932, du côté des perdants[17] ». Dans une autre de ses réponses succinctes, Hoover répondit que l'aide de Kempner avait été « des plus encourageantes ».

À cette époque, travailler comme employé spécial du bureau signifiait principalement lutter contre les communistes. Pour Hoover, la guerre froide commença avant même que la Seconde Guerre mondiale ne se finisse. Il était convaincu que le Kremlin travaillait déjà avec les communistes présents sur le territoire américain pour espionner les États-Unis.

Kempner dirigea une petite équipe de chercheurs et d'interprètes germanophones[18] qui compilait des archives biographiques sur des dirigeants communistes allemands, surveillait les groupes communistes de Philadelphie et rendait compte des principales organisations potentiellement communistes. Il fournissait des renseignements sur la Société allemande de Pennsylvanie[19] et sur les mouvements des navires le long de la côte du Delaware. Son équipe traduisait les articles de journaux publiés par des communistes allemands à Londres, Mexico City, Buenos Aires et New York. Il se rendait tous les mois à Manhattan pour acheter de la littérature communiste afin que le FBI puisse l'analyser.

En février 1943, Kempner proposa même d'espionner les « personnes liées aux partis communistes d'Europe centrale » à New York. Ces dernières se préparaient déjà à rentrer et à prendre le contrôle des gouvernements d'après guerre, affirma-t-il à l'agent spécial en charge. « Cet écrivain n'aurait ce genre de conversation que sous le couvert de ses recherches scientifiques sur la planification de l'après-guerre. »

Il réunit et remit également des renseignements sur plusieurs personnes, de l'inconnu au notable, aux États-Unis comme en Allemagne : Harry Eisenbrown, un professeur américain qui était rentré enseigner en Allemagne en 1937 ; Ezra Pound, le poète américain qui soutenait publiquement Hitler ; Fred W. Kaltenbach, originaire de Dubuque dans l'Iowa, qui avait passé la guerre en Allemagne à relayer à la radio des messages pronazis destinés au territoire américain ; et Ruth Domino, une auteure allemande que le FBI croyait à tort mariée à Gerhard Eisler, l'un des plus hauts responsables du Komintern d'Amérique.

Il semblait que Rudolf Diels ne s'était pas trompé quand il avait décrit Kempner comme un « homme tout à fait digne de travailler à la Gestapo ».

Le FBI était en train de rassembler une énorme collection de dossiers secrets sur les activités de millions d'Américains, et Kempner faisait sa petite part pour contribuer à la cause.

Rosenberg à l'aérodrome de Kiev lors d'une visite en Ukraine en 1942.
Son ministère du Reich des Territoires occupés de l'Est n'a jamais
vraiment su trouver sa place.

– 21 –

Le ministère du Chaos

Les nationalistes ukrainiens qui pensaient que l'invasion allemande de 1941 annonçait la mise en place d'un nouvel État indépendant furent amèrement déçus. Au cours du mois de juillet, plusieurs vagues d'arrestations par les forces de sécurité de Reinhard Heydrich éradiquèrent rapidement tout espoir pour l'avènement d'une nation[1] nouvelle à Kiev, Lvov et Jytomyr. L'été n'était pas encore fini que Hitler démantelait déjà l'Ukraine.

Peu importe ce qu'affirmaient les brochures de propagande que l'on distribuait dans tous les territoires conquis, les nazis n'avaient aucunement l'intention de réellement libérer les peuples de l'Est.

Le 1er août 1941, Hitler décida qu'une partie de l'Ouest, la Galicie, devait être rattachée au gouvernement général de Hans Frank en Pologne.

Dans le mois qui suivit, on entama des discussions sur une éventuelle cession de l'Ukraine du Sud-Ouest – y compris le port stratégique d'Odessa – aux Roumains. Le général Ion Antonescu, le Premier ministre roumain, avait rallié les pays de l'Axe, et ses soldats s'étaient battus aux côtés des nazis pendant l'opération Barbarossa en été 1941. Ils allaient compter parmi les plus fervents supporters de la solution finale : dans la première année de la guerre, les hommes d'Antonescu allaient massacrer 380 000 juifs – en en abattant certains, en en brûlant vifs d'autres, et en affamant ceux qui restaient.

« Le Führer, écrivit Rosenberg dans son journal, adore véritablement Antonescu, qui s'est vraiment comporté de façon exceptionnelle tant sur un plan militaire que personnel. » Quand Hitler lui offrit Odessa, Antonescu refusa : il n'était pas en mesure de défendre un port aussi important. Mais Rosenberg pensait que le général changerait d'avis. Les Roumains avaient assiégé la ville en août : parmi leurs soldats, 17 000 périrent et 74 000 furent blessés avant qu'Odessa ne s'inclinât finalement au milieu du mois d'octobre. « Les soldats roumains ont encerclé Odessa et perdent beaucoup de sang dans cette bataille, écrivit-il. Antonescu dispose de quinze divisions. L'appétit vient en mangeant[2]. »

Diviser l'Ukraine était une très mauvaise idée, et Rosenberg s'en plaignit en privé. « Apparemment, raison et déraison se livrent un combat dont on ne sait toujours pas qui sortira vainqueur. Si l'on succombait à cette idée de division[3], il faudrait sans doute renoncer à tout espoir de gagner le cœur des Ukrainiens pour les mobiliser politiquement contre Moscou. »

Il était cependant évident que Hitler, contrairement à ce qu'il avait assuré à Rosenberg et aux autres avant la guerre, n'autoriserait pas les peuples de l'Est à se gouverner par eux-mêmes. Il craignait tout particulièrement qu'une Ukraine libre ne se transforme en un adversaire de taille. Hitler s'opposait également à l'idée de Rosenberg d'ouvrir une nouvelle université à Kiev pour y faire revivre la culture et la fierté du peuple slave. « Tout ce que nous pourrions leur donner, c'est un demi-savoir – juste assez pour mener une révolution[4] ! » affirma-t-il à l'époque de ce conflit, à l'occasion de l'un de ces monologues qu'il tenait dans les dîners privés, monologue scrupuleusement archivé par Bormann et publié après la guerre. Il ne voulait même pas qu'on leur apprenne à lire.

Les Ukrainiens n'obtiendraient rien de la part des nazis.

Moins que rien, à vrai dire. Malgré les objections virulentes de Rosenberg[5], Hitler donna effectivement à Antonescu la partie du territoire ukrainien qu'il désirait.

En septembre 1941, Rosenberg prit enfin conscience qu'il avait perdu la bataille. « Le Führer considère que si un peuple de cette importance se laisse constamment oppresser, c'est qu'il ne vaut pas la peine d'être considéré comme indépendant par les autres[6] », écrivit-il. Il avait du mal à cacher sa confusion. Son héros l'avait-il trompé ? « Cette approche… est totalement différente de celle que je défends, et dont tout me poussait à croire qu'il l'approuvait. »

Mais comme toujours, Rosenberg louvoya pour rester fidèle à son Führer. Hitler visita les villes de Berdychiv et Zhytomyr, et en revint plus convaincu encore de la dépravation du peuple ukrainien. « Ce qui, en soi, n'est pas si étonnant, étant donné que ces deux villes étaient principalement juives. » Hitler avait eu raison, décida-t-il en octobre. Il ne servait à rien d'inspirer culturellement les Ukrainiens, écrivit-il dans son journal. Mieux valait les laisser en l'état, « à savoir leur état primitif présent[7] ». « Les sols fertiles, la richesse des ressources naturelles et, enfin, le sacrifice du sang allemand ont provoqué un changement d'attitude chez le Führer, et la contrariété d'avoir à nourrir l'Europe entière lui fit prendre en main la préservation et la distribution des ressources. Après tout, c'est lui qui a conquis l'Ukraine. »

Quand bien même, Rosenberg s'inquiétait. Bientôt, ses fonctionnaires devraient faire face à une résistance passive et à des tentatives d'assassinats. Il faudrait sans doute un million de soldats pour être sûr de contenir la population en colère. Si on ne la surveillait pas de près, la situation sur place pourrait facilement dégénérer en une véritable révolution contre les nazis.

Les Ukrainiens comprenaient déjà qu'ils n'avaient fait que changer d'oppresseurs, et rien d'autre.

Le grand projet de Hitler était de gérer l'Est à la manière d'une colonie. Les Allemands gouverneraient comme les maîtres qu'ils étaient destinés à devenir. « Des territoires de l'Est fraîchement conquis, dit-il, nous devons faire un jardin d'Éden[8]. » Le *Lebensraum* – « l'espace vital » dont il parlait depuis tant d'années – était enfin à portée de main.

Mais alors que les nazis prenaient possession de leur nouvel empire, la confusion continuait de régner. Rosenberg dirigeait des hommes qui se trouvaient à des centaines de kilomètres de son quartier général à Berlin. Le temps que ses ordres arrivent dans l'arrière-pays, ils étaient plus ou moins caducs. Les lignes téléphoniques étaient mauvaises et l'acheminement du courrier d'une lenteur incroyable, ce qui lui rendait une bonne gestion impossible. Ainsi, du Reichskommissar au plus petit des chefs de district, tout le monde avait une grande latitude pour interpréter et ignorer les ordres en provenance de son si lointain ministère de l'Est. À l'Est, comme le souligna Goebbels, « chacun fait ce qui lui plaît[9] ».

L'administration de Rosenberg était si tentaculaire et décousue que Goebbels avait pris l'habitude de la surnommer le « ministère du Chaos ». « Dans ce ministère, on élabore des plans pour les décennies à venir alors qu'en réalité les problèmes du quotidien sont bien plus importants et ne devraient en aucun cas être ajournés ! » écrivit Goebbels dans son journal « L'inaptitude du ministère vient du fait qu'il regroupe trop de théoriciens, et pas suffisamment d'hommes pragmatiques[10] ». Un autre terme circulait pour désigner les hommes de Rosenberg : *Ostnieten*, les « moins que rien » de l'Est.

Rosenberg n'avait aucune autorité sur les SS de Himmler, et il était obligé de soutenir les efforts de Göring pour la confiscation de nourriture et de matières premières aux Ukrainiens.

Pire encore, son subalterne officiel en Ukraine, Erich Koch, s'était bel et bien confirmé comme un despote incontrôlable, ce que Rosenberg craignait quand Hitler l'avait nommé au mois de juillet. Ancien responsable des chemins de fer de quarante-cinq ans, Koch[11] avait un jour dit que s'il n'avait pas connu Hitler, il serait devenu communiste. Il avait écrit un livre en faveur de l'Union soviétique et avait même soutenu par le passé une alliance plus étroite entre les nazis et les bolcheviques – un défaut de caractère majeur aux yeux de Rosenberg. En 1928, Koch prit la tête de l'État majoritairement rural de la Prusse-Orientale. Il était connu pour son arrogance et son amour du complot bien mené, se souvint une de ses connaissances, Hans Bernd Gisevius, un officier du renseignement allemand pendant la guerre. « Un démagogue de premier ordre[12], un aventurier téméraire qui se sentait aussi à l'aise dans les meilleurs comme dans les pires moments de la vie, il surpassait de beaucoup les autres dirigeants. Il avait une vive imagination et était toujours prêt à faire courir, en murmurant et sous le sceau du secret absolu, les histoires les plus fantasques. » En Prusse-Orientale, son institut Erich-Koch devint un empire financier corrompu possédant des parts dans des entreprises variées. Il arrivait même, parfois, que les propriétaires soient obligés de vendre sous la menace d'une arrestation. Les revenus de son conglomérat finançaient son mode de vie luxueux.

Dans un autre pays, Koch « aurait pu réaliser de grandes et bonnes choses, écrivit Gisevius, mais le résultat inévitable de l'extrême latitude dont il jouissait fut qu'il a voué ses immenses talents à l'escroquerie. Quand il fut envoyé en Ukraine en 1941, il était devenu mégalomane ». Koch aimait vivre comme un roi dans sa ville prussienne de Königsberg... ce qui semblait fort à propos*.

Koch et Rosenberg n'auraient pu avoir des visions plus opposées sur la question de l'Est. Koch suivait à la lettre la ligne édictée par Hitler : les Allemands sont les maîtres, les Ukrainiens les esclaves. Rien n'empêcherait les nazis de les exploiter dans la violence. « Je ne suis pas venu ici pour apporter le bonheur, déclara-t-il. Je suis venu aider le Führer. Le peuple doit travailler, travailler et travailler encore[13]. » Koch, portant la même moustache que Hitler et les cheveux en arrière pour dégager son grand front, ne faisait rien pour dissimuler ses opinions extrémistes, pas même aux yeux de ceux qu'il opprimait. « Le jour où je trouverai un Ukrainien digne de s'asseoir à table avec moi, je serai obligé de le faire fusiller ! affirma-t-il un jour. Nous sommes la race maîtresse, dit-il encore, ce qui veut dire que le plus petit ouvrier allemand a mille fois plus d'importance[14], racialement et biologiquement, que toute la population d'ici. » Sur place, il avait affaire à des *Untermenschen*, des « sous-hommes ». Les contacts entre les races devaient être limités et les relations sexuelles étaient inconcevables. « Ce peuple doit être gouverné d'une main de fer, afin de nous aider à gagner la guerre dès maintenant, dit-il. Nous n'avons pas libéré l'Ukraine pour la sauver, mais pour assurer à l'Allemagne un espace de vie nécessaire et une source de nourriture. »

Durant son mandat, Koch régna par la terreur. Ses mesures étaient « abusives et inflexibles ». L'insubordination était sévèrement punie, parfois par la mort elle-même. Il voulait que la population se sente sous une « menace constante », même quand elle ne faisait rien pour provoquer les nazis.

En résumé, on devait traiter les Ukrainiens comme des « nègres[15] », selon sa formule. À l'instar du sud des États-Unis

* *Königsberg* signifie littéralement « la montagne du roi ».

au XVIIIe siècle, ils travailleraient au cœur de vastes plantations afin de nourrir le peuple allemand. L'Ukraine serait désormais une terre où on serait fouetté en public. Quand Rosenberg écrivit pour s'opposer à ce traitement et exiger la fin des coups de fouet, Koch se contenta de hausser les épaules. « Il est vrai, écrivit-il à propos d'un incident, qu'une vingtaine d'Ukrainiens ont été fouettés par la police pour avoir saboté la construction d'un pont important sur le Dniepr. Je n'étais absolument pas au courant de cette mesure. Aurais-je eu conscience du flot de reproches que cet acte allait engendrer, que j'aurais sans doute ordonné que l'on fusille ces Ukrainiens pour sabotage[16]. » À n'en pas douter, Koch méritait son surnom, le « Boucher ».

Plus tard, dans son journal, Rosenberg expliqua que tous ses désaccords avec Koch relevaient plus d'une question de pragmatisme que d'un dilemme moral. Oui, les nazis devaient pacifier la région afin d'en tirer ce dont ils avaient besoin, mais la méthode de Koch qui oscillait entre « improvisation selon son humeur et comportement tapageur et provocateur[17] » était tout bonnement contre-productive. « Un peuple en guerre peut résister à tout[18], écrivit Rosenberg, mais pas au mépris ouvert. » Les déclarations publiques de Koch ne firent qu'éveiller l'hostilité du peuple et l'encourager à rejoindre la Résistance. À n'en pas douter, il était plus sage de ne rien dire sur ce que les nazis pensaient vraiment des Slaves. La violence de Koch engendra des « actes de sabotage et la naissance d'un comportement partisan ».

Rosenberg se plaignit à Hitler, mais Koch avait un meilleur accès au Führer, qu'il avait de son côté : le quartier général de guerre de Hitler, la « Tanière du loup », se trouvait en Prusse-Orientale, au beau milieu du territoire de Koch, tandis que les bureaux de Rosenberg étaient situés à Berlin, à 500 kilomètres de là.

Appuyé par son ami et allié Martin Bormann, Koch rendait compte directement et régulièrement à Hitler, tandis que Rosenberg envoyait ses rapports à distance[19].

Leur désaccord n'aurait sans doute eu aucune importance si la guerre s'était terminée en quelques semaines ou en quelques mois. Mais à la fin de 1941, les Soviets avaient finalement réussi à renforcer leurs défenses et à stopper l'avancée nazie. Plus de 300 000 soldats allemands partis pour l'Est avaient été blessés ou tués. Puis les premières unités durent battre en retraite, le gel arriva et les Soviets attaquèrent les troupes allemandes aux environs de Moscou. Tous les plans allemands, tous leurs projets violents et utopiques étaient fondés sur l'idée d'une fin rapide des combats à l'Est.

Mais les Allemands étaient désormais engagés dans une guerre bien plus longue.

Tandis que Rosenberg discutait du traitement des Ukrainiens, ses fonctionnaires travaillaient avec les SS de Himmler à une nouvelle campagne de massacres de juifs dans les territoires de l'Est. En avril 1942, Heydrich visita Minsk, et en cinq jours au cours du mois de mai, seize mille juifs furent exécutés dans la région. Après une nouvelle vague d'exécutions au printemps et à l'été, Wilhelm Kube, le commissaire général de Biélorussie, informa Lohse, le Reichskommissar de Rosenberg en Ostland, que « dans les dix dernières semaines » ils avaient « liquidé environ cinquante-cinq mille juifs[20] ». L'histoire fut la même en Ukraine, où seuls quelques milliers furent épargnés pour le travail forcé. Le 26 décembre 1942, Himmler reçut un rapport affirmant que, durant les quatre derniers mois, trois cent soixante-trois mille deux cent onze juifs avaient été tués en Ukraine et dans la ville polonaise de Białystok.

Au milieu de ce bain de sang organisé, l'un de ces cerveaux perdit lui-même la vie. En septembre, Hitler nomma Heydrich à la tête du protectorat de Bohême et de Moravie. Ce dernier écrasa toute opposition. Pour riposter, les dirigeants tchèques, exilés à Londres, échafaudèrent un plan avec les Anglais pour l'assassiner. Le 27 mai 1942, deux hommes attaquèrent la voiture de Heydrich à coups de fusils et de grenades. Il succomba à ses blessures une semaine plus tard. Les nazis ripostèrent[21] par une vague de massacres. Le village de Lidice, accusé d'abriter les assassins, fut entièrement brûlé après que tous ses hommes eurent été assassinés et ses femmes envoyées en camp de concentration. Les enfants de Lidice furent séparés selon leur race. Ceux que l'on jugea convenables furent envoyés dans des familles allemandes pour y être adoptés, les autres furent exécutés.

La mort de Heydrich, bien évidemment, ne ralentit en rien l'extermination croissante des juifs.

Le premier camp de la mort ouvrit à Chełmno en Pologne. À partir de décembre 1941, on enfermait là-bas des juifs par groupes de cinquante à l'arrière de camions à gaz, comme ceux qu'avaient appris à craindre les habitants du ghetto de Minsk. La première chambre à gaz fut construite dans un camp de Bełżec, dans l'est de la Pologne, et fut mise en service en mars 1942. Le bâtiment avait été construit pour ressembler à une douche de décontamination mais, en réalité, un système de tuyauterie crachait des gaz d'échappement à l'intérieur. Au nord, des camps similaires ouvrirent à Sobibór et Treblinka au printemps et à l'été, et une chambre à gaz fut installée dans le camp de concentration qui existait déjà à Majdanek. Au fil du temps, la ruse des douches ne trompait plus ses victimes. À Treblinka, les juifs, nus, étaient battus et harcelés tandis qu'ils avançaient, terrifiés, dans la glissière qui les conduisait aux chambres à gaz. Les SS avaient baptisé ce passage le « chemin du paradis ».

Auschwitz-Birkenau, le plus grand des camps de la mort, situé à quelques centaines de kilomètres de la Vistule, entra en service en février 1942 et devint la destination finale des juifs d'Allemagne, France, Belgique, Hollande, Italie, Serbie, Slovaquie, Roumanie, Croatie, Pologne, Danemark, Finlande, Norvège, Bulgarie, Hongrie et Grèce. Les Allemands y avaient construit un système d'extermination si efficace que son créateur le breveta. Les victimes étaient enfermées dans des chambres au sous-sol. Des containers de zyklon B, un pesticide à base d'acide cyanhydrique, e déversaient à travers le plafond. Quand tout le monde était mort, d'autres prisonniers du camp retiraient les plombages en or, les prothèses et les cheveux des victimes, plaçaient les corps dans des monte-charge et les faisaient remonter jusqu'à des fours afin qu'ils soient incinérés.

Au total, les nazis tuèrent plus de trois millions de personnes, majoritairement des juifs, rien que dans ces six camps[22]. C'est plus ou moins la moitié du bilan total de victimes juives de la guerre.

Une nuit, au milieu de ce bain de sang, sous un préau de la ville de Poznan en Pologne, Himmler s'adressa ouvertement à un groupe de SS à propos du travail qu'ils avaient effectué jusque-là. « La plupart d'entre vous sauront ce que cela veut dire de voir une centaine de cadavres couchés côte à côte, ou bien cinq cents ou même mille allongés là. Devoir aller jusqu'au bout… voilà ce qui nous a rendus forts. C'est une page glorieuse de notre histoire, une qui n'a jamais été écrite et ne pourra jamais être écrite[23]. »

En 1942, une série de succès militaires en Union soviétique redonna de l'espoir aux Allemands. Les nazis entrèrent en Crimée et au Caucase et, le 12 septembre, après des semaines de bombardements par la Luftwaffe, la VIe armée allemande, menée par le général Friedrich Paulus, marcha sur Stalingrad[24].

Stalingrad était une ville clé située sur la Volga, entre Moscou et la mer Caspienne. Hitler voulait désespérément s'en emparer, jurant de tuer toute sa population masculine et de déporter toutes ses femmes et tous ses enfants. Staline, conscient de l'importance stratégique et symbolique d'une ville qui portait son nom, mit toutes ses forces à la défendre. L'armée Rouge refusa de se rendre, tirant sur les nazis depuis les ruines et semant des pièges partout où elle pouvait. Les nazis, sonnés, furent pris par surprise quand les Soviets lancèrent leur contre-attaque massive en novembre et encerclèrent deux cent cinquante mille soldats allemands. Un pont aérien et une mission de sauvetage ne suffirent pas à soulager ces hommes, qui furent bientôt affamés, congelés, infestés de poux et à court de munitions.

Des millions de lettres envoyées par les soldats assiégés informèrent les Allemands de cette crise, mais Hitler refusa d'autoriser le général Paulus à riposter pour tenter de s'échapper. Il lui interdit également de rendre les armes. Finalement, le 31 janvier 1943, Paulus et son armée n'eurent pas d'autre choix, conscients qu'ils ne parviendraient jamais à se sortir de cette situation.

Mais cette défaite estomaqua la nation tout entière. Une atmosphère lugubre s'abattit sur le Reich. Dans certains cercles, Stalingrad était considérée, dès cette époque, comme le souvenir qu'elle laisserait ensuite à l'histoire : le début de la fin.

Au même moment, dans les territoires occupés, les craintes de Rosenberg devinrent réalité. Nourrie par la brutalité croissante de l'occupation allemande, une résistance féroce s'était mise en place. Les Allemands devaient faire face aux sabotages, aux assassinats et aux menaces que représentaient ces nouveaux dissidents qui gonflaient progressivement les rangs des mouvements partisans[25]. En mai 1942, Rosenberg eut la chance d'écourter sa visite en Ostland. Le train qu'il avait prévu de prendre dérailla après que des saboteurs eurent sectionné les rails[26]. Plus tard cette même année, un espion soviétique capturé à Kiev avoua qu'on projetait d'assassiner Rosenberg[27] lors d'une de ses visites en Ukraine. L'une des opérations prévoyait de faire sauter l'opéra, mais le jour J, la salle était remplie de civils ukrainiens. Quant aux autres tentatives, elles durent être abandonnées, suite à des changements constants d'emploi du temps dans les visites.

Pendant ce temps en Union soviétique, comme le rapporte Rosenberg dans son journal, on racontait qu'après que des partisans lui avaient tiré dessus lors d'un voyage, Rosenberg s'était « barricadé chez lui[28] – double volet de fer, murs renforcés, mitrailleuses cachées derrière chaque fenêtre ». La rumeur disait qu'il portait un gilet pare-balles et qu'il voyageait avec un important service de sécurité. Tout ça était faux. Rosenberg ne pouvait s'empêcher de sourire. « Je n'ai pas un seul homme dans cette maison avec moi à cet instant, je n'ai jamais eu d'escorte SS. » Le rapport radio se terminait sur ce qui, pour Rosenberg, sonnait comme un appel aux communistes allemands d'agir contre lui, « une nouvelle incitation au meurtre ».

L'opération de travail forcé[29] des nazis nourrissait plus que jamais la Résistance. Avec des millions d'Allemands au front, les usines, les fermes et les mines du pays avaient un besoin énorme de main-d'œuvre. Au début, les nazis s'appuyèrent sur une campagne de brochures et d'affiches de propagande dans les territoires de l'Est. Un spot d'actualités, « Rejoignez la belle Allemagne », défilait sur les écrans des salles de cinéma. Les Allemands promettaient de bons salaires, un logement gratuit et la sécurité sociale, parfois même un compte épargne.

Pleins d'optimisme, certains Ukrainiens se portèrent volontaires au début. Mais vite d'horribles rumeurs se propagèrent : on les transportait dans des wagons sans nourriture ni toilettes ; ceux qui essayaient de s'en aller étaient envoyés en camps de concentration. Dès l'été 1942, personne ne se porta plus volontaire. Certains craignaient que les nazis ne les traitent de la même façon qu'ils avaient traité les juifs ; on racontait même que les gens qui montaient dans ces trains pour aller travailler étaient abattus et transformés en savon.

À Berlin, les autorités n'eurent de cesse d'augmenter les quotas nécessaires de travailleurs forcés. Aidés par des dirigeants locaux en Ukraine, les nazis organisaient des rafles sur les marchés ou dans les salles de cinéma. Ils faisaient des descentes dans des villages en pleine nuit. Si des habitants s'enfuyaient pour éviter les rafles, on brûlait leurs maisons et on confisquait leur bétail. Des scènes de violence explosive intervenaient dans les gares, on séparait des familles par la force. On raconte que les nazis obligeaient également les femmes enceintes à avorter plutôt que de les exempter de travail forcé.

Finalement, des gens de tout âge furent enrôlés de force. « On libère l'Ukraine des Ukrainiens[30] », affirmaient les victimes du travail forcé.

Plus de trois millions de personnes furent envoyées à l'Ouest pendant la guerre, dont un million et demi depuis l'Ukraine.

À Berlin, cette campagne de travail forcé perturbait Rosenberg. Les hommes derrière ce programme ne pensaient qu'aux avantages et à faire du chiffre. Ils ne semblaient pas s'intéresser aux conséquences de la violence croissante. « Exiger deux millions de travailleurs de l'Est est une nécessité pour le Reich, écrivit-il, mais cela porte le coup[31] le plus sévère au travail de reconstruction déjà accompli là-bas. Si on commence à encercler les villages, nous recréerons la peur laissée par les déportations organisées par les bolcheviques et nous ne ferons que rendre la situation plus difficile pour *tout le monde.* »

Le seul succès des rafles pour alimenter le travail forcé était qu'elles retournèrent le pays contre l'occupation nazie.

Le ministère de Rosenberg avait encore un autre problème. Ses hommes de l'Est avaient désespérément besoin de meubles pour leurs locaux.

Pour faire face à ces « terribles conditions[32] », écrivit le ministre dans la requête qu'il envoya à Hitler, il proposait de saisir les « meubles personnels » des juifs à travers l'Ouest occupé – de ceux qui avaient « fui » comme de ceux qui « seraient bientôt partis ». Les nazis avaient déjà en main toutes les œuvres d'art importantes qu'ils avaient pu trouver chez les juifs disparus. Désormais, à travers la *Möbel Aktion*[33], l'« opération Meubles », ils s'empareraient de leurs biens plus quotidiens, leurs tables et leurs chaises, leur matériel de cuisine, leurs couvertures, leurs miroirs…

Installé dans un hôtel particulier de plus de cinquante pièces que les Allemands avaient confisqué à deux juifs aisés, Kurt von Behr engagea des entreprises de déménagement pour vider les biens des appartements juifs inoccupés en France, en Belgique et aux Pays-Bas. Pas moins de soixante-neuf mille résidences[34] furent vidées sur une période de trois ans. Afin de trier, réparer et remballer les meubles, von Behr avait mis en place trois dépôts au centre de Paris et réquisitionné des ouvriers juifs du camp d'internement de Drancy, dans la banlieue nord-est de la ville. Le premier dépôt avait élu domicile dans un ancien grand magasin. Le deuxième se trouvait dans une grande et élégante résidence d'un quartier chic, et le dernier dans un entrepôt près des voies ferrées.

Tous les jours, les caisses arrivaient par milliers, remplies non seulement de meubles, mais également de tapis, de coffres, de vaisselle, d'argenterie, de jouets, de livres, de couvertures, de lampes, d'ustensiles, de vêtements et même de chemises de nuit – en bref, tout ce que pouvait contenir une maison.

Les trieurs tombaient parfois sur des assiettes qui contenaient encore de la nourriture.

Ils trouvaient des lettres à moitié écrites...

De façon invraisemblable, il arrivait même qu'un ouvrier reconnaisse quelque chose qui lui appartenait. L'un d'entre eux tomba un jour sur une photographie de sa propre fille[35].

Utilisant les rouleaux de tissu saisis, les couturières juives des camps confectionnaient des habits pour les dirigeants nazis et leurs familles – des robes, des sacs à main et des chaussures pour la femme de von Behr.

La menace de la déportation planait en permanence au-dessus de la tête des prisonniers. Hommes et femmes étaient renvoyés à Drancy pour des offenses aussi mineures que d'avoir été infestés de poux. Quand von Behr débarquait pour inspecter l'un des dépôts, il insistait pour que les ouvriers soient à tout instant postés face à lui, une règle qui aurait semblé ridicule dans des circonstances moins fatales. Les juifs finissaient par comprendre que lorsque des travailleurs étaient renvoyés au camp de transit, ils n'en revenaient jamais.

Les fruits de cette opération ne furent pas seulement acheminés vers l'Est pour les fonctionnaires du ministère de Rosenberg, mais on envoya également des meubles aux SS, à la Gestapo, à Göring dans sa résidence à Berchtesgaden, ainsi qu'à d'autres dignitaires du parti. Les prisonniers briquaient les objets les plus beaux, puis les plaçaient sur des étagères. Von Behr faisait entrer les membres importants du parti afin qu'ils choisissent ce dont ils avaient envie, comme s'ils faisaient leurs emplettes chez Wertheim, dans la Leipzigerstrasse à Berlin. Les plus hauts membres du parti, certains collaborateurs français, des civils allemands qui connaissaient von Behr, y compris des stars de cinéma, avaient le droit de passer des commandes spéciales qu'on leur livrait à domicile.

Rosenberg commanda, à titre personnel, une « quantité impressionnante » de draps et de serviettes[36], selon un prisonnier. Une femme affirmant être sa nièce se rendit à Paris et fit des emplettes pour son patron, qui avait besoin de meubles pour sa maison de Dahlem à Berlin. La demande devint si écrasante qu'elle poussa même certains responsables de Liège, en Belgique, à ordonner l'arrestation de plus de juifs encore[37], afin de pouvoir piller leurs maisons.

Avec le temps, l'opération Meubles évolua. Les Alliés bombardaient désormais des villes allemandes, et l'essentiel des meubles n'était plus envoyé aux membres du gouvernement, mais aux milliers de familles forcées de se réinstaller après la destruction de leurs maisons[38].

Pendant ce temps, dans les territoires occupés de l'Est, l'ERR se concentrait sur sa mission d'origine, la spoliation d'art et d'archives précieuses[39].

Sur place, l'unité opérationnelle se confronta à un autre groupe. Une unité spéciale de l'armée pilla la Chambre d'ambre du palais Catherine à Pushkin, au sud de Leningrad. Ses membres emballèrent ses légendaires panneaux sculptés avec leurs lambris d'ambre, leurs miroirs et leurs feuilles d'or, et les envoyèrent à Königsberg où ils furent exposés. Ils s'emparèrent également du globe géant de Gottorf. Un globe terrestre de 3 mètres de diamètre, sur lequel les constellations sont superposées, comme sur un planétarium, à des peintures sophistiquées de l'animal qui leur a donné son nom : le lion, l'ours ou le cygne.

Une fois qu'ils s'étaient servis, ils vandalisaient ces palais et ces sites historiques[40] chers au peuple russe. Ils pillèrent la maison du poète Alexandre Pouchkine. Ils garèrent leurs motos dans l'ancienne résidence de Tchaïkovsky et utilisèrent les partitions du compositeur ainsi que des manuscrits rares de Tolstoï, trouvés dans sa maison Yasnaya Polyana, pour faire du feu.

Pendant ce temps, les SS pillèrent Minsk et dévalisèrent Kiev, envoyèrent à Himmler des œuvres pour la décoration du château de Wewelsburg, et d'autres pour étude aux bureaux de l'Ahnenerbe de Berlin.

Quant aux hommes de Rosenberg, ils se servirent aussi largement parmi les trésors disponibles dans les territoires occupés de l'Est. Ils organisèrent des descentes dans les bibliothèques de certains palais, dans des musées, les archives du parti communiste, confisquant des centaines de milliers de livres. À Vilnius, en Lituanie, par exemple, l'ERR investit l'Institut pour la recherche juive et y installa son point de collecte central. Les nazis donnèrent l'ordre à quarante juifs du ghetto de la ville de cataloguer tous les biens qui arrivaient de toute la région, et de préparer un convoi de dix mille livres destiné à l'Allemagne. L'histoire fut substantiellement la même à Riga, Minsk et Kiev. Des wagons remplis d'art russe, de livres, de meubles et de trésors archéologiques – même d'une célèbre collection de papillons – affrontèrent le sang et la boue pour rejoindre l'Ouest en temps de guerre.

Tous les biens spoliés ne survécurent pas. Pas moins de quatre-vingt mille livres furent réduits en bouillie. On déchiqueta des rouleaux de la Torah, qui n'étaient d'aucun intérêt pour l'administration de Rosenberg, afin d'en récupérer le cuir, qu'on utilisa pour relier d'autres livres ou pour fabriquer des ceintures et des chaussures. Cela sur l'ordre d'un officier de l'ERR, en réponse à la question émanant du front sur le sujet.

Une collection de livres fut perdue quand des caisses furent jetées d'un train de marchandises pour faire de la place à une livraison que l'on estimait de plus grande valeur : des porcs.

« C'est incroyable, le nombre de biens provenant de toute l'Europe qui ont été préservés ici, écrivit Rosenberg un jour de 1943 après avoir visité l'un des entrepôts de spoliation en Estonie. Les œuvres littéraires les plus précieuses[41], des manuscrits de Diderot, des lettres de Verdi, Rossini, Napoléon III, etc. Et, bien sûr, toute cette littérature incendiaire juive et jésuitique à notre encontre. » Il ne pouvait s'empêcher d'éprouver de la satisfaction. Son unité si « ridiculement petite » avait tant accompli en si peu d'années !

Au début de l'année 1943, une certaine mélancolie gagna Rosenberg alors qu'il s'apprêtait à célébrer ses cinquante ans. Durant les premières années de la guerre, il avait fêté son anniversaire – qu'il partageait entre tous avec Göring – de façon modeste, mais cette année-là, il allait enfin recevoir la reconnaissance grandiose digne de son importance au sein du parti. « Après tout, écrivit-il, Göring et moi faisons déjà partie de l'histoire de la révolution nationale-socialiste. » Le matin du grand jour, un chœur d'enfants des jeunesses hitlériennes et de la ligue des filles allemandes vint chanter chez lui. Les dirigeants nazis l'accueillirent à son bureau, et deux cents invités se retrouvèrent dans la salle de bal du ministère de Rosenberg, l'ancienne ambassade soviétique sur Unter den Linden, pour manger du pot-au-feu et boire de la bière.

D'autres envoyèrent des lettres émouvantes. « C'est la lettre manuscrite du Führer qui m'a le plus touché », écrivit Rosenberg. Hitler remerciait Rosenberg de sa loyauté et le récompensait en lui offrant deux cent cinquante mille reichsmarks. « Nous savons tous les deux combien nous sommes différents l'un de l'autre, continua Rosenberg. Il sait que je considère certaines des personnes qu'il laisse agir au premier plan, probablement pour des raisons d'État, comme des vermines. » Au moins, se disait Rosenberg, il pouvait trouver du réconfort dans le fait que Hitler l'appréciait. « Je lui ai répondu que je pouvais désormais lui dire que durant toutes ces années, je n'ai jamais cessé d'avoir foi[42] en sa personne et en son œuvre et que le plus grand honneur de ma vie a été de pouvoir combattre à son côté. »

Mais sa foi était sur le point d'être rudement mise à l'épreuve.

Alors que le conflit avec Koch ne cessait de s'aggraver, Rosenberg commença à négocier avec l'un des principaux agents de Himmler, Gottlob Berger, le chef du bureau central des SS, en vue de réorganiser la direction de l'Ostministerium. Rosenberg tentait une dernière fois d'évincer l'intransigeant Reichskommissar d'Ukraine, et il savait qu'il avait besoin d'un homme puissant comme Himmler dans son camp. Il proposa une alliance[43] : il nommerait Berger secrétaire d'État en charge du Personnel et de la Politique de son ministère si on lui assurait le soutien des SS dans sa lutte contre Koch.

Au mois de janvier, Rosenberg rejoignit Himmler[44] en Pologne et les deux hommes s'entretinrent trois heures durant. Le chef des SS accepta avec joie la nomination de Berger[45], sous couvert qu'elle fût approuvée par Hitler.

La décision n'avait rien de compliqué pour Himmler. Avec un de ses alliés fidèles à l'intérieur du ministère de Rosenberg, il aurait encore plus d'influence à l'Est. Quant à Koch, Himmler ne fit aucune promesse. « H. s'est soudain montré très indulgent envers Koch, il l'apprécie en tant que "moteur", écrivit ensuite Rosenberg dans son journal, et il ne pense pas non plus que le Führer va le laisser tomber. »

L'accord avec Himmler exigeait que Rosenberg se débarrasse de son fidèle disciple, Georg Leibbrandt, qui avait travaillé au bureau des Affaires étrangères de Rosenberg de 1933 à 1941 avant de rejoindre l'Ostministerium. Les dirigeants de la SS et de la Gestapo mettaient en cause depuis longtemps la fiabilité[46] de Leibbrandt ; plus précisément depuis ses séjours à Paris et aux États-Unis, grâce à une bourse de Rockefeller entre 1931 et 1933. Leibbrandt accueillit son renvoi avec amertume. « Si l'on perd la guerre[47], prédit-il, vous, Monsieur le Ministre, serez pendu. »

Au cours des premiers mois de 1943, la guerre entre Koch et Rosenberg atteignit son paroxysme. Rosenberg s'opposa à une nouvelle mesure sévère mise en place par Koch et celui-ci riposta en publiant une jérémiade de cinquante-deux pages à l'encontre de son ennemi de toujours, l'accusant de discréditer sa position et demandant à Hitler de trancher.

Rosenberg convoqua Koch à Berlin, à une réunion durant laquelle les deux hommes se hurlèrent dessus. Rosenberg, craignant désormais d'être celui que le Führer renverrait, écrivit une lettre à la chancellerie demandant l'autorisation de se séparer de Koch, qui était « devenu le symbole d'un mépris délibéré et ostentatoire » et qui faisait preuve d'un « complexe que je ne peux qualifier que de pathologique ».

La dispute faisait rage et Himmler ne leva pas le petit doigt. La tiède alliance que Rosenberg avait conclue avec lui au mois de janvier n'eut aucun impact. En mars, Hitler s'opposa à la nomination de Berger qu'il considérait inutile. Quelques jours plus tard, Himmler invita Koch à lui rendre visite afin qu'ils discutent « longuement de tout[48] ».

Le 19 mai, Hitler réunit enfin les deux camps dans son poste de commandement de Vinnytsia.

Rosenberg comprit rapidement que les deux dernières années n'avaient en rien changé l'opinion du Führer au sujet de l'Ukraine. À vrai dire, Hitler avait récemment déclaré à ses convives lors d'un dîner que « quiconque parlerait de dorloter les locaux et de les civiliser serait directement envoyé en camp de concentration[49] ». Lors de cette réunion, Hitler annonça à ses généraux que, s'il pensait que cela pouvait lui être utile, il n'aurait aucun problème à mentir et à promettre la libération des Ukrainiens. Mais il n'avait nullement l'intention, sous prétexte de rassurer la population, de prendre de véritables mesures qui feraient naître de faux espoirs et surtout rendraient difficile le contrôle du peuple.

Après avoir écouté les doléances de Rosenberg et Koch, le Führer mit un terme à la discussion. Répétant que l'Allemagne avait besoin de la nourriture et des travailleurs de l'Est occupé, il dénonça définitivement l'approche défendue par Rosenberg depuis toutes ces années. « La situation nous force à prendre des mesures telles que nous ne pourrons jamais espérer obtenir l'approbation des Ukrainiens pour nos actions », dit Hitler.

Rosenberg était furieux. À la fin de la réunion, il refusa même de serrer la main de Koch.

Rosenberg avait été battu à plate couture[50]. Il ne s'en remit jamais.

Il ouvrit son journal pour cracher son venin. Le Führer s'était retranché derrière des gardes-barrières, en particulier Bormann, et il était désormais si absorbé par les questions militaires et de politique étrangère qu'il ne s'occupait plus du tout des problèmes importants survenant en Allemagne, au sein du pays lui-même. Il n'y avait aucun débat, aucune discussion. Rosenberg n'aurait pas même su dire si Bormann relayait encore ses comptes rendus au Führer ou s'il se contentait de les archiver sans que personne ne les ait lus.

Quand Bormann envoyait des directives au nom de Hitler, personne ne savait avec certitude s'il s'agissait d'un ordre authentique du Führer ou si Bormann agissait de son propre chef[51].

Rosenberg avait accueilli à bras ouverts la promotion de Bormann après la fuite de Hess. Il semblait être un « homme pragmatique, robuste et déterminé » et il soutenait avec enthousiasme la campagne de Rosenberg contre les Églises chrétiennes. Un jour, Bormann lui demanda même de lui rédiger une « directive pour un nouveau comportement allemand », une sorte de catéchisme nazi pour les écoliers afin de remplacer l'éducation morale religieuse. Chaque fille et chaque garçon, dit-il à Rosenberg, devaient apprendre « la loi du courage, la loi contre la lâcheté… le commandement de garder un sang pur[52] ».

Leur différend semblait avoir commencé plus tard, le jour où Bormann dressa et diffusa secrètement aux gouverneurs régionaux du parti une liste des remarques les plus acerbes de Hitler à l'égard des Églises. Rapidement, une copie s'était retrouvée entre les mains d'un prêtre protestant : « Tout comme l'influence nuisible des astrologues, voyants et autres charlatans est éliminée et réprimée par l'État, avait écrit Bormann, toute influence de l'Église doit elle aussi être entièrement éliminée[53]. »

Rosenberg écrivit à Bormann pour lui dire qu'il trouvait ce rapport mal rédigé et suggérer qu'il lui laisse ce genre de rédaction, à l'avenir. « On ne peut pas vaincre deux mille ans d'histoire européenne avec des manières de bûcheron, écrivit Rosenberg dans son carnet après leur échange[54]. B. est un homme pragmatique, mais il n'est pas apte à l'analyse formelle de ce genre de questions. » Rosenberg tenta de faire part de ces objections avec délicatesse, car il savait que le pouvoir de Bormann était loin d'être accessoire. Bormann répondit qu'il « n'avait jamais eu l'intention de lancer une grande opération » et qu'évidemment Rosenberg devrait être le premier messager quand il s'agissait des Églises.

Mais ensuite, écrivit Rosenberg, des choses étranges survinrent, « des efforts notables de saboter ma fonction au sein du parti[55] ». Il ne put qu'en conclure que Bormann avait décidé que « certains hommes étaient trop grands pour lui. Et j'étais parmi les premiers dans cette catégorie ».

Bormann soutint que puisque Rosenberg devait se consacrer à son travail à l'Est, il fallait qu'il ferme la plupart de ses bureaux destinés à sa mission en tant que chef idéologique de Hitler. Il tenta également de reprendre le contrôle de la mission de spoliation artistique pour la confier à l'équipe en charge du Führermuseum de Linz, accusant les employés de Rosenberg d'incompétence et de corruption. Rosenberg résista, mais un de ses alliés proches fut ensuite attaqué par ce qu'il considérait comme de fausses accusations : Bormann ordonna une enquête et exigea sa démission. « C'est lui qu'ils attaquent, écrivit Rosenberg, mais c'est moi qu'ils visent. » Il songea à aller voir personnellement Bormann pour insister afin que son bureau se charge de l'enquête. Après tout, il avait réussi à faire changer Bormann d'avis, par le passé.

Mais cela semblait désormais sans espoir et toute cette affaire le rendit très triste quant à l'état du Troisième Reich. « Diffamer outrageusement et liquider des hommes aussi honorables avec l'aide d'une clique politique qui s'appuie sur un pouvoir acquis au prix de milliers de sacrifices humains – autant de choses qu'à la longue un parti nazi décent et un peuple allemand décent ne supporteront pas (...) Mais il ne sert strictement à rien de dire tout cela au Führer. Il y verrait une attaque contre son personnel expérimenté, peut-être même comme la jalousie d'un "théoricien" envers des "hommes d'action". Si les méthodes de B., ajouta-t-il, devaient triompher, alors le travail de toute ma vie n'aura lui non plus servi à rien. »

La guerre entrait dans sa quatrième année. Tout semblait s'effondrer.

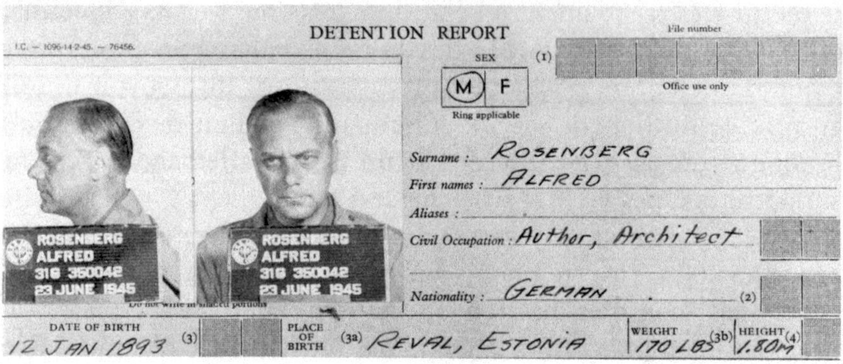

Arrêté le 18 mai 1945 par les forces britanniques,
Rosenberg fut d'abord soulagé de ne pas être livré aux Soviets.

– 22 –

Une ruine

À l'été 1943, deux ans après l'invasion de l'Union soviétique, les Allemands perdirent leur avantage sur les champs de bataille de l'Est quand Staline leur envoya un nombre incalculable de soldats pour riposter. Au cours des mois de juillet et août, l'armée Rouge perdit plus d'un million et demi d'hommes, mais vainquit les Allemands lors de la plus grande bataille terrienne de l'Histoire, celle de Koursk, à environ 450 kilomètres à l'est de Kiev. Pour Hitler, toute retraite était un acte de lâcheté, mais les Allemands y furent contraints face aux attaques frontales enragées des Soviets. En Ukraine, les Russes percèrent jusqu'à Kiev. Afin de ne rien laisser derrière eux dont ces derniers auraient pu se servir, les nazis brûlaient les villages et faisaient sauter les bâtiments au fur et à mesure qu'ils les évacuaient. Comme l'écrivit un soldat dans une lettre à sa famille : « C'est un tableau affreusement sublime[1]. »

Pendant ce temps, les Britanniques tentaient de briser le moral des Allemands en s'attaquant directement à Berlin. Par une nuit brumeuse de la fin novembre 1943, plus de sept cents avions britanniques survolèrent la capitale en lâchant leurs bombes[2].

Pendant l'attaque, Rosenberg se réfugia[3] avec son épouse, Hedwig, et leur fille, Irene, dans l'abri antiaérien de sa propriété de Rheinbabenallee, dans le quartier de Dahlem. Puis le retentissement étouffé des explosions finit par cesser, la sirène de fin d'alerte retentit et toute la famille sortit dans l'obscurité pour découvrir un « ciel rouge et brûlant » en direction du nord-est. Rosenberg décida de ne pas partir avec les siens vers le sud, dans sa villa de Mondsee près des Alpes, au nord de l'Autriche. À la place, il les conduisit au cœur de la tempête, à l'hôtel Kaiserhof, en face de la chancellerie du Reich, sur la Wilhelmplatz.

La voiture fonçait vers le centre de Berlin, au milieu des flammes et de la dévastation des rues principales. Sur le Kurfürstendamm, l'église du Souvenir-de-l'Empereur-Guillaume avait été en grande partie détruite par les bombes. Derrière, le zoo brûlait. La fumée limitait toute visibilité et celle-ci était quasi nulle. Le chauffeur zigzaguait dans les rues apocalyptiques, évitant les cratères et les boules de feu, contournant des avenues condamnées par les dégâts, avançant vers l'est, vers le siège du gouvernement. Sur la Tauentzienstrasse, « aucun passage possible, une pluie d'étincelles et une épaisse fumée », rapporta Rosenberg. La voiture monta sur le trottoir, le chauffeur klaxonnait, des Berlinois terrifiés désormais sans abri fuyaient les bombes. Il se fraya un chemin à travers le Tiergarten. Un bus brûlait sous la colonne de la Victoire. Atteignant enfin le Kaiserhof, Rosenberg et sa famille aperçurent les pompiers qui braquaient leurs lances à eau sur le ministère des Transports de l'autre côté de la Wilhelmplatz, une fumée épaisse montant en tourbillon chaque fois que le jet atteignait le brasier.

Le vent soulevait des débris en feu et les faisait voler sur la place, allant jusqu'à en allumer d'autres sur le toit de l'ancien immeuble de la chancellerie.

Les téléphones du Kaiserhof ne fonctionnaient plus, mais le chef du cabinet de Rosenberg finit par arriver, couvert de suie, un casque en acier sur la tête. Il annonça qu'un des bureaux de Rosenberg avait été touché.

Le matin suivant, la poussière était si épaisse que les gens pouvaient à peine parler. Elle s'élevait jusqu'à vingt mille pieds dans le ciel. Les survivants se couvraient les yeux et la bouche avec des linges afin de pouvoir respirer. « Je n'arrive simplement pas à comprendre comment les Anglais ont pu faire autant de mal à la capitale du Reich en un seul raid aérien, écrivit Goebbels. La Wilhelmplatz était un tableau de désolation ultime[4]. »

De nombreuses pièces dans la chancellerie avaient brûlé ou étaient inondées. Les portes et les fenêtres de la résidence de

Goebbels avaient volé en éclats. Les ministres étaient dispersés et ne pouvaient être joints que par des coursiers envoyés à travers la ville dévastée. Le Führerbunker fut mis en service pour donner un abri à ceux qui avaient perdu leurs maisons.

Rosenberg alla inspecter les dommages subis à son bureau du parti, près de la Potsdamerplatz. « Une ruine, écrivit-il. Les coffres-forts renversés sont couchés dans les gravats fumants. L'entrée du sous-sol ne peut se faire que par un minuscule conduit. » Des piles de rapports avaient brûlé[5], tout comme vingt mille marks contenus dans un coffre-fort en acier. Le quartier général de son ministère de l'Est – installé dans l'ancienne ambassade soviétique dans le quartier Unter den Linden – avait survécu, il n'y avait que quelques vitres cassées et une couche de poussière crasseuse.

Rosenberg comprit rapidement combien il avait été bête d'emmener sa famille au cœur d'une zone de guerre. La nuit suivante apporta son nouveau lot de bombardements, et les Rosenberg durent se réfugier dans le Führerbunker. Même en sous-sol, les murs tremblaient à chaque explosion[6]. En sortant, Rosenberg découvrit un profond cratère : une bombe était tombée juste au-dessus de l'abri. L'hôtel Kaiserhof avait été directement touché, et personne ne luttait contre le feu parce qu'on n'avait plus de lances à incendie. Se précipitant à travers les couloirs en flammes jusqu'à son bureau, Rosenberg jeta tout ce qu'il put dans des valises et retourna en courant jusqu'au bunker de Hitler où on passa la nuit sur des lits de camp.

« Ce qu'il s'est passé, et ce qu'il continuera de se passer, dans les immeubles et les sous-sols de nos villes bombardées sera décrit par les auteurs de demain comme le procès le plus horrible auquel on peut soumettre un peuple », écrivit Rosenberg. Il compara les évènements au sac de Magdebourg en 1631, lors de la guerre de Trente Ans, quand vingt mille hommes furent massacrés et que la ville fut incendiée par des soldats du Saint Empire romain germanique en maraude. « De nos jours, écrivit-il, ce sont les pertes d'une journée. Les vingt grandes villes, déjà majoritairement en ruine, ont enterré des centaines de milliers de leurs femmes et de leurs enfants. »

Il exagérait. Les raids de 1943 et 1944 tuèrent plus de neuf mille civils, laissèrent sans abri plus de huit cent mille personnes et terrifièrent le peuple allemand en entier.

Il allait cependant falloir plus que ça – bien plus – pour faire céder Hitler.

« Tenir bon dans ces circonstances est tout à l'honneur du mouvement nazi, écrivit Rosenberg, c'est le courage qui est devenu la vertu de toute la nation aujourd'hui. »

« À l'Est, écrivit Rosenberg dans son journal durant les jours sombres de l'été 1944, repli ininterrompu[7]. » Au printemps, cent vingt mille soldats de l'Axe s'étaient retranchés en Crimée tandis que les Soviets avançaient sans merci[8] vers la frontière occidentale de l'Ukraine. En juin, un million et demi de soldats, soutenus par des tanks et une artillerie conséquente, engloutirent les troupes allemandes en Biélorussie, tuant ou capturant trois cent mille hommes avant de percer jusqu'à 600 kilomètres de Berlin. À l'Ouest, les Alliés débarquèrent en Normandie le 6 juin, le jour J, firent exploser les lignes allemandes et libérèrent Paris.

En Allemagne, des complotistes tentèrent une nouvelle fois d'assassiner Hitler[9]. Quelques vieux dirigeants militaires en voulaient depuis longtemps au Führer pour la façon dont il avait mené cette guerre et pour son appétit de destruction insatiable à l'échelle du continent. D'autres, dont des anciens membres du gouvernement, s'inquiétaient de l'état policier mis en place par Himmler, de l'extermination des juifs et des atrocités que l'on faisait subir aux populations de l'Est. Quelles que fussent leurs motivations, les conspirateurs s'unirent autour de leur conviction que Hitler conduisait l'Allemagne droit à la catastrophe. Ils voulaient empêcher la chute de leur pays, mettre fin à la guerre et épargner des vies.

« Nous devons à tout prix viser l'assassinat, dit l'un des complotistes en chef, Henning von Tresckow, un général important de l'armée. Nous devons prouver au monde et aux générations futures que les hommes de la résistance allemande ont osé faire un pas décisif au risque de leurs vies. »

En mars 1943, six semaines après la capitulation de la VIe armée à Stalingrad, von Tresckow réussit à placer une bombe à bord de l'avion de Hitler lors de la tournée d'inspection du Führer à Smolensk, en Russie. Mais le dispositif, dessiné par l'intelligence militaire pour ressembler à des bouteilles de cognac, ne détona pas. Un attentat suicide à la bombe échoua également quand

Hitler, comme il l'avait fait à la brasserie de Munich six ans auparavant, mit fin à l'une de ses apparitions publiques plus tôt que prévu.

En rien découragés, les comploteurs esquissèrent les plans de l'opération Walkyrie – un assassinat, suivi d'un coup d'État militaire avec l'aide des forces armées de réserve stationnées à Berlin. Une opportunité se présenta enfin le 20 juillet 1944, à la Tanière du loup, le quartier général de Hitler pendant la guerre, près de Rastenburg. Claus von Stauffenberg, un officier de l'armée allemande, apporta un attaché-case contenant une bombe à la réunion des responsables de l'armée organisée par Hitler. Il le posa sur l'énorme table près de laquelle se tenait le Führer, s'excusa, assista à l'explosion depuis les baraquements, réussit à quitter les lieux, puis appela ses complices pour leur annoncer la nouvelle : Hitler était mort.

À Berlin, des complications surgirent presque aussitôt. Les lignes téléphoniques du quartier général de Hitler n'avaient pas été coupées et on apprit bientôt que, d'une façon ou d'une autre, Hitler avait survécu à l'explosion, laquelle avait pourtant réduit le bâtiment en cendres. L'énorme table avait diffusé la puissance de la bombe. Hitler était sorti de la pièce le pantalon en feu, les tympans sérieusement endommagés, mais bien décidé à écraser cette rébellion.

Le chef de l'armée de réserve, le général Friedrich Fromm, avait été mis au courant du complot. Il était supposé prendre la tête du coup d'État. Les soldats devaient encercler les immeubles les plus stratégiques du gouvernement. Mais il avait refusé d'y participer quand il avait appris que Hitler était encore en vie. Lorsque les complotistes arrivèrent au quartier général de l'armée, Fromm essaya de les faire arrêter : au lieu de cela, c'est lui qui fut emprisonné. À la suite de coups de feu échangés dans l'enceinte du quartier général, Fromm fut libéré et les conspirateurs arrêtés. Craignant d'être impliqué parce qu'il avait été au courant du complot, Fromm conduisit les quatre principaux protagonistes – dont von Stauffenberg – dans la cour et les fit fusiller. Le matin suivant, Hitler intervint à la radio pour dénoncer les complotistes et remercier la Providence de lui avoir, une fois encore, sauvé la vie comme elle l'avait fait en novembre 1939 à Munich.

Rosenberg n'arrivait pas à comprendre comment des généraux militaires, qui ne s'étaient pas soulevés contre la détestable République de Weimar, pouvaient avoir tenté d'assassiner le héros fondateur du Troisième Reich. « Jamais auparavant, affirma-t-il, un officier n'a voulu assassiner aussi lâchement le chef suprême de l'armée[10]. »

Himmler étant bien décidé à arrêter quiconque serait lié à cette histoire ou à d'autres complots contre le Führer, certains se suicidèrent par armes à feu, grenades ou poison pour éviter d'être arrêtés. On passa à tabac et tortura les prisonniers pour les obliger à divulguer des informations. Ceux qui survécurent furent poursuivis par le célèbre Tribunal du peuple, puis pendus sur l'ordre explicite de Hitler à des crochets au plafond, et par des fils fins pour assurer une mort lente et douloureuse. Depuis la Tanière du loup, le Führer regarda le film de ces horribles exécutions. Himmler arrêta des membres de la famille de certains des conspirateurs, les expédia en camps de concentration et envoya leurs enfants à l'orphelinat.

La colère de Rosenberg s'embrasa pour un détail révélé lors des procès. Le major Ludwig von Leonrod, un catholique, était allé voir un de ses amis aumônier de l'armée, le père Hermann Wehrle, et lui avait demandé si oui ou non la doctrine de l'Église autorisait l'assassinat d'un despote tyrannique. L'ecclésiastique avait répondu que non, mais lors du procès, il affirma que la question de von Leonrod lui avait paru « théorique[11] ». Il l'avait donc rapportée à son évêque – mais pas aux autorités nazies.

« Le Vatican est donc au courant depuis six mois. Et il attend ces assassins catholiques[12], comme von Stauffenberg, qui portait en permanence une croix en or sur sa poitrine, écrivit Rosenberg. Hélas, il a été exécuté avant d'être interrogé, nous ne savons donc rien de ses confesseurs. »

Von Leonrod et Wehrle furent eux aussi exécutés.

En octobre 1944, Rosenberg passa sa première nuit dans sa cabane de la forêt de Michendorf. Il se délecta de « cette paix profonde alors que le monde autour fait rage ». À maintes reprises cet été-là, il s'était retiré dans ce village au sud de Potsdam, dormant dans son train privé, le *Gotenland*, pour fuir Berlin dévastée. Réval, son lieu de naissance en Estonie, avait été détruit par les combats ainsi qu'Aachen, la ville thermale, et Cologne, tous les endroits qu'il avait visités étant jeune. Mais Rosenberg ne fut jamais plus choqué que quand il visita Munich, le berceau du nazisme. « Nous sommes arrivés en voiture à minuit, raconta-t-il dans son journal. Un labyrinthe de ruines et de câbles. Toutes les rues alentour détruites. » La ville était « déchiquetée… mutilée[13] ».

Les colonnes qui soutenaient le Troisième Reich s'effondraient autour d'eux. Les Soviets avaient fait reculer toutes les avancées allemandes. « Désormais, écrivit Rosenberg, les plus grandes batailles ont lieu sur le sol allemand. Près du quartier général du Führer. » Il demeurait ministre des Territoires occupés de l'Est, mais c'était un titre désormais vide de sens. Comme le souligna un fonctionnaire amer, il s'agissait plus du « ministère des Territoires inoccupés de l'Est[14] ». Goebbels, son vieil ennemi, remarqua avec joie que Rosenberg était comme un monarque européen « sans pays ni sujets[15] ».

Il consacra les derniers mois de 1944 à un épisode qu'il estimait toucher à une des assises de son œuvre – même si, au fond, il était insignifiant. L'histoire impliquait Himmler et un général soviétique qui avait été capturé au front, Andreï Vlassov[16]. Pendant trois ans, Rosenberg et bien d'autres avaient tenté en vain de convaincre Hitler d'engager les populations de l'Est dans sa guerre contre Moscou. Mais le Führer refusa d'écouter. Armer ces nations, c'était risquer qu'elles se retournent contre les nazis. De cela, il était convaincu. Impossible de le faire changer d'avis.

Mais au sein de l'armée, certains officiers se mirent à soutenir l'idée de laisser les Russes combattre les Russes et, au mois de juillet 1942, ils pensèrent avoir trouvé le genre de leader charismatique dont ils avaient exactement besoin en la personne de Vlassov. Celui-ci affirma aux Allemands que l'armée Rouge était disposée et préparée à se retourner contre Staline pour renverser les communistes. Si l'on arrivait à faire appel au patriotisme du peuple pour vaincre le dictateur, alors une révolution était possible. Vlassov affirmait que tout ce dont il avait besoin, c'était d'une armée et d'une opération politique. L'aile propagandiste de l'armée allemande se résolut à faire de Vlassov le chef de papier d'un comité fictionnel de libération de la Russie, en espérant qu'ainsi leurs rêves deviennent réalité.

Rosenberg était méfiant. Vlassov parlait d'une Russie unifiée. On avait l'impression que les nazis allaient aider à mettre en place une nouvelle Russie puissante – exactement ce qu'ils avaient passé les vingt dernières années à combattre. D'un autre côté, cependant, Rosenberg était désespéré. Il accepta l'idée d'un comité de libération de la Russie à condition que les autres principales populations de l'Est – les Ukrainiens, les Biélorusses et les Estoniens – en aient un elles aussi.

En janvier 1943, un pamphlet signé par Vlassov fut diffusé en zones de combat. Il appelait le peuple russe à soutenir sa cause, le renversement de Staline, la paix avec l'Allemagne et une Europe libérée à la fois des communistes et des capitalistes. Les tracts eurent un succès fou et Vlassov partit pour une tournée de discours à travers l'Est occupé, au cours de laquelle il s'exprima librement. Peut-être trop librement. Il dénonça le programme de travail forcé des nazis et la violence de l'administration allemande. « Le peuple russe a vécu, vit et vivra, déclara Vlassov. Il ne sera jamais possible de le réduire au statut de peuple colonisé. »

Les nazis étaient furieux. À l'origine, tout ça était censé n'être qu'une propagande insignifiante. Désormais, cela ressemblait fort à une menace. En juin 1943, Hitler s'intéressa de près à l'opération de Vlassov. Himmler dénonça le général soviet et les leçons qu'il prétendait donner aux Allemands. « Herr Vlassov se met à nous raconter des histoires avec son arrogance de Russe[17], dit Himmler lors d'un discours à un groupe d'officiers SS, plus tard la même année. Il clame que “l'Allemagne n'a encore jamais été capable de vaincre la Russie”. Que “la Russie ne peut être battue que par les Russes”. Voyez-vous, messieurs, cette phrase constitue un danger mortel pour un peuple et son armée. »

Mais un an après, tandis que la guerre se retournait entièrement contre les nazis, Vlassov revint sur le devant de la scène[18], avec cette fois-ci l'aide de Heinrich Himmler lui-même. Pire encore, pour Rosenberg, le chef des SS soutenait l'idée de Vlassov d'une Russie unifiée, et Hitler l'approuvait également.

Ce fut le déshonneur de trop. Le 12 octobre 1944, Rosenberg envoya un rapport à Hitler pour protester. Il se plaignit de ce que la politique nazie à l'Est était corrompue. « Je vous supplie, mon Führer, de me dire si vous désirez encore ou non que je travaille à ces questions, écrivit-il. Au vu des évolutions, je suis forcé de supposer que vous n'estimez plus mon activité comme nécessaire. »

Bormann dit à Rosenberg que Hitler était alité et n'avait pas lu son rapport. Rosenberg ne reçut jamais de réponse de Hitler.

Le 14 novembre, Vlassov se rendit dans un château de Prague pour annoncer la formation d'un comité de libération des peuples de Russie. Un manifeste fut publié. Vlassov promit l'« égalité de tous les peuples et un véritable droit à disposer d'eux-mêmes, au développement national et à l'indépendance ».

Mais pour Rosenberg, tous ces mots sonnaient creux. En réalité, Himmler n'avait fait que renforcer l'idée d'une nouvelle Russie impérialiste en apportant son soutien à Vlassov. Rosenberg savait que cette mission était condamnée depuis le début – la guerre était bien trop avancée – mais tout cela l'énervait quand même car, d'une certaine façon, il savait qu'on le tiendrait pour responsable de cette débâcle.

« S'ils échouent tous, ce sera la faute du traitement inconstant de cette question, et d'avoir laissé filer ensuite. Aucun sérieux à l'égard du problème de l'Est[19], nota-t-il dans son journal. J'écrirai plus tard sur la douleur et l'outrage que je ressens à titre personnel. Mes sentiments sont encore trop frais. Et ils sont également sans importance, comparativement au destin du Reich… Je peux seulement espérer que le Reich allemand ne subisse pas d'autres dommages que ceux causés par des idiots politiques tels que Koch. »

Son amertume contre le Reichskommissar n'avait rien perdu de son intensité. L'homme était un « parfait exemple d'esprit petit-bourgeois devenu incontrôlable[20] en matière de politique mondiale, qui était sans doute bon à élever des porcs en Prusse-Orientale et à construire des lotissements à Zichenau (une région de la Pologne occupée), mais qui, pour ce qui concerne la politique à l'Est, s'est révélé un désastre pour le Reich ». Koch avait même eu le culot de déclarer que le peuple ukrainien était dépourvu d'histoire. « On peut difficilement dire quelque chose de plus bête, bouillonna Rosenberg. Plusieurs assassinats de ses collaborateurs sont probablement dus à ses déclarations du genre, ainsi qu'à certaines de ses mesures. » En particulier la mort de Wilhelm Kube, le Generalkommissar de Biélorussie, tué par une bombe à retardement placée sous son lit par une domestique qui faisait partie de la Résistance, en septembre 1943.

« Je peux tout à fait comprendre comment Nietzsche a pu devenir fou dans son monde[21], écrivit Rosenberg. Il a tout vu arriver, mais il n'a rien pu faire. » Si seulement Hitler avait écouté Rosenberg. Cela aurait pu changer tout le cours de la guerre. « Une armée de un million d'Ukrainiens, avec la perspective d'un pays nouveau à l'Est, nous aurait peut-être épargné la catastrophe de Stalingrad[22]. »

Et pourtant, malgré le rejet, l'abandon et l'échec, Rosenberg se refusait à renier Hitler.

Il resta à son poste, aussi vide fût-il.

Au début du mois de décembre 1944, après avoir séjourné à l'hôtel pendant presque un an, Rosenberg emménagea à nouveau avec sa famille dans le quartier de Dahlem, où sa maison avait été restaurée après avoir été détruite par les bombardements. Le lendemain, il termina par ce commentaire dans son carnet, disant qu'il serait le dernier survivant de cette guerre. « Parmi les dernières ruines de ma maison, nous avons ramassé les derniers restes de ma bibliothèque. Déchiquetés, abîmés et encore criblés de fragments d'obus et d'éclats de verre. » Il s'empara d'un ouvrage de Rainer Marie Rilke, le poète autrichien mystique, et celui-ci le replongea aussitôt dans sa jeunesse, dans les jours heureux qu'il avait passés plongé dans ces pages.

« Quel monde lointain que celui de ma jeunesse[23] », écrivit-il. Il avait du mal à le croire.

Les Soviets se trouvaient désormais aux portes de l'Allemagne[24]. À la fin de 1944, Hitler finit par quitter la Tanière du loup pour se réfugier à Berlin, secteur plus sûr. En décembre, il se rendit sur le front ouest pour superviser deux cent mille de ses soldats dans leur tentative de percer les lignes alliées. Mais les forces britanniques et américaines repoussèrent l'armée allemande lors de la bataille des Ardennes. Il s'agissait de la dernière offensive nazie importante durant la guerre.

En janvier, la défaite ne fit plus aucun doute, Hitler rejoignit la capitale. À l'Est comme à l'Ouest, des millions de soldats alliés avançaient vers Berlin.

Au début de 1945, Rosenberg ne s'était pas entretenu en personne avec Hitler depuis plus d'un an. Il vit le Führer pour la dernière fois le 24 février, quand celui-ci prononça un discours pour essayer de rallier les dirigeants du parti. Hitler était effroyablement faible[25]. Il clopinait à travers la pièce comme un vieil homme. Sa main gauche tremblait si violemment qu'il était incapable de porter un verre d'eau à ses lèvres. Rosenberg put seulement lui serrer la main. À maintes reprises, il demanda à des intermédiaires de pouvoir s'entretenir avec lui. On lui répondit que Hitler serait ravi de recevoir Rosenberg pour le thé, mais qu'il savait que le ministre insisterait pour parler « technique[26] » et que Hitler n'était pas d'humeur à cela.

« À quoi sert un chef d'État, demanda Rosenberg à son directeur de cabinet, si ce n'est à parler de technique ? »

Un soir de mars, les Américains lancèrent le plus important raid aérien[27] contre Berlin, mille avions survolèrent la ville alors qu'il faisait encore jour. Trois mille Allemands furent tués, cent mille perdirent leurs logements, et une grande partie de la ville se retrouva sans eau ni électricité.

Le toit de la maison de Rosenberg s'effondra, et il s'installa au sous-sol avec Hedwig et Irene. Après l'assaut, « j'ai fait ce qui me semblait important, raconta-t-il plus tard dans un récit sur sa vie écrit dans sa cellule de prison. J'ai bêché le jardin, planté des légumes et des pommes de terre ». Les attaques avaient gâché la fête d'anniversaire qu'on avait prévue pour Irene. Rosenberg la regarda, elle rédigeait quelque chose assise derrière la machine à écrire familiale[28], au sous-sol. « Ce qu'elle écrivait, je n'en sais rien, mais c'était probablement sur la vie à Berlin, ce qu'elle voyait de la destruction, ce qu'elle avait entendu de la mort dans le cœur de la ville. »

Il apprit qu'Arno Schickedanz, son ami et collègue proche, s'était suicidé ainsi que son épouse, avec leur fille de huit ans. Rosenberg réfléchit à ce qu'il allait faire. On avait distribué des capsules de cyanure à tous les membres de la direction du parti nazi et Rosenberg en avait suffisamment pour toute sa famille. Il ne permettrait pas que ceux qu'il aimait soient arrêtés par les Soviets.

Au mois d'avril, la quasi-totalité de l'armée allemande avait été anéantie ; plus d'un million de soldats étaient morts[29], rien que depuis le début de l'année 1945.

Quand bien même, Hitler ne se rendit pas.

Le 20 avril, le jour de son cinquante-sixième anniversaire, les Soviets lancèrent leur assaut final sur Berlin.

Le jour suivant, un matin pluvieux, Rosenberg observait son jardin debout face à sa fenêtre. Il partait pour de bon cette fois. « Là, le chemin où nous avions l'habitude de nous balader, écrivit-il. Au fond, la balançoire d'Irene et la dépendance du jardin à moitié détruite. À droite, le petit bouleau récemment planté. Et nous devons laisser derrière nous tout ce que nous possédons d'autre[30]. »

Les soldats soviétiques, dégoûtés par la mort de leurs camarades et choqués par les camps d'extermination qu'ils avaient libérés, étaient bien décidés à se venger.

L'un d'eux écrivit : « Ils vont se souvenir du passage de notre armée sur le territoire allemand pendant très, très longtemps[31]. » Les Soviets pillèrent tout, des œuvres d'art aux machines industrielles en passant par les vélos, les radios et les montres. Ils brûlèrent des villes allemandes et violèrent des femmes par centaines de milliers. « Nous nous vengeons de tout, écrivit un autre soldat dans une lettre à sa famille, et notre vengeance est juste. Le feu pour le feu, le sang pour le sang, la mort pour la mort[32]. »

Son appartement à la chancellerie ayant été détruit, Hitler se réfugia dans son bunker[33] souterrain avec sa fiancée Eva Braun et ses plus fidèles compagnons, ses généraux les plus importants et Bormann, son assistant personnel. Goebbels les rejoignit avec son épouse et ses six enfants. Deux jours après son anniversaire, Hitler, dans une explosion hystérique qui éclipsa tout ce que son cercle proche avait connu jusque-là, admit finalement que la guerre était perdue et clama que tout le monde l'avait trahi.

Il refusa à plusieurs reprises qu'on l'envoie de Berlin à Berchtesgaden. Non, insistait-il, il allait rester et faire ce qu'il devait faire, il allait se suicider.

Il suggéra que Göring, qui se trouvait dans leur résidence officielle d'Obersalzberg en Bavière, prenne la tête du sud de l'Allemagne, et même qu'il négocie avec les Alliés. Quand Göring eut vent de cette information, il sortit un exemplaire d'un décret de 1941 le désignant comme successeur de Hitler si jamais la « liberté d'action » du Führer venait à être réduite.

Göring fit parvenir un message au bunker pour demander si l'heure était venue pour lui de prendre le contrôle. « Si, à 22 heures[34], je n'ai pas de réponse, je considérerai alors que vous avez été privé de votre liberté d'action, écrivit-il. Je considérerai alors que votre décret est entré en vigueur et agirai en conséquence pour le bien du peuple et de la mère patrie. »

Bormann rapporta le message à Hitler, ainsi qu'un autre que Göring avait fait parvenir à von Ribbentrop au sujet de la situation au sein du bunker, et persuada le Führer que Göring préparait en réalité un coup d'État.

Fou de rage, Hitler s'empressa de démettre Göring de toutes ses fonctions, et Bormann envoya immédiatement les forces SS l'assigner à résidence. En évitant le feu antiaérien, Robert Ritter von Greim rejoignit Berlin en avion afin d'être intronisé comme successeur de Göring à la tête de la Luftwaffe. Mais quand on eut vent, via une dépêche de la BBC, que Himmler proposait la capitulation sans condition de toutes les forces allemandes, Hitler ordonna à von Greim de reprendre l'avion pour aller arrêter cet autre membre encore de son cercle rapproché, hurlant qu'« un traître ne me succédera jamais comme Führer ! ».

Pendant ce temps, les troupes soviétiques encerclèrent le quartier du gouvernement. Une semaine après l'esclandre hystérique de Hitler au bunker, l'ennemi marchait sur la Potsdamerplatz, à 400 mètres à peine.

Le jour suivant, le 30 avril 1945, les généraux rendirent visite à Hitler avec une nouvelle lourde de conséquences : ils ne pourraient pas résister plus longtemps.

La même semaine, l'armée américaine atteignit les tours et les tourelles du château de Neuschwanstein, cette forteresse haut perchée sortie tout droit d'un conte de fées, construite pour Louis, le roi fou de Bavière, au sommet d'une crête sauvage au sud de Munich. James Rorimer, conservateur du Metropolitan Museum de New York, était également membre de l'unité des Monuments, Beaux-Arts et Archives des forces Alliées. Retranché dans la salle des cartes du camp de sa division, il attendait cette nouvelle depuis des semaines : les Alliés s'étaient enfin emparés du château. Il réquisitionna une Jeep de la Croix-Rouge et, ignorant le fait qu'il allait parcourir 200 kilomètres à travers des terres sur lesquelles des soldats allemands opéraient encore, se dépêcha d'aller enquêter sur place.

Les Monuments Men[35], comme on viendrait à les appeler plus tard, étaient un petit groupe d'experts et d'architectes envoyés pour protéger et mettre à l'abri les trésors de l'Europe, au fur et à mesure que l'armée avançait vers Berlin entre 1944 et 1945. Rorimer avait passé du temps à Paris, après la Libération en août 1944, et il y avait fait la connaissance de Rose Valland, une historienne d'art française qui travaillait pour l'unité de Rosenberg au Jeu de paume. Pendant toute l'Occupation, Valland avait subrepticement noté chaque œuvre d'art que les nazis avaient spoliée, ainsi que l'endroit où ils l'avaient ensuite emportée. Elle guida le conservateur américain à travers les entrepôts de l'ERR, l'invita dans son appartement puis, autour d'une coupe de champagne, finit par lui montrer ses méticuleuses listes. Elle avait promis à Rorimer qu'il retrouverait ces œuvres d'art volées à des familles françaises à Neuschwanstein, ainsi que dans quelques autres châteaux.

Quand il y arriva enfin, il n'y avait plus aucun nazi en vue, mais le gardien du château depuis toujours veillait encore sur ce trésor. « C'était un château suspendu[36], devenu réalité pour satisfaire l'ego d'hommes fous assoiffés de pouvoir, écrivit Rorimer, un décor pittoresque, romantique et isolé, idéal pour une bande de criminels et leurs activités de spoliation artistique. »

Muni d'un énorme trousseau de clés, le gardien conduisit Rorimer et ses hommes en haut d'escaliers presque aussi abrupts que le rocher sur lequel on avait construit le château. Le conservateur guida les Américains et leur montra pièce après pièce. Elles étaient presque toutes remplies de biens pillés. Ils trouvèrent des caisses non ouvertes flanquées des initiales de l'unité de Rosenberg – ERR –, ainsi que des tapisseries, des livres, des gravures et, bien entendu, des peintures à n'en plus finir. Derrière la porte blindée d'une chambre forte, ils trouvèrent deux cassettes de bijoux saisis aux Rothschild, et un millier de pièces d'argenterie appartenant à la célèbre famille de banquiers David-Weill.

« J'ai traversé les pièces en transe, écrivit Rorimer, j'espérais que les Allemands avaient été à la hauteur de leur réputation de personnages méthodiques et qu'ils avaient conservé des photos, des catalogues et une trace de tout cela. Sinon, il allait nous falloir vingt ans pour identifier ce monceau d'objets volés. »

Ce fut son jour de chance. Dans une autre aile du château, ils découvrirent des albums de photos et un catalogue de bibliothèque référençant les vingt mille pièces dérobées par les équipes de Rosenberg.

Pourtant, aussi incroyable que cela paraisse, les Alliés n'avaient toujours pas mis la main sur le véritable trésor. Plusieurs pièces inestimables manquaient toujours. Deux autres Monuments Men, Robert Posey et Lincoln Kirstein, avaient une petite idée de l'endroit où elles pouvaient se trouver. À la fin du mois de mars, ils avaient rencontré un jeune historien d'art qui avait étroitement collaboré avec Göring et von Behr à Paris. Il leur avait confié qu'ils trouveraient toute la collection d'art de Hitler cachée au plus profond des galeries d'une mine de sel qui se trouvait au sortir d'un petit village à l'est de Salzbourg, Altaussee.

Quelques jours plus tard, les troupes américaines prirent le contrôle de la ville ; Posey et Kirstein partirent aussitôt pour l'Autriche afin de vérifier[37]. Après avoir parcouru l'étroite route cabossée qui menait jusqu'à l'entrée de la mine, ils découvrirent avec panique que les nazis l'avaient condamnée à l'aide d'explosifs juste avant de s'enfuir. Mais le lendemain, ils réussirent à se frayer un chemin à travers une petite ouverture qui menait jusqu'au tunnel. Il ne leur fallut pas longtemps pour trouver ce qu'ils étaient venus chercher, sous la lumière de leurs torches tremblantes.

Dans la deuxième pièce qu'ils inspectèrent, ils découvrirent les panneaux du célèbre *Autel de Gand*, datant de 1432. Au plus profond de la montagne, une grande salle abritait des caisses d'œuvres d'art et sur un matelas sale gisait la *Madone de Bruges*, sculptée par Michel-Ange. Quelques jours plus tard, toujours à l'œuvre dans cette énorme cache, ils tombèrent sur *L'Astronome*, de Vermeer.

Si l'on additionnait le tout, les hommes estimèrent que les nazis avaient caché près de neuf mille pièces inestimables dans la mine d'Altaussee, des camions de peintures, de dessins, de gravures, de sculptures et de tapisseries.

En tout, environ 650 000 œuvres d'art avaient été dérobées par les nazis. Les Alliés étaient déterminés à les restituer à leurs propriétaires, à commencer par l'*Autel de Gand*, qui fut renvoyé par avion en Belgique afin d'être restauré puis exposé de nouveau.

La division des Monuments Men passa six ans à cataloguer et rapatrier ces objets. Mais de nombreuses œuvres restaient toujours introuvables – certaines le seront pendant plusieurs décennies, d'autres, semble-t-il, pour l'éternité – et beaucoup ne purent jamais être rendues à leurs propriétaires légitimes, ceux-ci ayant péri dans l'Holocauste. De nombreuses autres œuvres, ayant été négociées par des acheteurs et des vendeurs sans scrupules qui avaient tiré parti du chaos de cette période de guerre, allaient être l'enjeu de longues disputes juridiques internationales.

Au fil du temps, certaines allaient réapparaître dans les endroits les plus étranges, comme un coffre-fort à Zurich, possédé par un marchand d'art qui avait repris son activité, après n'avoir purgé que quelques années de la longue peine à laquelle il avait été condamné pour son rôle dans les spoliations françaises. En 2012, des générations plus tard, les autorités allaient retrouver plus de mille quatre cents peintures pour une valeur totale de un milliard de dollars, dans un appartement de Munich appartenant à Cornelius Gurlitt[38] – dont le père, bien qu'ayant des ancêtres juifs, avait été acheteur pour le musée de Hitler. Il en avait profité pour acheter en faveur de sa collection personnelle des centaines de tableaux « dégénérés » signés Matisse, Otto Dix et Picasso – à des juifs qui devaient fuir, et à des prix dignes d'un vide-grenier.

Les conséquences du pillage de Rosenberg traverseront le temps et les générations.

Le 21 avril 1945, Rosenberg et sa famille prirent leur voiture en direction du nord, à travers les ruines et les gens qui fuyaient, pour rejoindre Flensbourg, à 450 kilomètres au nord-est de Berlin, près de la frontière danoise.

C'est là-bas qu'il apprit la terrible nouvelle. À 15 h 30, le 30 avril, Hitler et Eva Braun – qu'il avait épousée la veille – s'étaient enfermés dans son bureau et avaient mis fin à leurs jours, lui avec un pistolet, elle avec du poison. Cinq heures plus tard, Goebbels et son épouse se suicidèrent, après avoir demandé aux médecins présents d'anesthésier, puis d'empoisonner leurs six enfants.

Hitler avait nommé son successeur dans ses dernières volontés. Il ignora Göring et Himmler au profit du grand-amiral Karl Dönitz, le chef de la marine allemande, dont la tactique innovante du déploiement de U-Boote par meutes avait permis aux nazis de couler environ trois mille navires de marchandise, ainsi que de nombreux bateaux alliés pendant la guerre. Sa nomination n'eut qu'un seul effet : confier à Dönitz la tâche honteuse de déclarer la capitulation officielle de l'Allemagne face aux Alliés, ce qu'il fit le 8 mai, huit jours après le suicide de Hitler.

Rosenberg, qui n'avait été officiellement démis de ses fonctions de ministre des Territoires occupés de l'Est que le 6 mai par Dönitz, marcha le long de l'estuaire de Flensbourg, ce bras de la mer Baltique[39], en songeant au tournant qu'avait pris sa vie. Il repensa à sa ville natale d'Estonie, à 1 000 kilomètres au nord-est de là. Il savait qu'il ne la reverrait jamais. De retour au quartier général, il fit une chute violente, se blessa le pied et se retrouva de nouveau à l'hôpital. Il disait être tombé à cause de son affection au pied qui le faisait boiter depuis des années, mais Albert Speer, l'architecte de Hitler – et après 1942 son ministre de l'Armement et de la Production de guerre –, raconta une tout autre histoire.

« On l'a trouvé presque sans vie[40], écrivit-il. Il a parlé d'avoir pris du poison, et nous avons soupçonné une tentative de suicide, mais nous avons compris plus tard qu'il était simplement ivre. »

Le 18 mai, les Britanniques vinrent l'arrêter. Rosenberg affirmait avoir écrit une lettre au maréchal Bernard Montgomery six jours auparavant, « se mettant à son entière disposition[41] ». D'autres récits racontent que des soldats tombèrent sur lui alors qu'ils recherchaient Himmler. Le chef des SS, quant à lui, fut capturé par les Alliés le 21 mai alors qu'il tentait de s'enfuir, déguisé. Il se suicida deux jours plus tard en avalant une capsule de cyanure.

Rosenberg embrassa sa femme en pleurs et sa fille, puis boita jusqu'aux véhicules qui le conduiraient en prison. Assis dans sa cellule, il écoutait deux gardes alliés chanter « Lili Marlene », une chanson de l'époque qui plaisait aux combattants des deux camps, la lamentation d'un soldat séparé de sa bien-aimée.

Quelques jours plus tard, Rosenberg fut enchaîné, conduit vers une base aérienne et embarqué de force dans un avion en direction du sud. En regardant par le hublot, il vit ce qu'il restait de Cologne. « Comme si elle avait été piétinée par des monstres géants, les décombres de Cologne gisaient autour du squelette de la cathédrale, écrivit-il plus tard. Des ponts explosés dans la rivière. Un désert, preuve du destin terrible du peuple et du Reich. »

Quand Rosenberg réalisa que son avion prenait la direction de l'ouest, une vague de soulagement l'envahit. On ne le livrait pas aux Soviets.

À la place, il fut conduit à l'Hôtel Palace de la ville thermale de Mondorf-les-Bains, au Luxembourg, juste de l'autre côté de la frontière allemande. Quand il arriva, de nombreux autres dirigeants du Troisième Reich qui avaient survécu se trouvaient déjà sur place, y compris Göring, qui avait réussi à échapper à son assignation à résidence à Obersalzberg, avant d'être arrêté par les Alliés.

L'hôtel de huit étages avait été dépouillé de toute son opulence et transformé en une sorte d'enclos temporaire pour les plus grands criminels de guerre du siècle. Les chandeliers, les tapis, les rideaux et les lits avaient disparu. On avait scellé des barreaux aux fenêtres. Les détenus dormaient sur des lits de camp avec des paillasses et des couvertures rêches. En prévention des suicides, les tables avaient été construites pour s'effondrer sous le poids d'un homme.

Rosenberg fit l'objet d'une fouille corporelle complète, ses habits furent passés au peigne fin à la recherche de capsules de poison ou d'objets tranchants, on lui confisqua ses lacets et ses ceintures.

Sa nouvelle résidence ne portait plus le nom d'Hôtel Palace. Les Américains l'avaient rebaptisée Allied Supreme Headquarters Center for Axis Nationals (Camps des prisonniers alliés pour les membres de l'Axe), dont l'abréviation, ASHCAN, signifiait « poubelle/cendrier » en anglais.

Nuremberg en ruines.

– 23 –

« Je lui reste fidèle jusqu'à la fin »

Le 8 mars 1945, Robert Kempner et son épouse se rendirent au tribunal fédéral de Philadelphie, situé à l'angle de la 9e rue et de Market Street, et prêtèrent serment pour devenir citoyens des États-Unis[1]. Lui portait un costume et une cravate rayée, elle avait accroché une fleur à son chapeau.

Kempner obtenait enfin sa naturalisation. Durant les trois dernières années de la guerre, il avait travaillé de plus en plus pour le gouvernement américain. Non seulement en tant qu'expert auprès du département de la Justice et en tant qu'informateur auprès du FBI ; mais également en rédigeant des rapports pour les renseignements militaires du département de la Guerre et, avec son épouse et son équipe d'assistants, des mémos détaillés à l'Office des services stratégiques (OSS[2]), l'ancêtre de la CIA. Au sein de l'OSS, les Kempner collaborèrent avec Henry Field, un anthropologue nommé par Roosevelt, afin d'étudier ce que le Président considérait comme la question la plus importante de l'après-guerre : la migration des réfugiés européens. Le projet « M », top secret, engendra plus de six cents rapports. Les Kempner remirent un registre de tous les responsables allemands, majeurs ou non, et un rapport en cinq parties sur les femmes dans l'Allemagne nazie. Ces études furent distribuées aux responsables les plus importants de Washington puis, à la mort de Roosevelt, « archivées et oubliées[3] ».

Kempner espérait encore transformer son statut d'employé spécial en un poste à plein temps au sein du FBI. Même si son avenir au sein du bureau n'avait rien d'assuré, il refusa deux offres d'emploi très bien payées à Washington[4]. L'une à 6 200 dollars par an, en tant qu'enquêteur pour le bureau de la Propriété étrangère, qui supervisait la saisie des biens ennemis aux États-Unis, et une autre de 5 600 dollars par an en tant que chercheur pour le département de la Défense, qui s'apprêtait à traduire les nazis en justice.

Mais avec les armées alliées qui entouraient Berlin et les poursuites pour crimes de guerre qui se profilaient à l'horizon, Kempner avait préféré rester disponible pour ce qui promettait d'être le procès du siècle. Son travail contre les complotistes allemands sur le territoire américain l'avait aidé à se forger un réseau d'importantes relations. Quand il envoya sa candidature pour un poste au sein de l'équipe d'accusation, il affirma qu'il considérait ce procès comme la conclusion d'une affaire qu'il avait tenté de porter devant les tribunaux dans les années 1930. « Il serait sans doute bon, écrivit-il, d'avoir au moins une personne au sein de l'équipe qui connaisse l'administration, la loi et les pratiques allemandes, quelqu'un qui ait les bonnes réponses face aux mensonges des accusés[5]. »

Les Alliés avaient demandé que l'on assigne leurs ennemis en justice pour crimes de guerre dès 1942. Dans un étonnant renversement de situation, Churchill plaida pour des exécutions sommaires, tandis que Staline exigea des procès. Henry Morgenthau, le secrétaire au Trésor de Roosevelt, préconisa un châtiment sévère contre le pays qui avait entraîné l'Europe et l'Amérique dans deux guerres mondiales. Il voulait que l'armée allemande soit démantelée. Il voulait que l'industrie allemande ne puisse jamais se relever. Il voulait que les nazis soient internés et condamnés au travail forcé. Il voulait que les principaux dirigeants soient fusillés dès leur arrestation. Le secrétaire à la Guerre, Henry L. Stimson, s'opposa à cette idée vengeresse. Cela n'avait aucun sens d'employer les tactiques des nazis à leur propre encontre. « C'est avant tout en arrêtant, en enquêtant et en poursuivant méticuleusement tous les dirigeants nazis et les instruments de la terreur nazie tels que la Gestapo, écrivit Stimson, que nous pourrons montrer à quel point le monde exècre ce genre de méthodes. » Roosevelt soutint Stimson et, dès 1945, les Alliés s'étaient mis d'accord pour que les principaux nazis soient traduits en justice[6] dès la fin de la guerre.

Les questions sur le futur fonctionnement de ces procès n'en finissaient pas. Il n'y avait aucun précédent, aucune règle, aucune façon établie de procéder. Roosevelt demanda à son département de la Guerre d'étudier le problème. Le colonel Murray C. Bernays, un juriste qui n'était pas particulièrement réputé, rédigea un bref mémo duquel allait naître le tribunal militaire international, dans toute sa splendeur et tous ses défauts. Bernays affirmait que le régime nazi était une grande conspiration et que, par conséquent, ses dirigeants devaient être considérés comme des criminels. De la même façon, les différentes composantes de l'appareil nazi – le parti, les SS, la Gestapo – étaient en elles-mêmes des organisations criminelles et tous ses membres pouvaient donc également être considérés comme des criminels. En six pages, Bernays trouva le moyen de poursuivre en justice les plus hauts dignitaires du parti nazi comme les membres de sa base, au cours d'un seul et même procès retentissant[7].

Ces idées firent l'objet de critiques. D'abord, toute l'inculpation serait fondée *ex post facto*. C'est-à-dire que les nazis seraient tenus responsables de crimes qualifiés comme tels après avoir été commis. En outre était-il vraiment juste de condamner des millions de personnes parce qu'elles avaient simplement adhéré à une organisation qui s'était ensuite révélée criminelle ?

Mais le rapport de Bernays attira l'attention de Robert Jackson, le juge de la Cour suprême qu'on avait nommé à la tête de l'équipe de procureurs américains en mai 1945. Durant l'été, Jackson s'entretint avec les dirigeants des délégations britanniques, françaises et soviétiques, afin de rédiger la charte du tribunal pour crimes de guerre. Celle-ci reprit pour beaucoup les idées formulées par le juriste du département de la Guerre. Les nazis seraient poursuivis pour quatre chefs d'accusation : conspiration en vue de guerres d'invasion, conduite de ces guerres, crimes de guerre eux-mêmes – comme assassiner et abuser des civils, les réduire en esclavage et tuer des détenus – et, enfin, pour crimes contre l'humanité, y compris l'extermination des juifs. Vingt-trois hommes seraient poursuivis en tant que « criminels de guerre majeurs », dont Göring, Ribbentrop, Hess, Rosenberg, et par contumace Bormann, que l'on tenait pour disparu après la guerre.

Robert Jackson n'envisageait pas uniquement ce procès comme l'occasion historique de créer un nouveau précédent légal international d'importance, mais comme un combat moral. En même temps, il fit de son mieux pour empêcher le tribunal d'avoir l'air d'une sorte de procès-spectacle, d'une vengeance sous le masque de la justice[8].

Jackson avait connu Kempner par son travail pour le département de la Guerre. Comme à son habitude, ce dernier avait spontanément envoyé quelques suggestions concernant les procès prévus, qu'il avait adressées au directeur du bureau des crimes de guerre au sein du département. Bien qu'ayant refusé leur offre d'emploi à plein temps parce qu'il espérait toujours intégrer le FBI, il fut rapidement engagé en tant qu'expert indépendant pour rédiger des rapports sur « l'organisation, le personnel et les activités » du gouvernement allemand, l'histoire du parti nazi et les spécificités du système d'archives allemand. Les mémos, produits au tarif de 25 dollars par jour, devaient servir de documentation[9] en vue des arrestations et des poursuites des criminels de guerre. Kempner écrivit également une série de courtes biographies sur les figures les plus importantes du parti nazi, dont un document détaillé concernant Göring.

Il les informa que Göring avait fondé la Gestapo, « cette machine d'arrestations illégales, d'internements et de confiscation de biens ». Il impliqua également Göring dans l'épisode de l'incendie du Reichstag qui avait conduit le Président Hindenburg à signer le décret d'urgence suspendant les droits civils en Allemagne. Ce décret avait mené aussitôt à la répression des communistes, des pacifistes et des autres ennemis du nazisme. Mais comme Kempner le soulignait, « ce décret est resté en vigueur jusqu'à la défaite du Troisième Reich en 1945 et est devenu l'outil légal principal de la politique d'extermination et d'expropriation des nazis à travers l'Europe. Göring… est donc responsable de tous ces faits ».

Le Reichsmarschall lui-même n'aurait pas pu le nier, continuait Kempner : il avait publiquement endossé la responsabilité des actes de tous ses subordonnés lors d'un discours prononcé devant ses officiers dans la ville de Dortmund, peu après la prise du pouvoir par les nazis en 1933. « Chaque balle tirée d'un pistolet de policier est une balle qui m'appartient. Si cet acte est considéré comme un meurtre, alors je suis le meurtrier. J'en ai donné l'ordre, je l'assume, j'en suis responsable, et cela ne me fait pas peur. »

Le rapport de Kempner[10] ne pouvait pas être considéré comme une mise en accusation, mais c'était un début.

Le document circula au sein du ministère de la Guerre et Kempner attira l'attention du cercle proche de Jackson, Bernays inclus. « Il est grandement familier avec les activités des nazis avant leur accession au pouvoir, n'a pas quitté l'Allemagne avant 1935 ou 1936, a suivi leurs activités depuis, et a une bonne expérience des dossiers sur l'infiltration et la subversion nazies aux États-Unis, écrivit Bernays à Jackson le 17 juillet. Son rapport sur Göring… est solide, du béton. Je pense qu'il peut nous être utile[11]. » Trois jours plus tard, Kempner rejoignait officiellement l'équipe. Il annonça à ses supérieurs du FBI qu'il prenait un « congé sans solde » d'environ dix semaines.

Les années passées à écrire des lettres, des mémos et des rapports par centaines n'avaient donc pas été vaines. On lui remit une veste d'officier civil de l'armée, avec au revers un blason sur lequel on lisait « US » et, le 3 août 1945, il prit l'avion de Washington à Londres, via les Bermudes, les Açores et Paris. Séparément, dans deux caisses de quarante kilos[12], il fit envoyer une partie de sa collection de documentation allemande et nazie.

Kempner, un homme à l'ego surdimensionné, ne put s'empêcher de penser qu'il rentrait sur sa terre natale en tant que figure importante d'une armée conquérante.

« Je viens finir ce que j'ai commencé il y a seize ans[13] », dit-il à l'un des correspondants de presse. Des années plus tard, il affirmera : « Je voulais simplement rendre un peu de justice au monde[14]. »

Nuremberg tombait en ruine[15], un véritable cimetière. Des dizaines de milliers de cadavres gisaient dans les rues parmi les gravats des immeubles bombardés. Une odeur de désinfectant envahissait l'atmosphère. On prévenait les visiteurs de ne pas boire l'eau de la ville. Le palais de justice de Bavière n'avait pas été épargné par la guerre, lui non plus. Les fenêtres étaient explosées, les lignes d'eau coupées, les couloirs incendiés, une bombe était tombée directement jusqu'au sous-sol. Mais, de façon stupéfiante, l'édifice en pierre tenait toujours debout parmi les décombres, et les responsables du tribunal militaire international décidèrent qu'ils y poursuivraient les criminels de guerre nazis. Mais il allait d'abord falloir évacuer les soldats américains qui avaient transformé la salle d'audience principale en bar. « Ce soir, la bière est à 50 pfennigs », annonçait une pancarte quand les juristes vinrent inspecter l'endroit.

Se retrouver à Nuremberg avait également une autre symbolique. C'était là que les nazis avaient pris l'habitude d'organiser leur énorme congrès à la gloire du renouveau de l'Allemagne. C'était là que les nazis avaient déchu les juifs de leur citoyenneté en 1935. Et désormais, c'était à Nuremberg que les responsables allaient devoir rendre compte de leurs crimes.

Le 12 août 1945, Rosenberg et d'autres accusés nazis embarquèrent à bord d'un C-47 depuis Mondorf-les-Bains. « Eh bien, mes amis[16], dit Göring en regardant par le hublot, regardez bien le Rhin. C'est probablement la dernière fois que vous le verrez. » Une fois sur place, on les installa dans une prison derrière le palais, dans la fameuse aile C, en attendant leur procès.

Rosenberg fut assigné à la cellule 16 au sous-sol, entre Albert Speer, l'architecte de Hitler – l'homme qui s'était servi du travail forcé pour gérer la production de guerre des usines allemandes –, et Hans Frank, le chef cruel du gouvernement général de Pologne. Chaque cellule disposait d'une paillasse, d'une chaise, et d'une table, fragile à dessein. Dans un coin de chaque pièce, les toilettes constituaient le seul endroit à l'abri du regard vigilant des gardiens, qui avaient reçu l'instruction de bien veiller à ce que les détenus ne se suicident pas. La nuit, un projecteur illuminait les prisonniers. « Je les imaginais accroupis dans leur cellule comme des animaux blessés[17], écrivit Airey Neave, un membre de l'équipe d'accusation britannique qui avait réussi à s'échapper d'un camp de prisonniers allemand pendant la guerre. J'avais peur de les approcher, comme on a peur d'approcher un cadavre. »

Les prisonniers devaient garder leurs mains par-dessus leurs couvertures à tout instant, une règle contre laquelle Rosenberg s'emporta particulièrement. Chaque fois qu'il essayait de se réchauffer les mains en les glissant sous la couverture, un gardien venait le réveiller[18]. Les contacts entre les accusés étaient extrêmement limités. Ils n'avaient droit qu'à une lettre de leurs familles par semaine. Leur seule véritable interaction humaine venait des entretiens avec les psychologues de la prison, et des interrogatoires.

Dans les mois qui précédèrent le procès, Rosenberg fut interrogé plus de deux douzaines de fois. Lors de la première session à Nuremberg, le 14 août, on confronta Rosenberg avec son journal. Il affirma qu'il ne s'agissait de rien d'autre que de « simples impressions ». L'interrogateur l'accusa d'être évasif et avertit Rosenberg que ses réponses seraient probablement récusées par le tas de documents nazis que les Alliés avaient désormais en leur possession.

« Vous savez que nous avons tous vos documents personnels, n'est-ce pas ?

– Il paraît, répondit Rosenberg. Mais je ne le sais pas avec certitude.

– Pensez-y cette nuit, dit l'interrogateur, et si demain vous ne dites pas la vérité plus spontanément que vous ne l'avez fait aujourd'hui, vous aurez probablement de gros ennuis[19]. »

L'un des procureurs présents dans la pièce s'appelait Thomas Dodd[20], un procureur fédéral qui avait travaillé avec Kempner sur des affaires d'espionnage dans le Connecticut en 1942. Il trouva Rosenberg « très appliqué, sournois et évasif », mais ne put s'empêcher de remarquer que son costume brun montrait des signes avancés d'usure. « J'ai mesuré combien les puissants s'étaient effondrés, écrivit Dodd à son épouse. Ici, dans cette ville où il s'était pavané dans son beau costume nazi, il est désormais un prisonnier parmi les ruines[21]. » Un mois plus tard, Rosenberg tenta en vain d'expliquer ses vues philosophiques à Dodd, et eut l'air embarrassé quand on l'accusa d'avoir comploté avec Hitler pour l'anéantissement des Églises après la guerre.

« Est-il vrai, demanda Dodd, que vous aviez l'intention de détruire les anciennes religions établies[22] ?

– Eh bien…, commença Rosenberg.

– Pas besoin de nous faire un long discours sur la question, interrompit Dodd.

– Je suis forcé de répondre non à cette question », dit-il.

Le procureur suggéra à Rosenberg de relire son propre livre, mais le nazi soutint qu'il n'avait jamais été intéressé par un « combat officiel » contre le clergé.

« Vous étiez à n'en pas douter pour un combat contre les juifs, n'est-ce pas ?

– Oui, dit Rosenberg. Pour l'élimination des juifs de toute la direction politique du Reich.

– Vous vouliez les expulser d'Allemagne une fois pour toutes.

– Eh bien, c'était la solution la plus simple au problème. »

Rosenberg reconnut que ses théories sur les juifs avaient été « très souvent mises en pratique » par les nazis.

« Avez-vous honte aujourd'hui des idées que vous avez exprimées pendant toutes ces années où vous étiez au pouvoir ? demanda Dodd. Répondez par oui ou par non.

– Non, répondit Rosenberg.

– Avez-vous désormais conscience de votre part de responsabilité dans la détresse actuelle de l'Allemagne ?

– Depuis ce dernier mois, je me suis souvent demandé si j'aurais pu mieux faire, dit Rosenberg. Peut-être qu'au cours des vingt dernières années, j'ai prononcé certains mots que, avec un esprit plus clair, je n'emploierais plus aujourd'hui. Mais quand bien même, ils furent prononcés en temps de lutte. En tant que membre d'un mouvement qui est responsable de ce qu'il s'est passé, je suis bien entendu responsable moi aussi dans une certaine mesure. Eh bien, l'idée générale pour laquelle je me suis battu, vers laquelle je tendais et que je voulais instaurer, est une idée décente et honnête, et même aujourd'hui je ne saurais la considérer autrement. »

Puis il s'arrêta et, réalisant sans doute ce qu'il venait d'admettre, revint sur sa remarque. « Je ne peux être tenu responsable que de ce que j'ai fait personnellement. »

Des heures d'interrogatoire s'ensuivirent en septembre et octobre, au cours desquelles l'interrogateur Thomas Hinkel confronta Rosenberg document après document, tandis que le nazi, combattif, lui opposait une défense alambiquée et difficilement crédible.

Rosenberg soutenait que les politiques antisémites des nazis étaient des « mesures défensives[23] contre un ennemi hostile qui voulait détruire l'Allemagne ». Les Allemands s'étaient mis à déporter les juifs tout comme ils avaient appris que les sionistes avaient expulsé les Palestiniens de leurs terres. Rosenberg reconnut que les prisonniers de guerre étaient morts de froid et de faim, mais c'était également le cas des soldats allemands[24]. Il tenta de nier que le point névralgique de l'idéologie nazie fût la supériorité de la race « aryenne » sur toutes les autres[25]. Il affirma que si l'ERR avait confisqué des livres et des œuvres d'art, cela ne voulait pas dire que l'Allemagne ne les restituerait pas un jour[26]. Il nia avoir été au courant de ce qu'il se passait dans les camps de concentration de son pays ; il affirmait n'avoir jamais mis les pieds dans aucun d'entre eux et que la « police restait plutôt discrète sur ce sujet[27] ». Il nia également avoir quelque chose à voir avec le massacre des juifs[28] dans les territoires de l'Est, bien que son ministère ait été profondément impliqué dans l'Holocauste.

« J'ai entendu dire que certains juifs avaient été fusillés, se risqua-t-il à dire le 22 septembre.

– Qu'avez-vous fait quand vous l'avez appris ? demanda Hinkel. Vous êtes-vous renseigné ?

– Non.

– Pourquoi pas ?

– Je ne pouvais pas, dit Rosenberg, cela ne relevait pas de mon autorité. »

Il prétendit que ses efforts pour en savoir plus furent anéantis par les SS et que s'il avait insisté il n'aurait « reçu aucune réponse, de toute façon ».

« Vous saviez qu'exterminer les juifs faisait partie de la politique de Himmler, non ?

– De cette façon-là, je ne l'ai pas cru jusqu'à la fin.

– Vous en aviez été informé pourtant, n'est-ce pas ?

– Non, affirma Rosenberg. Je ne l'avais pas été. »

Il minimisa le rôle de son ministère jusqu'à le faire passer pour une institution non seulement faible, mais également complètement inutile. « Je tiens à dire que mon quartier général se trouvait à Berlin[29] et que je ne faisais qu'édicter des lois et des mesures administratives d'ordre général, dit-il, mais je n'ai jamais traité les questions régionales. » Il prétendit que les rapports de ceux qui se trouvaient sur place à l'Est ne rentraient pas dans les détails.

À vrai dire, affirma-t-il le 4 octobre, à la onzième session d'interrogatoire en huit jours, il n'avait jamais rien eu à voir avec le traitement des juifs quand il était ministre de l'Est. « Je n'ai jamais pris part à aucune discussion sur le problème juif », dit-il à Hinkel. Personnellement, il voulait « réduire le nombre de juifs en Allemagne en créant un endroit où ils pourraient tous se retrouver entre eux sur leur terre juive d'origine ». Mais cela n'avait pas dépendu de lui. C'était à Himmler que cette responsabilité incombait.

« Vous vous intéressez à la question juive depuis des années, n'est-ce pas ? demanda Hinkel.

– Mais j'étais si surmené par la tâche de mettre en place mon propre ministère, et le problème juif était si clairement éloigné de toutes mes fonctions que je n'y ai pas consacré le moindre temps. »

Rosenberg affirma avoir pensé qu'on les nourrissait et qu'on leur avait donné un travail productif.

« Vous voulez dire que vous n'avez jamais parlé de la question juive avec qui que ce soit pendant toute la période où vous étiez ministre des Territoires occupés à l'Est ? demanda Hinkel. Est-ce que c'est votre déclaration ?... J'ai un peu de mal à croire, au vu de tout l'intérêt que vous avez eu pour ce problème pendant tellement d'années, que vous l'ayez subitement laissé tomber quand vous êtes devenu ministre des Territoires occupés de l'Est. Et que vous n'ayez exprimé aucune curiosité quant au traitement des peuples sous votre juridiction, que vous n'ayez interrogé personne à ce sujet, et reçu aucun rapport[30].

– Nous avions l'habitude, clama Rosenberg, une fois une mission attribuée à quelqu'un, de ne jamais nous mêler des affaires de celui qui s'en chargeait. »

Hinkel revint avec des documents montrant que Rosenberg avait reçu des rapports concernant les atrocités commises à l'Est.

Le 19 octobre, Rosenberg et les autres dirigeants nazis du bloc C de Nuremberg furent enfin inculpés. Neave, le procureur britannique, eut la charge de remettre les assignations. Quand il entra dans la cellule de Rosenberg, il trouva celui-ci couvert de miettes de pain. « Il avait l'air d'un épagneul malade[31], écrivit-il. Il ressemblait au croque-mort en congé dans le film d'horreur avec Boris Karloff, avec lequel son teint olivâtre se serait accordé à merveille. »

La cellule empestait, des papiers jonchaient le sol et Rosenberg se leva pour faire face à son visiteur. Il tremblait.

Kempner arriva à Paris le 6 août 1945 via les Bermudes et les Açores, « après un vol de vingt-sept heures trente, moins deux heures d'escale », écrivit-il à sa femme, Ruth, et à son ex-maîtresse Margot Lipton, restées à Lansdowne. Puis il s'envola en mission pour Londres. Après cinq années de bombardements allemands, la ville n'était plus qu'un immense champ de ruines, avec ses bâtiments détruits, ses cratères et ses monceaux de gravats.

Citoyen américain depuis cinq mois, Kempner était désormais convaincu que son pays d'adoption était le plus grand de tous et que l'Europe était une cause perdue. Il y avait, selon lui, peu de chances que le continent retrouve un jour sa gloire passée. Cela n'avait aucun sens, affirma-t-il aux deux femmes, de rentrer en Allemagne pour essayer d'y reconstruire leur ancienne vie. Il valait mieux poursuivre leurs activités en Amérique. « Vous n'imaginez pas à quel point nous avons été chanceux[32] (et égoïstes, soit dit en passant). Toutes les petites nuisances dont nous nous plaignons ne sont rien, en comparaison avec l'état des choses en Europe... Rien n'est plus palpitant que Lansdowne et je considère ce voyage en uniforme comme une façon de m'entraîner et de voir le monde sous un nouvel angle (au-delà de la tâche à accomplir). »

Quelques jours plus tard, Kempner revint à Paris. On l'y envoyait étudier de la documentation allemande arrivant en masse au bureau central que l'on avait installé en vue du procès, dans un bâtiment à un pâté de maisons des Champs-Élysées et de l'Arc de triomphe.

Les Alliés avaient donné l'ordre à leurs troupes de récupérer toutes les archives importantes sur lesquelles ils tomberaient en parcourant l'Europe. Le bureau de Paris en était l'un des trois centres, et ses analystes avaient du mal à tenir le rythme, tellement l'arrivage était conséquent. On n'avait pas le temps de tout traduire, encore moins de tout étudier pour savoir s'il s'agissait d'une preuve utile. « Les nazis avaient la manie de tout consigner[33], confia à un journaliste le chef des interrogatoires de Jackson, John Harlan Amen, en septembre 1945. Nous croulons donc désormais sous plus de documents que nous ne pouvons en analyser dans le temps qui nous est imparti, et on en découvre encore d'autres tous les jours. »

Les archives Rosenberg découvertes dans l'abbaye près de Lichtenfels n'étaient qu'un début. L'archiviste du ministère allemand des Affaires étrangères, Heinrich Valentin, montra aux enquêteurs où trouver près de cinq cents tonnes de documents diplomatiques cachés dans le massif rocailleux du Harz, au centre du pays. Il aida même les Alliés à les trier et à les empaqueter.

Paul Schmidt, le traducteur qui avait assisté à certaines des réunions diplomatiques les plus importantes de l'époque nazie, céda ses nombreuses notes. Il les avait enterrées dans une grande caisse en bois au cœur d'une forêt. Les archives de la Luftwaffe de Göring furent découvertes éparpillées en Bavière, et on les envoya en Angleterre avec le brigadier général Herhudt von Rohden, un historien officiel. Il avait commencé à rédiger l'histoire de la force aérienne et fut enjoint de poursuivre. Soixante mille dossiers d'archives sur la marine, qu'on avait prévu de brûler dans la piscine vide d'un château, furent restitués intacts. La collection du photographe personnel de Hitler, Heinrich Hoffmann, fut envoyée à Nuremberg, et c'est Hoffmann lui-même qui l'archiva.

Au centre d'archives de Paris, Kempner put étudier de près les documents saisis. Un jour, alors qu'il feuilletait les archives de Rosenberg, on lui ordonna de rentrer immédiatement en Allemagne. Il allait s'agir de son premier retour sur sa terre natale depuis presque dix ans.

Il embarqua à bord d'un avion militaire pour un court vol jusqu'à Francfort. Alors qu'il survolait son pays d'origine en ruine, écrivit-il plus tard dans ses mémoires, étrangement, il ne ressentit rien. Il se dit simplement que la sensation lui semblait familière. Il avait l'impression d'être remonté en 1918, quand il était rentré en Allemagne après avoir traversé la Belgique et la France dévastées. L'avion atterrit et Kempner fut conduit à Fechenheim, où il feuilleta les archives militaires saisies. Il avait devant lui les ordres de destruction de l'Europe, rédigés de la main des responsables eux-mêmes. Face à l'écriture des hommes coupables des crimes du Troisième Reich, Kempner fut enfin ému.

Plus tard, lors de ce voyage, il visita le sous-sol de la Reichsbank de Francfort. Là, il vit plusieurs douzaines de caisses que les nazis avaient cachées dans les mines de sel du centre de l'Allemagne à la fin de la guerre. Dans ces caisses en bois se trouvaient les couronnes en or que les nazis avaient arrachées des dents de leurs victimes. Des milliers et des milliers – chacune, se dit Kempner, comme le testament d'un meurtre et d'un vol ultime.

« De toute ma vie, écrivit-il, je n'aurais jamais cru voir un jour une chose pareille[34]. »

Robert Jackson décida qu'on devait incriminer les nazis en retournant contre eux leur propre vocabulaire. Mais il ne serait pas facile de passer au crible tous ces documents et de donner un sens aux atrocités commises par les Allemands à l'échelle continentale.

Les interrogatoires allaient de pair avec l'analyse des documents, et Kempner eut l'opportunité, à sa grande joie, de poser des questions aux témoins et aux accusés. « Pour les criminels, écrivit-il plus tard, ma participation à Nuremberg fut très désagréable. Ils étaient dès lors confrontés à une personne qui connaissait leurs péchés[35]. » Un jour, il se retrouva face à face avec l'un de ses vieux ennemis.

« Bonjour, Herr Göring, dit-il à l'homme qui l'avait renvoyé en 1933. Je me demande si vous vous souvenez de moi. Nous ne nous sommes pas vus depuis bien longtemps[36]. »

La semaine d'avant, les interrogateurs avaient questionné Göring sur l'incendie du Reichstag, et les rapports affirmaient qu'il avait bien prévu de mettre le feu au parlement allemand, afin de fournir aux nazis un prétexte pour sévir contre leurs opposants communistes en 1933.

« Ce sont de pures sottises », insista Göring. Il était président du Reichstag à l'époque. Pourquoi aurait-il brûlé sa propre maison ?

On appela Kempner pour contester ses affirmations. Selon lui, Göring se souvenait très bien de l'avocat déchu de ses droits, et fut surpris quand il le vit arriver. Au début, le Reichsmarschall refusa de répondre à ses questions. À n'en pas douter, Kempner ne pouvait pas être impartial. Ce dernier se contenta de sourire. « Reichsmarschall, je ne suis pas partial à votre égard, je suis très heureux que vous m'ayez renvoyé le 3 février 1933. Si vous ne l'aviez pas fait, je ne serais désormais plus que de la fumée dans un conduit de cheminée[37]. »

C'est ainsi que commença l'interrogatoire.

Kempner confronta Göring[38] avec les informations que lui avait confiées Rudolf Diels, chef de la Gestapo de Göring et ami de Kempner en 1933. Celui-ci avait survécu à la guerre et avait été amené à Nuremberg comme témoin potentiel. « Diels affirme que vous saviez exactement où l'incendie allait commencer d'une façon ou d'une autre, dit Kempner, et qu'il avait déjà dressé la liste des arrestations. » Göring confirma à Kempner que des listes avaient bien été préparées. Les nazis se tenaient prêts à écraser les communistes depuis longtemps. Mais il ne fallait en tirer aucune conclusion. Même si le Reichstag n'avait pas brûlé, « ils auraient été arrêtés de toute façon ».

Il nia à nouveau toute implication dans l'incendie, affirmant que cela aurait été une « folie ». Il dit également à Kempner qu'il aimerait bien voir Diels lui répéter « en face » ce qu'il avait dit.

On demanda à Göring comment il avait été possible que son attaché de presse annonce à Kempner, une heure seulement après le début de l'incendie, que le Reichsmarschall avait déclaré que les coupables étaient les communistes. « N'était-il pas trop tôt pour affirmer, et ce sans la moindre enquête, que les communistes étaient à l'origine de l'incendie ?

– Oui, c'est possible, admit Göring, mais c'était la volonté du Führer. »

Kempner revint plusieurs fois sur les mêmes questions, il insista pour obtenir des détails, remit en cause les déclarations de Göring. Il demanda pourquoi on avait arrêté les sociaux-démocrates et les pacifistes. Il demanda pourquoi Göring n'avait pas donné suite aux rapports affirmant que les SA étaient impliqués dans l'incendie. Il posa des questions sur le couloir qui allait du Reichstag à la résidence officielle de Göring, et pourquoi on ne l'avait pas condamné ce soir-là.

Göring resta sur sa position tout du long[39] et rejeta l'idée que les nazis aient eu besoin d'incendier le bâtiment pour forcer Hindenburg à signer son décret tristement célèbre limitant les libertés individuelles.

Quoi qu'il en soit, dit Göring à Kempner, s'il avait comploté pour incendier le Reichstag, cela aurait été pour une raison beaucoup plus esthétique : l'endroit était si laid.

Kempner envoya de nombreuses lettres à sa famille. Dans l'une d'entre elles, il écrivit qu'il avait enfin la chance de pouvoir satisfaire sa curiosité sans bornes concernant le régime nazi, et ce pendant plusieurs heures par jour. « N'est-ce pas là une vie merveilleuse[40] ? » Un jour, il envoya des cartes postales romantiques[41], et pour Ruth et pour Lipton. Elles vivaient toujours ensemble dans sa maison de la banlieue de Philadelphie. Celle de Ruth disait : « Mon cœur t'appartient pour la vie ! » Celle de Lipton disait : « Rien au monde n'est plus doux que toi ! » Elles lui envoyaient des lettres, des télégrammes et des colis contenant du chocolat et du savon. Il leur envoyait ses complaintes. « Aujourd'hui, cela fait cinq semaines que je suis en Europe, écrivit-il depuis Francfort le 9 septembre 1945, et cela me semble terriblement long, trop long[42]. » Il semblait déprimé. Le tribunal en lui-même était mal organisé et le « résultat, c'est que je reste souvent assis à attendre... Les jours passent dans la solitude ». On lui demanda d'accompagner une mission pour récolter des preuves à Essen, mais il tenta d'y échapper. « Encore des ruines, et par conséquent, encore plus de cette poussière folle. Et uniquement de la nourriture anglaise. » Il traînait avec d'autres juristes de l'accusation, mais les temps morts firent qu'il fut gagné par l'ennui.

Cela explique sans doute pourquoi, au cours du mois d'octobre, il envoya un dossier de presse à Lansdowne pour que Ruth et Margot le fassent publier dans le *Philadelphia Record*. Truffé de fausse modestie, l'article était l'œuvre de Kempner, l'intrigant égotiste au sommet de son art. « Les rumeurs sur la découverte de nouvelles pistes concernant Hitler et Eva Braun vont bon train à Nuremberg depuis l'arrivée des États-Unis du Dr Robert M. W. Kempner, grand expert américain de Hitler et des rouages du parti nazi. Il est arrivé par avion de Washington, mais a quitté Nuremberg pour une mission secrète[43], après une brève visite au palais de justice... »

Évidemment, on commença à relayer les histoires les plus farfelues dans les journaux locaux[44]. « UN HABITANT DE PHILADELPHIE À LA POURSUITE DE HITLER, MORT OU VIF, SUR ORDRE DE LA MAISON BLANCHE », clamait un gros titre. L'article, à dormir debout, racontait en substance que Kempner avait suivi Hitler pendant des années et qu'il était l'un des seuls opposants nazis au monde à « avoir une connaissance détaillée du physique de Hitler, même de la structure de son squelette. Il est capable de pointer du doigt un Hitler qui aurait fait de la chirurgie esthétique ou un cadavre déjà incinéré, et d'affirmer avec certitude qu'il "s'agit du Führer" ». Un journaliste écrivit : « Nous avons appris hier qu'il a quitté le pays il y a quatre semaines avec un visa prioritaire de la Maison Blanche. » Les histoires racontaient que durant ses années passées comme fonctionnaire du ministère de l'Intérieur, Kempner avait dirigé une équipe de douze agents secrets qui, de 1928 à 1933, avaient suivi régulièrement Hitler. « Kempner a déclaré lors d'une interview que Hitler possédait certaines caractéristiques physiques qu'il ne pourrait jamais dissimuler par un déguisement, affirmait le *Stars and Stripes*. Il évoque une oreille droite particulièrement pointue, un pouce droit anormalement long, une mâchoire avec un menton fuyant et un dos en général assez voûté. »

Tout cela était absurde, bien entendu, mais ces histoires furent publiées les 22 et 23 octobre, au moment où Kempner quittait Nuremberg pour Paris. « La radio a évoqué la poursuite de Hitler, écrivit Kempner dans une lettre à Lansdowne. Je me suis amusé[45]. »

Ces informations générèrent suffisamment d'intérêt pour que l'on interrogeât l'attaché de presse de la Maison Blanche à leur sujet. Ce dernier déclara que la Maison Blanche n'avait pas envoyé d'avocat en Allemagne. Sa combine rendue publique, Kempner se retrouva isolé du reste de l'équipe des procureurs qui grouillaient à Nuremberg. Pour corriger ces fausses informations, il écrivit à un animateur de radio en lui demandant de déclarer qu'il ne poursuivait pas Hitler « en ce moment », mais qu'il aidait à organiser les procès contre les nazis.

Jackson avait amené Kempner à Nuremberg pour diriger la dernière des sept divisions : une équipe de juristes qui avaient la charge d'anticiper les défenses[46] que les nazis mettraient en place contre les accusations qui pesaient sur eux. Au matin du 20 novembre, un mardi, six mois après la fin de la guerre, Kempner prit enfin place non loin de la table d'accusation – à défaut de la table elle-même – lors de l'ouverture du procès dans la salle d'audience comble du palais de justice. Il s'assit sur une chaise de la dernière rangée, juste avant la barrière qui séparait le box des procureurs de celui de la presse, lequel était plein à craquer et s'étendait sur au moins douze rangs. En se tournant, il aurait pu y glisser un bras.

Il repensa à ses parents, ces deux bactériologistes qui avaient parcouru l'Europe en essayant de la libérer de ses maladies infectieuses. Sa mission à Nuremberg n'était pas si éloignée. Il était revenu en Allemagne pour nettoyer le marécage qui avait donné naissance à la menace nazie[47].

Il découpa un article du *Time* du 3 décembre illustré d'une photo de la salle d'audience, entoura sa minuscule tête[48] en arrière-plan et l'envoya à Lansdowne.

Le premier jour du procès, Rosenberg et les autres accusés firent leur entrée dans la salle[49] en costume-cravate ou en uniforme militaire. Menottés chacun à un garde, ils traversèrent une sorte de tunnel de bois menant de leur bloc au sous-sol du palais de justice, puis prirent l'ascenseur jusqu'à la salle d'audience. Installé au premier rang, Rosenberg assista au procès les yeux mi-clos, les bras croisés, l'air affaibli et, comme d'habitude, grave et sérieux.

Le tribunal, que l'on avait restauré avec du lambris sombre et des lumières fluorescentes, était plein à craquer. De l'autre côté de la pièce, les juges représentant les États-Unis, l'Union soviétique, la Grande-Bretagne et la France observaient depuis leur estrade ornée des quatre drapeaux des pays vainqueurs. Une rangée de gardes portant ceinture et chapeau blanc encerclaient les deux bancs des accusés. Les avocats de la défense étaient assis devant leurs clients, face à des tables en bois. À gauche, les interprètes s'affairaient derrière des parois de verre. À droite, les équipes de procureurs, la section presse, les box pour les caméras et la radio et un balcon accueillant cent cinquante spectateurs. Nuremberg donnait vraiment l'impression d'être le centre du monde.

Le premier jour fut consacré à la lecture des chefs d'accusation contre vingt-deux dirigeants et sept organisations nazies. Le jour suivant, les accusés annoncèrent la façon dont ils plaideraient, et après que la cour eut interrompu Göring qui tentait de saboter le procès en faisant sa propre déclaration liminaire, Jackson monta sur l'estrade et se tourna vers les quatre juges. Il commença son discours d'ouverture en rappelant à toutes les personnes présentes que c'est à travers leurs yeux qu'on regarderait désormais l'Histoire.

« Les injustices que nous cherchons à condamner[50] et à punir ont été si calculées, si malveillantes et si dévastatrices que la civilisation ne peut pas tolérer qu'on les ignore, car elle ne survivrait pas à leur éventuelle répétition », déclara Jackson à la cour, le coude gauche appuyé sur la rambarde de l'estrade, le pouce droit glissé dans la poche de son pantalon rayé. Les accusés écoutaient la traduction à travers leurs écouteurs. « Que quatre grandes nations, ivres de leur victoire et piquées par leurs blessures décident de calmer la main de la vengeance et de soumettre volontairement leurs ennemis prisonniers au jugement de la loi est l'un des hommages les plus importants que le pouvoir ait jamais rendu à la raison. »

Le procureur américain en chef répondait par ces mots aux attaques allemandes sur la légitimité de la cour. Un avocat de la défense qualifia ces procès de « poursuite de la guerre par d'autres moyens[51] ». Jackson soutenait que les procureurs n'exigeaient pas une punition contre les nazis en tant que vainqueurs, mais qu'ils cherchaient à ce que justice soit faite au nom du droit international. « Passer aux accusés une coupe de poison serait la porter nous-mêmes à nos lèvres. »

Dans son discours d'ouverture, Jackson promit de mettre à profit la « passion teutonique[52] de la minutie de tout mettre par écrit » des Allemands et, durant les semaines et les mois qui allaient suivre, l'accusation confronta les témoins, document incriminant après document incriminant.

En novembre, la cour visionna des films montrant des scènes de camps de concentration et des atrocités SS. Certains des accusés nazis ne purent pas supporter de voir défiler sur l'écran ces images de fosses communes pleines de cadavres empilés. Deux semaines plus tard, l'accusation projeta un film intitulé *Le Projet nazi*, qui alourdissait encore le dossier d'accusation en montrant des séquences filmées par les Allemands durant leurs années de pouvoir. Il s'ouvrait sur Rosenberg assis sur un fauteuil dans son uniforme nazi, évoquant les premières années du parti quand il jouait un rôle si important sur la pensée de Hitler.

En décembre, l'accusation présenta le carnet d'un responsable SS, le général Jürgen Stroop, sur la destruction du ghetto de Varsovie. « Cet exemple sublime de l'artisanat allemand[53], relié de cuir, généreusement illustré, tapé sur du papier épais, ironisa le procureur américain, rend hommage au courage et à l'héroïsme des forces allemandes qui ont participé à une opération impitoyable et sans merci contre un groupe de juifs impuissants et sans défense, qui s'élève, pour être exact, à cinquante-six mille soixante-cinq personnes, femmes et enfants inclus, bien évidemment. »

En janvier 1946, le chef d'un des Einsatzgruppen, l'une des unités meurtrières de Himmler, témoigna que ses hommes avaient fusillé quatre-vingt-dix mille personnes entre l'été 1941 et l'été 1942.

Tandis que les preuves des atrocités, du travail forcé et des exterminations de masse s'accumulaient, le psychologue de la prison, Gustave Gilbert, allait de cellule en cellule pour s'entretenir avec les nazis de ce qu'ils entendaient dans la salle d'audience. Rosenberg sembla vouloir tester sa tactique de défense sur Gilbert. De façon absurde, il affirma que le nazisme n'avait rien à voir avec le préjudice racial. Les Allemands avaient simplement voulu leur terre à eux racialement pure, et que les juifs aient la leur. Il n'avait personnellement jamais souhaité la mort des juifs. « Je n'ai pas dit que les juifs étaient inférieurs », clamait-il. Le racisme continuait de monter partout dans le monde. « Cela devient tout à coup un crime, juste parce que les Allemands l'on fait ! » Il reconnut que le parti nazi devait être aboli. Mais pour les crimes de guerre mis en cause par le procès, les vrais coupables étaient Hitler, Himmler, Bormann et Goebbels. « Nous n'y sommes pour rien[54]. »

L'accusation n'était bien évidemment pas de cet avis, et les 9 et 10 janvier 1946, un avocat du nom de Walter Brudno exposa patiemment et méthodiquement toutes les raisons pour lesquelles Rosenberg devait être reconnu coupable de crimes de guerre. Condamné sur les quatre chefs d'accusation[55], Rosenberg fut accusé d'avoir aidé l'accès des nazis au pouvoir en développant et en diffusant la doctrine du parti à l'encontre des Églises et des juifs ; d'avoir préparé l'Allemagne psychologiquement et politiquement à ses guerres d'invasion ; d'avoir participé à des crimes de guerre et des crimes contre l'humanité en tant que ministre du Reich des Territoires occupés à l'Est.

« Nous allons voir que chaque principe fondamental de la philosophie nazie a été formulé et soutenu par Rosenberg, dit Brudno tandis que l'accusé prenait studieusement des notes depuis son box. Comme apôtre du néopaganisme, partisan du mouvement pour un Lebensraum et glorificateur du mythe de la supériorité nordique, mais aussi comme l'un des premiers et plus énergiques avocats de l'antisémitisme, il a matériellement contribué à l'unification du peuple allemand derrière la croix gammée. » Brudno récita des passages des écrits de Rosenberg sur la race. Il répéta sa déclaration tristement célèbre de 1941 où celui-ci affirmait que la question juive ne saurait être résolue que lorsque le « dernier juif aurait quitté le continent européen ». Il expliqua comment

Rosenberg avait été nommé délégué à l'idéologie nazie par Hitler avec la tâche d'endoctriner les membres du parti.

Il cita si généreusement des extraits du *Mythe du vingtième siècle* que le président du tribunal lui demanda de cesser. « Nous ne voulons vraiment pas en entendre plus. »

Brudno poursuivit en décrivant le rôle de Rosenberg dans les territoires occupés à l'Est. Comment il avait aidé à préparer et exécuter ce plan d'occupation violente. Comment il avait soutenu le déracinement des autres races au profit de l'ethnie allemande. Comment il ne s'était pas opposé au projet nazi d'affamer l'Union soviétique. Comment il avait coopéré à la déportation de plus de un million de travailleurs forcés en Allemagne. Comment il avait régulièrement reçu des rapports évoquant une « brutalité indicible ».

Quelques jours après la plaidoirie de Brudno contre Rosenberg, un médecin qui avait été arrêté et obligé de réaliser des expériences médicales sur ses codétenus à Dachau apporta à son tour une preuve accablante. Quand on lui demanda lesquels des accusés il avait vus au camp, il désigna quatre hommes[56]. Parmi eux, Rosenberg, qui avait toujours nié avoir mis le pied dans un camp de concentration.

Le procès tournait à plein régime. Kempner et son équipe étaient donc occupés à publier des dossiers sur chaque témoin de l'accusation ou de la défense, à rédiger des mémos pour les procureurs et à préparer les dossiers à charge de chacun des accusés[57]. La plupart de l'équipe logeaient au Grand Hôtel, « le meilleur de la ville[58] », écrivit Dodd, même s'il n'avait pas d'eau chaude et que, pour traverser le corridor, il devait emprunter une planche posée au-dessus d'un trou de trois étages. « Ma chambre est assez confortable. Les murs sont tous déchirés – criblés d'impacts de balles – et il n'y a pas de verre aux fenêtres. Le plafond est à moitié démoli, mais comparé à d'autres chambres, celle-ci est en excellent état. » L'équipe finissait ses interminables journées de travail par de longues heures à boire dans le Marble Room du Grand Hôtel[59]. Là-bas, ils dansaient au son de rythmes américains joués par des musiciens allemands, tentant d'oublier un instant les atrocités qu'ils découvraient jour après jour, et la complète désolation des rues au-dehors.

Au trente-cinquième jour du procès – le dernier jour de l'accusation américaine – Kempner se retrouva enfin sous les projecteurs. Même si son histoire n'avait cette fois aucun besoin d'être enjolivée, il ne put s'empêcher de prévenir la presse par avance. « Il est le seul membre de l'accusation à avoir été une victime directe du nazisme, écrivit un correspondant dans *P.M.*, un journal à scandale de New York, et à avoir la chance lors de ces procès de prendre la parole au tribunal et de leur dire en face le fond de sa pensée[60]. »

« Se tenir ici, à la place du procureur, consistait l'espace d'un instant à se trouver au centre du monde judiciaire[61] », écrivit plus tard un historien. Le 16 janvier 1946, Kempner monta sur l'estrade et, en brandissant une pile de documents, exposa le dossier contre l'« agenceur du complot nazi », Wilhelm Frick, le ministre de l'Intérieur de 1933 à 1943.

Kempner soutint que Frick[62] avait ouvert la voie à la guerre en aidant Hitler à obtenir la citoyenneté allemande. L'Autrichien obtint automatiquement la naturalisation quand Frick le nomma conseiller du gouvernement à l'office de la Culture et de la Planification de la ville allemande de Braunschweig. Sans Frick, affirma Kempner, Hitler ne serait jamais devenu chancelier d'Allemagne. En tant que ministre de l'Intérieur, Frick supervisait le gouvernement fédéral et régional, les élections, les lois raciales, la politique de santé, et même, en théorie, la police. Kempner montra que Frick avait participé à la mise en application des mesures raciales du gouvernement nazi, notamment en ratifiant les lois de Nuremberg qui avaient déchu les juifs de leur citoyenneté en 1935.

« Ce fut le cerveau administratif qui imagina les rouages étatiques du nazisme et prépara cette machine à une guerre agressive », dit le procureur à la cour. Frick était non seulement au courant du programme d'euthanasie T-4, mais il signa également l'ordre secret de sa mise en œuvre. Plus tard, affirma Kempner, alors qu'il était protecteur du Reich en Bohème et en Moravie, il supervisa la déportation des juifs de Tchécoslovaquie vers Auschwitz.

Kempner, toujours dans l'autopromotion, profita de l'occasion pour lire un extrait de son propre interrogatoire de Göring au sujet de l'incendie du Reichstag, sûr que les journaux en parleraient (cela figura en effet dans les pages du *New York Times* le matin suivant).

Sa lecture conduisit le président du tribunal, Sir Geoffrey Lawrence, à poser la question suivante : « Quel rapport cela a-t-il avec Frick ?

– Il a signé le décret abolissant les libertés individuelles le lendemain », répondit Kempner de façon peu convaincante.

Cet exposé fut un moment de répit au cœur des plaidoiries somme toute assez austères des Américains. Profitant de son quart d'heure sous les projecteurs, Kempner s'adonna à un spectacle assez baroque. Depuis leur box, les nazis ne pouvaient pas s'empêcher de sourire en le voyant prendre ses grands airs de moralisateur. Rudolf Hess, qui parlait couramment l'anglais, ridiculisait en silence l'accent du procureur tandis que Hans Frank se moquait de sa gestuelle dramatique et tarabiscotée[63].

Cependant, l'équipe anglaise d'accusation accueillit à bras ouverts ce procureur américain qui avait une connaissance si pointue de l'histoire nazie[64]. C'était, selon eux, ce qui faisait grandement défaut aux sept cents autres membres de l'équipe de Jackson.

Kempner s'inquiéta de savoir comment les procès étaient perçus par le reste du peuple allemand[65], qui suivait les procédures à la radio, à travers les actualités qui passaient au cinéma et dans les journaux. Les procureurs voulaient changer le comportement des Allemands. Après des années de propagande nazie, certains doutaient sincèrement de la véritable existence des procès de Nuremberg. Jackson invita donc des hommes politiques, des professeurs, des instituteurs, des clercs, des juges et des avocats à Nuremberg pour qu'ils assistent en personne aux procédures. Après les audiences, Kempner les emmenait dans une salle de cinéma pour leur montrer un film sur le tristement célèbre Tribunal du peuple, qui poursuivait les personnes arrêtées par Himmler en 1944 dans le cadre de la tentative d'assassinat sur Hitler. Le contraste entre les deux procédures était net. Le président du Tribunal du peuple, Roland Freisler, réprimandait et intimidait les accusés, lesquels tenaient bêtement leurs pantalons parce qu'il leur était interdit de porter des ceintures, même dans la salle d'audience. « Espèce de vieux pervers[66], hurla Freisler à l'un des accusés. Pourquoi n'avez-vous de cesse de tripoter votre pantalon ? » Goebbels avait filmé ces procès pour terroriser les dissidents potentiels à travers tout le pays. Désormais, l'accusation retournait la bande contre les nazis eux-mêmes.

Le 15 avril, Rudolf Höss, commandant d'Auschwitz, vint à la barre et témoigna que des millions d'hommes, de femmes et d'enfants avaient été tués dans les chambres à gaz de son camp d'extermination. Höss avait commencé aux camps de Dachau et de Sachsenhausen avant d'être transféré à Auschwitz en mai 1940. Il raconta avoir été convoqué à Berlin par Himmler en 1941, où ce dernier lui donna de vive voix des instructions secrètes. « Il m'a dit en substance – je ne me souviens pas de ses mots exacts – que le Führer avait donné l'ordre de lancer la solution finale concernant la question juive. Nous, les SS, devions mettre en œuvre cet ordre. S'il n'était pas exécuté sur-le-champ, alors ce seraient les juifs qui plus tard détruiraient le peuple allemand[67]. »

À la barre, il confirma les détails de ce qu'il avait déjà évoqué dans sa déclaration sous serment. Il décrivit comment les trains arrivaient, comment on distribuait un uniforme rayé à ceux qui étaient aptes au travail avant de les envoyer vers les baraquements, comment on ordonnait aux autres de se déshabiller, comment on les dirigeait ensuite vers les chambres à gaz en prétendant qu'il s'agissait de douches, comment ces chambres à gaz pouvaient contenir jusqu'à deux mille personnes en même temps, comment les gens mouraient en moins de quinze minutes, comment les ouvriers savaient que les gens étaient morts parce que les cris avaient cessé.

« N'avez-vous jamais vous-même éprouvé de la pitié pour les victimes, en pensant à votre propre famille et à vos enfants ? lui demanda-t-on.

– Si.

– Comment avez-vous pu aller jusqu'au bout malgré cela ?

– Il n'y avait qu'un seul argument décisif, c'était l'ordre clair – et sa justification – que m'avait donné le Reichsführer Himmler. »

Le soir, Gilbert, le psychologue de la prison, rejoignit Höss dans la cellule. Il voulait savoir pourquoi le commandant avait poursuivi la politique d'extermination avec un tel entêtement bureaucratique. Croyait-il vraiment que les juifs méritaient de mourir ? Höss lui répondit qu'il avait entendu toute sa vie durant que les juifs étaient des sous-hommes et qu'ils méritaient d'être exterminés. Il disait avoir lu le *Mythe* de Rosenberg, le *Mein Kampf* de Hitler et les éditoriaux des journaux de Goebbels. « En tant que national-socialiste pur et dur, j'ai toujours considéré ces idées comme des faits avérés – tout comme un catholique croit au dogme de son Église, dit-il. C'était simplement une vérité inébranlable[68] ; je n'en ai jamais douté une seconde. J'étais absolument convaincu que les juifs étaient le pôle opposé du peuple allemand, et que tôt ou tard il allait falloir en passer par la violence. » Il affirma avoir appris dans les livres que bien que les juifs fussent une minorité, ils contrôlaient la presse, la radio et le cinéma. « Et si l'antisémitisme ne réussissait pas à anéantir l'influence des juifs, les juifs, eux, réussiraient à lancer une guerre qui anéantirait l'Allemagne. Mais de ça, tout le monde était convaincu, c'était la seule chose qu'on pouvait entendre ou lire. »

Alors, quand Himmler lui avait annoncé que sa mission était d'exterminer les juifs, « cela correspondait à tout ce qu'on lui avait enseigné depuis des années ».

Au cent huitième jour du procès, le même que celui du témoignage de Höss, Rosenberg eut enfin l'occasion de se défendre. Il vint à la barre et témoigna trois jours durant. À la frustration de tous – y compris d'Alfred Thoma, son avocat commis d'office, un juge local qui n'avait jamais adhéré au parti nazi –, Rosenberg refusa tout bonnement de répondre aux questions. À la place, il préféra se lancer dans de fastidieux monologues sur des sujets qui n'avaient rien à voir.

Comme il l'avait fait dans ses livres et ses comptes rendus, comme il l'avait fait dans ses discours et en salle d'interrogatoire, Rosenberg entraîna son audience dans les abîmes les plus profonds. « Il faudra du temps et de la patience, écrivit un jour un analyste, après s'être entretenu avec le penseur nazi à l'ASHCAN, pour que le commun des mortels comprenne quoi que ce soit au monde d'Alfred Rosenberg. »

Sur un ton à la limite de la niaiserie[69], Thoma soutint que son client avait passé sa carrière à défendre le « respect de toutes les races », la « liberté de conscience » et « une solution raisonnable au problème juif ». Rosenberg se lança dans des explications détaillées, une défense de sa philosophie tentaculaire et des théories politiques du parti nazi, comme si son érudition en carton-pâte avait pu couvrir d'un écran de fumée le meurtre de millions de personnes. « L'industrialisation et la recherche du profit dominaient la vie, et ont créé l'État industriel avec cette métropole et toutes ses cours, de plus en plus éloignée de la nature et de l'histoire, dit Rosenberg aux juges. Au début du siècle, beaucoup de ceux qui voulaient récupérer leur terre natale et leur histoire se sont heurtés à cette réalité univoque. » C'était un mouvement de jeunes, dit-il, qui tirait sa révérence au passé en fonçant vers un avenir moderne.

« Maître Thoma, interrompit Lawrence, le président du tribunal, pourriez-vous faire en sorte que votre client s'en tienne aux accusations concrètement retenues contre lui ? »

Dodd se leva pour insister. « Personne au sein de l'accusation ne poursuit l'accusé pour ce qu'il a pu penser, dit le juriste américain. Je pense que nous sommes tous ici, par principe, opposés au fait de poursuivre qui que ce soit pour ses idées. »

Rosenberg affirma que, personnellement, il voulait que les gens aient le droit de croire ce qu'ils avaient envie de croire au sujet de Dieu. Il rejeta la faute des mesures contre les Églises sur Bormann, que l'on croyait disparu.

À vrai dire, il était mort en essayant de s'enfuir[70] du Führerbunker dans les derniers jours de la guerre. Ses restes furent découverts par une équipe d'ouvriers sur un chantier en 1972, et identifiés grâce à un test ADN en 1998. Des fragments de verre incrustés dans sa mâchoire ont conduit les historiens à conclure que Bormann, ayant croisé les Soviets en s'enfuyant, avait avalé une capsule de poison.

Rosenberg nia tout projet de piller l'Europe. Quand les nazis arrivèrent à Paris, ils découvrirent que les juifs avaient fui et que leurs propriétés étaient désormais inoccupées. Ils se sont donné la mission de protéger ces trésors, que l'équipe de Rosenberg a méticuleusement catalogués et empaquetés avec soin. « Nous étions confrontés à un nouveau genre de situation », dit-il. Quoi qu'il en soit, les nazis avaient le droit de rapatrier des œuvres d'art qui avaient été dérobées à l'Allemagne durant les guerres passées, et ils avaient le droit de saisir des archives afin d'enquêter sur des ennemis qui se rebellaient contre eux.

Les procureurs lui soumirent un rapport secret[71] de 1941, dans lequel il suggérait à Hitler une riposte meurtrière à l'escalade de violences contre les officiers allemands en France. En octobre, le dictateur avait ordonné l'exécution de cent otages français[72] en réponse aux meurtres de deux officiers allemands. Mais selon Rosenberg, le but de la Résistance était de déclencher des représailles de la part des nazis à l'encontre des Français, afin de relancer l'animosité contre les nazis. « Je suggère au Führer qu'à la place d'exécuter cent Français, nous exécutions cent banquiers et avocats juifs... Ce sont les juifs de Londres et de New York qui incitent les communistes français à commettre des actes de violence, et il semble juste que les membres de cette race paient pour leur forfait, dit-il. Ce ne sont pas les *petits* juifs, mais les *dirigeants* juifs français qui doivent être tenus pour responsables. Cela tend à réveiller un sentiment anti-juif. » À la barre, Rosenberg dit qu'il avait écrit le rapport dans un moment d'euphorie, et que peu importe, Hitler n'avait pas suivi sa recommandation. À vrai dire, ce genre d'exécution avait déjà eu lieu. Avec la confusion qui le caractérisait, Rosenberg affirma regretter sa suggestion, tout en soutenant que fusiller des otages en temps de guerre n'avait rien d'illégal.

Rosenberg poursuivit sa défense en affirmant qu'il n'avait rien à voir avec l'opération Barbarossa ; c'était un fait accompli quand Hitler l'appela pour lui demander de préparer un ministère en charge des territoires occupés. Il n'avait jamais eu l'intention de décimer les peuples de l'Est. Une fois qu'il fut nommé ministre, il n'eut jamais aucun pouvoir économique ni politique, et Koch, le Reichskommissar de l'Ukraine, avait constamment ignoré ses ordres.

Rosenberg reconnut avoir approuvé un projet de déplacement des enfants de l'Est vers l'Allemagne à l'été 1944, bien qu'il tentât de tourner la chose de façon positive. Cette *Heuaktion*[73] – l'opération Moisson – prévoyait d'arrêter entre quarante et cinquante mille enfants âgés de dix à quatorze ans. Certains de ces enfants s'étaient retrouvés livrés à eux-mêmes quand on avait emmené leurs parents sur les lignes de fortification pour les forcer à travailler. D'autres avaient purement et simplement été arrachés à leurs foyers. L'idée était d'envoyer ces enfants kidnappés au Reich, afin qu'ils deviennent apprentis dans les usines allemandes. On justifiait ces enlèvements en affirmant qu'ils permettaient d'anéantir les « potentiels biologiques » des peuples de l'Est. Rosenberg raconta à la cour qu'il s'était d'abord opposé au projet, bien qu'il fût disposé à laisser l'armée enrôler de force les adolescents plus âgés. Il avait fini par céder, affirma-t-il, parce que l'armée les aurait déportés, avec ou sans son accord. Rosenberg affirma qu'il s'était dit qu'en acceptant cette mission, son ministère de la Jeunesse pourrait s'assurer du bon traitement des enfants. Il prétendit avoir voulu les accueillir dans des villages ou des petits camps et prévu de les rendre à leurs parents après la guerre.

Son avocat l'interrogea au sujet des comptes rendus qu'il avait reçus en juin 1943 concernant les atrocités de Minsk, en Biélorussie. Un gardien de prison avait écrit que la police arrachait les plombages en or des prisonniers juifs avant de les incarcérer et que Wilhelm Kube, le commissaire général de Biélorussie, avait rapporté l'assassinat de femmes et d'enfants lors d'une « opération de police » contre des partisans.

« Le fait que les juifs aient reçu un traitement particulier[74] n'a pas besoin d'être discuté plus avant. Cependant, il apparaît difficilement crédible que cela ait été fait de la façon décrite », pouvait-on lire dans une lettre du bureau de Lohse à Rosenberg. Comment pacifier et exploiter les territoires occupés si la population était terrorisée ? « Il devrait être possible d'éviter ces atrocités et d'enterrer ceux dont on s'est déjà débarrassés. Enfermer les hommes, les femmes et les enfants dans des granges et y mettre le feu ne semblent pas une méthode viable pour combattre les rebelles, quand bien même on souhaiterait exterminer la population. Cette méthode n'est pas digne de la cause allemande et nuit sérieusement à notre réputation. »

Confronté à cette lettre lors de l'audience, Rosenberg affirma qu'elle était arrivée après la décision de Hitler de se ranger du côté de Koch en 1943. Il avait donc ordonné au ministre d'arrêter toute intervention inutile à l'Est. « J'étais abattu, affirma Rosenberg, et je n'ai pas lu ce document. »

Il témoigna qu'il était au courant pour les camps de concentration, mais qu'il estimait que ces arrestations étaient « nécessaires ». Il prétendit avoir interrogé Himmler au sujet des rapports étrangers concernant les atrocités commises au sein des camps et que le Reichsführer SS l'invita à venir à Dachau pour voir le camp par lui-même. « Nous avons une piscine et des installations sanitaires, dit Himmler. Irréprochable. Aucune objection ne saurait être soulevée. » Rosenberg dit à la cour qu'il avait décliné l'invitation « pour des raisons de décence ; je ne voulais tout simplement pas aller voir des gens qu'on avait privés de leur liberté ».

Quant à l'extermination des juifs d'Europe, Rosenberg affirma n'avoir pas été au courant. Oui, il avait lu les rapports évoquant la « terrible dureté » qui régnait à l'Est. Oui, il avait entendu parler des pogroms contre les juifs. « Mais qu'il existait des mesures en vue d'annihiler toute la juiverie, je ne pouvais pas le savoir. » Oui, il avait évoqué « l'extermination de la juiverie, reconnut Rosenberg, mais dans les circonstances de l'époque, cela ne pouvait pas être interprété comme une extermination singulière, une annihilation pure et simple de millions de juifs comme c'est le cas aujourd'hui, à la lumière des soi-disant témoignages dont on dispose ».

L'homme dont l'antisémitisme sans égal avait pavé le chemin de l'Holocauste affirmait désormais qu'il avait soutenu un traitement « courtois » des juifs ! Cependant, il ne s'étendit pas sur les modalités de ce prétendu projet alternatif. « Que le destin ait pris une tournure différente est une tragédie, dit-il. Des évènements regrettables ont eu lieu et je dois avouer qu'ils m'ont ôté la force de continuer à faire pression sur le Führer pour qu'il reconsidère ma méthode. »

Mais il insista sur le fait qu'il ignorait tout des fusillades en masse et des camps de la mort.

« Je ne l'aurais pas cru, même si Heinrich Himmler lui-même me l'avait raconté, dit-il. Il y a des choses qui, même pour moi, semblent au-delà de ce qui est humainement possible, et celle-ci en fait partie. »

Le 17 avril, Thomas Dodd se chargea du contre-interrogatoire de Rosenberg[75]. Lentement et méthodiquement, il éplucha la défense de Rosenberg jusqu'à arriver à la question juive.

« Avez-vous déjà évoqué l'extermination des juifs ? lui demanda Dodd.

– Je n'ai pas parlé de l'extermination des juifs en général selon ces termes, répondit Rosenberg. Il faut s'intéresser aux mots, ici. »

Dodd confronta Rosenberg avec le compte rendu de sa rencontre du 14 décembre 1941 avec Hitler, lors de laquelle les deux hommes décidèrent qu'il valait mieux que Rosenberg ne mentionne pas l'extermination – *Ausrottung* – des juifs dans un discours qu'il avait l'intention de donner.

« Ce mot n'a pas le sens que vous lui donnez ici », soutint Rosenberg.

Dodd lui tendit un dictionnaire allemand-anglais et lui demanda de regarder la traduction du mot. Rosenberg refusa et se mit à faire la morale au procureur.

« Je n'ai pas besoin d'un dictionnaire étranger pour expliquer les différentes significations que *Ausrottung* peut revêtir en allemand, dit-il. On peut exterminer une idée, un système économique, un ordre social et, en dernier lieu, probablement un groupe d'êtres humains également. Voici les nombreuses possibilités que contient ce mot. Les traductions de l'allemand vers l'anglais sont souvent erronées. »

Dodd persista : « Tenez-vous vraiment à insister sur votre incapacité à donner la même signification que moi à ce mot, ou essayez-vous simplement de gagner du temps ? »

Rosenberg affirma que son discours prévu au Sportpalast n'était rien d'autre qu'une « menace politique », et non pas l'annonce de la solution finale.

« Eh bien, à vrai dire, dit Dodd, on exterminait déjà les juifs dans les territoires occupés de l'Est à cette époque. Et cela a continué ensuite, n'est-ce pas ?

– Oui.

– Oui, et après cela, vous voudriez faire croire à la cour que c'était l'œuvre de la seule police, et qu'aucune des personnes qui travaillaient pour vous n'était impliquée. »

Puis Dodd soumit à la cour une lettre de Lohse, le Reichskommissar de l'Ostland, dans laquelle celui-ci protestait contre l'« exécution sauvage des juifs » dans une des villes de son territoire. Il montra ensuite la réponse du ministère de Rosenberg, qui enjoignait à Lohse de ne pas interférer avec la mission des SS sur la question juive. Dodd confronta également Rosenberg avec une lettre que Lohse avait reçue d'un autre fonctionnaire de son ministère en juillet 1942, dans laquelle on lui annonçait que cinquante-cinq mille juifs avaient été « liquidés » en Biélorussie durant les dix dernières semaines, et que tous ceux qu'on enverrait dans leur district connaîtraient le même sort.

Rosenberg dit n'avoir jamais vu ces lettres, bien que les deux aient été retrouvées parmi les documents de son bureau berlinois. Dodd enfonça le clou en soulignant qu'au moins cinq des personnes les plus importantes de son ministère savaient ce qu'il se passait. Rosenberg devait forcément être au courant. Rosenberg tenta de changer de sujet, mais le président du tribunal intervint.

« Reconnaissez-vous que ces cinq personnes étaient impliquées dans l'extermination des juifs ?

– Oui, elles étaient au courant de certaines liquidations de juifs, ça, je le reconnais, dit Rosenberg, et elles me l'ont dit, ou si ce n'est pas le cas, je l'ai entendu ailleurs. »

Profitant de cet aveu accablant, Dodd enfonça un peu plus Rosenberg dans sa culpabilité. « Vous étiez présent dans la salle quand Höss a témoigné ?

– Oui, je l'ai entendu, répondit Rosenberg.

– Vous avez entendu cette terrible histoire de deux et demi à trois millions de meurtres[76] qu'il a racontée depuis la barre, principalement des juifs ?

– Oui.

– Vous saviez que cet homme, Höss, lisait vos livres et vos discours ?

– Non, répondit Rosenberg, il ne le savait pas. »

Dodd écrivit à sa famille ce jour-là, évoquant le contre-interrogatoire de Rosenberg. « Il était des plus difficiles à interroger – un sauvage menteur et évasif comme je n'en ai jamais vu. J'éprouve à son égard une véritable antipathie, c'est un vrai poseur, un hypocrite complet[77]. »

Quand l'accusation en eut fini, les procureurs américains quittèrent massivement Nuremberg. Mais on persuada Kempner de rester avec Dodd. Kempner fut nommé à la tête d'une division en charge des arguments contraires pour répondre aux questions soulevées par les accusés et leurs avocats. « Je suis toujours là – l'un des derniers survivants, pour ainsi dire, écrivit-il à un ami. La plupart des gens de l'équipe sont partis. » Le tribunal avait mis en place une commission séparée pour entendre les témoignages des membres des organisations poursuivies comme la SS, la Gestapo, les SA et l'armée. Kempner était le chargé de relations entre l'équipe d'accusation américaine et cette commission secondaire, et cela ne lui plaisait pas du tout[78]. « C'est assez difficile à tous les points de vue, raconta-t-il. Il y a trop d'angles et les dossiers des organisations n'ont jamais été étudiés et analysés avec soin, donc il y a beaucoup à faire à la dernière minute. »

Il voulait rentrer chez lui à Lansdowne. Ce même mois, son fils Lucian avait enfin rejoint les États-Unis sain et sauf, après des années de fuite.

Entre 1941 et 1943, Lucian avait été scolarisé à Düsseldorf, puis à Berlin. Pendant un temps, il avait travaillé comme veilleur de nuit pour gagner sa vie. Il savait bien que, en tant que demi-juif, il pouvait être arrêté par la Gestapo[79] à tout instant, et en septembre 1943 ils finirent par venir le chercher.

D'abord, il fut envoyé dans un camp de travail forcé[80] à Westerland sur l'île de Sylt, dans la mer du Nord, près de la frontière danoise. La Luftwaffe y avait une base aérienne et on y envoya mille deux cents prisonniers pour construire des fortifications en vue des attaques alliées. En février 1944, Lucian fut transféré au camp d'Arnheim, en Hollande, pour travailler à l'extension d'une autre base aérienne. Puis il atterrit au camp de concentration d'Amersfoort, où des milliers de juifs, d'objecteurs de conscience et de prisonniers politiques étaient détenus.

Il essaya de s'enfuir à de nombreuses reprises. Finalement, en avril 1945, alors qu'on le transférait vers un nouveau camp encore, cette fois-ci à Berlin, il s'échappa, traversa les lignes allemandes, vola un vélo[81] et rejoignit ainsi les lignes alliées à environ 150 kilomètres à l'est de l'Elbe, près de Magdebourg. Il se rendit à la IXe armée américaine et, après l'avoir interrogé, l'unité le garda avec elle pour qu'il lui serve d'interprète. Il parlait quatre langues. Plus tard cette année-là, il se porta volontaire en tant que soldat de la compagnie C du régiment britannique royal de Norfolk. Il consacrait la plupart de son temps à rééduquer de jeunes Allemands endoctrinés par les nazis.

Il passa la seconde moitié de l'année 1945 à essayer de contacter son père, en écrivant même à la station de radio Voice of America. « S'il vous plaît, aidez-moi à retrouver mon père[82], supplia-t-il. Vous êtes mon dernier espoir. » Père et fils se localisèrent enfin à la fin de 1945 et s'échangèrent des lettres. « J'ai risqué ma vie[83], écrivit Lucian à son père, et miraculeusement, c'est comme ça que je l'ai récupérée. »

Mais sa nouvelle liberté était d'un genre étrange. Il était toujours en Allemagne, stationné à Solingen, à mi-chemin entre Düsseldorf et Cologne, et il n'avait toujours pas la possibilité de partir. Il était encore et toujours ballotté par les forces de l'Histoire. « On m'assimile aux Allemands d'aujourd'hui, écrivit-il à son père, et vu qu'ils sont connus dans le monde entier – à juste titre – je suis moi aussi un paria aux yeux du monde, un proscrit, comme je l'étais avant et pendant la guerre aux yeux de ces mêmes Allemands aryens. Je ne suis ni allemand, ni britannique, ni américain. Alors, que suis-je donc ? » Lucian était désespéré. « Vous est-il possible de me faire sortir de cet horrible pays ? »

Les Britanniques le traitaient plutôt bien, mais il était misérable. Il n'avait rien à lire, les autres soldats ne s'intéressaient qu'aux « Allemandes, à l'alcool et aux cigarettes ». Lucian n'avait même pas de carte de rationnement, il vivait comme un vagabond aux crochets de ses camarades.

Ses demandes étaient pourtant simples : « Je veux vivre dans un pays libre, en tant qu'être humain pourvu des mêmes droits que les autres. »

Père et fils se retrouvèrent brièvement[84] en février au Grand Hôtel de Nuremberg. Kempner aida son fils à obtenir un visa américain et, en mai 1946, Lucian arriva en Amérique à bord du navire le *Perch*, puis il prit un bus jusqu'à la résidence de Kempner à Lansdowne. Il envoya un télégramme de remerciement à la Maison Blanche et donna quelques interviews à des journalistes de Philadelphie. « Il a été persécuté, traqué, battu et affamé[85], raconta le *Philadelphia Inquirer*. Hier, son odyssée des temps modernes a pris fin à Lansdowne. » Ruth avait orné la maison de fleurs. L'article la désignait comme la mère de Lucian. Sa véritable mère, Helene, qui l'avait kidnappé en Italie, était morte en Allemagne avant la fin de la guerre. « D'après les coupures de journaux, écrivit Kurt Grossman, un ami journaliste, au père de Lucian à Nuremberg, j'ai envie de vous dire que c'est un vrai Kempner[86]. »

Lucian avait pris vingt-cinq kilos depuis le jour où il avait atteint les lignes alliées, un an auparavant. Il disait prévoir de rejoindre l'armée américaine. « De nombreux garçons sont tombés et morts sur les champs de bataille européens pour me sauver, raconta-t-il au journal. Sans eux, je ne serais pas là aujourd'hui. Je veux essayer de leur rendre la pareille de la seule façon que je connaisse. »

André, quant à lui, rejoignit Lansdowne au début des années 1950 après son adoption officielle par les Kempner, et finira par se marier et s'installer en Suède.

Le 17 juillet 1946, Kempner reçut la lettre d'un expéditeur surprenant : Emmy Göring, l'épouse du Reichsmarschall.

« Puis-je vous demander une grande faveur[87] ? écrivit-elle. Pensez-vous avoir le temps, dans les quinze prochains jours, de m'accorder une demi-heure ? » Kempner accepta. Bien qu'on ne sache toujours pas avec certitude ce qu'elle lui voulait, il est fort probable qu'elle lui ait demandé son aide afin d'être autorisée à rendre visite à son mari en prison, ou tout simplement avoir le droit d'assister au procès – les deux étant interdits aux épouses des accusés. En septembre, l'ancienne actrice entra au palais de justice vêtue d'un manteau de fourrure et arborant un immense sourire, mais elle fut aussitôt reconnue et expulsée[88].

Après la guerre, on l'avait retrouvée dans un chalet de Bavière, où elle se cachait entre des caisses de champagne, de spiritueux et de cigares cubains, et un coffre rempli de bijoux et d'or. Elle avait été arrêtée et incarcérée pendant cinq mois. Puis, après sa libération en février 1946, elle avait vécu une vie indigente dans une maison sans eau courante ni chauffage. Elle était toujours en colère de ce que, durant ses derniers jours délirants dans le bunker, Hitler ait ordonné qu'on arrête Göring. L'un des psychologues de l'armée à Nuremberg lui rendit visite en mars, espérant qu'elle arrive à persuader le Reichsmarschall de mettre de côté sa fidélité au Führer. Elle envoya à Göring une lettre qui n'eut sur lui aucun effet. « Rien, dit Göring au psychologue, ne pourra m'influencer[89]. »

Kempner se mit à rendre régulièrement visite à Emmy, lui apportant de la nourriture et du chocolat[90]. Il savait comment entretenir ses précieuses sources d'information, et celle-ci valait vraiment la peine qu'on s'y consacre.

Kempner avait une relation plus compliquée avec un autre prisonnier nazi de Nuremberg, Rudolf Diels, l'ancien chef de la

Gestapo. Comme cela a été dit précédemment, dans les années 1930, Kempner avait aidé Diels à se sortir d'une situation embarrassante avec une prostituée, et il était possible que Diels ait contribué à la libération de Kempner du camp de concentration de Columbia, après son arrestation en 1935. Diels raconta à l'accusation qu'il avait fait tout ce qu'il pouvait pour contenir la vague d'arrestations durant les jours et les mois qui suivirent l'accession au pouvoir des nazis en 1933. Mais certains, à Nuremberg, voulaient le voir condamné. Kempner aida à empêcher que cela n'arrive[91]. Diels passa un accord avec l'accusation et donna une série de dépositions sous serment concernant les autres accusés, dont Göring et Rosenberg. Il devint un informateur de premier rang. « Nous voulions en apprendre le plus possible, et ce le plus vite possible, raconta Kempner des années plus tard à propos de sa relation avec certains nazis comme Diels. Cela veut dire parler à certaines personnes avec qui on n'aurait sinon jamais partagé une tasse de thé. Les meurtriers peuvent très bien dire la vérité[92] au sujet de leurs collègues meurtriers – peu importe la raison qui les pousse à le faire. »

Kempner et Diels se croisèrent à maintes reprises lors du procès. En tant que témoin, Diels était dans l'obligation de séjourner dans la maison prévue à cet effet par les Américains. Il est intéressant de noter que l'endroit hébergeait à la fois des nazis et plusieurs survivants des camps de concentration. Mais Diels réussit à obtenir une permission pour se rendre de temps en temps au cabanon de chasse que possédaient ses amis le comte et la comtesse de Faber-Castell, au sud de Nuremberg. Le cabanon devint vite un des lieux mondains de tout ce petit monde. Kempner y était lui aussi un habitué.

Diels, fidèle à lui-même, entama une liaison avec la comtesse. Quand elle donna naissance à son premier enfant, Kempner affirma que Diels en était le père. On peut penser qu'il en savait quelque chose[93], il était lui-même le parrain de l'enfant.

Le 26 juillet, Robert Jackson revint à Nuremberg pour rendre ses conclusions. Quand ce fut au tour de Rosenberg, Jackson le qualifia de « grand prêtre intellectuel de la race maîtresse » et affirma qu'il avait « mis au point la doctrine de haine qui avait donné l'impulsion pour l'extermination de la race juive, et qu'il avait également mis en pratique ses théories d'incroyant contre les populations des territoires occupés de l'Est. Sa philosophie confuse avait ajouté l'ennui à la longue liste des atrocités nazies[94]. »

Un mois plus tard, les accusés, debout face à leurs bancs, exposèrent à leur tour leurs derniers arguments.

Rosenberg nia toute responsabilité dans les massacres nazis. « J'ai la conscience tranquille[95], libre de toute culpabilité et de toute complicité dans le meurtre de ces populations. » Il avait voulu soulever les peuples de l'Est contre Moscou. Il avait voulu qu'on réinstalle les juifs dans une nation à eux. « L'idée d'une extermination physique des Slaves et des juifs – c'est-à-dire l'assassinat effectif de populations entières – ne m'a jamais traversé l'esprit, et je ne l'ai certainement défendue d'aucune façon. » Son travail au service de l'idéologie nazie n'avait rien d'un complot ni d'un crime. « Je vous demande de reconnaître que c'est là la vérité. »

Les quatre juges passèrent le mois de septembre à délibérer[96]. Les discussions tenaient compte des points spécifiques des règles – plus ou moins improvisées – de droit international qui avaient guidé les procès de Nuremberg depuis le début et, bien entendu, des intérêts politiques des quatre pays alliés. Göring, Ribbentrop et Kaltenbrunner furent faciles à condamner. Rosenberg exigea un débat plus approfondi. Quand les juges s'attelèrent au cas de l'idéologue nazi, le 2 septembre 1946, ils se montrèrent réticents à condamner un homme pour conspiration, simplement parce que ses idées avaient donné une justification idéologique aux persécutions et aux meurtres de masse des nazis. D'un autre côté, les accusations contre Rosenberg concernaient bien plus que ses mots seuls. Il avait participé au pillage d'un continent entier, au programme de travail forcé et à l'occupation brutale et meurtrière des territoires de l'Est. Il avait également joué un rôle dans l'invasion de la Norvège en 1940.

Le premier tour des délibérations révéla des désaccords parmi les juges. D'abord sur le fait de condamner Rosenberg sur tous les chefs d'accusation ou une partie seulement, et ensuite sur le fait de le pendre ou de l'envoyer en prison à perpétuité. Le 10 septembre, trois des quatre juges étaient en faveur d'une condamnation à tous les niveaux – mais, tandis que les Soviets et les Britanniques étaient favorables à la peine de mort, le juge français, lui, défendait l'incarcération à vie. Ce qui laissait la vie de Rosenberg entre les mains du juge américain Francis Biddle, l'ancien avocat général des États-Unis.

Biddle n'arrivait pas à se décider. Il annonça à ses collègues qu'il voulait réfléchir au dossier pendant la nuit avant de se prononcer.

Le 1er octobre, les accusés s'assirent ensemble pour la dernière fois dans leur box afin d'écouter les verdicts prononcés à leur encontre[97]. Göring, coupable. Hess, coupable. Ribbentrop, coupable, Keitel, coupable, Kaltenbrunner, coupable. Et Rosenberg, coupable. Sur les vingt-deux en présence, trois furent acquittés : l'ancien vice-chancelier Franz von Papen, qui avait négocié l'accès au pouvoir de Hitler en 1933 ; Hans Fritzsche, le responsable des nouvelles du ministère de la Propagande, et le banquier Hjalmar Schacht. À 13 h 45, l'audience fut suspendue.

Après la pause, les hommes revinrent un à un pour entendre leurs condamnations. Rosenberg passa en sixième, il monta dans l'ascenseur flanqué de deux gardes. La porte coulissante s'ouvrit et il entra dans la salle d'audience. Pour la première fois, la pièce était faiblement éclairée, on avait décidé de ne pas filmer l'annonce des peines et les lampes fluorescentes étaient donc restées éteintes. Rosenberg enfila ses écouteurs pour qu'on lui traduise les quelques mots du président du tribunal.

Tod durch den Strang. Mort par pendaison. Biddle avait finalement penché en faveur de l'exécution. Dans leur verdict, les juges insistèrent sur le fait qu'ils ne le condamnaient pas pour ses idées, mais pour ses actes.

Rosenberg ne prononça pas un mot, ni en enlevant ses écouteurs, ni en rejoignant l'ascenseur.

Le chapelain à la disposition des accusés nazis, Henry Gerecke, écrivit plus tard que plus de la moitié d'entre eux finirent par se repentir et par supplier qu'on leur pardonne. Rosenberg, lui, « continua de faire le snob. Il se moquait de la foi de son enfance ». Il fut l'un des quatre hommes à décliner les bons soins des prêtres de la prison. Après les condamnations, les épouses et les enfants des accusés furent autorisés à venir leur rendre visite dans leurs cellules. Gerecke vint voir les enfants, et quand il s'approcha d'Irene, la fille adolescente de Rosenberg, celle-ci lui dit : « N'essayez pas de me refourguer vos histoires de prière. »

Gerecke, déconcerté, lui demanda : « Est-ce que je peux faire quoi que ce soit pour toi ?
– Oui, aboya-t-elle. Vous auriez pas une cigarette[98] ? »

Durant ses mois de prison, Rosenberg écrivit ses mémoires, dans lesquelles il raconta à nouveau sa version de l'histoire du Troisième Reich. « Ce que Hitler a fait, les ordres qu'il a donnés, le fardeau qu'il a fait peser sur les hommes les plus honorables, la façon dont il a traîné dans la boue les idéaux d'un mouvement qu'il avait lui-même créé[99] – tout cela atteint une ampleur si atroce qu'aucun mot commun ne suffirait à la décrire », écrivit Rosenberg. C'est à ce moment-là qu'il fut le plus près de désavouer son héros, son idole. Il écrivit que Hitler avait, à la fin, succombé aux « paroxysmes de l'auto-intoxication[100] », que ses remarques folles étaient « les emportements d'un homme qui ne s'embête plus vraiment à demander conseil à qui que ce soit, mais croit encore qu'il écoute la voix en lui ; ce ne sont que des monologues, mi-logiques, mi-extravagants ».

Il avait décidé que la grande faute de Hitler était de ne pas avoir plus écouté des hommes comme lui, et d'avoir à la place suivi les conseils de Himmler et du « Méphistophélès[101] de notre mouvement un jour honnête », Goebbels.

« Ces deux-là ont pu commettre les choses les plus invraisemblables sans qu'on les en empêche, écrivit Rosenberg, assis à la table précaire de sa cellule silencieuse. C'est là, dans ce terreau humain, que se trouve la racine des plus grands péchés par omission[102] d'Adolf Hitler, ceux qui eurent des conséquences si dévastatrices : ce mélange indéfinissable d'inconsistance, d'esprit brouillon, de négligence et, sur le long terme, d'injustice qui anéantissait régulièrement ses propres considérations, projets et actions. »

Il raconta la fois où, affirmait-il, il avait réalisé que ce que Himmler voulait, c'était prendre la tête du Troisième Reich. Il buvait un verre de vin avec un proche de Himmler quand il remarqua une photo du Reichsführer SS accrochée au mur de la pièce d'à côté. « J'étais incapable de la quitter des yeux, écrivit-il. C'est là que je me suis rendu compte que je n'avais jamais pu regarder Himmler droit dans les yeux. Les siens étaient toujours cachés derrière ses lunettes. Et à cet instant, sur cette photo, ils me fixaient sans cligner[103], et je suis convaincu d'y avoir vu de la méchanceté. »

Mais il se posa quand même la question : « Comment quiconque aurait-il pu croire Himmler capable de ces cruautés désormais avérées[104] ? »

Il se rappela comment un autre dirigeant nazi lui avait rendu visite à Berlin et parlé de lancer un dernier assaut contre les Alliés dans les montagnes. Rosenberg avait du mal à en saisir l'utilité. L'homme posa une question qui le préoccupait : l'idée même du nazisme n'était-elle pas une erreur depuis le début ?

Non, non, répondit Rosenberg. « C'est une grande idée que des hommes médiocres ont mal employée[105]. »

Rosenberg pensait écrire pour l'avenir, un avenir dans lequel les idées et les idéaux du parti nazi seraient pleinement innocentés, dans lequel il serait considéré comme un héros. « Le jour viendra où les petits-enfants de la génération d'aujourd'hui auront honte que l'on nous ait traités de criminels pour avoir nourri une idée des plus nobles[106]. »

Jusqu'à la fin, Rosenberg resta fidèle à la cause nazie et à la grandeur de Hitler, quels que fussent ses défauts.

« Je le vénérais et je lui reste fidèle jusqu'à la fin[107], écrivit-il. Mais désormais, il a entraîné l'Allemagne dans sa chute. Parfois, la haine m'envahit quand je pense aux millions d'Allemands qui ont été assassinés et exilés, à la misère indicible, au pillage du peu qu'il reste et au gaspillage d'une richesse de mille ans. Alors monte à nouveau en moi ce sentiment de pitié pour un homme qui fut également une victime du destin, et qui aima cette Allemagne aussi ardemment que n'importe lequel d'entre nous. »

Hans Frank se tourna vers la religion. Pendant la guerre, le chef du gouvernement général avait vécu dans le luxe du château Wawel de Cracovie, tandis que les nazis détruisaient brutalement la Pologne. À Nuremberg, il se repentit pour tout ce que ses compagnons nazis avaient dit et commis. Après avoir écouté le témoignage de Höss, le commandant du camp de la mort, Frank raconta au psychologue de la prison qu'un des meilleurs amis de son père était mort à Auschwitz. Il s'en tenait pour personnellement responsable. Lui, dit-il, et Rosenberg. « Non, je ne l'ai pas tué moi-même, dit Frank. Mais les choses que j'ai dites, et celles qu'a dites Rosenberg ont rendu ces horreurs possibles. » Lors de son audition, Frank avait admis sa culpabilité dans l'annihilation des juifs. « Mille ans passeront, et la culpabilité de l'Allemagne demeurera[108]. »

Rosenberg ne désavoua rien. Jusqu'à la toute fin, l'idéologue en chef du parti nazi ne pouvait pas, ou ne voulait pas accepter le fait que les idées qu'il avait claironnées depuis le début avaient conduit au génocide.

« Que va-t-il advenir de moi ? » demanda-t-il à son avocat un jour.

L'homme répondit en citant un célèbre poème de Gœthe, *Chant nocturne du voyageur II*, y apportant une touche personnelle à l'intention du natif des pays baltes :

« Par-dessus les sommets
Il y a le repos
Au-dessus des cimes
Tu sens
Un souffle à peine.
Les frêles oiseaux se taisent dans la forêt.
Attends un peu le Balte, bientôt
Tu reposeras, toi aussi[109]. »

Une heure après l'extinction des feux, le soir du 15 octobre 1946, le garde qui surveillait la cellule de Göring vit le Reichsmarschall porter la main à son visage. Trois minutes plus tard, ce dernier se mit à étouffer et de la mousse lui coula de la bouche. Il mourut en quelques minutes. Les gardiens de prison trouvèrent deux enveloppes contre sa poitrine, la première contenait quatre lettres[110], la seconde une fiole vide de cyanure. Les exécutions étaient prévues pour le soir même, quelqu'un avait prévenu Göring.

À minuit, les inculpations et les sentences furent lues à haute voix aux dix autres condamnés nazis, et on leur servit leur dernier repas, composé de saucisses, de salade de pommes de terre et d'un fruit.

Peu après 1 heure du matin, les gardiens vinrent chercher les condamnés, un par un. Rosenberg était le quatrième. Gerecke, le prêtre, lui demanda s'il pouvait dire une prière en son nom. « Non merci », répondit-il.

Rosenberg avait les mains menottées devant lui. Il parcourut la courte distance qui séparait sa cellule du gymnase de la prison, dans lequel il entra à 1 h 47. À l'intérieur, des témoins étaient assis autour de tables ou debout au fond de la pièce. On lui attacha les mains derrière le dos avec une ceinture de cuir et on lui fit monter les treize marches qui menaient à la potence. On lui lia les pieds.

« Rosenberg regarda la cour, le visage terne et émacié[111], écrivit H. Kingsbury Smith, qui assistait aux exécutions pour le service de presse international. Il avait le regard vitreux, mais ne sembla pas nerveux et marcha d'un pas régulier jusqu'à la potence… Malgré son athéisme avéré, il était accompagné d'un chapelain protestant qui le suivit sur le gibet et resta derrière lui en priant. Rosenberg se retourna une fois vers lui, impassible. »

Seul parmi les condamnés, l'écrivain le plus prolifique de l'histoire du Troisième Reich n'eut aucun dernier mot.

On lui passa une capuche sur la tête. La trappe s'ouvrit. Rosenberg tomba[112].

Quelques heures plus tard on emporta son cadavre avec ceux des autres vers Munich, où il fut incinéré. Ses cendres furent jetées dans une rivière.

Les hommes qui ont retrouvé le journal volé :
l'agent spécial du HSI Mark Olexa, l'assistant du procureur Dave Hall,
Robert Wittman, Henry Mayer du mémorial de l'holocauste
et Jeff, le fils de Robert.

Épilogue

« Ce document historique, venu d'un autre continent et d'un autre siècle, réside désormais, nous en sommes convaincus, dans sa demeure légitime », déclara Sara Bloomfield, la directrice du mémorial de l'holocauste des États-Unis, le 17 décembre 2013. Ce matin-là, les Archives nationales – qui possédaient en théorie le journal – firent officiellement don de ces pages à l'institution qui avait consacré tant de temps et d'efforts à retrouver leur trace. Le journal rejoignit donc les archives du musée aux côtés de milliers d'autres documents officiels, de lettres, de photographies et d'enregistrements racontant l'histoire du génocide par les nazis. Au centre d'études de l'Holocauste, des experts utilisent toujours ces ressources pour étudier l'histoire des massacres dans ses moindres détails, travaillent toujours dur pour expliquer l'inexplicable, et tentent encore de donner un sens à ce qu'il s'est passé.

Dans les mois qui suivirent la cession du journal, le mémorial de l'Holocauste organisa des conférences données par Mayer aux groupes juifs de la ville et de la région. On salua son travail comme l'expression parfaite de la mission de l'institution : préserver les documents importants concernant les crimes nazis, afin qu'on ne les oublie pas, afin qu'on ne les réitère pas.

Un soir, Mayer monta sur la scène du musée national de l'Histoire des juifs américains de Philadelphie, pour une session de questions-réponses face à une salle comble. Il parla de la quête longue et sinueuse pour retrouver ces documents, et de leur importance pour les historiens du Troisième Reich.

Vers la fin de son intervention, quelqu'un lui demanda quel effet cela faisait de tenir en main les pages perdues écrites par Rosenberg.

« Hélas, dit sèchement Mayer, ce sont les inconvénients du métier. »

Il y eut un silence.

Il n'était pas du genre à s'épancher sur ses aïeuls victimes de l'Holocauste. Leur tragédie n'était qu'une parmi des millions. Son père ne prétendait même pas être un rescapé, bien que le musée le considérât comme tel, car il s'agissait bien d'un homme juif qui avait fui les persécutions allemandes.

Et pourtant, Mayer ne pouvait pas nier que la mort terrible des siens – dans la boue à Gurs, dans les chambres à gaz d'Auschwitz, dans les forêts de Lettonie – avait donné à son travail au musée un sens encore plus profond.

Mayer regarda la personne qui lui avait posé la question et sourit.

« J'ai retiré une grande satisfaction, dit-il, du fait que ce soit un juif comme moi qui ait découvert le journal de ce type. »

Bien qu'il ne fût plus un agent sous couverture obligé de rester à l'écart des caméras, Wittman se tenait à sa place habituelle lors de ce genre d'évènements : au fond de la pièce. Mayer l'interpella ouvertement depuis la scène. Le public se tordit le cou pour le regarder, et certains se levèrent même pour aller lui serrer la main.

Il est difficile de décrire le sentiment que Wittman ressentait chaque fois qu'il retrouvait une œuvre d'art ou un manuscrit inestimable. Les premières secondes de ces moments glorieux étaient comme un éclair d'euphorie. La preuve, sans doute, de la puissance indicible de ces objets culturels uniques au monde. Mais pour Wittman, celui-ci avait quelque chose de différent. Alfred Rosenberg n'était pas un diariste comme les autres et le musée de l'Holocauste n'était pas un simple musée. En aidant à récupérer ces documents nazis, en aidant à sauver une pièce du puzzle insoluble qu'est le génocide nazi, Wittman avait apporté sa petite contribution à la mission du musée. Pas seulement celle d'honorer la mémoire de millions d'innocents ayant perdu la vie, mais de rappeler aux générations futures que l'horreur ne doit plus jamais se reproduire.

Remerciements

Un grand merci à Henry Mayer et Jürgen Matthäus, du mémorial de l'holocauste à Washington, à Tim Mulligan, des Archives nationales américaines, à David Hall, du bureau du procureur du Delaware, et à Mark Olexa, du département américain de l'immigration et des douanes, pour avoir joué un rôle fondamental dans la restitution du journal de Rosenberg au public.

Nous voulons également remercier Henry Mayer pour avoir si généreusement partagé son temps et ses anecdotes ; les bibliothécaires Ron Coleman, Megan Lewis et Vincent Slatt, des archives du musée de l'Holocauste, pour nous avoir aiguillés dans la bonne direction jour après jour ; le chercheur indépendant Satu Haase-Webb, pour avoir étudié la collection Kempner à la recherche de lettres et de documents personnels ; et les traducteurs Natascha Hoffmeyer, Nika Knight et Chris Erb pour nous avoir aidés à déchiffrer tous ces documents allemands, parmi lesquels le journal de Rosenberg lui-même. Nous sommes reconnaissants à Jonathan Bush, Allan Stypeck et Edward Jesella de nous avoir consacré de leur temps ; à la bibliothèque Van Pelt, de l'université de Pennsylvanie, dont la collection considérable sur l'histoire allemande nous a donné accès à tant de réponses. Merci également à tous les conseillers serviables des Archives nationales de College Park, dans le Maryland, et à ceux de la bibliothèque du Congrès de Washington.

Un grand merci à Katie Shaver et Bob Barnard pour nous avoir hébergés à Washington – sans oublier le vin et la compagnie qu'ils nous ont offerts.

Une pensée particulière pour John Shiffman qui a fait les présentations ; pour nos agents Larry Weissman et Sascha Alper qui ont, une fois encore, mené à bien un projet superbe ; et à Jonathan Burnham, Claire Wachtel, Hannah Wood, Brenda Segel, Juliette Shapland et tous ceux, chez Harper Collins, qui nous ont aidés à diffuser ce livre à travers le monde.

Comme toujours, une pensée affectueuse à nos familles : Donna, Kevin, Renee, Jeffrey et Kristin ; ainsi que Monica, Jane et Owen.

ANNEXES

Une chronologie du Troisième Reich

Décembre 1918 : Alfred Rosenberg quitte son Estonie natale pour l'Allemagne et s'installe à Munich. Il a vingt-cinq ans.

Le 5 janvier 1919 : Fondation à Munich du parti des travailleurs allemands, qui deviendra le parti nazi un an plus tard. Rosenberg et Hitler y adhèrent tous les deux un peu plus tard la même année.

Décembre 1920 : Le parti nazi acquiert un journal, le *Völkischer Beobachter*, dont Rosenberg devient le rédacteur en chef et le principal contributeur.

Le 9 novembre 1923 : Les nazis tentent de renverser le gouvernement de Bavière lors d'un coup d'État dans une brasserie de Munich. Hitler est blessé par balle puis arrêté. Rosenberg s'en sort indemne. Hitler le nomme chef du parti jusqu'à sa libération.

Le 30 janvier 1933 : Hitler est nommé chancelier d'Allemagne et les nazis prennent rapidement le contrôle de tout l'appareil d'État. Rosenberg s'installe à Berlin et prend la tête du bureau des Affaires étrangères du parti nazi. Il fait également partie des seize dignitaires promus Reichsleiter, le plus haut grade du parti.

Février 1933 : Robert Kempner est renvoyé de son poste de fonctionnaire au ministère de l'Intérieur de Prusse.

Le 1er avril 1933 : Les nazis lancent le boycott des magasins juifs.

Le 10 mai 1933 : Les livres considérés comme subversifs sont brûlés dans les universités à travers tout le pays.

Janvier 1934 : Hitler nomme Rosenberg à la tête de l'Éducation et de l'Endoctrinement intellectuel et idéologique du parti national-socialiste.

Le 30 juin 1934 : Lors de la Nuit des Longs Couteaux, Hitler purge le parti nazi de ses ennemis, dont Ernst Röhm, le chef des SA.

Le 2 août 1934 : Mort du président de la République, Paul von Hindenburg. Hitler s'autoproclame dictateur d'Allemagne.

Mars 1935 : Kempner est arrêté par la Gestapo, il est libéré après deux semaines de prison.

Le 15 septembre 1935 : Les lois de Nuremberg font des juifs des citoyens de second plan.

Le 7 mars 1936 : Les Allemands occupent la région démilitarisée de la Rhénanie.

Été 1936 : Kempner s'enfuit en Italie et travaille dans un pensionnat de Florence pour réfugiés d'origine juive.

Le 13 mars 1938 : L'Allemagne annexe l'Autriche.

Mai 1938 : Kempner ainsi que certains professeurs et élèves juifs de son internat sont emprisonnés durant les trois semaines qui précèdent la visite de Hitler en Italie.

Septembre 1938 : Les Italiens exigent la fermeture de l'internat de Kempner. Il s'enfuit en France avec son épouse et sa maîtresse.

Le 30 septembre 1938 : À Munich, l'Angleterre et la France accordent à l'Allemagne le droit d'occuper une partie du territoire tchécoslovaque, les Sudètes.

Les 9 et 10 novembre 1938 : Durant la Nuit de cristal, des synagogues, des magasins et des foyers juifs sont mis à sac par les nazis à travers tout le pays.

Le 30 janvier 1939 : Hitler, dans un discours au Reichstag, promet l'extermination des juifs d'Europe.

Le 15 mars 1939 : L'Allemagne envahit la Tchécoslovaquie.

Le 23 août 1939 : Hitler signe un pacte de non-agression avec Joseph Staline, chef de l'Union soviétique, par lequel les deux puissances se partagent la Pologne.

Le 1er septembre 1939 : L'Allemagne envahit la Pologne, déclenchant ainsi la Seconde Guerre mondiale. Kempner, ayant obtenu un poste aux États-Unis, débarque à New York avec son épouse et sa maîtresse.

Le 8 novembre 1939 : Une bombe explose dans la brasserie de Munich, quelques minutes après la fin d'un discours de Hitler.

Le 9 avril 1940 : Les Allemands envahissent la Norvège et le Danemark.

Le 10 mai 1940 : Les Allemands attaquent les Pays-Bas, la Belgique, le Luxembourg et la France.

Le 22 juin 1941 : Début de l'opération Barbarossa. L'Allemagne envahit l'Union soviétique et occupe les pays baltes, la Biélorussie et l'Ukraine.

Le 17 juillet 1941 : Hitler nomme Rosenberg à la tête du ministère des Territoires occupés à l'Est, en charge de gérer les anciens États soviétiques.

Le 7 décembre 1941 : Le Japon attaque la base navale américaine de Pearl Harbor.

Le 8 décembre 1941 : Le premier camp d'extermination nazi entre en service.

Le 20 janvier 1942 : Les responsables nazis se réunissent à Wannsee pour discuter de l'extermination des juifs.

Le 15 février 1942 : L'extermination massive des juifs commence à Auschwitz.

Le 2 février 1943 : La VIe armée allemande capitule face aux Russes à Stalingrad, changeant l'issue de la guerre.

Le 16 mai 1943 : En Pologne, une révolte dans le ghetto de Varsovie est écrasée par les Allemands.

Le 6 juin 1944 : Les Alliés débarquent en Normandie.

Le 20 juillet 1944 : Opération Walkyrie, une poignée d'officiers allemands échoue dans sa tentative d'assassiner Hitler.

Le 25 août 1944 : Les Alliés libèrent la France.

Le 25 janvier 1945 : Lors de la bataille des Ardennes, les Alliés renversent le dernier bastion occidental de l'offensive allemande.

Le 27 janvier 1945 : Les Russes atteignent Auschwitz, où plus de un million de personnes ont été assassinées durant les trois dernières années.

Le 30 avril 1945 : Les Russes encerclent Berlin, Hitler se suicide.

Le 8 mai 1945 : L'Allemagne capitule.

Le 18 mai 1945 : Rosenberg est arrêté.

Le 9 novembre 1945 : Au palais de justice de Nuremberg, un procès historique pour crimes de guerre s'ouvre contre Rosenberg, Hermann Göring, Rudolf Hess et d'autres survivants nazis. Kempner fait partie de l'équipe américaine d'accusation.

Le 16 octobre 1946 : Condamné pour crime de guerre, Rosenberg est pendu, ainsi que neuf autres personnes.

Personnalités

BEHR, KURT VON : Responsable de l'opération nazie de spoliation artistique et littéraire à Paris de 1940 à 1942 ; puis directeur de l'opération Meubles, en charge de saisir les biens mobiliers de milliers de foyers juifs à travers l'Europe occidentale.

BIDDLE, FRANCIS : Procureur général américain de 1941 à 1945 ; principal juge représentant les États-Unis aux procès pour crime de guerre de Nuremberg.

BORMANN, MARTIN : Chef de cabinet de Rudolf Hess de 1933 à 1941 ; chef de la chancellerie du parti de 1941 à 1945 et secrétaire personnel de Hitler de 1943 à 1945.

BRAUN, EVA : Compagne, puis épouse de Hitler.

DIELS, RUDOLF : Chef de la Gestapo de 1933 à 1934.

ECKART, DIETRICH : Rédacteur en chef du *Völkischer Beobachter*, l'organe de presse du parti nazi, de 1920 à 1923 ; présente Rosenberg à Hitler en 1919.

FAULHABER, MICHAEL : Archevêque de l'Église catholique à Munich de 1917 à 1952 ; mène un combat contre les écrits de Rosenberg à l'encontre de l'Église.

FROMM, BELLA : Correspondante diplomatique pour le journal berlinois *Vossische Zeitung.*

GALEN, CLEMENS VON : Évêque de l'Église catholique romaine de Münster ; critique le programme d'euthanasie des nazis.

GOEBBELS, JOSEPH : Ministre du Reich à l'Éducation du peuple et à la Propagande.

GÖRING, HERMANN : Commandant en chef de la Luftwaffe, l'aviation allemande ; ministre de l'Économie et, jusqu'en avril 1945, successeur désigné d'Hitler.

HALL, DAVID : Procureur adjoint de l'État du Delaware ; a travaillé avec Robert Wittman pour récupérer le journal de Rosenberg.

HANFSTAENGL, ERNST : Chef de la presse étrangère du parti nazi de 1922 à 1933 ; surnommé « Putzi ».

HESS, RUDOLF : Secrétaire personnel de Hitler au sein du parti nazi de 1933 à 1941.

HEYDRICH, REINHARD : Directeur du RSHA en charge de superviser tout l'appareil sécuritaire allemand de 1939 à 1942 ; en charge de la « solution finale de la question juive », organise la conférence de Wannsee ; assassiné en 1942.

HIMMLER, HEINRICH : Reichsführer SS, maître absolu de la SS, et architecte de l'Holocauste.

HINDENBURG, GÉNÉRAL PAUL VON : Général de la Première Guerre mondiale ; Président de 1925 à 1934 ; nomme Hitler chancelier en 1933.

JACKSON, ROBERT : Procureur en chef pour les États-Unis aux procès de Nuremberg de 1945 à 1946 ; juge à la Cour suprême des États-Unis.

KAHR, GUSTAV RITTER VON : Commissaire de l'État de Bavière qui mit fin à la tentative de coup d'État nazi en 1923 ; assassiné durant la Nuit des Longs Couteaux de 1934.

KEITEL, WILHELM : Chef du commandement suprême des forces armées allemandes de 1938 à 1945.

KEMPNER, ANDRÉ : Fils de Robert Kempner et de sa secrétaire Margot Lipton ; a passé son enfance durant la Seconde Guerre mondiale dans un pensionnat orphelinat de Nice.

KEMPNER, LUCIAN : Fils de Robert et d'Hélène Kempner ; coincé en Allemagne pendant la guerre, il fut envoyé en camp de travail forcé ; s'échappa en 1945 et rejoignit l'armée américaine.

KEMPNER, ROBERT : Avocat ; fuit l'Allemagne nazie en 1936 ; arrive aux États-Unis en 1939 ; travaille pour le FBI et l'OSS ; membre de l'équipe d'accusation durant les procès pour crimes de guerre de Nuremberg de 1945 à 1949 ; quitte Nuremberg en emportant le journal de Rosenberg.

KEMPNER, RUTH : Seconde épouse de Robert Kempner ; auteure.

KOCH, ERICH : Commissaire du Reich en Ukraine de 1941 à 1944.

KREBS, ALBERT : Un des responsables du parti nazi à ses débuts à Hambourg et éditeur d'un journal proche des nazis, le *Hamburger Tageblatt* ; renvoyé du parti en 1932.

KUBE, WILHELM : Commissaire général de Biélorussie de 1941 à 1943.

LAMMERS, HANS : Chef de la chancellerie du Reich de 1933 à 1945.

LESTER, JANE : Secrétaire juridique de Robert Kempner.

LEY, ROBERT : Chef de l'organisation du parti nazi, puis du Front allemand du travail ; il supervise également le programme « La force par la joie ».

LIPTON, MARGOT : Secrétaire et maîtresse de Robert Kempner ; change son nom de Lipstein à Lipton en immigrant aux États-Unis en 1939.

LOHSE, HINRICH : Commissaire du Reich pour l'Ostland, appellation allemande des territoires occupés d'Estonie, de Lettonie, de Lituanie, et de Biélorussie de 1941 à 1943.

LÜDECKE, KURT : Soutien politique et financier de la première période du parti nazi.

LUDENDORFF, ERICH : Général de la Première Guerre mondiale qui marcha aux côtés des nazis durant la tentative de coup d'État à la brasserie de Munich en 1923.

MAYER, HENRY : Archiviste du mémorial de l'Holocauste aux États-Unis de 1994 à 2010 ; puis conseiller principal du département des archives du musée ; à l'origine des recherches du journal de Rosenberg.

OLEXA, MARK : Agent du Homeland Security Investigations ; a travaillé avec Robert Wittman pour récupérer le journal de Rosenberg.

PEISER, WERNER : Fondateur de l'Instituto Fiorenza, pensionnat à Florence, de 1933 à 1938.

QUISLING, VIDKUN : Homme politique nationaliste norvégien ; a agi de concert avec Rosenberg et les nazis pour qu'ils envahissent son pays en 1940.

RIBBENTROP, JOACHIM VON : Ministre allemand des Affaires étrangères de 1938 à 1945.

RICHARDSON, HERBERT : Ancien professeur ; écrivain ; éditeur de Edwin Mellen Press ; s'est lié d'amitié avec les secrétaires de Kempner ; a restitué le journal de Rosenberg aux autorités fédérales en 2013 après avoir fait l'objet d'une assignation.

SHIRER, WILLIAM : Correspondant à Berlin pour Hearst's Universal News Service et CBS Radio, avant et après la guerre.

STRASSER, OTTO : Chef de l'aile gauche du parti nazi à Berlin jusqu'à son exclusion en 1930 ; son frère, Gregor, fut assassiné lors de la Nuit des Longs Couteaux en 1934.

TAYLOR, TELFORD : Fait partie du Conseil des procureurs américains lors des procès de Nuremberg, au cours desquels cent quatre-vingt-cinq accusés de crimes de guerre nazis furent poursuivis lors des douze procès qui coururent de 1946 à 1949.

WIEZSÄCKER, ERNST VON : Secrétaire général aux Affaires étrangères de 1938 à 1943.

WITTMAN, JEFF : Fils de Robert Wittman ; a assisté son père dans la quête du journal.

WITTMAN, ROBERT : Fondateur de la section du FBI en charge de lutter contre les vols d'œuvres d'art. A retrouvé le journal de Rosenberg.

Notes

PROLOGUE
La chambre forte

1. p. 14. *After Action Report, Third US Army, 1 August 1944-9 May 1945, Vol. I : The Operations*, p. 337.

2. p. 14. Dreyfus, *Nazi Labour Camps in Paris*, p. 9.

3. p. 14. Marguerite Higgins, « Americans Find Nazi Archives in Castle Vault », *New York Herald Tribune,* 24 avril 1945.

4. p. 15. *After Action Report, Third US Army, 1 August 1944-9 May 1945, Vol. II : Staff Section Reports*, p. G-2 202.

5. p. 15. Higgins, « Americans Find Nazi Archives in Castle Vault ».

6. p. 16. Bon nombre de figures plus secondaires du Troisième Reich ont laissé des journaux derrière eux.

7. p. 17. *Nazi Conspiracy and Aggression*, vol. 5, p. 554-557.

8. p. 17. Voir Ernst Piper, « Vor der Wannsee-Konferenz : Ausweitung der Kampfzone », *Der Tagesspiegel,* 11 déc. 2011.

9. p. 18. Journal de Rosenberg, 23 août 1936.

10. p. 18. Gilbert, *Nuremberg Diary*, p. 267-268.

11. p. 18. Journal de Rosenberg, 23 août 1936.

12. p. 18. Goldensohn, *The Nuremberg Interviews*, p. 73-75.

13. p. 18. Conclusions de Robert Jackson, procureur américain en chef, *Trial of the Major War Criminals*, vol. 19, p. 416.

Le Journal du Diable

OBJETS TROUVÉS

1949-2013

– 1 –
Le croisé

1. p. 25. Maguire, *Law and War*, p. 128.
2. p. 25. *Ibid.*, p. 151-158.
3. p. 25. Kempner, *Ankläger einer Epoche*, p. 348.
4. p. 25. *Ibid.*, p. 369.
5. p. 26. Frei, *Adenauer's Germany and the Nazi Past*, p. 108-110.
6. p. 26. Eivind Berggrav, évêque luthérien d'Oslo, cité in Wyneken, « Driving Out the Demons », p. 368.
7. p. 26. L'un de ces journaux était *Die Zeit*, dont le rédacteur en chef était Richard Tüngel, un journaliste de droite. Voir Pöppmann, « The Trials of Robert Kempner », p. 41 et Pöppmann, « Robert Kempner und Ernst von Weizsäcker im Wilhelmstrassenprozess », p. 183-189.
8. p. 26. Maguire, *Law and War*, p. 160-161.
9. p. 27. Jack Raymond, « Krupp to Get Back Only Part of Plant », *New York Times*, 2 fév. 1951.
10. p. 27. Parmi les sept principaux criminels de guerre condamnés à des peines d'emprisonnement par le tribunal de Nuremberg en 1946, trois furent libérés pour des raisons de santé. L'amiral Karl Dönitz (10 ans), Albert Speer (20 ans) et Baldur von Schirach (20 ans) exécutèrent la totalité de leur peine. Rudolf Hess, condamné à perpétuité, se suicida en 1987.
11. p. 27. Robert M.W. Kempner, « Distorting German History », *New York Herald Tribune*, 13 janv. 1950.
12. p. 28. Notes administratives, Archives nationales, groupe d'archives 238, correspondance avec les Centres européens de documentation (CED) au sujet de la réception et du retour des documents, 1945-1946.
13. p. 28. Roseman, *The Villa, The Lake, The Meeting*, p. 1-2.
14. p. 29. Lettre de Ben Ferencz à Kempner, 15 déc. 1989, archives Telford Taylor, série 20, sous-série 1, boîte 3. La lettre se poursuit ainsi : « Tout est bien qui finit bien. Cela ne veut en aucun cas dire qu'il n'y a pas d'autres personnes qui vous prennent pour un F. de P. et un bâtard et seraient ravies de vous tuer. Je suis certain que tout un tas d'anciens nazis et leurs sympathisants acquiesceraient sans hésiter. » Merci au biographe de Taylor, Jonathan Bush, d'avoir porté ce courrier à notre connaissance.
15. p. 30. Eckert, *The Struggle for the Files*, p. 58-59.
16. p. 30. Note sur la destruction des documents, 27 août 1948, Archives nationales, groupe d'archives 260, archives du Bureau du conseiller principal pour les crimes de guerre (OCCWC).
17. p. 31. Kempner, *Ankläger einer Epoche*, p. 400-407.
18. p. 31. Note de Fred Niebergall, 8 avril 1949, archives Kempner.
19. p. 31. Correspondance de Kempner avec Dutton, 1949-50, archives Kempner, boîte 55.
20. p. 32. Kempner, *Ankläger einer Epoche*, p. 408.
21. p. 32. Dépliant de la compagnie de chemin de fer « Pennsylvania Railroad », archives Kempner, boîte 3.
22. p. 32. Kempner, *Ankläger einer Epoch*, p. 380 ; témoignage oral de Jane Lester, USC Shoah Foundation.
23. p. 33. Voir la bibliographie autour des publications de Kempner.
24. p. 34. Hans Knight, « Anthology of Hell », *The Sunday (Philadelphia) Bulletin Magazine*, 9 mai 1965.
25. p. 34. Elle modifia son nom de Margot Lipstein après avoir immigré aux États-Unis.

26. p. 34. Déposition de Lipton lors du procès Lipton *vs* Swansen, *et al.*, 23 juin 1999, tribunal de première instance du comté de Delaware.

27. p. 34. Déposition de Lucian Kempner lors du procès Lipton *vs* Swansen, *et al.*, 8 déc. 1999, tribunal de première instance du comté de Delaware.

28. p. 35. Lettre d'André Kempner à Robert Kempner, 14 sept. 1969, archives Kempner, déclassifié [unfiled] depuis mars 2015.

29. p. 36. Témoignage de Jane Lester lors du procès Lipton *vs* Swansen, *et al.*, 31 janvier 2001, tribunal de première instance du comté de Delaware.

– 2 –
Tout a disparu…

1. p. 39. Témoignage oral de Jane Lester, USC Shoah Foundation.

2. p. 40. Lettre de Richardson à Kempner, 8 avril 1982, archives Kempner, boîte 69.

3. p. 40. Note de Henry Mayer, « Re : Alfred Rosenberg "Tagebuch" », 12 juin 2006.

4. p. 40. Video of dedication of the Robert Kempner Collegium, 21 sept. 1996, archives Kempner, boîte vidéo 1.

5. p. 42. Levine, *Class, Networks, and Identity*, p. 37-41 ; Kaplan, *Between Dignity and Despair*, p. 23 ; Evans, *The Third Reich in Power*, p. 574.

6. p. 46. Les détails des déportations d'octobre 1940 et de la vie à Gurs sont extraits de Browning, *The Origin of the Final Solution*, p. 89-91 ; Zuccotti, *The Holocaust, the French, and the Jews*, p. 65-80 ; Poznanski, *Jews in France During World War II*, p. 171-95 ; Schwertfeger, *In Transit*, p. 137-62 ; Frank, *The Curse of Gurs*, p. 229-67 ; et de Gutman, *Encyclopedia of the Holocaust*, Vol. 2, p. 631-32.

7. p. 46. Rapport de l'American Friends Service Committee, cité *in* "Misery and Death in French Camps", *New York Times*, 26 janvier 1941.

8. p. 46. Dr. Ludwig Mann, cité *in* Frank, *The Curse of Gurs*, p. 239.

9. p. 47. Poznanski, *Jews in France*, p. 180.

10. p. 47. Professeur A. Reich, cité *ibid.*, p. 182.

11. p. 47. Détails provenant de deux bases de données en ligne, *Bundesarchiv Memorial Book* sur bundesarchiv.de/gedenkbuch et le *Yad Vashem Central Database of Shoah Victims' Names* sur db.yadvashem.org/names. Voir Klarsfeld, *Memorial to the Jews Deported from France, 1942-44*, p. xxvi-xxvii.

12. p. 49. Le détail de la vie de Richardson est tiré de Charles Trueheart, « Publish AND Perish ? », *Washington Post*, 13 juillet 1994 et de Jake New, « Herbert Richardson v. the World », *The Chronicle of Higher Education*, 15 avril 2013. Richardson n'a pas répondu aux appels de l'auteur et de son avocat, qui cherchaient à l'interviewer.

13. p. 51. Cité in Trueheart, « Publish AND Perish ? », *Washington Post*, 13 juillet 1994.

14. p. 51. *University of St. Michael's College vs Herbert W. Richardson*, p. 5.

15. p. 52. Procès Lipton *vs* Swansen, *et al.*, tribunal de première instance du comté de Delaware.

16. p. 52. Requête de la succession d'André Kempner et Lucian Kempner pour injonction permanente, 20 sept. 1999, présenté lors du procès Lipton *vs* Swansen, *et al.*, tribunal de première instance du comté de Delaware.

17. p. 52. Déposition de Lipton lors du procès Lipton *vs* Swansen, *et al.*, 23 juin 1999, tribunal de première instance du comté de Delaware.

18. p. 53. Timothy Logue, « History Uncovered », *Delaware Country Times*, 26 août 1999.

– 3 –
Plonger dans l'esprit d'une âme obscure

1. p. 58. Correspondance entre Kempner et Seraphim, 1955-56, archives Kempner [En VO, le terme est collection, mais c'est sans doute fautif ?], boîtes 53 et 58.

2. p. 58. Kempner, *SS im Kreuzverhör*, p. 228.

3. p. 59. Le compte rendu de cette conversation de Mayer est extrait d'une note rédigée par Mayer dans son dossier, « Re : Alfred Rosenberg "Tagebuch" », 12 juin 2006. Walt Martin n'a pas souhaité commenter auprès des auteurs.

4. p. 63. Ralph Vigoda, « Nazi Papers in Custody Fight », *Philadelphia Inquirer*, 25 mars 2003.

5. p. 62. *United States of America v. William Martin*, cour fédérale américaine pour le district Est de Pennsylvanie.

6. p. 63. Entretien de l'auteur avec Edward Jesella, 20 avril 2015.

7. p. 63. Ce compte rendu de l'entretien de Richardson est extrait du rapport d'enquête de l'agent spécial [officier de police judiciaire], en date du 1er mars 2013, qui a été communiqué aux auteurs en vertu du Freedom of Information Act (loi pour la liberté d'information de 1966) par les services américains d'Immigration et de Douanes.

8. p. 70. Bien qu'ils se voient assigner un disctrict en particulier, les avocats américains peuvent ouvrir une enquête sur des agissements criminels n'importe où aux États-Unis. Les procureurs fédéraux ont l'habitude d'envoyer des assignations à comparaître en dehors de leur district.

9. p. 70. Patricia Cohen, « Diary of a Hitler Aide Resurfaces After a Hunt That Lasted Years », *New York Times*, 13 juin 2013.

DES VIES DANS LA BALANCE

1933-1939

– 4 –

Les enfants oubliés du destin

1. p. 78. « Berlin Welcomes Army », *New York Times*, 10 déc. 1918. Voir également le film d'actualités de British Pathé, « German Troops Return 1918 », accessible sur le site britishpathe.com.

2. p. 78. Stephenson, *Frontschweine and Revolution*, p. 287-299.

3. p. 78. Lettre d'un correspondant anonyme adressée à Evelyn Blücher, l'épouse anglaise d'un prince allemand qui a passé la guerre en Allemagne, cité in Blücher von Wahlstatt, *An English Wife in Berlin*, p. 305.

4. p. 79. Lang, *Memoirs of Alfred Rosenberg*, p. 29.

5. p. 79. Piper, *Alfred Rosenberg*, p. 208.

6. p. 79. Neave, *On Trial at Nuremberg*, p. 103.

7. p. 80. Cité in Cecil, *The Myth of the Master Race*, p. 11 ; voir Rosenberg, « How the *Myth Arose* », Archives nationales, T454, bobine 101.

8. p. 80. Les détails de la jeunesse de Rosenberg sont tirés de Lang, *Memoirs of Alfred Rosenberg*, p. 1-30.

9. p. 80. Fest, *The Face of the Third Reich*, p. 163-174.

10. p. 80. Cecil, *The Myth of the Master Race*, p. 15.

11. p. 81. Tiré de Rosenberg's *Pest in Russland !*, cité in Cecil, *The Myth of the Master Race*, p. 17.

12. p. 82. Cecil, *The Myth of the Master Race*, p. 20.

13. p. 82. Lang, *Memoirs of Alfred Rosenberg*, p. 29.

14. p. 83. Large, *Where Ghosts Walked*, p. XII-XVII.

15. p. 83. *Ibid.*, p. 3-5.

16. p. 84. Evans, *The Coming of the Third Reich*, p. 156-161.

17. p. 84. Lang, *Memoirs of Alfred Rosenberg*, p. 40.

18. p. 85. Cité in Layton, *The* Voelkischer Beobachter, *1925-1933*, p. 58-59 ; voir Rosenberg, *Dietrich Eckart : Ein Vermächtnis*, Munich : s.l., 1927. [Pourquoi n'est-ce pas répertorié en bibliographie ?]

19. p. 85. Evans, *The Coming of the Third Reich*, p. 160.

20. p. 85. Rosenberg décrit cette scène in Lang, *Memoirs of Alfred Rosenberg*, p. 43.

21. p. 85. Le détail de la jeunesse de Hitler est extrait de Kershaw, *Hitler : A Biography*, p. 1-46.

– 5 –
Le journal le plus détesté du pays

1. p. 90. Hitler, *Mein Kampf*, p. 126.

2. p. 90. Kershaw, *Hitler : A Biography*, p. 27.

3. p. 90. Reinhold Hanisch, « I Was Hitler's Buddy », *New Republic*, 5, 12 et 19 avril 1939.

4. p. 91. Kershaw, *Hitler : A Biography*, p. 74-75.

5. p. 92. Lang, *Memoirs of Alfred Rosenberg*, p. 47-50.

6. p. 92. Lüdecke, *I Knew Hitler*, p. 510.

7. p. 92. Cité in Cecil, *The Myth of the Master Race*, p. 30 ; voir la lettre de Rosenberg à Hess, 6 avril 1934, Archives nationales allemandes, groupe d'archives NS 8/177.

8. p. 92. Lang, *Memoirs of Alfred Rosenberg*, p. 47-50.

9. p. 93. Layton, « The *Völkischer Beobachter*, 1920-1933 », p. 354.

10. p. 93. *Ibid.*, p. 360.

11. p. 93. Le titre du journal est indifféremment traduit par *L'Observateur populaire* ou *L'Observateur racial*.

12. p. 93. Journal de Paula Schlier, cité in Layton, *The* Völkischer Beobachter, *1925-1933*, p. 87-88.

13. p. 94. Trevor-Roper, *Hitler's Table Talk 1941-1944*, p. 490.

14. p. 94. Layton, « The *Völkischer Beobachter*, 1920-1933 », p. 369-380.

15. p. 95. Layton, *The* Voelkischer Beobachter, *1925-1933*, p. 256.

16. p. 95. Trevor-Roper, *Hitler's Table Talk 1941-1944*, p. 490.

17. p. 95. Hanfstaengl, *Hitler : The Missing Years*, p. 91.

18. p. 96. *Ibid.*, p. 122.

19. p. 96. Pois, *Race and Race History*, p. 14.

20. p. 96. This summation of the Aryan idea and its development is drawn from Pringle, *The Master Plan*, p. 27-36.

21. p. 97. Shirer, *The Rise and Fall of the Third Reich*, p. 104-109.

22. p. 97. Cité in Bollmus, « Alfred Rosenberg, » p. 185.

23. p. 98. Nova, *Alfred Rosenberg*, p. 103.

24. p. 98. Rosenberg, *The Trail of the Jew Through the Ages*, excerpted in Pois, *Race and Race History*, p. 178.

25. p. 98. *Ibid.*, p. 189

26. p. 98. Cité in Nova, *Alfred Rosenberg*, p. 118.

27. p. 99. Kellogg, *The Russian Roots of Nazism*, p. 70-73. Others have argued that Rosenberg brought the book to Hitler, but evidence is lacking.

28. p. 99. *Ibid.*, p. 75.

29. p. 99. Strasser, *The Gangsters Around Hitler*, p. 21-23.

30. p. 100. Lüdecke, *I Knew Hitler*, p. 79. Lüdecke later fell out with Hitler.

31. p. 100. Kershaw, *Hitler : A Biography*, p. 37-42.

32. p. 100. Evans, *The Coming of the Third Reich*, p. 171-175.

33. p. 100. Cité *ibid.*, p. 174.

34. p. 101. Baynes, *The Speeches of Adolf Hitler*, p. 73.

35. p. 101. Kershaw, *Hitler : A Biography*, p. 92-93, and Kellogg, *The Russian Roots of Nazism*, p. 242.

36. p. 101. Alfred Rosenberg, « The Russian Jewish Revolution », *Auf Gut Deutsch,* 21 fév. 1919, reproduit in Lane, *Nazi Ideology Before 1933*, p. 11-16.

37. p. 101. Dallin, *German Rule in Russia 1941-1945*, p. 9.

38. p. 102. Baynes, *The Speeches of Adolf Hitler*, p. 12.

39. p. 102. Le discours de Hitler du 28 juillet 1922 est reproduit in *ibid.*, p. 21-41.

40. p. 102. Evans, *The Coming of the Third Reich*, p. 174-175.

41. p. 103. *Ibid.*, p. 78-96.

42. p. 103. *Ibid.*, p. 176-194 ; Shirer, *The Rise and Fall of the Third Reich*, p. 68-75 ; et Read, *The Devil's Disciples*, p. 85-102.

43. p. 103. Read, *The Devil's Disciples*, p. 26-38.

44. p. 104. *Ibid.*, p. 38.

45. p. 105. Hanfstaengl, *Hitler : The Missing Years*, p. 92.

46. p. 105. Cité in Layton, *The* Voelkischer Beobachter, *1925-1933*, p. 91.

47. p. 105. Layton, « The *Völkischer Beobachter*, 1920-1933 », p. 359.

48. p. 107. Lang, *Memoirs of Alfred Rosenberg*, p. 73.

49. p. 107. Kershaw, *Hitler : A Biography*, p. 140.

50. p. 107. Piper, *Alfred Rosenberg*, p. 98.

51. p. 107. Lang, *Memoirs of Alfred Rosenberg*, p. 76.

52. p. 108. Lüdecke, *I Knew Hitler*, p. 184.

53. p. 110. Rosenberg écrira plus tard qu'il avait demandé à Hitler de lui permettre de démissionner. Lang and Schenck, *Memoirs*, p. 78.

54. p, 110. Lüdecke, *I Knew Hitler*, p. 279.

55. p. 109. *Ibid.*, p. 278.

56. p. 109. Cité in Cecil, *The Myth of the Master Race*, p. 50-51.

57. p. 109. Le véhicule coûtait plus qu'il ne gagnait en un an : 20 000 reichsmarks. Selon Hitler, cet achat avait été financé par un prêt bancaire. Kershaw, *Hitler 1899-1936 Hubris*, p. 685.

58. p. 110. Cité in *ibid.*, p. 52.

59. p. 110. Lüdecke, *I Knew Hitler*, p. 288.

60. p. 110. Cité in Layton, « The *Völkischer Beobachter*, 1920-1933 », p. 367-368.

61. p. 111. Lang, *The Memoirs of Alfred Rosenberg*, p. 260-261.

62. p. 111. Piper, *Alfred Rosenberg*, p. 240.

63. p. 111. *Ibid.*, p. 244.

64. p. 111. Lang, *The Memoirs of Alfred Rosenberg*, p. 14-15.

65. p. 111. Piper, *Alfred Rosenberg*, p. 240. Une fois les nazis arrivés au pouvoir, l'année suivante, l'homme politique en question, Christian Heuck, allait encourir des peines bien plus graves. Balayé avec le reste des communistes et des non affiliés au pouvoir, Heuck fut condamné pour trahison et envoyé en prison, où il sera assassiné par la SS.

66. p. 111. Cecil, *The Myth of the Master Race*, p. 107.

67. p. 111. Lang, *Memoirs of Alfred Rosenberg*, p. 70-71.

68. p. 113. Piper, *Alfred Rosenberg*, p. 74.

– 6 –
La nuit tombe

1. p. 115. Voir Evans, *The Coming of the Third Reich*, p. 310-354.

2. p. 116. Delmer, *Trail Sinister*, p. 185-186.

3. p. 117. Cité in Read, *The Devil's Disciples*, p. 282.

4. p. 117. Cité in Fromm, *Blood and Banquets*, p. 88.

5. p. 117. Cité in Shirer, *The Rise and Fall of the Third Reich*, p. 195.

6. p. 117. Rapport de l'ambassadeur américain Frederic M. Sackett, 3 mars 1933, reproduit in *Foreign Relations of the United States*, 1933, vol. 2, p. 201-204.
7. p. 118. Rapport de Sackett, 9 mars 1933, reproduit in *ibid.*, p. 206-209.
8. p. 118. Shirer, *The Rise and Fall of the Third Reich*, p. 199.
9. p. 118. *Ibid.*, p. 188.
10. p. 118. Kempner, *Ankläger einer Epoche*, p. 16.
11. p. 119. *Ibid.*, p. 205.
12. p. 119. *Ibid.*, p. 13-14.
13. p. 119. Détails biographiques in Creese, *Ladies in the Laboratory II*, p. 129-138.
14. p. 119. « Robert Koch – Biographical », Nobelprize.org.
15. p. 120. Kempner, *Ankläger einer Epoche*, p. 11, 19.
16. p. 120. *Ibid.*, p. 22-26.
17. p. 120. Ce récit est tiré de Watt, *The Kings Depart*, p. 247-273.
18. p. 121. Lettres de Kempner au Bureau des états de service, 9 mai et 3 sept. 1934, archives Kempner, boîte 41.
19. p. 121. Kempner, *Ankläger einer Epoche*, p. 25-26.
20. p. 122. Copie certifiée du livret militaire de *Landsturm* de Kempner, archives Kempner, boîte 76.
21. p. 123. Kempner, *Ankläger einer Epoche*, p. 71.
22. p. 123. Note détaillant le témoignage prévu par Kempner lors du procès États-Unis *vs* McWilliams, archives Kempner, boîte 154.
23. p. 123. Publié dans l'article de Kempner, « Blueprint of the Nazi Underground – Past and Future Subversive Activities ».
24. p. 124. Cité in « Hitler Ridiculed as a Writing Man, » *New York Times*, 9 fév. 1933.
25. p. 125. Shirer, *The Rise and Fall of the Third Reich*, p. 141.
26. p. 126. Fromm, *Blood and Banquets*, p. 73.
27. p. 126. *Foreign Relations of the United States,* 1933, vol. 2, p. 320.
28. p. 126. Frederick T. Birchall, « Nazi Bands Stir Up Strife in Germany », *New York Times*, 9 mars 1933.
29. p. 126. « Charge Terrorism By Nazi Troopers », *New York Times*, 15 mars 1933.
30. p. 127. « German Fugitives Tell of Atrocities at Hands of Nazis », *New York Times*, 20 mars 1933.
31. p. 127. Brandt, *My Road to Berlin*, p. 58.
32. p. 127. Rapport de Sackett, 21 mars 1933, reproduit in *Foreign Relations of the United States,* 1933, vol. 2, p. 212.
33. p. 128. « Reviews Nazi Rise in Talk Over Radio », *New York Times*, 13 mars 1933.
34. p. 128. Rapport du consul général George Messersmith, « Present Status of the Anti-Semitic Movement in Germany », 21 sept. 1933, archives George S. Messersmith, item 305.
35. p. 128. Citation tirée de *Der Deutsche*, *ibid.*
36. p. 128. Rapport de Messersmith, 1er nov. 1933, reproduit in *Foreign Relations of the United States*, 1933, vol. 2, p. 363.
37. p. 129. Kempner, *Ankläger einer Epoche*, p. 26-37 et Read, *The Devil's Disciple*, p. 280.
38. p. 129. Hett, *Burning the Reichstag*, p. 34.
39. p. 129. Mosley, *The Reich Marshal*, p. 151.
40. p. 130. Kempner, *Ankläger einer Epoche*, p. 88-90. Voir aussi « Police Counsel on leave of absence », *8 Uhr-Abendblatt*, 23 fév. 1933 ; et les documents relatifs au renvoi et à la retraite de Kempner, in archives Kempner, boîte 95.
41. p. 130. Cette citation et le détail de la relation entre Kempner et Diels sont tirés de Kohl, *The Witness House*, p. 43-47, 152-153.
42. p. 130. Leni Riefenstahl, citée in Hett, *Burning the Reichstag*, p. 28.
43. p. 131. Kempner, *Ankläger einer Epoche*, p. 111-112.
44. p. 131. Larson, *In the Garden of Beasts*, p. 116-119.
45. p. 131. Kempner, *Ankläger einer Epoche*, p. 110.
46. p. 131. Cité in Hett, *Burning the Reichstag*, p. 79.

47. p. 131. Kempner, *Ankläger einer Epoche*, p. 68-72.
48. p. 132. Kaplan, *Between Dignity and Despair*, p. 62-66.
49. p. 132. Dippel, *Bound Upon a Wheel of Fire*, p. 1-20.
50. p. 133. *Ibid.*, p. 140.
51. p. 133. *Ibid.*, p. XXIII.
52. p. 133. *Ibid.*, p. 139.
53. p. 133. Kempner, *Ankläger einer Epoche*, p. 176.

– 7 –
La voie de Rosenberg

1. p. 135. Henry C. Wolfe en collab. avec Heinrich Hauser, « Nazi Doctor of Frightfulness », *The Milwaukee Journal*, 6 juillet 1940.
2. p. 135. Lüdecke, *I Knew Hitler*, p. 83-85.
3. p. 136. Allen, *The Infancy of Nazism*, p. 217.
4. p. 137. *Ibid.*, p. 184.
5. p. 137. *Ibid.*, p. 220.
6. p. 138. Interrogatoire de Rosenberg, 21 sept. 1945, 14 h 30-16 h 40, Archives nationales, M1270, bobine 17.
7. p. 138. Allen, *The Infancy of Nazism*, p. 220-221.
8. p. 138. Cité in Cecil, *The Myth of the Master Race*, p. 101.
9. p. 138. Interrogatoire de Rosenberg, 21 sept. 1945, 14 h 30-16 h 40.
10. p. 139. Rosenberg, *Der Mythus des 20. Jahrhunderts*, p. 116.
11. p. 139. Cecil, *The Myth of the Master Race*, p. 82.
12. p. 139. Rosenberg, *Der Mythus des 20. Jahrhunderts*, p. 105.
13. p. 139. Fest, *The Face of the Third Reich*, p. 168.
14. p. 139. Goldensohn, *The Nuremberg Interviews*, p. 108-109 ; Piper, *Alfred Rosenberg*, p. 494.
15. p. 139. Trevor-Roper, *Hitler's Table Talk 1941-1944*, p. 318. Il est à noter que ces remarques ont été enregistrées par un ennemi avéré de Rosenberg, Martin Bormann.
16. p. 139. Hanfstaengl, *Hitler : The Missing Years*, p. 122.
17. p. 140. Papen, *Memoirs*, p. 261.
18. p. 140. Strasser, *Hitler and I*, p. 96.
19. p. 140. Baynes. *The Speeches of Adolf Hitler*, p. 988.
20. p. 140. Cité in Bollmus, « Alfred Rosenberg », p. 187. Par la suite, von Schirach rapportera au psychiatre de la prison, Douglas Kelley, que bien que ses meneurs des Jeunesses hitlériennes en aient tous possédé un exemplaire, pas un seul d'entre eux n'avait pu en venir à bout. « Rosenberg restera dans l'Histoire comme celui, parmi tous les auteurs, qui a vendu le plus d'exemplaires d'un livre que personne n'a lu. » Mais les remarques de Schirach sont désavouées par l'abondant courrier des lecteurs retrouvé dans les archives de Rosenberg. Voir Kelley, *22 Cells in Nuremberg*, p. 44 ; Piper, *Alfred Rosenberg*, p. 213.
21. p. 140. Piper, *Alfred Rosenberg*, p. 293 ; pour la seule année 1934, ses revenus d'auteur se montent à 42 000 reichsmarks, ce qui équivaut aujourd'hui à 300 000 dollars.
22. p. 141. Journal de Rosenberg, 10 août 1936.
23. p. 141. Ladd, *The Ghosts of Berlin*, p. 115-125.
24. p. 142. Rapport de Messersmith, 10 avril 1933, reproduit in *Foreign Relations of the United States*, 1933, vol. 2, p. 223.
25. p. 142. Kelley, *22 Cells in Nuremberg*, p. 38 ; Douglas Kelley était l'un des psychiatres qui ont interrogé Rosenberg durant son incarcération à Nuremberg avant les procès pour crimes de guerre.
26. p. 143. Dodd Jr., *Ambassador Dodd's Diary*, p. 190.
27. p. 143. Lüdecke, *I Knew Hitler*, p. 642-643.
28. p. 143. Vansittart, *The Mist Procession*, p. 475.

29. p. 145. Winterbotham, *The Nazi Connection*, p. 32-81.
30. p. 144. Piper, *Alfred Rosenberg*, p. 293-294.
31. p. 144. Evans, *The Third Reich in Power*, p. 457-460.
32. p. 144. Rothfeder, *A Study of Alfred Rosenberg's Organization for National Socialist Ideology*, p. 72-76.
33. p. 145. Cité in Cecil, *The Myth of the Master Race*, p. 113.
34. p. 145. Fromm, *Blood and Banquets*, p. 164.
35. p. 146. Le détail de la jeunesse de Goebbels est tiré de Read, *The Devil's Disciples*, p. 126-134 et Lochner, *The Goebbels Diaries*, p. 12-14.
36. p. 146. Read, *The Devil's Disciples*, p. 142.
37. p. 147. Lochner, *The Goebbels Diaries*, p. 19.
38. p. 147. Cité in Kershaw, *Hitler : A Biography*, p. 171.
39. p. 147. Fest, *The Face of the Third Reich*, p. 333, note 44.
40. p. 147. Lochner, *The Goebbels Diaries*, p. 20.
41. p. 148. *Ibid.*, p. 22.
42. p. 148. « Décret concernant les devoirs du ministère du Reich à l'Éducation du peuple et à la Propagande », 30 juin 1933, reproduit sous la cote 2030-PS in *Nazi Conspiracy and Aggression*, vol. 4, p. 653-654.
43. p. 148. Friedrich, *Before the Deluge*, p. 6.
44. p. 149. Ladd, *The Ghosts of Berlin*, p. 110-115.
45. p. 149. Article du *Völkischer Beobachter*, cité in *ibid.*, p. 82.
46. p. 149. Article de Rosenberg, in *Der Weltkampf* (1925), cité in Pois, *Race and Race History*, p. 173.
47. p. 149. Petropoulos, *Art as Politics in the Third Reich*, p. 25-25.
48. p. 150. Article de Rosenberg dans le *Völkischer Beobachter* de juillet 1933, cité *in* Pois, *Race and Race History*, p. 161.
49. p. 152. Evans, *The Third Reich in Power*, p. 164-166.
50. p. 151. Evans, *The Third Reich in Power*, p. 189.
51. p. 153. Nicholas, *The Rape of Europa*, p. 15-16.
52. p. 153. Evans, *The Third Reich in Power*, p. 171.
53. p. 152. Rothfeder, *A Study of Alfred Rosenberg's Organization for National Socialist Ideology*, p. 136-138, 215-218.
54. p. 152. Petropoulos, *Art as Politics in the Third Reich*, p. 45.
55. p. 152. Barbian, *The Politics of Literature in Nazi Germany*, p. 118.
56. p. 153. *Ibid.*, p. 121.
57. p. 153. Rothfeder, *A Study of Alfred Rosenberg's Organization for National Socialist Ideology*, p. 199-207.
58. p. 153. Allen, *The Infancy of Nazism*, p. 202.
59. p. 156. Cecil, *Myth of the Master Race*, p. 4.
60. p. 154. Journal de Rosenberg, 6 fév. 1939.
61. p. 154. *Ibid.*, 7 mai 1940.
62. p. 155. Shirer, *The Rise and Fall of the Third Reich*, p. 204-206.
63. p. 155. Fromm, *Blood and Banquets*, p. 135.
64. p. 155. Journal de Rosenberg, 7 juillet 1934.
65. p. 155. Fromm, *Blood and Banquets*, p. 135.

– 8 –
Le *Journal*

1. p. 157. « Reich to Be Armed in Air With Mighty Fleet by 1936 », *New York Times*, 11 mai 1934 ; « Britain Alarmed by Reich Planes », *New York Times*, 12 mai 1934. Les industriels américains se défendirent en arguant que les exportations servaient des objectifs

commerciaux, et non militaires, et qu'ils ne traitaient pas directement avec le gouvernement allemand mais avec les entreprises.

2. p. 157. « 20,000 Nazi Friends at a Rally Here Denounce Boycott », *New York Times*, 18 mai 1934.

3. p. 158. Rogge, *The Official German Report*, p. 17-21 ; Bernstein, *Swastika Nation*, p. 25-37.

4. p. 159. « Reds Riot in Court After Nazi Rally », *New York Times*, 18 mai 1934.

5. p. 160. « Goebbels Utters Threats to Jews », *New York Times*, 12 mai 1934.

6. p. 160. Le détail de la campagne est extrait de Longerich, *Goebbels*, p. 258-259 ; Read, *The Devil's Disciples*, p. 361 ; Evans, *The Third Reich in Power*, p. 28-29.

7. p. 161. Otto D. Tolischus. « Grumblers Face Arrest in Reich », *New York Times*, 19 mai 1934.

8. p. 161. Journal de Rosenberg, 14 mai 1934.

9. p. 162. Pour approfondir la question, voir Matthäus, *Alfred Rosenberg : Die Tagebücher von 1934 bis 1944*, p. 20.

10. p. 163. Journal de Rosenberg, 22 mai 1934.

11. p. 163. « The German Jigsaw : Herr Hitler As Helmsman », *The Times* (Londres), 9 mai 1934.

12. p. 164. Journal de Rosenberg, 15 mai 1934.

13. p. 164. *Ibid.*, 17 mai 1934 ; Bernstorff sera arrêté en 1944 et exécuté par la SS quelques semaines avant la fin de la guerre.

14. p. 165. Ce récit de la Nuit des Longs Couteaux est tiré de Evans, *The Third Reich in Power*, p. 30-41 ; Shirer, *The Rise and Fall of the Third Reich*, p. 204-225 ; Read, *The Devil's Disciples*, p. 343-374 ; et Noakes, *Nazism : A History in Documents*, vol. 1, p. 172-185.

15. p. 165. Le détail de la jeunesse et du début de carrière de Himmler est tiré de Read, *The Devil's Disciples*, p. 39-49, 93-95.

16. p. 166. *Ibid.*, p. 168-169, 179-181.

17. p. 167. Journal de Rosenberg, 7 juillet 1934. [Erreur VO qui mentionne *Ibid.*, 7 juillet 1934.]

18. p. 169. L'origine du nom est incertaine, bien que l'usage de l'expression « longs couteaux » pour décrire la trahison ait des racines dans la mythologie anglo-saxonne.

19. p. 171. Journal de Rosenberg, 2 août 1934.

20. p. 171. *Ibid.*

– 9 –
« Des interventions intelligentes et des coïncidences heureuses »

1. p. 173. Prospectus de Kempner, « Émigration et transfert en Palestine et dans d'autres pays », archives Kempner, boîte 41 ; correspondance au sujet du travail juridique de Kempner des années 1933-35, in archives Kempner, boîte 95 ; voir aussi Nicosia, « German Zionism and Jewish Life in Nazi Berlin » ; et Schmid, *Lost in a Labyrinth of Red Tape*, p. 71.

2. p. 174. Evans, *The Third Reich in Power*, p. 555-560.

3. p. 174. Kaplan, *Between Dignity and Despair*, p. 72.

4. p. 175. Entretien avec Kempner, archives de l'Emergency Committee in Aid of Displaced Foreign Scholars (Comité d'urgence d'aide aux étudiants étrangers déplacés).

5. p. 175. Lettre de Kempner à Ernst Hamburger, 17 fév. 1939 ; voir aussi les lettres de Kempner à Alfred S. Abramowitz, 16 nov. 1938, et à Carl Misch, 28 nov. 1938, archives Kempner, boîte 2.

6. p. 177. Candidature de Kempner pour devenir employé fédéral, fiche personnelle de Kempner, Département de l'Armée et département de la Justice ; dans un brouillon de candidature, il indique son revenu annuel de l'époque comme étant entre 10 000 $ et 30 000$, Kempner Papers, Box 41.

7. p. 175. Creese, *Ladies in the Laboratory II*, p. 137.

8. p. 176. Copie de l'affidavit de Sidney Mendel, datée de 1944, et copie du jugement de divorce, 9 mars 1932, archives Kempner, boîte 76 ; voir aussi Evans, *The Third Reich in Power*, p. 566.

9. p. 176. Kempner, *Ankläger einer Epoche*, p. 135.

10. p. 176. Barnes, *Nazi Refuge Turned Gestapo Spy*, p. 76.

11. p. 177. Kempner, *Angläger einer Epoche*, p. 134.

12. p. 177. Lettre de Kempner à Misch, 28 nov. 1938, archives Kempner, boîte 2.

13. p. 177. Kempner, *Ankläger einer Epoch*, p. 133.

14. p. 178. Lettre de Kempner à Misch, 28 nov. 1938, archives Kempner, boîte 2. In *Ankläger*, Kempner raconte que Hitler l'a libéré quelques mois plus tard, ainsi que Jacob et les autres prisonniers, suite à la pression internationale.

15. p. 179. Palmier, *Weimar in Exile*, p. 432 ; en 1941, Jacob fut arrêté au Portugal tandis qu'il essayait de prendre la mer. Il mourut trois années plus tard dans une prison berlinoise.

16. p. 179. Creese, *Ladies in the Laboratory II*, p. 137.

17. p. 179. Publicité reproduite in *Dial 22-0756 Pronto*, p. 11.

18. p. 179. *Ibid.*, p. 15.

19. p. 180. Kempner, *Ankläger einer Epoche*, p. 137-140.

– 10 –

« Il est encore trop tôt pour moi »

1. p. 183. Otto D. Tolischus. « Hindenburg Rests on Site of Victory After Hero's Rites », *New York Times*, 8 août 1934.

2. p. 184. *Ibid.*

3. p. 184. Journal de Rosenberg, 19 août 1934.

4. p. 185. *Ibid.*, 29 mai 1934.

5. p. 185. Cité in Cecil, *The Myth of the Master Race*, p. 112.

6. p. 185. Rosenberg, *Der Mythus des 20. Jahrhunderts*, p. 79.

7. p. 185. *Ibid.*, p. 73.

8. p. 186. *Ibid.*, p. 133.

9. p. 186. *Ibid.*, p. 258.

10. p. 186. *Ibid.*, p. 603.

11. p. 186. *Ibid.*, p. 701.

12. p. 186. *Ibid.*, p. 604.

13. p. 186. *Ibid.*, p. 616.

14. p. 186. *Ibid.*, p. 114.

15. p. 186. Journal de Rosenberg, 19 août 1934.

16. p. 187. Dodd Jr., *Ambassador Dodd's Diary*, p. 199.

17. p. 187. Journal de Rosenberg, 19 janv. 1940.

18. p. 189. *Ibid.*, 14 décembre 1941.

19. p. 188. *Ibid.*, 9 avril 1941.

20. p. 188. *Ibid.*, 28 juin 1934.

21. p. 188. Hitler, *Mein Kampf*, p. 267.

22. p. 188. Evans, *The Third Reich in Power*, p. 220-224.

23. p. 189. Arendzen, *« Mythus »*, p. 4.

24. p. 189. Cité in Lewy, *The Catholic Church and Nazi Germany*, p. 8.

25. p. 190. Baynes, *The Speeches of Adolf Hitler*, p. 369-370.

26. p. 190. Lewy, *The Catholic Church and Nazi Germany*, p. 40-41.

27. p. 191. *Ibid.*, p. 258.

28. p. 191. *Ibid.*, p. 53, 132.

29. p. 191. La description de l'église est extraite de Jeffrey Chipps Smith, *Infinite Boundaries*, p. 154.

30. p. 192. Lewy, *The Catholic Church and Nazi Germany*, p. 274.
31. p. 192. Cité in Griech-Polelle, *Bishop von Galen*, p. 52.
32. p. 192. Cité in Lewy, *The Catholic Church and Nazi Germany*, p. 104.
33. p. 192. Faulhaber, *Judaism, Christianity and Germany*, p. 4-5.
34. p. 193. Cité in Bonney, *Confronting the Nazi War on Christianity*, p. 127.
35. p. 193. Cité in *Nazi Conspiracy and Aggression*, vol. 6, p. 240-241.
36. p. 193. Cité in Ryback, *Hitler's Private Library*, p. 122.
37. p. 194. Lewy, *The Catholic Church and Nazi Germany*, p. 152.
38. p. 194. Evans, *The Third Reich in Power*, p. 234-238.
39. p. 194. Rosenberg, *Der Mythus des 20. Jahrhunderts*, p. 577-578.
40. p. 194. *Ibid.*, p. 596.
41. p. 194. *Ibid.*, p. 593.
42. p. 194. Krieg, *Catholic Theologians in Nazi Germany*, p. 53.
43. p. 194. Cecil, *The Myth of the Master Race*, p. 121.
44. p. 194. Journal de Rosenberg, 24 fév. 1935.
45. p. 195. *Ibid.*, 18 janv. 1937.
46. p. 197. Hastings, *Catholicism and the Roots of Nazism*, p. 171-173.
47. p. 195. *Ibid.*, 26 déc. 1936.
48. p. 196. Evans, *The Third Reich in Power*, p. 231-232.
49. p. 196. Journal de Rosenberg, 11 août 1936.
50. p. 197. Lettre de Canon Vorwerk, reproduite in *Persecution of the Catholic Church*, p. 121-124.
51. p. 197. Bonney, *Confronting the Nazi War on Christianity :* Kulturkampf *Newsletters*, p. 132-135.
52. p. 198. Kershaw, *Hitler : A Biography*, p. 375-376 ; Longerich, *Goebbels*, p. 251-252.
53. p. 198. Journal de Rosenberg, 2 fév. 1941.
54. p. 199. *Ibid.*, 18 janv. 1937.
55. p. 199. Cité in *Persecution of the Catholic Church*, p. 278.
56. p. 200. Evans, *The Third Reich in Power*, p. 623-637.
57. p. 201. Journal de Rosenberg, 11 août 1936.

– 11 –
Exil en Toscane

1. p. 203. Kempner, *Ankläger einer Epoche*, p. 141.
2. p. 203. *Ibid.*, p. 141.
3. p. 203. Felstiner, *Refuge and Persecution in Italy, 1933-1945*, p. 4.
4. p. 204. Evans, *The Third Reich in Power*, p. 562.
5. p. 204. Ernst Levinger, cité in *Dial 22-0756 Pronto*, p. 96.
6. p. 204. *Ibid.*, p. 15.
7. p. 205. Lettre de Kempner au Council for German Jewry (Conseil des juifs d'Allemagne) de Londres, 5 mai 1937, archives Kempner, boîte 2.
8. p. 205. Kempner, *Ankläger einer Epoche*, p. 142.
9. p. 205. Eva Keilson-Rennie, citée in *Dial 22-0756 Pronto*, p. 59.
10. p. 208. *Dial 22-0756, Pronto*, p. 61.
11. p. 206. Henry Kahane, cité in *ibid.*, p. 28 ; voir également la lettre de Ruth Kempner à Otto Reinemann, 13 août 1938, archives Kempner, boîte 95.
12. p. 206. *Dial 22-0756 Pronto*, p. 18.
13. p. 207. *Ibid.*, p. 47.
14. p. 207. Cité in *ibid.*, p. 107. Manasse quitta l'école suite à une dispute avec Kempner.
15. p. 207. Wasow, *Memories of Seventy Years*, p. 176-186.
16. p. 208. *Dial 22-0756 Pronto*, p. 88-95.

17. p. 208. Lettre de Kempner à Lucian Kempner, 4 juillet 1938, archives Kempner, boîte 71.

18. p. 208. *Dial 22-0756 Pronto*, p. 93.

19. p. 208. Manasse, cité in *ibid.*, p. 102.

20. p. 208. Walter Kempner est célèbre pour avoir mis au point le Rice Diet pour soigner les patients atteints de diabète, de maladies cardio-vasculaires et de problèmes rénaux.

21. p. 209. Noakes, *Nazism : A History in Documents*, vol. 1, p. 535.

22. p. 209. Evans, *The Third Reich in Power*, p. 570-575.

23. p. 209. Brandt, *My Road to Berlin*, p. 79.

24. p. 210. Journal de Rosenberg, 21 août 1936.

25. p. 210. Lettre manuscrite adressée à Kempner par un ami non identifié lui écrivant de La Haye, 4 juin 1938, archives Kempner, boîte 2.

26. p. 210. Evans, *The Third Reich in Power*, p. 638-640.

27. p. 210. Le détail de la visite de Hitler est tiré de Baxa, « Capturing the Fascist Moment », p. 227-242.

28. p. 210. Leo Longanesi, cité in Baxa, *Roads and Ruins*, p. 150.

29. p. 211. Deirdre Pirro, « The Unwelcome Tourist », *The Florentine*, 7 mai 2009.

30. p. 211. *Dial 22-0756 Pronto*, p. 50-52.

31. p. 212. Felstiner, *Refuge and Persecution in Italy, 1933-1945*, p. 12-14.

32. p. 212. Bosworth, *Mussolini*, p. 334-344 ; Zimmerman, *Jews in Italy Under Fascist and Nazi Rule*, p. 3 ; Felstiner, *Refuge and Persecution in Italy, 1933-1945*, p. 15.

33. p. 213. Kempner, *Ankläger einer Epoche*, p. 147.

34. p. 213. Lettre de Ruth Kempner à Otto Reinemann, 13 août 1938, archives Kempner, boîte 95.

35. p. 213. Moura Goldin Wolpert, citée in *Dial 22-0756 Pronto*, p. 86.

36. p. 213. Lettre de Kempner à Erich Eyck, 21 oct.1938, archives Kempner, boîte 2.

37. p. 213. Décret de fermeture, archives Kempner, boîte 94.

38. p. 213. *Dial 22-0756 Pronto*, p. 95.

39. p. 214. Cité in *Dial 22-0756 Pronto*, p. 89-92.

40. p. 214. Lettre de Davidson, 23 oct. 1938, archives Kempner, boîte 2.

41. p. 214. Lettre de Peiser et Kempner, 26 oct. 1938, archives Kempner, boîte 94.

42. p. 214. Notice d'information de Peiser et Kempner, archives Kempner, boîte 94.

43. p. 215. Lettre de Kempner à Carl Misch, 28 nov. 1938, archives Kempner, boîte 2.

44. p. 215. Lettre de Kempner à Rudolf Olden, 12 déc.1938, archives Kempner, boîte 2.

45. p. 216. Lettre de Robert Kempner à Helene Kempner, 20 nov. 1937, archives Kempner, boîte 71.

46. p. 216. Formulaire de demande de Lucian Kempner adressé au *company commander*, 29 sept. 1945, archives Kempner, boîte 71.

47. p. 216. Lettre de Kempner à l'avocat Adolf Arndt, 17 mars 1938, archives Kempner, boîte 2.

48. p. 216. Jugement, 1er juillet 1939, archives Kempner, boîte 71.

49. p. 217. Formulaire de demande de Lucian Kempner adressé au *company commander*, 29 sept. 1945, archives Kempner, boîte 71.

50. p. 217. Lettre de Kempner, 29 sept. 1938, archives Kempner, boîte 71.

51. p. 217. Lettre de Kempner, 7 oct. 1938, archives Kempner, boîte 71.

– 12 –

« J'avais gagné le vieux cœur du parti »

1. p. 219. Burden, *The Nuremberg Party Rallies*, p. 137-147.

2. p. 219. Rapport de la brigade des mœurs, cité in Täubrich, *Fascination and Terror*, p. 76.

3. p. 220. Burden, *The Nuremberg Party Rallies*, p. 3-9.

4. p. 220. *Ibid.*, p. 8.

5. p. 220. Evans, *The Third Reich in Power*, p. 123-124.

6. p. 221. Frederick T. Birchall, « Duty Is Stressed at Nazi Congress », *New York Times*, 8 sept. 1937.

7. p. 222. Shirer, *Berlin Diary*, p. 22-27.

8. p. 222. Frederick T. Birchall, « Labor Has its Day at Nazi Congress », 9 sept. 1937.

9. p. 222. Journal de Rosenberg, « Après le congrès du parti. 1937 », sept. 1937.

10. p. 222. Stephen Kinzer, « Exonerations Still Eludes an Anti-Nazi Crusader », *New York Times*, 13 janv. 1996.

11. p. 222. « Germany Enraged By Ossietzky Prize », *New York Times*, 25 nov. 1936.

12. p. 223. Journal de Rosenberg, 31 janv. 1938.

13. p. 223. Cité in Bonney, *Confronting the Nazi War on Christianity*, p. 247, note 47.

14. p. 223. Journal de Rosenberg, « Après le congrès du parti. 1937 », sept. 1937.

15. p. 224. *Ibid.*, « Début octobre », oct. 1937.

16. p. 224. *Ibid.*, sans date, janv. 1938.

17. p. 226. Read, *The Devil's Disciples*, p. 384-385.

18. p. 225. Journal de Rosenberg, « Fin juillet 1936 ».

19. p. 225. *Ibid.*

20. p. 225. Fritz Sauckel, cité in *ibid.*, 20 juillet 1938.

21. p. 227. *Ibid.*, 29 juillet 1943.

22. p. 226. *Ibid.*, 25 nov. 1937.

23. p. 226. On trouvera le détail de ses liaisons et déboires conjugaux in Read, *The Devil's Disciples*, p. 421-422, 443, 484, 491-492.

24. p. 226. Cité in *ibid.*, p. 492.

25. p. 227. Journal de Rosenberg, sans date ; Matthäus, *Alfred Rosenberg : Die Tagebücher von 1934 bis 1944*, date cette entrée de déc. 1938.

26. p. 227. *Ibid.*, 1er mars 1939.

27. p. 228. Sur la chute de la Tchécoslovaquie et de l'Autriche, voir Shirer, *The Rise and Fall of the Third Reich*, p. 305-422.

28. p. 228. Evans, *The Third Reich in Power*, p. 359.

29. p. 229. Shirer, *The Rise and Fall of the Third Reich*, p. 326 ; voir également Schuschnigg, *Austrian Requiem*, p. 12-19.

30. p. 229. Evans, *The Third Reich in Power*, p. 111-113.

31. p. 230. Evans, *The Third Reich in Power*, p. 674.

32. p. 230. Meyer, *Jews in Nazi Berlin*, p. 98-100.

33. p. 230. Au sujet de la Nuit de cristal, voir Evans, *The Third Reich in Power*, p. 580-586.

34. p. 231. Read, *The Devil's Disciples*, p. 510.

35. p. 231. Les descriptions de la Nuit de cristal à Oberlustadt sont extraites de deux documents de la collection Irma Gideon du musée du mémorial de l'holocauste des États-Unis : une copie des documents judiciaires de Landau, relative au procès intenté en 1948 contre cinq Allemands qui avaient organisé l'attaque ; et un récit de Gideon, qui a assisté aux événements.

36. p. 232. Evans, *The Third Reich in Power*, p. 591.

37. p. 232. *Ibid.*, p. 590.

38. p. 233. *Ibid.*, p. 593.

39. p. 233. Journal de Rosenberg, non daté ; voir aussi Lang, *Memoirs of Alfred Rosenberg*, p. 171-172.

– 13 –

S'échapper

1. p. 235. Henry Kahane, cité in *Dial 22-0756 Pronto*, p. 28-29.

2. p. 235. *Ibid.*, p. 92 ; Hirsch n'a pas survécu ; il a péri à Auschwitz.

3. p. 235. *Deutscher Reichsanzeiger*, 21 oct. 1938, archives Kempner, boîte 41.

4. p. 236. Copie d'une lettre de recommandation de Hans Simons à la New School for Social Research, non datée, archives Kempner, boîte 76.

5. p. 236. Lettre de Stephen B. Sweeney à Roland Morris, 1er déc. 1938, archives Kempner, boîte 95.

6. p. 236. Lettre de Kempner à Alexandre Besredka, 8 sept. 1938, archives Kempner, boîte 2.

7. p. 236. Lettres de Kempner à Stephen B. Sweeney et Martha Tracy, 19 déc. 1938, archives Kempner, boîte 95.

8. p. 237. Lettre de Peiser et Kempner au *Joint*, 13 sept. 1938, archives Kempner, boîte 2.

9. p. 237. Lettre de Grossman à Kempner, 25 nov. 1938, archives Kempner, boîte 2.

10. p. 237. Lettre de Kempner à Carl Misch, 28 nov. 1938, archives Kempner, boîte 2.

11. p. 237. Lettre de Kempner à Milly Zirker, 6 déc. 1938, archives Kempner, boîte 2.

12. p. 237. Lettre de Kempner à Grossman, 16 déc. 1938, archives Kempner, boîte 2.

13. p. 237. Correspondance de Kempner avec Emil Gumbel, 8 nov.-19 déc. 1938, archives Kempner, boîte 2.

14. p. 237. Correspondance de Kempner avec le Jewish Assistance Committee [Est-ce le CAR, Comité d'assistance aux réfugiés ?] (Strasbourg), l'Assistance médicale aux enfants de réfugiés (Paris), l'Alliance israélite (Paris), déc. 1938, archives Kempner, boîte 2.

15. p. 238. L'identité de ces dix étudiants et ce qu'ils sont devenus par la suite reste mal connu. Selon *Dial 22-0756 Pronto*, un recueil de souvenirs sur cette école, au moins quatre des anciens étudiants de l'Istituto Fiorenza sont morts dans l'Holocauste, mais la majorité des élèves ont réussi à gagner les États-Unis, la Grande-Bretagne, Israël ou l'Amérique du Sud sains et saufs.

16. p. 238. Lettre de Kempner à Ernst Hamburger, 17 fév. 1939, archives Kempner, boîte 2.

17. p. 238. Shirer, *The Rise and Fall of the Third Reich*, p. 444-448.

18. p. 238. *Ibid.*, p. 462-475.

19. p. 239. Lettre de Kempner à Stephen B. Sweeney, 1er mai 1939, archives Kempner, boîte 95.

20. p. 240. *Ibid.*

21. p. 240. Lettres de Reinemann à Kempner, 29 mai et 6 juin 1939, archives Kempner, boîte 95.

22. p. 240. Télégrammes entre Reinemann et Kempner, 9-10 juin 1939, archives Kempner, boîte 95.

23. p. 241. Lettre de Kempner à Reinemann, 21 juin 1939. [Manque la source]

24. p. 241. Éléments de langage, archives Kempner, boîte 76.

25. p. 241. Déposition de Margot Lipton lors du procès Lipton *vs* Swansen, *et al.*, 23 juin 1999, tribunal de première instance du comté de Delaware.

26. p. 242. Lettre de Carl Misch à Kempner, 10 déc. 1938, archives Kempner, boîte 2.

27. p. 242. Transcription d'une lettre manuscrite de Kempner à Lucian Kempner, juillet 1939, archives Kempner, boîte 71. Cette lettre semble avoir été produite par son ex-femme au cours de leur bataille juridique pour la garde des enfants.

28. p. 242. Lettre de Kempner au service de l'Immigration et de la Naturalisation, 1er juillet 1969, archives Kempner, boîte 76.

EN GUERRE

1939-1946

– 14 –

Le fardeau de l'avenir

1. p. 247. Journal de Rosenberg, 22 août 1939.

2. p. 248. Hitler, *Mein Kampf*, p. 660.

3. p. 248. *Ibid.*, p. 662.

4. p. 248. *Ibid.*
5. p. 248. *Ibid.*, 12 août 1936.
6. p. 248. On trouvera le détail de la jeunesse de Ribbentrop in Read, *The Devil's Disciples*, p. 392-398.
7. p. 249. *Ibid.*, p. 246, 264-270.
8. p. 249. Journal de Rosenberg, 12 août 1936.
9. p. 249. Read, *The Devil's Disciples*, p. 379
10. p. 250. *Ibid.*, p. 400-403.
11. p. 250. *Ibid.*, p. 413.
12. p. 250. *Ibid.*, p. 555.
13. p. 250. Evans, *The Third Reich in Power*, p. 691-695.
14. p. 251. Shirer, *The Rise and Fall of the Third Reich*, p. 520-528.
15. p. 251. *Ibid.*, p. 538-544.
16. p. 252. Journal de Rosenberg, 24 sept. 1939.
17. p. 252. *Ibid.*, 21 mai 1939.
18. p. 253. *Ibid.*, 25 août 1939.
19. p. 253. Shirer, *The Rise and Fall of the Third Reich*, p. 532.
20. p. 253. Evans, *The Third Reich at War*, p. 3-8.
21. p. 254. Journal de Rosenberg, 29 sept. 1939.
22. p. 254. *Ibid.*, 19 août 1936.
23. p. 254. Piper, *Alfred Rosenberg*, p. 310.
24. p. 255. Journal de Rosenberg, 24 sept. 1939.
25. p. 255. Le détail des négociations entre l'Angleterre et l'Allemagne est tiré de Shirer, *The Rise and Fall of the Third Reich*, p. 548-549, 574-576.
26. p. 255. *Ibid.*, p. 598-599.
27. p. 255. Journal de Rosenberg, 24 sept. 1939.
28. p. 255. Shirer, *The Rise and Fall of the Third Reich*, p. 592.
29. p. 256. *Ibid.*, p. 613.
30. p. 256. Shirer, *Berlin Diary*, p. 200.
31. p. 256. Journal de Rosenberg, 24 sept. 1939.
32. p. 256. *Ibid.*, 1er nov. 1939.
33. p. 256. *Ibid.*, 29 sept. 1939.
34. p. 256. Evans, *The Third Reich at War*, p. 9-23.
35. p. 257. Read, *Devils Disciples*, p. 371.
36. p. 257. Cité *in* Burleigh, *The Third Reich : A New History*, p. 192 ; voir Himmler, Heinrich. *Die Schutzstaffel als antibolschewistische Kampforganization*, Munich : Franz Eher Nachfolger, 1937 [Idem, pourquoi n'est-ce pas en biblio ?].
37. p. 257. Evans, *The Third Reich in Power*, p. 52, 252.
38. p. 257. Shirer, *Berlin Diary*, p. 110.
39. p. 257. Read, *The Devil's Disciples*, p. 608-611.
40. p. 257. Evans, *The Third Reich in Power*, p. 33-34.
41. p. 258. Evans, *The Third Reich at war*, p. 11.
42. p. 258. Longerich, *Holocaust*, p. 154.
43. p. 259. Journal de Rosenberg, 29 sept. 1939.
44. p. 259. *Ibid.*, 7 janv. 1940.
45. p. 259. *Ibid.*, 19 janv. 1940.

– 15 –

La gloire à tout prix

1. p. 261. Carte postale de Ruth Kempner à Otto Reinemann, 2 septembre 1939, archives Kempner, boîte 95.
2. p. 262. Kempner, *Ankläger einer Epoche*, p. 143.

3. p. 262. Entretien de Kempner, archives du comité d'urgence d'aide aux universitaires étrangers réfugiés.

4. p. 262. *Ibid.*

5. p. 263. « Ex-Advisor to Germany's Police Comes Here to Begin New Life », *Evening Public Ledger* (Philadelphie), 29 septembre 1939.

6. p. 263. Cité *in* Kempner, *Ankläger einer Epoche*, p. 158.

7. p. 264. Discours de Kempner, archives Kempner, boîte 1.

8. p. 264. Lettre de Kempner au FBI, 16 mars 1942, archives Kempner, boîte 1.

9. p. 264. Lettre de Kempner à F. P. Foley, 8 octobre 1941, archives Kempner, boîte 1.

10. p. 265. Le rapport fut ensuite publié sous un titre légèrement différent par le département de recherche de l'université d'État de Washington.

11. p. 265. Lettre de Kempner à Knopf, 10 décembre 1941, et de Curtice Hitchcock à Kempner, 11 novembre 1941, archives Kempner, boîte 1.

12. p. 265. Lettre de Kempner à Hoover, 21 décembre 1938, archives Kempner, boîte 43.

13. p. 266. Informations sur Hoover tirées de Weiner, *Enemies*, p. 3-6, 13-46, 60-70.

14. p. 267. Cité *in* Olson, *Those Angry Days*, p. 240.

15. p. 267. Cité *in* Charles, *J. Edgar Hoover and the Anti-Interventionists*, p. 30.

16. p. 267. Weiner, *Enemies*, p. 78-79.

17. p. 267. Cité in *ibid.*, p. 83, 106.

18. p. 268. Lettres de Hoover à Kempner, 16 janvier et 24 juillet 1939, et Kempner à Hoover, 10 juillet et 25 septembre 1939, archives Kempner, boîte 43.

– 16 –
Des voleurs à Paris

1. p. 271. Kershaw, *Hitler: A Biography*, p. 541-543.

2. p. 271. Journal de Rosenberg, 14 novembre 1936.

3. p. 272. Kershaw, *Hitler: A Biography*, p. 544-547.

4. p. 272. Journal de Rosenberg, 11 novembre 1939.

5. p. 273. Evans, *The Third Reich at War*, p. 117-122 ; Shirer, *The Rise and Fall of the Third Reich*, p. 673-683, 697-712.

6. p. 274. Journal de Rosenberg, 20 décembre 1939.

7. p. 274. *Ibid.*, 9 avril 1940.

8. p. 275. *Ibid.*, 27 avril 1940.

9. p. 275. G.H. Archambault, « "Violent" Nazi Fire Pounds Key Points », *New York Times*, 31 mars 1940 ; Torrie, *« For Their Own Good »: Civilian Evacuations in Germany and France*, p. 33.

10. p. 275. Journal de Rosenberg, 11 avril 1940.

11. p. 276. *Ibid.*, 10 mai 1940.

12. p. 276. Evans, *The Third Reich at War*, p. 122-136.

13. p. 276. Shirer, *The Rise and Fall of the Third Reich*, p. 741-746.

14. p. 277. Evans, *The Coming of the Third Reich*, p. 386-390. (A enlever note 547).

15. p. 277. Evans, *The Third Reich in Power*, p. 271-281.

16. p. 278. Cité *in* Anonyme, *The Persecution of the Catholic Church in the Third Reich*, p. 360.

17. p. 278. Cecil, *The Myth of the Master Race*, p. 143.

18. p. 278. Anonyme, *The Persecution of the Catholic Church in the Third Reich*, p. 364.

19. p. 278. Journal de Rosenberg, 24 septembre 1939.

20. p. 279. *Ibid.*, 1er novembre 1939.

21. p. 280. *Ibid.*, 11 novembre 1939.

22. p. 280. *Ibid.*, 1er novembre 1939.

23. p. 280. Rosenberg obtint la permission de s'occuper de l'éducation idéologique des soldats allemands. Son bureau fournissait des bibliothèques en livres politiquement appropriés et envoyait des agents dans les zones de combats pour réitérer les thèmes chers aux nazis. De

façon prévisible, Goebbels ne voyait pas de grand intérêt au travail de Rosenberg. « Il y a toujours des idéologues parmi nous qui pensent qu'un homme de l'équipe des sous-marins qui sort de la salle des machines, sale et couvert d'huile, ne rêve que d'une chose : lire. Le mythe du vingtième siècle, écrivit-il dans son journal. Ceci est, bien évidemment, de la complète foutaise… Nous reparlerons de l'éducation idéologique après la guerre. Pour le moment, nous vivons notre idéologie et nous n'avons pas besoin qu'on nous l'enseigne. » Lochner, *The Goebbels Diaries*, p. 122.

24. p. 280. Journal de Rosenberg, 3 mars 1940.
25. p. 280. Weinreich, *Hitler's Professors*, p. 98-99.
26. p. 280. Hermand, *Culture in Dark Times*, p. 49.
27. p. 280. Evans, *The Third Reich in Power*, p. 285-286.
28. p. 281. Détails sur la spoliation des bibliothèques et des archives tirés de Collins, « The Einsatzstab Reichsleiter Rosenberg and the Looting of Jewish and Masonic Libraries during World War II », *Journal of Library History*, p. 24-24, et *in* Grimsted, *Reconstructing the Record of Nazi Cultural Plunder*, p. 25-35.
29. p. 282. Interrogatoire de Rosenberg, 25 septembre 1945, 14 h 15-16 h 30, Archives nationales, M1270, rouleau 17.
30. p. 282. Starr, « Jewish Cultural Property under Nazi Control », p. 45-46 ; Grimsted, "Roads to Ratibor", p. 409-10. On estime que la cache de la RSHA contenait environ deux millions d'ouvrages.
31. p. 282. Petropoulos, *Art as Politics in the Third Reich*, p. 128.
32. p. 282. Journal de Rosenberg, 28 mars 1941.
33. p. 282. *Ibid.*, 2 février 1941.
34. p. 282. Nicholas, *The Rape of Europa*, p. 41-46 ; James S. Plaut, « Loot for the Master Race », *The Atlantic*, septembre 1946.
35. p. 283. *Ibid.*, p. 37-41.
36. p. 283. *Ibid.*, p. 40.
37. p. 283. *Ibid.*, p. 101-102.
38. p. 284. *Ibid.*, p. 104-109.
39. p. 284. Cité in *ibid.*, p. 107.
40. p. 284. Ordre de Keitel du 17 septembre 1940 reproduit sous la référence 138-PS *in* Bureau du conseiller des États-Unis pour les poursuites des crimes de l'Axe, *Nazi Conspiracy and Aggression*, vol. 3, p. 186.
41. p. 285. Diels, *Lucifer Ante Portas*, p. 76. Voir aussi Lüdecke, *I Knew Hitler*, p. 650-651. Les historiens ont tendance à discréditer l'affirmation de Diels faute de preuves concordantes. Voir Piper, *Alfred Rosenberg*, p. 699, n. 360.
42. p. 285. Petropoulos, *Art as Politics in the Third Reich*, p. 133-134.
43. p. 285. Cité *in* Rosbottom, *When Paris Went Dark*, p. 71.
44. p. 286. Lettre et rapport de Rosenberg à Hitler, 16 avril 1943, reproduits sous la référence 015-PS *in* Bureau du conseiller des États-Unis, *Nazi Conspiracy and Aggression*, vol. 3, p. 41-45.
45. p. 286. Journal de Rosenberg, 6 septembre 1940.
46. p. 286. Interrogatoire de Rosenberg, 25 septembre 1945, 14 h 15-16 h 30, Archives nationales, M1270, rouleau 17.
47. p. 286. Dreyfus, *Nazi Labour Camps in Paris*, p. 9-10.
48. p. 287. Rapport d'interrogatoire n° 1, OSS, Unité d'enquête sur les spoliations artistiques, activité de l'ERR en France, août 1945, Archives nationales, M1782, Rouleau 1.
49. p. 287. Nicholas, *The Rape of Europa*, p. 127-128.
50. p. 287. Cité *in* Rosbottom, *When Paris Went Dark*, p. 30, 66-67.
51. p. 288. *Ibid.*, p. 101. L'historienne Cécile Desprairies s'occupa du décompte.
52. p. 289. Cité in *ibid.*, p. 11.
53. p. 289. Journal de Rosenberg, 2 février 1941.

54. p. 289. *Ibid.*

55. p. 290. Rapport d'interrogatoire n° 1 de l'OSS ; Nicholas, *The Rape of Europa*, p. 130-132.

56. p. 291. Interrogatoire de Rosenberg, 25 septembre 1945, 14 h 15-16 h 30, Archives nationales, M1270, rouleau 17.

57. p. 292. Voir Davidson, *The Trial of the Germans*, p. 139. Rosenberg affirme qu'il s'agissait de cadeaux.

58. p. 292. Lettre et compte rendu de Rosenberg à Hitler, 16 avril 1943, reproduits sous la référence 015-PS *in* Bureau du conseiller des États-Unis, *Nazi Conspiracy and Aggression*, vol. 3, p. 41-45.

59. p. 293. Nicholas, *The Rape of Europa*, p. 170.

– 17 –
Rosenberg, votre heure de gloire est arrivée

1. p. 295. Compte rendu d'un discours de Rosenberg dans le *Völkischer Beobachter*, 29 mars 1941, reproduit sous la référence 2889-PS *in* Bureau du conseiller des États-Unis pour les poursuites des crimes de l'Axe, *Nazi Conspiracy and Aggression*, vol. 5, p. 554-557.

2. p. 295. Les dignitaires étrangers étaient des sympathisants nazis de Norvège, du Danemark, des Pays-Bas, de Belgique, de Roumanie, de Bulgarie, de Hongrie, de Slovaquie et d'Italie. Parmi eux, on trouvait le rédacteur en chef antisémite d'un journal de Belgique, l'avocat général de la Hollande occupée et Vidkun Quisling qui avait collaboré avec les nazis durant l'invasion de la Norvège.

3. p. 295. Journal de Rosenberg, 28 mars 1941.

4. p. 297. Cité *in* Dallin, *German Rule in Russia 1941-1945*, p. 13-19.

5. p. 297. Journal de Rosenberg, 12 août 1936.

6. p. 297. Kay, *Exploitation, Resettlement, Mass Murder*, p. 18-22.

7. p. 297. Ces descriptions de la façon de gouverner des Soviets *in* Snyder, *Bloodlands*, p. 21-58.

8. p. 298. Cité in *ibid.*, p. 72.

9. p. 299. Détails sur le plan d'occupation soviétique *in* Kay, *Exploitation, Resettlement, Mass Murder*, p. 68-95, 120-198 ; Dallin, *German Rule in Russia 1941-1945*, p. 20-58.

10. p. 299. Cité *in* Trevor-Roper, *Hitler's Table Talk 1941-1944*, p. 21.

11. p. 299. Kay, *Exploitation, Resettlement, Mass Murder*, p. 39, 141.

12. p. 300. Cité *in* Dallin, *German Rule in Russia 1941-1945*, p. 39-40.

13. p. 300. Cité *in Trial of the Major War Criminals*, vol. 36, p. 145 ; Kay, *Exploitation, Resettlement, Mass Murder*, p. 134.

14. p. 301. Cité *in* Shirer, *The Rise and Fall of the Third Reich*, p. 832. Shirer continue : « Les dossiers volumineux de Rosenberg furent saisis intacts ; tout comme ses livres, leur lecture est ennuyeuse et nous ne voulons pas qu'ils viennent alourdir notre récit. »

15. p. 301. Compte rendu de Rosenberg, « L'URSS », 2 avril 1941, reproduit sous la référence 1017-PS *in* Bureau du conseiller des États-Unis pour les poursuites des crimes de l'Axe, *Nazi Conspiracy and Aggression*, vol. 3, p. 674-681.

16. p. 302. Journal de Rosenberg, 2 avril 1941.

17. p. 302. *Ibid.* Rosenberg ne développa pas ensuite dans son journal. Les historiens se demandent donc si Hitler se référait à l'extermination des juifs durant cette réunion. Il aurait également pu s'agir des millions de Slaves qui s'apprêtaient à mourir selon les plans nazis. Voir Piper, *Alfred Rosenberg*, p. 510.

18. p. 302. Cité *in* Dallin, *German Rule in Russia 1941-1945*, p. 26.

19. p. 303. Journal de Goebbels, 9 mai et 16 juin 1941, cité *in* Kay, *Exploitation, Resettlement, Mass Murder*, p. 81.

20. p. 303. Ordre top-secret de Keitel du 13 mars 1941, reproduit sous la référence 447-PS *in* Bureau du conseiller des États-Unis pour les poursuites des crimes de l'Axe, *Nazi Conspiracy and Aggression*, vol. 3, p. 409.
21. p. 303. Journal de Rosenberg, 20 avril 1941.
22. p. 304. Journal de Rosenberg, 2 février 1941.
23. p. 304. Journal de Rosenberg, 20 avril 1941.
24. p. 304. Kay, *Exploitation, Resettlement, Mass Murder*, p. 125. Les historiens ne s'accordent pas sur le fait de savoir si Rosenberg participa ou non à cette réunion. Quoi qu'il en soit, ses archives montrent qu'il en avait reproduit les conclusions dans son agenda. Voir Browning, *The Origins of the Final Solution*, p. 237.
25. p. 304. « Memorandum on the Result of Today's Discussion with the State Secretary Regarding Barbarossa », 2 mai 1941, reproduit sous la référence 2718-PS *in* Bureau du conseiller des États-Unis pour les poursuites des crimes de l'Axe, *Nazi Conspiracy and Aggression*, vol. 5, p. 378. Voir également Kay, *Exploitation, Resettlement, Mass Murder*, p. 124.
26. p. 304. Journal de Rosenberg, 6 mai 1941.
27. p. 304. *Ibid.*, 11 avril 1941.
28. p. 304. *Ibid.*, 6 mai 1941.
29. p. 305. Discours de Rosenberg, 20 juin 1941, reproduit sous la référence 1058-PS in *Trial of the Major War Criminals*, vol. 26, p. 610-627. Voir également Kay, *Exploitation, Resettlement, Mass Murder*, p. 171-172 ; Dallin, *German Rule in Russia 1941-1945*, p. 109.
30. p. 305. Journal de Rosenberg, 14 mai 1941.
31. p. 305. Les détails concernant la fuite de Hess sont tirés de Evans, *The Third Reich at War*, p. 167-170.
32. p. 307. Cité *in* Fest, *The Face of the Third Reich*, p. 127.
33. p. 307. Cité *in* Lang et Schenck, *Memoirs of Alfred Rosenberg*, p. 192.
34. p. 308. Voir Longerich, *Holocaust*, p. 260-261 ; Kay, *Exploitation, Resettlement, Mass Murder*, p. 109.
35. p. 308. Mulligan, *The Politics of Illusion and Empire*, p. 22.
36. p. 308. Journal de Rosenberg, 1er mai 1941.
37. p. 308. *Ibid.*, 6 mai 1941.
38. p. 309. Cité *in* Dallin, *German Rule in Russia 1941-1945*, p. 37.
39. p. 309. Cité *in* Breitman, *The Architect of Genocide*, p. 160.
40. p. 309. Cité *in* Kay, *Exploitation, Resettlement, Mass Murder*, p. 168.
41. p. 309. Evans, *The Third Reich at War*, p. 178-190.
42. p. 309. Cité in *ibid.*, p. 187.
43. p. 309. Cité *in* Zygmunt Klukowski, cité *in* Evans, *The Third Reich at War.*, p. 183.
44. p. 310. Snyder, *Bloodlands*, p. 179.
45. p. 310. Journal de Rosenberg, 12 septembre 1941.
46. p. 310. *Ibid.*, 20 juillet 1941. Compte rendu de réunion de Martin Bormann, 17 juillet 1941, reproduit sous la référence L-221 *in* Bureau du conseiller des États-Unis, *Nazi Conspiracy and Aggression*, vol. 7, p. 1086-1093 ; Kay, *Exploitation, Resettlement, Mass Murder*, p. 180-185.
47. p. 312. Kay, *Exploitation, Resettlement, Mass Murder*, p. 184.
48. p. 313. *Ibid.*, p. 191-193 ; Mulligan, *Politics of Illusion*, p. 10.
49. p. 313. Dallin, *German Rule in Russia 1941-1945*, p. 35.
50. p. 313. Journal de Rosenberg, 20 juillet 1941.

– 18 –

Missions spéciales

1. p. 315. Journal de Rosenberg, 27 janvier 1940.
2. p. 316. Voir Matthäus, *Alfred Rosenberg: Die Tagebücher von 1934 bis 1944*, p. 61 ; Browning, *The Origins of the Final Solution*, p. 293-297, 301 ; Lower, *Nazi Empire-Building*

and the Holocaust in Ukraine, p. 139-142 ; et Lower, « On Him Rests the Weight of Administration: Nazi Civilian Rulers and the Holocaust in Zhytomyr » in *The Shoah in Ukraine: History, Testimony, Memorialization*, p. 239.

3. p. 316. Longerich, *Holocaust*, p. 198-199 ; Steinberg, « The Third Reich Reflected: German Civil Administration in the Occupied Soviet Union », *English Historical Review*, p. 634.

4. p. 317. Ordre top-secret de Keitel du 13 mars 1941, reproduit sous la référence 447-PS *in* Bureau du conseiller des États-Unis pour les poursuites des crimes de l'Axe, *Nazi Conspiracy and Aggression*, vol. 3, p. 409.

5. p. 317. Cité *in* Longerich, *Holocaust*, p. 190.

6. p. 317. Cité *in* Breitman, *The Architect of Genocide*, p. 177.

7. p. 317. Browning, *Origins*, p. 261.

8. p. 318. Cité *in* Snyder, *Bloodlands*, p. 201-203.

9. p. 319. Journal de Rosenberg, 14 septembre 1941.

10. p. 319. Récit de Mikhail Grichanik *in* Rubenstein et Altman, *The Unknown Black Book*, p. 235-243 ; Arad, *The Holocaust in the Soviet Union*, p. 151-158.

11. p. 319. Cité *in* Arad, *The Holocaust in the Soviet Union*, p. 152.

12. p. 320. Rubenstein et Altman, *The Unknown Black Book*, p. 244.

13. p. 320. Cité in *ibid.*, p. 250-251.

14. p. 321. Arad, « The "Final Solution" in Lithuania in the Light of German Documentation », *Yad Vashem Studies*, p. 241.

15. p. 321. Cité *in* Browning, *Origins*, p. 284.

16. p. 321. Compte rendu, « General organization and tasks of our office for the general handling of problem in the Eastern Territories », reproduit sous la référence 1024-PS *in* Bureau du conseiller des États-Unis, *Nazi Conspiracy and Aggression*, vol. 3, p. 685.

17. p. 322. Cité *in* Browning, *Origins*, p. 285-286.

18. p. 322. Compte rendu, « Provisional directives on the treatment of Jews in the area of Reichskommissariat Ostland », reproduit sous la référence 1138-PS *in* Bureau du conseiller des États-Unis, *Nazi Conspiracy and Aggression*, vol. 3, p. 800-805.

19. p. 322. Browning, *Origins*, p. 287.

20. p. 322. Cité *in* Steinberg, « The Third Reich Reflected: German Civil Administration in the Occupied Soviet Union », *English Historical Review*, p. 647.

21. p. 323. Kershaw, *Hitler: A Biography*, p. 683-684.

22. p. 323. Journal de Rosenberg, 12 septembre 1941.

23. p. 323. Browning, *Origins*, p. 303, 332-333.

24. p. 324. Cité in *ibid.*, p 304.

25. p. 324. *Ibid.* Les historiens n'ont pas trouvé de copie envoyée et signée de ce document.

26. p. 324. *Ibid.*, p. 301.

27. p. 324. Rapport de Heinrich Carl à Wilhelm Kube, 30 octobre 1941, reproduit sous la référence 1104-PS *in* Bureau du conseiller des États-Unis, *Nazi Conspiracy and Aggression*, vol. 3, p. 785.

28. p. 325. Arad, « The "Final Solution" in Lithuania in the Light of German Documentation », *Yad Vashem Studies*, p. 249.

29. p. 325. Cité *in* Breitman, *Architect*, p. 208, 217.

30. p. 325. Arad, « The "Final Solution" in Lithuania in the Light of German Documentation », *Yad Vashem Studies*, p. 250.

31. p. 325. Lettre du ministère de Rosenberg à Lohse datée du 18 décembre 1941, reproduite sous la référence 3666-PS *in* Bureau du conseiller des États-Unis, *Nazi Conspiracy and Aggression*, vol. 6, p. 402-403.

32. p. 326. Arad, « Alfred Rosenberg and the "Final Solution" in the Occupied Soviet Territories », *Yad Vashen Studies*, p. 279-80.

33. p. 327. Cité *in* Browning, *Origins*, p. 404.

34. p. 327. Longerich, *Holocaust*, p. 345-356.

35. p. 327. Gerlach, « The Wannsee Conference, the Fate of German Jews, and Hitler's Decision in Principle to Exterminate All European Jews », *Journal of Modern History*, p. 768.

36. p. 328. Breitman, *Architect*, p. 219.

37. p. 328. Arad, « The "Final Solution" in Lithuania in the Light of German Documentation », *Yad Vashem Studies*, p. 252.

38. p. 328. *Ibid.*, p. 247.

39. p. 328. Matthäus, « Controlled Escalation: Himmler's Men in the Summer of 1941 and the Holocaust in the Occupied Soviet Teritories », *Holocaust and Genocide Studies*, p. 219.

40. p. 328. Journal de Rosenberg, 1er octobre 1941.

41. p. 328. Greich-Polelle, *Bishop von Galen*, p. 78-80 ; Evans, *The Third Reich at War*, p. 95-101.

42. p. 329. Journal de Rosenberg, 14 décembre 1941.

43. p. 330. Greich-Polelle, *Bishop von Galen*, p. 89-92.

44. p. 330. *Ibid.*, p. 92.

45. p. 330. Gerlach, « The Wannsee Conference, the Fate of German Jews, and Hitler's Decision in Principle to Exterminate All European Jews », *Journal of Modern History*, p. 785. Gerlach soutient que Hitler annonce ici sa décision d'exterminer tous les juifs d'Europe. Certains historiens ne sont pas d'accord.

46. p. 330. *Ibid.*, p. 784.

47. p. 331. « Compte rendu sur les discussions avec le Führer du 14 décembre 1941 » de Rosenberg, reproduit sous la référence 1517-PS *in* Bureau du conseiller des États-Unis, *Nazi Conspiracy and Aggression*, vol. 4, p. 55. Voir également Browning, *Origins*, p. 410, et Gerlach, « The Wannsee Conference », dans lesquels il soutient que Rosenberg fait allusion à la décision récente de lancer la mise en place de la solution finale.

48. p. 331. Trevor- Roper, *Hitler's Table Talk 1941-1944*, p. 112. Voir Piper, *Alfred Rosenberg*, p. 589. Aucun récit complet de leur conversation ne nous est parvenu.

49. p. 331. Gerlach, « Wannsee Conference, the Fate of German Jews, and Hitler's Decision in Principle to Exterminate All European Jews », *Journal of Modern History*, p. 790.

50. p. 332. Cité *in* Roseman, *The Villa, the Lake, the Meeting*, p. 57.

51. p. 332. Cité in *ibid.*, p. 113.

52. p. 333. Cité in *ibid.*, p. 87-88.

53. p. 333. Cité *in* Kershaw, *Hitler, 1936-1945: Nemesis*, p. 470.

– 19 –
Notre destinée si tragique et particulière

1. p. 335. Journal de Frieda et Max Reinach, mémorial de l'holocauste de Washington, États-Unis.

2. p. 336. Meyer, Simon et Schütz, *Jews in Nazi Berlin*, p. 111.

3. p. 336. *Ibid.*, p. 102-104.

4. p. 337. Cité *in* Kershaw, *Hitler: A Biography*, p. 469.

5. p. 337. Meyer, Simon et Schütz, *Jews in Nazi Berlin*, p. 184-185.

6. p. 338. *Ibid.*, p. 107.

7. p. 338. *Ibid.*, p. 187.

8. p. 339. *Ibid.*, p. 321.

9. p. 339. *Ibid.*, p. 327.

10. p. 340. *Ibid.*, p. 185.

11. p. 340. Livre des Bundesarchiv à la mémoire des victimes juives des persécutions nazies en Allemagne (1933-1945), bundesarchiv. de/gedenkbuch

12. p. 341. Meyer, Simon et Schütz, *Jews in Nazi Berlin*, p. 189.

13. p. 341. Cité *in* Longerich, *Holocaust*, p. 288.

14. p. 341. Trude et Walter Koshland dans une lettre à leurs petits-enfants de décembre 1972, jointe au dossier contenant le journal des Reinach.

15. p. 341. Il se trouve que le nom de naissance d'Alfred Kerr était Alfred Kempner, c'était un cousin éloigné de Robert Kempner. Quand Kempner lui écrivit en 1942, Kerr répondit par un vers : « Les temps sont obscurs mais soyons joyeux. Nous penderons les Huns lors du jugement dernier. » Lettre de Kerr à Kempner du 13 juillet 1942, archives Kempner, boîte 1.

– 20 –
Les nazis à nos portes

1. p. 343. Kempner, *Ankläger einer Epoche*, p. 177-179.
2. p. 343. Lettre de Kempner à Gerald Gleeson, 5 janvier 1942, archives Kempner, boîte 1.
3. p. 344. Cité *in* Kempner, *Ankläger einer Epoche*, p. 183.
4. p. 344. Cité *in* Gary, *The Nervous Liberals*, p. 199.
5. p. 344. Lettre de Charles Seal, procureur de l'unité spéciale de défense à Kempner, 29 juillet 1941, archives Kempner, boîte 1.
6. p. 344. Cité *in* Kempner, *Ankläger einer Epoche*, p. 149-150.
7. p. 345. Gary, *The Nervous Liberals*, p. 175-179.
8. p. 346. Compte rendu de Thomas G. Spencer à l'agent spécial du FBI, 28 octobre 1942, archives Kempner, boîte 43.
9. p. 346. *Report of the Attorney General to Congress on the Foreign Agents Registration Act, 1942-44* (Washington, département de la Justice, 1945) www.fara.gov/reports/Archive/1942-1944_FARA.pdf
10. p. 347. Lettre de Rogge au service de l'immigration et des naturalisations américain, 10 janvier 1945, archives Kempner, boîte 76.
11. p. 347. James Wechsler, « Sedition and Circuses », *The Nation*, 6 mai 1944.
12. p. 347. Discours d'ouverture de Rogge, reproduit dans St. George et Lawrence, *A Trial on Trial*, p. 129.
13. p. 348. Lettres de Kempner à Hoover, 1er janvier, 30 mai, 28 octobre et 19 décembre 1942 ; ainsi que 21 février, 2 septembre et 26 septembre 1943, archives Kempner, boîte 43.
14. p. 348. Gary, *The Nervous Liberals*, p. 201.
15. p. 349. Dans son autobiographie, Kempner affirme qu'il a un jour rencontré Hoover en personne dans le cadre d'une affaire et que le directeur du FBI lui a conseillé de ne pas révéler qu'il était avocat, car la chose était alors plutôt mal vue en Amérique. Kempner, *Ankläger einer Epoche*, p. 180.
16. p. 349. Lettre de Hoover à Kempner, 10 juin 1942, archives Kempner, boîte 43.
17. p. 349. Lettre de Kempner à Hoover, 19 décembre 1942, et lettre de Hoover à Kempner, 28 décembre 1942, archives Kempner, boîtes 1 et 43.
18. p. 349. Mémo de Kempner à l'agent spécial du FBI en charge, 8 janvier 1945, archives Kempner, boîte 43.
19. p. 349. Comptes rendus et factures de Kempner, archives Kempner, boîte 43.

– 21 –
Le ministère du Chaos

1. p. 353. Dallin, *German Rule in Russia 1941-1945*, p. 121, n. 5. Voir aussi Berkhoff, *Harvest of Despair*, p. 52.
2. p. 354. Journal de Rosenberg, 1er et 7 septembre 1941.
3. p. 354. *Ibid.*, 7 septembre 1941.
4. p. 354. Trevor-Roper, *Hitler's Table Talk 1941-1944*, p. 28.
5. p. 354. Dallin, *German Rule*, p. 120-122.
6. p. 354. Journal de Rosenberg, 1er septembre 1941.
7. p. 355. *Ibid.*, 1er octobre 1941.
8. p. 355. Lower, *Nazi Empire-Building and the Holocaust in Ukraine*, p. 99.
9. p. 356. Lochner, *The Goebbels Diaries*, p. 409.
10. p. 356. *Ibid.*, p. 229.
11. p. 356. Buttar, *Battleground Prussia*, p. 5 ; *Berkhoff, Harvest of Despair*, p. 36-37 ; Dallin, *German Rule*, p. 125.
12. p. 356. Gisevius, *To the Bitter End*, p. 200-201.
13. p. 357. Dallin, *German Rule*, p. 439.

14. p. 357. Berkhoff, *Harvest of Despair*, p. 47.
15. p. 357. Lower, *Nazi Empire-Building*, p. 131.
16. p. 358. Rapport de Koch à Rosenberg, le 16 mars 1943, reproduit comme 192-PS in *Trial of the Major War Criminals*, vol. 25, p. 255-288 ; cité *in* Dallin, *German Rule*, p. 157.
17. p. 358. Rosenberg à Koch, 13 mai 1942, cité in *ibid.*, p. 134-135.
18. p. 358. Journal de Rosenberg, 18 décembre 1942.
19. p. 358. Dallin, *German Rule*, p. 133.
20. p. 359. Kube à Lohse, 31 juillet 1942, reproduit comme 3428-PS in *Office of the U.S. Chief of Counsel for the Prosecution of Axis Criminality, Nazi Conspiracy and Aggression*, vol. 6, p. 131–133.
21. p. 359. Evans, *The Third Reich at War*, p. 275-278.
22. p. 360. *Ibid.*, p. 282-302.
23. p. 361. Discours de Himmler, 4 octobre 1943, reproduit dans Noakes, *Nazism: A History in Documents*, vol. 2, p. 1199.
24. p. 361. Evans, *The Third Reich at War*, p. 409-423.
25. p. 361. *Ibid.*, p. 402.
26. p. 362. Cecil, *The Myth of the Master Race*, p. 213.
27. p. 362. Journal de Rosenberg, 30 novembre 1942.
28. p. 362. *Ibid.*, 20 novembre 1942.
29. p. 362. Berkhoff, *Harvest of Despair*, p. 255-272.
30. p. 363. Cité in *ibid.*, p. 264.
31. p. 363. Journal de Rosenberg, 12 octobre 1942.
32. p. 363. Rapport de Rosenberg, « Concerning: Jewish Possessions in France », 18 décembre 1941, reproduit comme 001-PS in *Office of the U.S. Chief of Counsel, Nazi Conspiracy*, vol. 3, p. 1.
33. p. 363. Dreyfus, *Nazi Labour Camps in Paris*, p. 1-33, 56-82.
34. p. 364. *Ibid.*, p. 120.
35. p. 364. *Ibid.*, p. 66-67.
36. p. 365. *Ibid.*, p. 69.
37. p. 365. *Ibid.*, p. 32.
38. p. 365. *Ibid.*, p. 16-17.
39. p. 365. Les détails des pillages de l'Einsatzstab de Rosenberg à l'Est sont tirés de Collins, « The Einsatzstab Reichsleiter Rosenberg and the Looting of Jewish and Masonic Libraries During World War II », *Journal of Library History*, p. 24-34, et de Grimsted, *Reconstructing the Record of Nazi Cultural Plunder*, p. 25-35.
40. p. 365. Nicholas, *The Rape of Europa*, p. 192-200.
41. p. 366. Journal de Rosenberg, 2 février 1943.
42. p. 367. Entrée intitulée « Après le 12 janvier 1943 », *ibid.*
43. p. 367. Mulligan, *The Politics of Illusion and Empire*, p. 65-70.
44. p. 368. Journal de Rosenberg, 25-26 janvier 1943.
45. p. 368. Dallin, *German Rule*, p. 168-176. L'accord ne se mettra en place qu'en juin.
46. p. 368. *Ibid.*, p. 88.
47. p. 368. Cecil, *Myth of the Master Race*, p. 212.
48. p. 369. Mulligan, *Politics of Illusion*, p. 70.
49. p. 369. Trevor-Roper, *Hitler's Table Talk*, p. 466.
50. p. 369. Dallin, *German Rule*, p. 157-163.
51. p. 369. Journal de Rosenberg, 7 août 1943.
52. p. 370. Rapport de Bormann à Rosenberg, 22 février 1940, reproduit comme 098-PS in *Office of the U.S. Chief of Counsel, Nazi Conspiracy*, vol. 3, p. 152-157.
53. p. 370. Rapport, « Relationship of National Socialism and Christianity », non daté, reproduit comme D-75 in *Office of the U.S. Chief of Counsel, Nazi Conspiracy*, vol. 6, p. 1036-1039.
54. p. 370. Journal de Rosenberg, 7 septembre 1941.
55. p. 370. *Ibid.*, 7 août 1943.

– 22 –
Une ruine

1. p. 373. Evans, *The Third Reich at War*, p. 490, 618.
2. p. 373. *Ibid.*, p. 459-466.
3. p. 373. Journal de Rosenberg, 31 décembre 1943.
4. p. 374. Lochner, *The Goebbels Diaries*, p. 586.
5. p. 375. Piper, *Alfred Rosenberg*, p. 612.
6. p. 375. Lochner, *The Goebbels Diaries*, p. 588.
7. p. 376. Journal de Rosenberg, 29 juillet 1944.
8. p. 376. Evans, *The Third Reich at War*, p. 618.
9. p. 376. *Ibid.*, p. 632–646.
10. p. 378. Journal de Rosenberg, 30 juillet 1944.
11. p. 378. Shirer, *The Rise and Fall of the Third Reich*, p. 1060, note.
12. p. 378. Journal de Rosenberg, 27 août 1944.
13. p. 379. *Ibid.*, 22 octobre 1944.
14. p. 379. Dallin, *German Rule in Russia 1941-1945*, p. 639.
15. p. 379. Petropoulus, *Art as Politics in the Third Reich*, p. 157.
16. p. 379. *Ibid.*, p. 553-586.
17. p. 380. *Ibid.*, p. 594.
18. p. 380. *Ibid.*, p. 613-640.
19. p. 381. Journal de Rosenberg, 12 novembre 1944.
20. p. 381. *Ibid.*, 22 et 26 octobre 1944.
21. p. 382. *Ibid.*, 12 novembre 1944.
22. p. 382. *Ibid.*, 26 octobre 1944.
23. p. 382. *Ibid.*, 3 décembre 1944.
24. p. 382. Evans, *The Third Reich at War*, p. 657-658, 681-683.
25. p. 383. *Ibid.*, p. 718-720.
26. p. 383. Lang et Schenck, *Memoirs of Alfred Rosenberg*, p. 294-295.
27. p. 383. Evans, *The Third Reich at War*, p. 699.
28. p. 383. Lang et Schenck, *Memoirs*, p. 295-296.
29. p. 383. Evans, *The Third Reich at War*, p. 682.
30. p. 384. Lang et Schenck, *Memoirs*, p. 297.
31. p. 384. Evans, *The Third Reich at War*, p. 708.
32. p. 384. *Ibid.*, p. 710.
33. p. 384. *Ibid.*, p. 722-727 ; Kershaw, *Hitler: A Biography*, p. 951-955, 960.
34. p. 385. Cet extrait du message de Göring et de la trahison de Himmler est tiré de Read, *The Devil's Disciples*, p. 899-905.
35. p. 386. Edsel, *The Monuments Men*, p. 348-352.
36. p. 386. Rorimer, *Survival*, p. 183-185.
37. p. 387. Edsel, *Monuments Men*, p. 382-384.
38. p. 388. Alex Shoumatoff, « The Devil and the Art Dealer », *Vanity Fair*, avril 2014.
39. p. 389. Lang et Schenck, *Memoirs*, p. 299.
40. p. 389. Speer, *Inside the Third Reich*, p. 496.
41. p. 389. Lang et Schenck, *Memoirs*, p. 300-302.

– 23 –
« Je lui reste fidèle jusqu'à la fin »

1. p. 393. Note de Kempner au FBI, le 8 mars 1945, archives Kempner, boîte 43 ; « Searching For Hitler? », *Philadelphia Record*, 22 octobre 1945.
2. p. 393. Archives Kempner, boîte 44.
3. p. 393. Field, cité *in* Sandy Meredith et Bob Sanders, « Refugees on Mars: FDR's Secret Plan », *Mother Jones*, février-mars 1983.

4. p. 394. Note de Kempner à l'agent spécial du FBI en charge, 5 avril 1945, archives Kempner, boîte 43.

5. p. 394. Kempner à Sam Harris, 9 juillet 1945, archives Kempner, boîte 43.

6. p. 395. Tusa and Tusa, *The Nuremberg Trial*, p. 52, 63.

7. p. 395. *Ibid.*, p. 54. Voir aussi Persico, *Nuremberg*, p. 17.

8. p. 396. *Ibid.*, p. 26-27.

9. p. 396. Note de Ruth S. Bentley, « Reappointment of Robert Max W. Kempner as Consultant », 9 juin 1945, Archives nationales de St Louis, fiche personnelle de Kempner, Département de l'Armée/Air Force.

10. p. 397. Rapport de Kempner : « The Guilt of Herman Goering », 11 juin 1945, Archives nationales, Record Group 238, Security-Classified General Correspondence 1945-1946, contenant 18. Dans son rapport, Kempner nota que c'étaient des agents de Göring qui avaient enlevé Berthold Jacob en 1935, et l'avaient transféré de Suisse au camp de concentration de Columbia-Haus. « Des connaissances de Jacob furent arrêtées et torturées à Berlin en même temps », écrivit Kempner, sans toutefois mentionner explicitement qu'il avait été l'une d'entre elles.

11. p. 397. Note de Bernays à Jackson, 17 juillet 1945, Archives Robert H. Jackson, boîte 106, pellicule 12.

12. p. 397. Note de Daniel Noce sur les détails du transport, 7 août 1945, Archives nationales de St Louis, fiche personnelle de Kempner, Département de l'Armée/Air Force.

13. p. 397. « Yanks Sing for Newsmen at Nuremberg », article d'un journal non identifié, archives Kempner, boîte 418.

14. p. 397. Thom Shanker, « Despite Nuremberg Trials, War Crimes a Murky Issue », *Chicago Tribune*, 30 juin 1993.

15. p. 397. Persico, *Nuremberg*, p. 39 ; Neave, *On Trial at Nuremberg*, p. 42.

16. p. 398. Andrus, *I Was the Nuremberg Jailer*, p. 52.

17. p. 398. Neave, *On Trial at Nuremberg*, p. 45.

18. p. 398. Persico, *Nuremberg*, p. 151.

19. p. 399. Interrogatoire de Rosenberg, 14 août 1945, Archives nationales, M1270, pellicule 26.

20. p. 399. Dodd et son fils Christopher J. Dodd représentèrent tous les deux l'État du Connecticut au Sénat des États-Unis, de 1959 à 1971 et de 1981 à 2011, respectivement.

21. p. 399. Dodd, *Letters from Nuremberg*, p. 92.

22. p. 399. Interrogatoire de Rosenberg, 21 septembre 1945, 14 h 30-16 h 40, Archives nationales, M1270, pellicule 17.

23. p. 400. *Ibid.*, 22 septembre 1945, 14 h 15-16 heures.

24. p. 400. *Ibid.*, 24 septembre 1945, 10 h 30-12 heures.

25. p. 401. *Ibid.*, 22 septembre 1945, 11 h 00-12 heures.

26. p. 401. *Ibid.*, 24 septembre 1945, 14 h 30-15 heures.

27. p. 401. *Ibid.*, 10 h 30-12 heures.

28. p. 401. *Ibid.*, 22 septembre 1945, 14 h 15-16 heures.

29. p. 401. *Ibid.*, 24 septembre 1945, 10 h 30-12 heures.

30. p. 402. *Ibid.*, 4 octobre 1945, 10 h 30-12 h 15.

31. p. 402. Neave, *On Trial at Nuremberg*, p. 102-104.

32. p. 403. Lettre de Kempner, « Dear Folks », 11 août 1945, archives Kempner, boîte 418 ; interview de Kempner, Archives du comité d'aide d'urgence aux académiciens en exil.

33. p. 403. Tusa and Tusa, *Nuremberg Trial*, p. 96-101.

34. p. 404. Kempner, *Ankläger einer Epoche*, p. 251-252.

35. p. 405. *Ibid.*, p. 253.

36. p. 405. Interview de Kempner, cité *in* Mosley, *The Reich Marshal*, p. 325.

37. p. 405. Interview de Kempner, cité *in* Maguire, *Law and War*, p. 117.

38. p. 405. Interrogatoire de Göring, 13 octobre 1945, Archives nationales, M1270, boîte 5.

39. p. 406. En dépit des tentatives de l'époque pour rendre les nazis responsables de l'incendie du Reichstag, de nombreux historiens ont fini par conclure que Marinus van der Lubbe, le communiste hollandais exécuté en 1934 pour ce crime, avait agi seul cette nuit-là. Dans les années 1970 et 1980, Kempner, à la demande du frère de van der Lubbe, essaya

sans succès de faire annuler ce jugement. En 2008, van der Lubbe fut pardonné de manière posthume par l'État allemand.

40. p. 406. Robert Kempner à Ruth Kempner, 21 septembre 1945, archives Kempner, boîte 418.

41. p. 406. Cartes postales de Kempner, 13 septembre 1945, archives Kempner, boîte 418.

42. p. 407. Lettre de Kempner, 9 septembre 1945, archives Kempner, boîte 418.

43. p. 407. Lettre de Kempner, 10 octobre 1945, archives Kempner, boîte 418.

44. p. 407. Coupures de presse dans les archives Kempner Papers, boîte 418.

45. p. 408. Carte postale de Kempner à *Der Folks*, 23 octobre 1945, archives Kempner, boîte 418.

46. p. 408. Note du Bureau du conseiller en chef des États-Unis, archives Kempner, boîte 418.

47. p. 408. Kempner, *Ankläger*, p. 252.

48. p. 409. Coupure de presse annotée du *Time magazine* datée du 3 décembre 1945, archives Kempner, boîte 418.

49. p. 409. Persico, *Nuremberg*, p. 131-134.

50. p. 409. *Trial of the Major War Crimi1nals*, vol. 2, p. 99.

51. p. 410. Otto Kranzbühler, cité *in* Maguire, *Law and War*, p. 88.

52. p. 410. *Trial of the Major War Criminals*, vol. 2, p. 102.

53. p. 410. *Ibid.*, vol. 3, p. 553.

54. p. 411. Gilbert, *Nuremberg Diary*, p. 97, 120, 354.

55. p. 411. *Trial of the Major War Criminals*, vol. 5, p. 41-66.

56. p. 412. *Ibid.*, p. 176, 181-182. On ignore tout des autres circonstances de cette visite.

57. p. 412. Note de Robert G. Storey à Kempner, 28 novembre 1945, archives Kempner, boîte 418.

58. p. 412. Neave, *On Trial at Nuremberg*, p. 43-44.

59. p. 412. Victor H. Bernstein, « Kempner Will Have His Day in Court », PM, 11 janvier 1946 ; coupure de presse dans les archives Kempner, boîte 263.

60. p. 413. Persico, *Nuremberg*, p. 175.

61. p. 413. *Trial of the Major War Criminals*, vol. 5, p. 352-367.

62. p. 413. Raymond Daniell, « Goering Accused Red Baselessly », *New York Times*, 17 janvier 1946.

63. p. 414. Persico, *Nuremberg*, p. 226.

64. p. 414. Robert M. W. Kempner, « Impact of Nuremberg », *New York Times*, 6 octobre 1946.

65. p. 414. Shirer, *Rise and Fall*, p. 1070 ; Evans, *The Third Reich at War*, p. 643.

66. p. 414. *Trial of the Major War Criminals*, vol. 11, p. 396-422.

67. p. 415. Gilbert, *Nuremberg Diary*, p. 267-268.

68. p. 416. Note de l'OSS memorandum au sujet de Rosenberg, 11 juillet 1945, Archives nationales, Record. Group 238, *German Dossiers 1945-1946*, Container 41.

69. p. 416. *Trial of the Major War Criminals*, vol. 11, p. 444-529.

70. p. 417. Evans, *The Third Reich at War*, p. 728 ; Graeme Wood, « Martin Bormann has a Stomachache », *Atlantic*, 20 juillet 2009.

71. p. 418. Note secrète Rosenberg, « Concerning: Jewish Possessions in France », 18 décembre 1941, reproduit comme 001-PS dans *Office of the U.S. Chief of Counsel for the Prosecution of Axis Criminality, Nazi Conspiracy and Aggression*, vol. 3, p. 1.

72. p. 418. Laub, *After the Fall*, p. 46.

73. p. 418. Note « Re: Evacuation of youths », 12 juin 1944, reproduit comme 031-PS dans *Office of the U.S. Chief of Counsel, Nazi Conspiracy*, vol. 3, p. 71-74.

74. p. 419. Lettre du bureau de Lohse à Rosenberg, 18 juin 1943, reproduite comme R-135 dans *Office of the U.S. Chief of Counsel, Nazi Conspiracy*, vol. 8, p. 205-208.

75. p. 420. *Trial of the Major War Criminals*, vol. 11, p. 529-564.

76. p. 422. Höss estimait que 2,5 millions de personnes avaient été gazées à Auschwitz, mais les historiens estiment ce nombre plutôt aux alentours de 1,1 à 1,5 million ; voir Evans, *The Third Reich at War*, p. 304.

77. p. 422. Dodd, *Letters from Nuremberg*, p. 287.

78. p. 423. Kempner à Murray Gurfin, 17 juin 1946, archives Kempner, boîte 262 ; note de Thomas Dodd sur les assignations, 16 et 18 mai 1946, archives Kempner, boîte 263.

79. p. 423. Lettre de candidature de Lucian Kempner au commandant de la compagnie, 29 septembre 1945, archives Kempner, boîte 71.

80. p. 423. Lucian Kempner, brouillon de candidature pour devenir employé fédéral, archives Kempner, boîte 41 ; les détails du camp sont tirés de Weinmann, *Der Nationalsozialistische Lagersystem*, p. 69 ; Megargee, *The United States Holocaust Memorial Museum Encyclopedia of Camps and Ghettos 1933-1945*, p. 820 ; ainsi que du site internet d'*Amersfoort National Monument*, www.kampamersfoort.nl/p/start

81. p. 423. Dans un autre témoignage, Lucian affirma avoir été « libéré par des forces américaines ». Déposition de Lucian Kempner dans Lipton v. Swansen.

82. p. 423. Lucian Kempner à la station radio Voice of America, juillet 1945, archives Kempner, boîte 71.

83. p. 423. Lucian Kempner à Robert Kempner, 9 janvier 1946, archives Kempner, boîte 71.

84. p. 424. Déposition de Lucian Kempner dans Lipton v. Swansen.

85. p. 424. « Refugee and Mother Reunited After Decade », *Philadelphia Inquirer*, 27 mai 1946 ; « Kempner's Son, Victim of Nazis, Rejoins Mother », *Philadelphia Record*, 27 mai 1946.

86. p. 424. Grossman à Robert Kempner, 18 juin 1946, archives Kempner, boîte 262.

87. p. 425. Note de Kempner à Thomas Dodd, 17 juillet 1946, archives Kempner, boîte 262.

88. p. 425. Persico, *Nuremberg*, p. 367 ; Tusa and Tusa, *The Nuremberg Trial*, p. 455.

89. p. 425. Persico, *Nuremberg*, p. 294-298 ; Gilbert, *The Nuremberg Diary*, p. 212-214.

90. p. 425. Interview de Kempner citée dans Mosley, *The Reich Marshal*, p. 325, 347.

91. p. 426. Hett, *Burning the Reichstag*, p. 194, 220. Kempner déclara que le témoignage de Diels à Nuremberg avait été « une assistance particulièrement appréciable ».

92. p. 426. Cette citation et description de la relation entre Kempner et Diels sont extraites de Kohl, *The Witness House*, p. 43-47, 152-153.

93. p. 426. Hett, *Burning the Reichstag*, p. 183.

94. p. 427. *Trial of the Major War Criminals*, vol. 19, p. 416.

95. p. 427. *Ibid.*, vol. 22, p. 381-383.

96. p. 427. Smith, *Reaching Judgment at Nuremberg*, p. 190-194 ; Persico, *Nuremberg*, p. 388-394.

97. p. 428. Persico, *Nuremberg*, p. 395-405.

98. p. 429. Henry F. Gerecke et Merle Sinclair, « I Walked to the Gallows with the Nazi Chiefs », *Saturday Evening Post*, 1er septembre 1951.

99. p. 429. Lang et Schenck, *Memoirs of Alfred Rosenberg*, p. 201.

100. p. 429. *Ibid.*, p. 248.

101. p. 429. *Ibid.*, p. 161.

102. p. 429. *Ibid.*, p. 104.

103. p. 430. *Ibid.*, p. 184-185.

104. p. 430. *Ibid.*, p. 189.

105. p. 430. *Ibid.*, p. 197.

106. p. 430. *Ibid.*, p. 113.

107. p. 430. *Ibid.*, p. 266.

108. p. 431. Persico, *Nuremberg*, p. 322-323.

109. p. 431. Kempner, *Ankläger*, p. 236.

110. p. 431. Une des quatre lettres, ou du moins une partie, se retrouva entre les mains de Kempner ; Taylor, *The Anatomy of the Nuremberg Trials*, p. 619.

111. p. 431. Kingsbury Smith, « The Execution of Nazi War Criminals », *International News Service*, 16 octobre 1946.

112. p. 432. Note de Burton Andrus, 17 octobre 1946, archives Jackson, boîte 101, pellicule 7 ; Persico, *Nuremberg*, p. 423-429.

Bibliographie

Archives

Des scanners haute définition du journal de Rosenberg sont disponibles sur les sites web des Archives nationales américaines et du mémorial de l'Holocauste de Washington. On trouve les pages allant de 1934 à 1935 en tapant *Alfred Rosenberg diary* sur le site *archives.gov/research/search* et en parcourant les archives de Nuremberg étiquetées *1749-PS*. Les pages datant de 1936 à 1944 sont accessibles sur : *collections.ushmm.org/view/2001.62.14*

Archives de l'AFSC, l'American Friends Service Committee Refugee Assistance, archives Ruth Kempner, mémorial de l'Holocauste de Washington.

Correspondance avec le centre européen concernant la réception et le renvoi des documents 1945-1946, *Record Group 238*, Archives nationales, College Park, Maryland.

Correspondance de l'Einsatzstab Reichsleiter Rosenberg (microfilm M1946), *Record Group 260*, Archives nationales, College Park, Maryland.

Dossiers allemands 1945-1946, *Record Group 238*, Archives nationales, College Park, Maryland.

Interrogatoires en vue des poursuites pour crimes de guerre à Nuremberg 1945-1947 (microfilm M1270), *Record Group 238*, Archives nationales, College Park, Maryland.

Collection Irma Gideon, mémorial de l'Holocauste de Washington.

Archives Jackson, Robert H., *Boîtes 14, 101 et 106*, bibliothèque du Congrès, Washington.

Kempner, Robert M. W., archives du département de la Justice et du département de l'Armée, Archives nationales, Centre national des archives personnelles, Saint-Louis, Missouri.

Kempner, Robert M. W. et Kempner, Ruth Benedicta, archives, *Record Group 71.001*, mémorial de l'Holocauste de Washington.

Lester, Jane, Histoire orale, Fondation et institut de la Shoah pour l'histoire visuelle et l'éducation de l'USC, université de Californie du Sud, *sfi.usc.edu*, Los Angeles.
Lipton, Margot, succession et biens immobiliers, *Dossiers 2006-80096*, tribunal des successions du comté de Niagara, Lockport, New York.
Margot Lipton v. Samuel T. Swansen, et al. / Affaire n° 98-12106, tribunal de droit commun du comté de Delaware, Bureau de l'aide judiciaire, Media, Pennsylvanie.
Messersmith, George S., archives de la bibliothèque de l'université du Delaware à Newark. Rapports d'enquête de l'OSS sur les spoliations artistiques, 1945-1946 (microfilm M1782), *Record Group 239*, Archives nationales, College Park, Maryland.
Archives du Comité d'urgence pour l'aide aux universitaires étrangers déplacés, dossier de Robert Kempner, *Record Group 19.051*, mémorial de l'Holocauste de Washington.
Archives du Bureau du conseiller pour les crimes de guerre, *Record Group 260*, Archives nationales, College Park, Maryland.
Archives américaines des interrogatoires des procès pour crimes de guerre de Nuremberg 1946-1949 (microfilm M1019), *Record Group 238*, Archives nationales, College Park, Maryland.
Reinach, Frieda and Max, journal, *Record Group 10.249*, mémorial de l'Holocauste de Washington.
Rosenberg, Alfred, journal, 1936-1944, *Record Group 71*, mémorial de l'Holocauste de Washington.
Correspondance générale classifiée 1945-1946, *Record Group 238*, Archives nationales, College Park, Maryland.
Taylor, Telford, archives, 1918-1998, bibliothèque des livres rares et des manuscrits de l'université Columbia, New York.
Rapports de mission de la 3e division de l'armée, bibliothèque de recherche en ligne du centre de l'armée, Centre militaire de l'armée des États-Unis (USACAC), *cgsc.contentdm.oclc.org*
Dossiers d'accusation américains et éléments de preuves 1945-1946, *Record Group 238*, Archives nationales, College Park, Maryland.
United States v. William Martin, procès civil n° 03-01666, cour fédérale de district du District Est de Pennsylvanie, Philadelphie.

Articles

Arad, Yitzhak, « Alfred Rosenberg and the Final Solution in the Occupied Soviet Territories », *Yad Vashem Studies* 13 (1979): 263-286.
Arad, Yitzhak, « The Final Solution in Lithuania in the Light of German Documentation », *Yad Vashem Studies* 11 (1976): 234-272.
Baxa, Paul, « Capturing the Fascist Moment: Hitler's Visit to Italy in 1938 and the Radicalization of Fascist Italy », *Journal of Contemporary History* 42, no. 2 (2007): 227-242.
Collins, Donald E., and Herbert P. Rothfelder, « The Einsatzstab Reichsleiter Rosenberg and the Looting of Jewish and Masonic Libraries During World War II », *Journal of Library History*, 18, no. 1 (Hiver 1983): 21-36.
Felstiner, Mary, « Refuge and Persecution in Italy, 1933-1945 », *Simon Wiesenthal Center Annual*, 4 (1987), article disponible en ligne sur le site du centre.

GERLACH, CHRISTIAN, « The Wannsee Conference, the Fate of German Jews, and Hitler's Decision in Principle to Exterminate All European Jews », *Journal of Modern History*, 70, no. 4 (Décembre 1998): 759-812.

GRIMSTED, PATRICIA KENNEDY, « Roads to Ratibor: Library and Archival Plunder by the Einsatzstab Reichsleiter Rosenberg », *Holocaust and Genocide Studies*, 19, no. 3 (Hiver 2005): 390-458.

KEMPNER, ROBERT M. W., « Blueprint of the Nazi Underground – Past and Future Subversive Activities », *Research Studies of the State College of Washington*, 13, no. 2 (Juin 1945): 51-153.

LAYTON, ROLAND V., JR., « The *Völkischer Beobachter*, 1920-1933: The Nazi Party Newspaper in the Weimar Era », *Central European History*, 3, no. 4 (Décembre 1970): 353-382.

MATTHÄUS, JÜRGEN, « Controlled Escalation: Himmler's Men in the Summer of 1941 and the Holocaust in the Occupied Soviet Territories », *Holocaust and Genocide Studies*, 21, no. 2 (Automne 2007): 218-242.

STARR, JOSHUA, « Jewish Cultural Property under Nazi Control », *Jewish Social Studies*, 12, no. 1 (Janvier 1950): 27-48.

STEINBERG, JONATHAN, « The Third Reich Reflected: German Civil Administration in the Occupied Soviet Union », *English Historical Review*, 110, no. 437 (Juin 1995): 620-651.

Ouvrages

ALLEN, WILLIAM SHERIDAN, *The Infancy of Nazism: The Memoirs of Ex-Gauleiter Albert Krebs 1923-1933*, New Viewpoints, New York, 1976.

ANDRUS, BURTON C., *I Was the Nuremberg Jailer*, Tower Publications, New York, 1970, *Les Prisonniers de Nuremberg*, France-Empire, Paris, 1969.

ANONYMOUS, *The Persecution of the Catholic Church in the Third Reich: Facts and Documents*, Pelican, Gretna, Louisiana, 2003.

ARAD, YITZHAK, *The Holocaust in the Soviet Union*, University of Nebraska Press, Lincoln, 2009.

ARENDZEN, REV. JOHN, *Foreword to « Mythus »: The Character of the New Religion*, by Alfred Rosenberg, Friends of Europe, London, 1937.

AWLM, *Dial 22-0756, Pronto: Villa Pazzi: Memories of Landschulheim Florenz 1933-1938*, AWLM, Ottawa, 1997.

BAEDEKER, KARL, *Southern Germany (Wurtemberg and Bavaria): Handbook for Travelers*, Karl Baedeker, Leipzig, 1914.

BAEDEKER, KARL, *Berlin and Its Environs: Handbook for Travelers*, Karl Baedeker, Leipzig, 1923

BARBIAN, JAN-PIETER, *The Politics of Literature in Nazi Germany: Books in the Media Dictatorship*, Translated by Kate Sturge. Bloomsbury Academic, New York, 2013.

BARNES, JAMES J., and PATIENCE P. BARNES, *Nazi Refugee Turned Gestapo Spy: The Life of Hans Wesemann, 1895-1971*, Praeger, Westport, Connecticut, 2001.

BAXA, PAUL, *Roads and Ruins: The Symbolic Landscape of Fascist Rome*, University of Toronto Press, Toronto, 2010.

BAYNES, NORMAN H., *The Speeches of Adolf Hitler, April 1922-August 1939*, 2 vols, Oxford University Press, London, 1942.

BERKHOFF, KAREL C., *Harvest of Despair: Life and Death in Ukraine Under Nazi Rule*, Harvard University Press, Cambridge, Massachusetts, 2004.

Bernstein, Arnie, *Swastika Nation: Fritz Kuhn and the Rise and Fall of the German-American Bund*, St. Martin's, New York, 2013.

Biddle, Francis, *In Brief Authority*, Doubleday, New York, 1962.

Blücher von Wahlstatt, Evelyn Mary, *An English Wife in Berlin: A Private Memoir of Events, Politics, and Daily Life in Germany Throughout the War and the Social Revolution of 1918,* Dutton, New York, 1920.

Bollmus, Reinhard, « Alfred Rosenberg: National Socialism's Chief Ideologue? », in *The Nazi Elite*, edited by Ronald Smelser and Rainer Zitelmann, p. 183-193, NYU Press, New York, 1993.

Bonney, Richard, *Confronting the Nazi War on Christianity: The Kulturkampf Newsletters, 1936-1939*, Peter Lang, New York, 2009.

Bosworth, R. J. B. *Mussolini*, Oxford University Press, New York, 2002.

Brandt, Willy, *My Road to Berlin*, Doubleday, New York, 1960.

Breitman, Richard, *The Architect of Genocide: Himmler and the Final Solution*, Knopf, New York, 1991, *Himmler et la solution finale: L'architecte du génocide*, Calmann-Lévy, Paris, 2009.

Browning, Christopher R., *The Origins of the Final Solution*, University of Nebraska Press, Lincoln, 2004, *Les Origines de la Solution finale*, Points Histoire, Paris, 2009.

Burden, Hamilton T., *The Nuremberg Party Rallies: 1923-39*, Pall Mall, London, 1967.

Burleigh, Michael, *The Third Reich: A New History*, Hill & Wang, New York, 2000.

Buttar, Prit, *Battleground Prussia: The Assault on Germany's Eastern Front 1944-45*, Osprey, Oxford, 2012.

Cecil, Robert, *The Myth of the Master Race: Alfred Rosenberg and Nazi Ideology*, Dodd, Mead, New York, 1972.

Ciano, Galeazzo, *Ciano's Diplomatic Papers*, edited by Malcolm Muggeridge, Odhams, London, 1948.

Charles, Douglas M., *J. Edgar Hoover and the Anti-Interventionists: FBI Political Surveillance and the Rise of the Domestic Security States, 1939-1945*, Ohio State University Press, Columbus, 2007.

Creese, Mary R. S., *Ladies in the Laboratory II: West European Women in Science, 1800-1900: A Survey of Their Contributions to Research*, Scarecrow Press, Lanham, Maryland, 2004.

Dallin, Alexander, *German Rule in Russia 1941-1945: A Study in Occupation Politics*, Macmillan, New York, 1957, *La Russie sous la botte nazie*, Fayard, Paris, 1970.

Davidson, Eugene, *The Trial of the Germans: An Account of the Twenty-Two Defendants Before the International Military Tribunal at Nuremberg*, Macmillan, New York, 1966

Delmer, Sefton, *Trail Sinister: An Autobiography*, Secker and Warburg, London, 1961,

Diamond, Sander A., *The Nazi Movement in the United States 1924-1941*. Cornell University Press, Ithaca, New York, 1974.

Diels, Rudolf, *Lucifer Ante Portas: Zwischen Severing und Heydrich*, Interverlag, Zurich, 1949.

Dippel, John V. H., *Bound Upon a Wheel of Fire: Why So Many German Jews Made the Tragic Decision to Remain in Nazi Germany*, Basic Books, New York, 1996.

Dodd, Christopher J., with Lary Bloom, *Letters from Nuremberg: My Father's Narrative of a Quest for Justice*, Crown, New York, 2007, *Lettres de Nuremberg: Le procureur américain raconte*, Presses de la Cité, Paris, 2009.

Dodd, William Jr., and Martha Dodd, eds., *Ambassador Dodd's Diary 1933-1938*, Harcourt Brace, New York, 1941.

DREYFUS, JEAN-MARC, and SARAH GENSBURGER, *Nazi Labour Camps in Paris: Austerlitz, Lévitan, Bassano, July 1943-August 1944*, Berghahn, New York, 2011, *Des camps dans Paris : Austerlitz, Lévitan, Bassano*, Fayard, Paris, 2003.

ECKERT, ASTRID M., *The Struggle for the Files: The Western Allies and the Return of German Archives After the Second World War*, Cambridge University Press, New York, 2012.

EDSEL, ROBERT M., with BRET WITTER, *The Monuments Men: Allied Heroes, Nazi Thieves, and the Greatest Treasure Hunt in History*, Back Bay, New York, 2009, *Monuments Men*, JC Lattès, Paris, 2010.

EHRENREICH, ERIC, *The Nazi Ancestral Proof: Genealogy, Racial Science, and the Final Solution*, University Press, Bloomington, Indiana, 2007.

EVANS, RICHARD J., *The Coming of the Third Reich*, Penguin, New York, 2004, *Le Troisième Reich: L'avènement*, Flammarion Lettres, Paris, 2009.

EVANS, RICHARD J., *The Third Reich in Power*, Penguin, New York, 2005, *Le Troisième Reich : 1933-1939*, Flammarion Lettres, Paris, 2009.

EVANS, RICHARD J., *The Third Reich in Power*, Penguin, New York, 2009, *Le Troisième Reich : 1939-1945*, Flammarion Lettres, Paris, 2009.

FAULHABER, MICHAEL VON, *Judaism, Christianity and Germany*, translated by Rev. George D. Smith. Macmillan, New York, 1934.

FEST, JOACHIM, *The Face of the Third Reich: Portraits of the Nazi Leadership*, I. B. Tauris, London, 2011, *Les Maîtres du Troisième Reich*, Grasset, Paris, 2011.

FRANK, WERNER L., *The Curse of Gurs: Way Station to Auschwitz*, Create Space Independent Publishing Platform, Lexington, Kentucky, 2012.

FREI, NORBERT, *Adenauer's Germany and the Nazi Past: The Politics of Amnesty and Integration*, Columbia University Press, New York, 1997.

FROMM, BELLA, *Blood and Banquets: A Berlin Social Diary*, Harper, New York, 1942.

GARY, BRETT, *The Nervous Liberals: Propaganda Anxieties from World War I to the Cold War*, Columbia University Press, New York, 1999.

GILBERT, G. M., *Nuremberg Diary*, Farrar Straus, New York, 1947, *Le Journal de Nuremberg*, Flammarion, Paris, 1947.

GISEVIUS, HANS BERND, *To the Bitter End*, Da Capo Press, New York, 1998, *Jusqu'à la lie*, Payot, Lausanne, 1947.

GOLDENSOHN, LEON, *The Nuremberg Interviews*, Knopf, New York, 2004, *Les Entretiens de Nuremberg*, Flammarion, Paris, 2005.

GRIECH-POLELLE, BETH A., *Bishop von Galen: German Catholicism and National Socialism*, Yale University Press, New Haven, Connecticut, 2002.

GRIMSTED, PATRICIA KENNEDY, *Reconstructing the Record of Nazi Cultural Plunder*, International Institute of Social History, Amsterdam, 2011.

GUTMAN, ISRAEL, *Encyclopedia of the Holocaust*, 4 vols, Macmillan, New York, 1990.

HANFSTAENGL, ERNST, *Hitler: the Missing Years*, Arcade, New York, 1994, *Hitler : les années obscures*, Éditions de Trévise, Paris, 1967.

HASTINGS, DEREK, *Catholicism and the Roots of Nazism*, Oxford University Press, New York, 2010.

HERMAND, JOST, *Culture in Dark Times: Nazi Fascism, Inner Emigration, and Exile*, Berghahn, New York, 2013.

HETT, BENJAMIN CARTER, *Burning the Reichstag: An Investigation into the Third Reich's Enduring Mystery*, Oxford University Press, New York, 2014.

HITLER, ADOLF, *Mein Kampf*, première publication par Franz Eher Nachfolger, München, 1925, *Mon combat*, Nouvelles Éditions latines, Paris, 1934.

KAPLAN, MARION A., *Between Dignity and Despair: Jewish Life in Nazi Germany*, Oxford University Press, New York, 1998.

KAY, ALEX J., *Exploitation, Resettlement, Mass Murder: Political and Economic Planning for German Occupation Policy in the Soviet Union, 1940-1941*, Berghahn, New York, 2006.

KELLEY, DOUGLAS M., *22 Cells in Nuremberg: A Psychiatrist Examines the Nazi Criminals*, Greenberg, New York, 1947.

KELLOGG, MICHAEL, *The Russian Roots of Nazism: White Émigrés and the Making of National Socialism 1917-1945*, Cambridge University Press, Cambridge, UK, 2005.

KEMPNER, ROBERT M. W., *Eichmann und Komplizen*, Europa Verlag, Zürich, 1961.

KEMPNER, ROBERT M. W., *SS im Kreuzverhör*, Rütten + Loening, Munich, 1964.

KEMPNER, ROBERT M. W., *Edith Stein und Anne Frank: Zwei von Hunderttausend*, Herder-Bücherei, Fribourg, 1968.

KEMPNER, ROBERT M. W., *Das Dritte Reich im Kreuzverhör: Aus den Vernehmungsprotokollen des Anklägers*, Bechtle, München, 1969.

KEMPNER, ROBERT M. W., *Der Mord an 35 000 Berliner Juden: Der Judenmordprozess in Berlin schreibt Geschichte*, Stiehm, Heidelberg, 1970.

KEMPNER, ROBERT M. W., *Ankläger einer Epoche: Lebenserinnerunge*, Verlag Ullstein, Frankfurt, 1983.

KEMPNER, ROBERT M. W., *Autobiographical Fragments*, translated by Jane Lester, Edwin Mellen Press, Lewiston, New York, 1996.

KERSHAW, IAN, *Hitler, 1889-1936: Hubris*, Norton, New York, 2000.

KERSHAW, IAN, *Hitler, 1936-1945: Nemesis*, Norton, New York, 2000.

KERSHAW, IAN, *Hitler: A Biography*, Norton, New York, 2008.

KLARSFELD, SERGE, *Memorial to the Jews Deported from France, 1942-1944: Documentation of the Deportation of the Victims of the Final Solution in France*, B. Klarsfeld Foundation, New York, 1983, *Le Mémorial de la déportation des Juifs de France*, B. et S. Klarsfeld, Paris, 1978.

KOHL, CHRISTIANE, *The Witness House: Nazis and Holocaust Survivors Sharing a Villa During the Nuremberg Trials*, Other Press, New York, 2010, *La Maison des témoins : les coulisses des procès de Nuremberg*, Payot, Paris, 2009.

KRIEG, ROBERT A., *Catholic Theologians in Nazi Germany*, Continuum, New York, 2004.

LADD, BRIAN, *The Ghosts of Berlin: Confronting German History in the Urban Landscape*, University of Chicago Press, Chicago, 1997.

LANE, BARBARA MILLER, and LEILA J. RUPP, eds. and trans., *Nazi Ideology Before 1933: A Documentation*, Manchester University Press, Manchester, 1978.

LANG, SERGE, and ERNST VON SCHENCK, eds., *Memoirs of Alfred Rosenberg*, Ziff-Davis, Chicago, 1949, *Testament nazi: Mémoires d'Alfred Rosenberg*, Éditions des Trois Collines, 1948.

LARGE, DAVID CLAY, *Where Ghosts Walked: Munich's Road to the Third Reich*, Norton, New York, 1997.

LARSON, ERIK, *In the Garden of Beasts: Love, Terror, and an American Family in Hitler's Berlin*, Broadway, New York, 2011, *Dans le jardin de la bête*, Le Cherche Midi, Paris, 2012.

LAUB, THOMAS J., *After the Fall: German Policy in Occupied France, 1940-1944*, Oxford University Press, Oxford, 2010.

LAYTON, ROLAND VANDERBILT JR., « The *Völkischer Beobachter*, 1925-1933: A Study of the Nazi Party Paper in the *Kampfzeit* », Dissertation, University of Virginia, Virginia, 1965.

LESTER, JANE, *An American College Girl in Hitler's Germany: A Memoir*, Edwin Mellen Press, Lewiston, New York, 1999.

LEVINE, RHONDA F., *Class, Networks, and Identity: Replanting Jewish Lives from Nazi Germany to Rural New York*, Rowman & Littlefield, Lanham, Maryland, 2001.

LEWY, GUENTER, *The Catholic Church and Nazi Germany*, Da Capo, New York, 2000, *L'Église catholique et l'Allemagne nazie*, Stock, Mayenne, 1965.

LOCHNER, LOUIS P., ed., *The Goebbels Diaries*, Doubleday, Garden City, New York, 1948.

LONGERICH, PETER, *Holocaust: the Nazi Persecution and Murder of the Jews*, Oxford University Press, New York, 2010.

LONGERICH, PETER, *Goebbels: a Biography*, Random House, New York, 2015, *Goebbels*, Éditions Héloïse d'Ormesson, Paris, 2013.

LOWER, WENDY, *Nazi Empire-Building and the Holocaust in Ukraine*, University of North Carolina Press, Chapel Hill, 2005.

LOWER, WENDY, « On Him Rests the Weight of the Administration: Nazi Civilian Rulers and the Holocaust in Zhytomyr », in *The Shoah in Ukraine: History, Testimony, Memorialization*, ed. Ray Brandon and Wendy Lower, p. 224-227, Indiana University Press, Bloomington, 2008.

LÜDECKE, KURT G. W., *I Knew Hitler: The Story of a Nazi Who Escaped the Blood Purge*, Charles Scribner's Sons, New York, 1937.

MAGUIRE, PETER, *Law and War: International Law and American History*, rev. ed., Columbia University Press, New York, 2010.

MATTHÄUS, JÜRGEN, and FRANK BAJOHR, eds., *Alfred Rosenberg: Die Tagebücher von 1934 bis 1944*, S. Fischer, Frankfurt, 2015, *Journal d'Alfred Rosenberg*, Flammarion, Paris, 2015.

MEGARGEE, GEOFFREY P., ed., *The United States Holocaust Memorial Museum Encyclopedia of Camps and Ghettos, 1933-1945*, Vol. I, Indiana University Press, Bloomington, 2009.

MEYER, BEATE, HERMANN SIMON, and CHANA SCHÜTZ, eds., *Jews in Nazi Berlin: From Kristallnacht to Liberation*, University of Chicago Press, Chicago, 2009.

MORRIS, JEFFREY, *Establishing Justice in Middle America: A History of the United States Court of Appeals for the Eighth Circuit*, University of Minnesota Press, Minneapolis, 2007.

MOSLEY, LEONARD, *The Reich Marshal: A Biography of Hermann Goering*, Pan Books, London, 1977.

MULLIGAN, TIMOTHY PATRICK, *The Politics of Illusion and Empire: German Occupation Policy in the Soviet Union, 1942-1943*, Praeger, New York, 1988.

NEAVE, AIREY, *On Trial at Nuremberg*, Little Brown, Boston, 1979.

NICHOLAS, LYNN H., *The Rape of Europa: The Fate of Europe's Treasures in the Third Reich and the Second World War*, Knopf, New York, 1994, *Le Pillage de l'Europe: Les œuvres d'art volées par les nazis*, Seuil, Paris, 1995.

NICOSIA, FRANCIS R., « German Zionism and Jewish Life in Nazi Berlin », in *Jewish Life in Nazi Germany: Dilemmas and Responses*, ed. Francis R. Nicosia and David Scrase, p. 89-116, Berghahn Books, New York, 2010.

NOAKES, J., and G. PRIDHAM, eds., *Nazism: a History in Documents and Eyewitness Accounts, 1919-1945*, 2 vols, Schocken, New York, 1983-1988.

NOVA, FRITZ, *Alfred Rosenberg: Philosopher of the Third Reich*, Hippocrene, New York, 1986.

O'BRIEN, KENNETH PAUL, and LYNN HUDSON PARSONS, *The Homefront War: World War II and American Society*, Greenwood Press, Westport, Connecticut, 1995.

Office of the U.S. Chief of Counsel for the Prosecution of Axis Criminality (1946), *Nazi Conspiracy and Aggression*, 8 vols, U.S. Government Printing Office, Washington, D.C.

OLSON, LYNNE, *Those Angry Days: Roosevelt, Lindbergh, and America's Fight Over World War II, 1939-1941*, Random House, New York, 2013.

PALMIER, JEAN MICHEL, *Weimar in Exile: The Antifascist Emigration in Europe and America*, Verso, New York, 2006, *Weimar en exil: Le destin de l'émigration intellectuelle allemande antinazie en Europe et aux États-Unis*, Payot, Paris, 1990.

PAPEN, FRANZ VON, *Memoirs*, Dutton, New York, 1953, *Mémoires*, Flammarion, Paris, 1953.

PAPEN-BODEK, PATRICIA VON, « Anti-Jewish Research of the Institut zur Erforschung der Judenfrage in Frankfurt-am-Main between 1939 and 1945 », in *Lessons and Legacies VI: New Currents in Holocaust Research*, ed. Jeffry Diefendorf, p. 155-189, Northwestern University Press, Evanston, Illinois, 2004.

PERSICO, JOSEPH E., *Nuremberg: Infamy on Trial*, Penguin, New York, 1994.

PETROPOULOS, JONATHAN, *Art as Politics in the Third Reich*, University of North Carolina Press, Chapel Hill, 1996.

PIPER, ERNST, *Alfred Rosenberg: Hitlers Chefideologe*, Karl Blessing Verlag, München, 2005.

PÖPPMANN, DIRK, « Robert Kempner und Ernst von Weizsäcker im Wilhelmstrassen-Prozess », in *Im Labyrinth der Schuld: Täter, Opfer, Ankläger*, ed. Irmtrud Wojak and Susanne Meinl, p. 163-197, Campus Verlag, Frankfurt, 2003.

PÖPPMANN, DIRK, « The Trials of Robert Kempner: From Stateless Immigrant to Prosecutor of the Foreign Office », in *Reassessing the Nuremberg Military Tribunals*, ed. Kim C. Priemel and Alexa Stiller, Berghahn, New York, 2012.

POZNANSKI, RENÉE, *Jews in France During World War II*, University Press of New England, Hanover, New Hampshire, 2001, *Être juif en France pendant la Seconde Guerre mondiale*, Hachette, Paris, 1994.

PRANGE, GORDON W., ed., *Hitler's Words*, American Council on Public Affairs, Washington, D.C., 1944.

PRINGLE, HEATHER, *The Master Plan: Himmler's Scholars and the Holocaust*, Hyperion, New York, 2006, *Opération Ahnenerbe: Comment Himmler mit la pseudo-science au service de la solution finale*, Presses de la Cité, Paris, 2007.

READ, ANTHONY, *The Devil's Disciples: Hitler's Inner Circle*, Norton, New York, 2003.

REINEMANN, JOHN OTTO, *Carried Away, Recollections and Reflections*, USHMM, Philadelphia, 1976.

RIBUFFO, LEO P., *The Old Christian Right: The Protestant Far Right from the Great Depression to the Cold War*, Temple University Press, Philadelphia, 1983.

ROGGE, O. JOHN, *The Official German Report: Nazi Penetration 1924-1942, Pan-Arabism 1939 – Today*, Thomas Yoseloff, New York, 1961.

RORIMER, JAMES, *Survival: the Salvage and Protection of Art in War*, Abelard, New York, 1950.

ROSBOTTOM, RONALD C., *When Paris Went Dark: The City of Light Under German Occupation, 1940-1944*, Back Bay, New York, 2014.

ROSEMAN, MARK, *The Villa, the Lake, the Meeting: Wannsee and the Final Solution*, Allen Lane, London, 2002.

ROSENBERG, ALFRED, *Der Mythus des 20. Jahrhunderts*, Hoheneichen-Verlag, Munich, 1934, *Le Mythe du vingtième siècle*, Éditions Avalon, Paris, 1986.
ROSENBERG, ALFRED, *Race and Race History and Other Essays by Alfred Rosenberg*, edited by Robert Pois, Harper & Row, New York, 1974.
ROTHFEDER, HERBERT PHILLIPS, « A Study of Alfred Rosenberg's Organization for National Socialist Ideology », Dissertation, University of Michigan, 1963.
RUBENSTEIN, JOSHUA, and ILYA ALTMAN, eds., *The Unknown Black Book: The Holocaust in the German-Occupied Soviet Territories*, Indiana University Press, Bloomington, 2008.
RYBACK, TIMOTHY W., *Hitler's Private Library: The Books That Shaped His Life*, Knopf, New York, 2008, *Dans la bibliothèque privée de Hitler*, Le Grand Livre du mois, Paris, 2009.
SAFRIAN, HANS, *Eichmann's Men*, Cambridge University Press, Cambridge, UK, 2010.
SCHMID, ARMIN, *Lost in a Labyrinth of Red Tape: The Story of an Immigration That Failed*, Northwestern University Press, Evanston, Illinois, 1996.
SCHUSCHNIGG, KURT VON, *Austrian Requiem*, Putnam, New York, 1946.
SCHWERTFEGER, RUTH, *In Transit: Narratives of German Jews in Exile, Flight, and Internment During « The Dark Years » of France*, Frank & Timme, Berlin, 2012.
SERAPHIM, HANS-GÜNTHER, ed., *Das politische Tagebuch Alfred Rosenbergs: 1934-35 und 1939-40*, Deutscher Taschenbuch Verlag, München, 1956.
SHERRATT, YVONNE, *Hitler's Philosophers*, Yale University Press, New Haven, Connecticut, 2013.
SHIRER, WILLIAM L., *Berlin Diary: The Journal of a Foreign Correspondent, 1934-1941*, Johns Hopkins University Press, Baltimore, 2002. First published 1941 by Alfred A. Knopf, *Journal de Berlin, 1934-1941. Chronique d'un correspondant étranger*, Presses de l'université de Laval, Laval, 2009.
SHIRER, WILLIAM L., *The Rise and Fall of the Third Reich: A History of Nazi Germany*, Simon & Schuster, New York, 2011. First published 1960 by Simon & Schuster, *Le Troisième Reich. Des origines à la chute*, Livre de Poche, Paris, 1966.
SMITH, BRADLEY F., *Reaching Judgment at Nuremberg: The Untold Story of How the Nazi War Criminals Were Judged*, Basic Books, New York, 1977.
SNYDER, TIMOTHY, *Bloodlands: Europe Between Hitler and Stalin*, Basic Books, New York, 2010, *Terres de sang : L'Europe entre Hitler et Staline*, Gallimard, Paris, 2012.
SPEER, ALBERT, *Inside the Third Reich: Memoirs*, Macmillan, New York, 1970, *Au cœur du Troisième Reich*, Fayard Pluriel, Paris, 2011.
ST. GEORGE, MAXIMILIAN, and DENNIS LAWRENCE, *A Trial on Trial: The Great Sedition Trial of 1944*, National Civil Rights Committee, Chicago, 1946.
STEIN, GEORGE H., *The Waffen SS: Hitler's Elite Guard at War, 1939-1945*, Cornell University Press, Ithaca, New York, 1966.
STEINWEIS, ALAN E., *Studying the Jew: Scholarly Antisemitism in Nazi Germany*, Harvard University Press, Cambridge, Massachusetts, 2006.
STEPHENSON, DONALD, « *Frontschweine* and Revolution: The Role of Front-Line Soldiers in the German Revolution of 1918 », Dissertation, Syracuse University, 2007.
STRASSER, OTTO, *Hitler and I*, Houghton Mifflin, Boston, 1940, *Hitler et moi*, Grasset, Paris, 1940.
STRASSER, OTTO, *The Gangsters Around Hitler*, W. H. Allen, London, 1942.
TÄUBRICH, HANS-CHRISTIAN, ed. (n.d.), *Fascination and Terror: Party Rally Grounds Documentation Center, The Exhibition*, Druckhaus Nürnberg, Nuremberg.
TAYLOR, FREDERICK, *The Downfall of Money: Germany's Hyperinflation and the Destruction of the Middle Class*, Bloomsbury, New York, 2013.

TAYLOR, TELFORD, *The Anatomy of the Nuremberg Trials: A Personal Memoir*, Knopf, New York, 1992.

TOMASEVICH, JOZO, *War and Revolution in Yugoslavia, 1941-1945*, Stanford University Press, Stanford, California, 2001.

TORRIE, JULIA S., « *For Their Own Good* »*: Civilian Evacuations in Germany and France, 1939-1945*, Berghahn, New York, 2010.

TREVOR-ROPER, H. R., ed., *Hitler's Table Talk 1941-1944*, Enigma, New York, 2008.

Trial of the Major War Criminals Before the International Military Tribunal, 42 vols., 1947-1949 ; http://www.loc.gov/rr/frd/Military_Law/NT_major-war-criminals.html (Procès des criminels de guerre les plus importants face au tribunal militaire international 1947-1949).

Trials of War Criminals Before the Nuremberg Military Tribunals Under Control Council Law No. 10, 15 vols., 1946-1949 ; http://www.loc.gov/rr/frd/Military_Law/NTs_war-criminals.html

TUSA, ANN, and TUSA, JOHN, *The Nuremberg Trial*, Atheneum, New York, 1994.

Université de St. Michael's College vs Herbert W. Richardson, Comité d'audition, St. Michael's College, Toronto, 1994.

Département d'État américain, *Affaires étrangères des États-Unis : Archives diplomatiques, 1933*. Vol. II: *The British Commonwealth, Europe, Near East and Africa.* U.S. Government Printing Office, Washington, D.C., 1949.

VANSITTART, ROBERT, *The Mist Procession: The Autobiography of Lord Vansittart*, Hutchinson, London, 1958.

WASOW, WOLFGANG R., *Memories of Seventy Years: 1909 to 1979*, éd. à compte d'auteur, Madison, Wisconsin, 1986.

WATT, RICHARD, *The Kings Depart: The Tragedy of Germany; Versailles and the German Revolution*, Simon & Schuster, New York, 1968.

WEINBERG, GERHARD L., *The Foreign Policy of Hitler's Germany: Diplomatic Revolution in Europe 1933-36*, University of Chicago Press, Chicago, 1970.

WEINER, TIMOTHY, *Enemies: a History of the FBI*, Random House, New York, 2012.

WEINMANN, MARTIN, *Das Nationalsozialistische Lagersystem*, Zweitausendeins, Frankfurt, 1990.

WEINREICH, MAX, *Hitler's Professors: The Part of Scholarship in Germany's Crimes Against the Jewish People*, Yiddish Scientific Institute, New York, 1946, *Hitler et les professeurs*, Belles Lettres, Paris, 2013.

WINTERBOTHAM, F. W., *The Nazi Connection*, Dell, New York, 1978.

WITTMAN, ROBERT K., with JOHN SHIFFMAN, *Priceless: How I Went Undercover to Rescue the World's Stolen Treasures*, Crown, New York, 2010, *Inestimable*, Sonatine, Paris, 2011.

WYNEKEN, JON DAVID K., « Driving Out the Demons: German Churches, the Western Allies, and the Internationalisation of the Nazi Past, 1945-1952 », Dissertation, Ohio University, 2007.

ZIMMERMAN, JOSHUA D., ed., *Jews in Italy under Fascist and Nazi Rule, 1922-1945*, Cambridge University Press, Cambridge, UK, 2005.

ZUCCOTTI, SUSAN, *The Holocaust, the French, and the Jews*, University of Nebraska Press, Lincoln, 1999.

Crédits photographiques

Getty Images : p. 12 ; p. 38 ; p. 88.

U.S. Holocaust Memorial Museum (Washington D.C., États-Unis) : p. 22 ; p. 56 ; p. 156 ; p. 172 ; p. 202, gauche, droite ; p. 234 ; p. 314 ; p. 334 ; p. 342.

Musée national de Bavière (Munich, Allemagne) : p. 76.

Roger-Viollet : p. 114.

Bundesarchiv (Allemagne) : p. 134 ; p. 182 ; p. 294.

The Image Works : p. 218 ; p. 246.

Université de Pennsylvanie (Philadelphie, Pennsylvanie, États-Unis) : p. 260.

Archives nationales : p. 270 ; p. 392.

Mémorial de Yad Vashem (Jérusalem, Israël) : p. 352 ; p. 372.

Collection personnelle de l'auteur : p. 434.

Table des matières

Composition et mise en pages
Nord Compo à Villeneuve-d'Ascq

IMPRIM'VERT® PEFC™ 10-31-1510

Imprimé en France
par Corlet Imprimeur
14110 Condé-sur-Noireau
Dépôt légal : mars 2016
N° d'impression : 180011
ISBN : 978-2-7499-2326-0
LAF : 1890